인생이 잘 풀리는 여자

손금으로 받는 인생 카운슬링

인생이
잘 풀리는 여자

life counseling

박소영 지음

스토리3.0

프롤로그

손금을 알면
인생이 즐거워진다

●● 인생의 카운슬러는 바로 내 손안에 있습니다

"졸업 후에 제가 뭘 해야 할지 도무지 모르겠어요."
"남자친구를 만나면 늘 오래가지 못해요."
"결혼을 앞두고 있는데 이 남자, 정말 같이 살아도 될까요?"
"제 성격에 문제가 있는지 사람을 상대하는 게 너무 부담스럽네요."
"사업을 하나 하려고 하는데 대박 날 수 있을까요?"

누구에게나 고민의 시간은 옵니다. 문제는 이런 고민들은 대부분 답이 나오지 않아 하루 종일 머리를 싸매고 있어봤자 스트레스만 더해진다는 거죠.
혼자 끙끙 앓다가 결국 지인에게 털어놓아야겠다고 결심합니다. 안부도 전할 겸 고민을 털어놓을 겸 핸드폰을 쥐고 연락처, 카톡 친구 리스트를 쭉쭉 내립니다. 그런데 참 이상하죠. 막상 연락을 하려니 퍼뜩 용기가 나질 않습니다.

'얘도 지금쯤 바쁘겠지? 겉으론 잘 들어주는 척해도 속으론 왜 하필 지금 전화해서 한탄하는 거냐고 날 탓할지도 몰라. 솔직히 나도 종종 그런 생각을 하니까.'

그리고 신기하게도 이럴 때 친한 친구들은 꼭 바쁩니다. 야근 중이라 신경이 곤두선 절친, 소개팅남과 데이트 약속이 있다는 언니, 남자친구랑 대판 싸웠다며 내가 힘들다고 말하기도 무섭게 먼저 고민을 털어놓는 대학 동기…… 결국 핸드폰을 닫고 이불 속으로 들어가버립니다.

'에이, 그냥 관둬야지. 어쩌겠어, 답도 없는 거. 인생 어차피 혼자 사는 거잖아?'

이 이야기에 '폭풍 공감'하신다면 지극히 평범한 여성이니 걱정 마세요. 누구나 다 이러니까요. 특히 여자들은 나이를 먹을수록 친구가 점점 사라진다는 이야기를 많이 합니다. 친구들이 하나둘씩 결혼하고 아이까지 생기면 하루 날 잡고 만나서 수다 한 판 떠는 것도 힘들어지고, 실제로 연락도 잘 닿지 않거든요.

누군가가 내 얘기를 들어주기만 해도 속이 시원할 것 같은데 남자친구는 그날따라 회식 자리에서 상사에게 붙잡혀 나오지도 못하죠. 엄마는 하필이면 꼭 오늘 청소를 해야 한다며 방 좀 치우라고 잔소리하고요. 결혼을 했다 해도 마찬가지입니다. 신랑은 TV를 보다 소파에서 리모컨을 들고 코 골며 잠들어 있고, 아이들은 엄마 속을 아는지 모르는지 간식 달라 떼를 쓰고…… 이럴 때 정말 세상이 참 야속하다는 생각이 들기 마련입니다.

인생은 결국 혼자 사는 거라고들 하죠. 주변에 친구가 많은 것 같은 사람들도 외롭다고 하고요. 정말 고민이 있을 때마다 늘 내 곁에서 나에게 딱딱 맞는 조언과 해결책을 주는 존재가 있으면 얼마나 좋을까요?

그런 여러분을 위한 기쁜 소식을 알려드리려고 합니다. 바로 당신 옆에 그 조언자가 붙어 있거든요. 눈을 씻고 찾아봐도 없다고요? 분명 있습니다. 심지어 늘 당신 곁에서 당신이 봐주기만을 기다리고 있죠.

항상 함께 있어서 유심히 보지 않았던, 손바닥에 난 선들. 바로 손금이 여러분의 운명을 말해주는 가장 좋은 단서이자 인생의 가장 든든한 조언자라는 사실, 놀랍지 않으세요?

●● 모든 고민은 나를 알지 못하는 데서 출발합니다

손금 같은 거 난 믿지 않는다고요? 그래도 타로 점은 보신 적 있죠? 타로도 안 믿는다고요? 그래도 미용실에서 잡지를 보면 좋아하는 스타의 인터뷰는 넘기는 한이 있어도 이건 꼭 보지 않나요? '이달의 별자리 운세.'

사실 안 믿는다고 해도 누구나 자신의 운세나 운명에 호기심을 보입니다. 종교가 있어도 재미 삼아 점을 보러 가기도 하고요. 누가 나 손금 좀 볼 줄 안다고 하면 너도나도 할 것 없이 다들 손바닥을 내밀죠. 왜 그럴까요?

위에서 말했듯이 누구에게나 고민이 있고 삶은 고달프답니다. 매일이 기쁘기만 한 사람은 세상에 없죠. 운명의 장난인지 좋은 대학만 들어가면 일사천리일 줄 알았는데 전공이 맞질 않아 고생하고, 하필 진짜 사랑하는 남자가 조건이 좋지 않고, 돈 걱정에 허덕일 때 부모님이 입원하셔서 예상치 못한 지출이 생기기도 하고요. 선택의 갈림길에서 고민에 고민을 이어가다 보면 결국 '멘탈 붕괴'가 일어납니다.

사실 모든 고민 해결은 자기 자신을 잘 아는 것에서부터 시작됩니다. 나는 백만장자와 살아도 사랑 없이는 절대 견딜 수 없다면 조건은 안 좋지만 나 없으면 안 된다고 하는 남친과 함께하기 위해 본인이 더 노력할 수도 있겠죠. 커피 값을 줄여야 되는데 본인이 커피를 하루에 한 잔은 꼭 먹어야만 업무에 집중이 된다면 가끔은 회사 탕비실의 인스턴트 커피를 마시는 식으로 절충할 수도 있고요. 사소해 보이지만 결국 자신이 어떤 사람인지 알고 나면 해결 방법이 있기 마련입니다.

사람들은 누구나 자신을 알고 싶어 하고, 또 그게 확신하기 어려운 미래에 관한 것이라면 더욱 그렇겠죠. 그래서 손금을 안 믿는 사람도 누가 손금 좀 봐주겠다고 하면 '밑져야 본전' 식으로나마 손을 내밀게 되는 것이 아닐까요?

●● 손금을 알면 고민도 날리고 인생이 술술 풀립니다

손금은 여러분 인생의 축소판입니다. 한 손은 타고난 손금, 다른 한 손은 현재의 손금이기 때문에 내가 어떤 면을 타고났는데 현재 어떤 삶을 살고 있고, 앞으로 어떤 길을 가게 될지 파악이 가능합니다. 주변에 꼭 이런 친구가 있지 않나요? 나보다 열심히 산 것 같지도 않은데 남자를 잘 만나서 잘 먹고 잘사는 친구. 무엇을 하든 술술 잘 풀리는 것 같은 친구를 보고 있으면 인생 참 불공평하다는 생각도 들죠.

하지만 그런 친구는 자기가 타고난 대로 살고 있을 뿐입니다. 본인도 좋은 운을 타고났는데 그 운명을 거스르고 있어 꼬이고 있는지도 모르고요. 혹은 현재 안 풀리는 시기일 수도 있습니다. 그럼 손금을 알면 좋은 점에는 어떤 것들이 있을까요?

자기 자신을 알 수 있습니다

손금은 나에 대한 데이터이기 때문에 타고난 성격, 현재의 마음 상태, 변화의 시기, 궁합, 진로, 적성, 건강 등 여러 부분에 대한 정보를 얻을 수 있습니다.

실패 확률을 줄이고 선택에 확신을 가질 수 있습니다

자신의 타고난 성격을 토대로 진로를 택할 수도 있고, 손금으로 특정 나이대의 운도 알 수 있어 어떤 일을 하고자 할 때 언제가 좋은지도 판단할 수 있습니다.

위험을 대비할 수 있습니다

손금을 통해 내가 어떤 질병이 있을 수 있고, 어느 시기에 큰 변화가 일어날지 알 수 있어 그때를 미리 대비할 수 있습니다.

인맥 형성에 큰 도움이 됩니다

 손금을 알면 첫 대면에서 분위기 메이커가 될 수 있어 특히 사람을 자주 만나는 분들께는 손금이 인맥 관리를 위한 강력한 무기가 될 수 있습니다.

 손금 공부로 주변 사람들에게 든든한 카운슬러가 되어주세요. 상대의 고민을 풀어주고 그 사람의 행복에 조금이나마 도움을 줄 수 있다면 뿌듯함도 느낄 수 있고, 사람들이 자신을 알아주고 찾아주는 기쁨도 누리게 될 것입니다.
 막상 공부하려니 좀 막막하다고요? 처음부터 모든 걸 다 공부하려 하면 당연히 벅찹니다. 하지만 꾸준히 연습하고 반복하고 여러 사람의 손금을 봐주다 보면 실력은 반드시 늘어납니다. 이 책을 보실 때도 무조건 처음부터 끝까지 보려고 하지 마시고, 현재 가장 관심 있는 부분부터 마음 편히 보세요. 혹시 궁금한 게 생기면 주저 말고 저의 카페 '소영이의 손금사랑(cafe.daum.net/middari)'에 찾아와서 언제든지 물어보시고요.
 손금을 통해 고민이나 스트레스도 날리고, 스스로에 대해 알아가면서 꿈과 행복에 좀 더 한 발짝 가까워지시길, 다른 사람과의 만남이 즐거워질 수 있길 진심으로 기원합니다.

박소영

페이지 미리보기 – 이 책이 한눈에 보인다

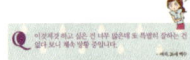

고민 상담
2030 여성이라면 살면서 한 번쯤은 했을 만한 고민들은 다 모여라! 고개를 끄덕이게 만드는 구구절절한 사연들을 한번 들어보세요.

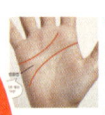

손금으로 받는 카운슬링
손금으로 당신의 고민을 말끔히 해결해드립니다. 관련 손금 이미지와 함께 제대로 맛보는 손금 카운슬링!

여기서 잠깐!
"궁합을 볼 땐 타로와 손금 중 뭘 봐야 되지?" "불임도 손금으로 확인할 수 있다고?" 실생활에 도움이 될 만한 손금에 관한 깨알 같은 상식과 팁들을 짚어줍니다.

재물선, 정확히 보셔야 합니다

생명 유지 외에 손금이란 게 따로 있는 것일까?

보통 사람들은 생명 유지, 두뇌 활동 운동 만족도 사람들이 손금, 성공 공금에 집중시킨 것도 사실 꼽기 누구나 의지하게 돈, 돈 번다고 인정 나면 서로 베풀면서 생기는 것도 시작이 아닌 것 같다.

사실 그렇듯이 손금도 지식 뿐 아니라 마음까지도 행복을 행복 수도 있기 때문이 해줘야 할 운동은 입가지 대부분의 대부분이 대중적이 있지 않을까도 특히 구역 싶게 없이 많은지 가장 기본 생명선이라 있다가 돈은 본다.

부자소리, 너무 일찍 마세요

재물의 시작이 부자 삼가 손금이 한편 시골일인가, 생긴가 보이어 부자 손금 어떻게도 가은 일에는 자본이라 사회 관계자, 선조나, 기부금 해보

꼬인 인생, 풀어주세요!

"손금 이름을 어떻게 다 외우지?"
"손금으로 시기도 볼 수 있다고?"
고수들만이 아는 손금 노하우와 특급 비법을 낱낱이 공개합니다.

소영이의 리얼스토리

십 년 넘게 수천 명을 상담해온 박소영 고수가 겪은, 손금에 얽힌 생생한 실화를 담았습니다.

손금이 정말 변하나요?

손금은 지속적으로 변한다. 손금이 변한다고 해서 많은 분들이 놀라지만, 실제로 손금은 지금도 변하고 있는지 모른다.

계속 나이가 들면 생각도 변하게 되듯이, 손금 변화가 그리고 생각 뿐 아니라 상식 판단력이 있다. 손금이 변하는 성인이 되어 20세 때 비교해 보면, 어떤 분은 손금이 너무 변하게 되고, 어떤 분은 너무 조금 변해 바뀐 손금을 알아볼 수 있다.

잘 변하는 손금 vs. 잘 안 변하는 손금

누구나 손금이 변한다고 생각하나 손의 특징에 따라 변하는 정도가 다르다. 잘 변하는 손금과 잘 안 변하는 손금의 특징을 알아보자.

변한 손금은 이런 일들을 말해줍니다

손금이 변한다는 것은 자신 사고방식이 변한다는 뜻이다. 손금 변화에 대한 긍정적인 변화와 자신도 모르게 부정적인 변화가 있다. 부정적인 손금 변화가 조금이라도 빨리 좋아지게 만들어야 한다. 일단 손이 되도록, 자기 자신의 모습을 객관적으로 보게 하고, 그렇게 되지 않기 위해 손금 변화에 대해 알아보자. 그렇다고 손금을 계속 잡으면 변화가 좋지 않은 가지만 손금이 변해서 장점을 모두 장점에 좋은 영향이 있다.

이것이 궁금해요!

"손금을 부업으로 할 수 있을까?"
"손금 성형, 정말 효과가 있을까?"
손금에 관해 궁금했던 것들을 말끔히 해결해드립니다.

CONTENTS

프롤로그 손금을 알면 인생이 즐거워진다 004
페이지 미리보기 이 책이 한눈에 보인다 010

Part 1 : 기본 편
손금 카운슬링, 이건 알고 시작하자

내 손을 이렇게 자세히 본 건 처음이야! ★ 020

왼손, 오른손 중 어느 손부터 봐야 하죠? 021
양손의 손금이 너무 달라요 022
잔금이 많으면 나쁘다던데 정말인가요? 025
손바닥 색이 유독 하얗거나 빨간 건 어떤 의미인가요? 027

손의 언덕도 함께 봐야 한다고? ★ 028

선이 이렇게 많은데 뭐부터 봐야 하지? ★ 032

무슨 선부터 봐야 하나요? | 기본 3대선 033
기본 3대선, 그다음에는 무엇을 보나요? | 세로 3대선 035
그 외의 선들도 다 의미가 있나요? 036

저는 일자 손금인데요? ★ 040
　　꼬인 인생, 풀어주세요! 손금으로 시기도 본다 | 유년법 ——— 043

손안의 문양들은 뭐지? ★ 046
　　이것이 궁금해요! 손금과 타로, 차이가 뭔가요? ——— 049

Part 2 : 사랑 편
원래 '내 연애'가 세상에서 가장 어렵다

연애 연애 잘하는 사람은 따로 있다? ★ 054
　　사랑받는 여자는 다 이유가 있습니다 ——— 055
　　혼자 사는 팔자라 해도 희망을 잃지 마세요 ——— 059

이별 여자는 이별을 직감적으로 안다 ★ 066
　　남자친구가 무뚝뚝해도 속은 아닐 수도 있어요 ——— 067
　　심증만 갖고 바람났다고 의심하지는 마세요 ——— 071
　　사랑에도 유통기한이 있습니다 ——— 075
　　꼬인 인생, 풀어주세요! 사랑을 확인하는 메시지, 비애선과 영향선 ——— 078

만남 사랑은 또 다른 사랑으로 치유한다 ★ 080

새로운 사랑, 다 만나는 방법이 따로 있습니다 ——————— 081
사랑도 타이밍, 때를 잘 맞추세요 ——————————— 084
외모, 능력 너무 많은 걸 바라지 마세요 ——————— 087

결혼 여자는 식장에 들어가기 직전까지 불안하다 ★ 090

지금 만나고 있는 사람이 평생의 동반자일 수도 있습니다 ——— 091
연애할 땐 잘 안 나타나는 그 남자의 진짜 성격 ——————— 095
결혼, 급하다고 너무 섣불리 생각하지는 마세요 ——————— 105
궁합까지 좋으면 금상첨화 ————————————————— 110
몸과 마음, 둘 다 맞아야 잘삽니다 | 속궁합 ——————————— 115
시월드, 무조건 피하려고만 하지 마세요 ——————————— 121
자식 복이 있으면 부부간의 위기도 잘 넘길 수 있습니다 ——— 125

Part 3 : 진로 · 적성 편
대학만 들어가면 다 되는 줄 알았다

전공을 택할 때 내 손금을 알았더라면 ★ 130

두뇌선 하나만으로도 적성이 보입니다 ——————————— 131

성격에 맞는 일을 해야 더 빨리 발전한다 ★ 138

　　감정선으로 성격에 맞는 일을 찾으세요 ——————————— 139
　　`꼬인 인생, 풀어주세요!` 손 모양으로도 그 사람이 보인다 ——————— 146

운명적인 직업을 택하면 삶이 행복해진다 ★ 152

　　두뇌선, 감정선으로도 모르겠다면 운명선을 보세요 ——————— 153
　　`이것이 궁금해요!` 손금, 나도 부업으로 할 수 있을까요? ——————— 162

Part 4 : 성공 편
언제까지 지금처럼 살 수는 없다

재물 │ 내 인생에도 대박이란 게 있을까? ★ 170

　　노력하면 성공운도 더해지니 현재에 충실하세요 ——————— 171
　　나는 돈복이 없다고 섣불리 판단하지 마세요 ——————— 179
　　한 번에 많은 걸 얻으면 운이 금방 꺼질 수도 있습니다 | 횡재운 ——— 187
　　`꼬인 인생, 풀어주세요!` 재물선이 있다고 다 좋은 건 아니다 ——— 192

인간관계 │ 인간관계야말로 평생의 과제다 ★ 198

　　인복이 있어야 진짜 행복한 인생을 살 수 있습니다 ——————— 199

커리어 이직이 새로운 기회가 될 수도 있다 ★ 205

이직도 타이밍이 중요합니다 —————————————————— 206

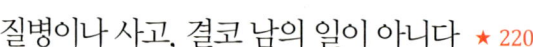 손금이 정말 변하나요? —————— 212

Part 5 : 건강 편
건강 없이 되는 건 아무것도 없다

질병이나 사고, 결코 남의 일이 아니다 ★ 220

만성질환 당뇨와 혈압, 자기관리는 필수입니다 ————————— 221
암 환자 백만 명 시대, 미리미리 진단하세요 ——————————— 227
예민하고 두통이 잦다면 뇌종양, 뇌졸중을 주의하세요 ————— 231
심장이 약한 분들에게 무리한 일은 금물입니다 ————————— 234
갑작스런 사고 전, 손금의 신호를 놓치지 마세요 ———————— 239

직장인이라면 특히 주의하자 ★ 243

잦은 회식과 음주, 당신의 간은 안녕하십니까 ————————— 244
소화가 종종 안된다면 식습관 점검이 꼭 필요합니다 —————— 248
꼬인 인생, 풀어주세요! 나에게 맞는 운동은 따로 있다 ————— 252

자신의 몸을 소중히 여기는 여자가 아름답다 ★ 258

- 여자에게 피부는 생명입니다 — 259
- 여자들만의 고충, 자궁 질환 — 261
- 허리나 무릎이 아프다는 말을 달고 산다면 — 266
-  손금 성형, 효과가 있나요? — 268

Part 6 : 실전 편
손금을 알면 만남이 즐거워진다

아는 것과 보는 것은 다르다 ★ 274

- 손금, 무엇부터 봐야 하나요? — 275
- 정말 손금만 보는 건가요? — 276
- 조언을 어떻게 줘야 할까요? — 278
- 주의해야 할 사항이 있나요? — 282
- **꼬인 인생, 풀어주세요!** 손금 공부에도 노하우가 있다 — 284

 별점으로 보는 손금 실전 ★ 288

- **에필로그** 최고의 조언은 내 손안에 있다 — 334
- **감사의 말** — 340
- **부록** 연령별 손금 카운슬링(가려운 부분을 긁어드립니다) — 342

PART 1

기본편

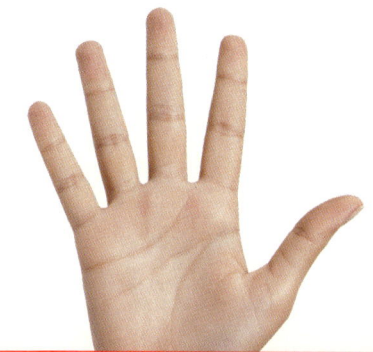

손금 카운슬링, 이건 알고 시작하자

손금을 들여다보기 전, 잠깐!
막상 보려고 하니 왼손과 오른손, 어느 손을 봐야 할지 궁금하시죠? 또 양쪽의 손금이 다른 건 어떤 걸 의미하는지, 잔금이 많은 손금은 꼭 나쁜 건지 등등 알고 싶은 게 쏟아질 겁니다. 손금을 보기 전에 알아두면 좋은 것들에 대해서 짚고 넘어갑시다.

내 손을 이렇게 자세히 본 건 처음이야!

'도대체 내 인생은 언제쯤 풀릴까?'

이런 시기, 누구에게나 오지 않나요? 직장에서도 상사한테 늘 잔소리를 듣고 애인한테도 괜히 서운하고 몸까지 쑤시는 것 같고…… 주변엔 나보다 열심히 살지도 않았는데 능력 좋은 남자 만나서 시집 잘 가는 친구를 보며 겉으론 축하한다 하지만 속으론 배가 아파 미칠 지경이고요.

결국 다 자기가 하기 나름이라지만, 가끔은 정말 세상은 참 불공평하다는 생각이 듭니다. 그러면서 한편으로는 언젠가는 '나의 날'도 올 거라는 희망을 갖고 다시 맘을 다잡기도 하지요. 하지만 '그날'이 도대체 언제인지 알 수가 없으니 도통 답답하기만 할 겁니다. 이럴 때 내가 내 손금을 볼 줄 알면 얼마나 좋을까요?

하지만 손금을 보기도 전부터 모두들 난관에 부딪히죠.

'내 손은 두 개인데 도대체 어느 손부터 봐야 되는 거지? 왼손? 오른손? 한 손만 봐야 하나, 두 손 다 봐야 하나?'

1부에서는 이처럼 손금을 보기 전에 알아야 할 것들을 정리해보았습니다.

왼손, 오른손 중 어느 손부터 봐야 하죠?

●● 깍지를 꼈을 때 엄지가 위로 올라가는 손이 타고난 손, 다른 손은 현재의 손입니다

어떤 분들은 남자는 왼손, 여자는 오른손을 봐야 한다고 하기도 하고, 어떤 고수 분은 한 손만을 고집하기도 하는데, 양손 다 비교하면서 보는 것이 더 정확하고 깔끔합니다.

하지만 양손의 손금이 다를 때는 현재의 손에 더 비중을 두고 봐야 합니다. 오른손이 현재의 손인 분들이 더 많기 때문에 이 책에는 오른손의 이미지를 실었습니다. 따라서 현재의 손이 왼손인 분들은 핸드폰 카메라로 왼손 손바닥을 찍어 그 이미지를 '좌우반전'시켜 보시면 됩니다.

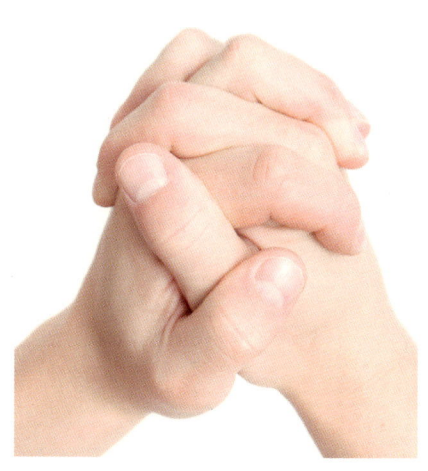

타고난 손의 손금은 본인의 운명을 이야기해주고, 현재의 손금은 현시점을 이야기해줍니다. 타고난 운명은 별로여도 현재가 좋다면 위안이 될 수 있고, 반대로 현재가 좋지 않아도 타고난 복이 있다는 걸 알면 안심이 되지 않을까요?

깍지를 꼈을 때 왼손의 엄지가 올라가므로 왼손이 타고난 손, 오른손이 현재의 손입니다.

양손의 손금이 너무 달라요

●● 양손의 손금이 다르면 좋지 않지만 장점도 있답니다

양손의 손금이 다른 것은 사실 그다지 좋지 않습니다. 실제로 양손이 같은 손금은 자신의 진로나 운명이 명확하기 때문에 고생을 덜한답니다. 양손이 다르다는 것은 인생에 큰 전환점이 한 번쯤은 찾아온다는 것을 의미합니다. 그러면 양손의 손금이 다르면 무조건 나쁜 걸까요? 너무 걱정하지 마세요. 다음과 같은 장점도 있답니다.

또 다른 재능의 발견!

양손이 다르면 이것도 잘하고 저것도 잘하는 능력자일 수 있습니다. 지금은 사무실에 앉아 타자기만 두들기고 있더라도 취미로 했던 것이 후에 자신의 본업이 될 수도 있고요. 만약 자신이 꼭 하고 싶었지만 여건상 하지 못했던 것에 대한 미련이 있다면 늦게라도 도전해볼 만합니다. 늦게 도전하면 그만큼 더 간절함이 있기 때문에 오히려 단기간에 성공하는 경우도 있으니 나이에 너무 구애받지는 마세요.

성격이 달라질 수 있다?

냉정하고 보수적인 데다 말수도 적고 조용한 곳을 선호했던 사람이 사교성도 좋고 긍정적이고 쾌활하고 명랑한 성격으로 바뀔 수도 있습니다. 본인의 의지로 변한다기보다 성격이 변할 수밖에 없는 큰 계기가 있을 가능성이 많습니다. 성격을 좀 고치고 싶은데 잘 안 된다면 희망을 가져보는 게 어떨까요?

건강관리를 해야 된다는 신호!

어렸을 때는 몸이 너무 약해서 약을 달고 살고 병원을 내 집 드나들듯 다녔는데 크면서 건강해진 분들, 또는 너무 건강했었는데 나이를 먹어 갑자기 몸이 약해진 분들도 양손의 손금이 다를 수 있습니다. 만약 건강 때문에 스트레스를 심하게 받거나 체력이 너무 약해 걱정이라면 본인을 위해 운동도 하고 식습관도 바꿔보는 건 어떨까요? 또, 자신의 건강은 아무 문제없다고 확신하는 분들도 절대 과신하지 마세요. 언제 어떻게 될지는 아무도 모르는 법이니까요.

운명은 개척하는 거야!

운명대로, 순리대로 가는 사람은 양손의 손금이 거의 같고 사주를 봐도 아주 정확하게 떨어집니다. 사주를 볼 때마다 '왜 나는 안 맞지? 이거 아닌 거 같은데?' '어디를 가도 내 사주는 잘 못 보네.' 하셨던 분들이 계시다면 손금을 들여다보세요. 어떤가요? 양손의 손금이 다르지 않나요?

양손이 다르다는 것은 자신이 운명을 개척해나가야 하는 사람임을 의미합니다. 이런 분들은 타고난 것에 기대기보다는 현재를 더 중시하고, 또 더 나은 미래를 위해 계획적으로 움직이려고 하죠. 다른 사람들이 보기엔 피곤해 보일지 몰라도 결국엔 자신을 알고 미리미리 움직이는 사람이 성공한다는 사실, 절대 잊지 마세요.

소영이의 리얼스토리

현재의 손금대로 공무원이 된 아저씨

30대 중반 남자분이 손금을 보러 오신 적이 있습니다. 그분은 왼손이 공무원 손금, 오른손이 사업가 손금이었답니다. 원래 깍지부터 껴보라고 하지만 그날은 먼저 이야기부터 듣게 되었지요. 사실 보통 왼손이 타고난 손인 경우가 많답니다. 상식대로라면 그분은 공무원이 될 운명으로 태어났지만 지금은 사업가가 됐어야 했죠.

그런데 실제로 그분은 공무원이셨답니다. 이야기를 들어본즉슨 어려서 부모님이 사업을 해 늘 앞날이 불안했다고 합니다. 언제 어떻게 될지 모르는 생활을 하면서 어린 마음에 스트레스도 많이 받고 돈에 민감해졌다고 하더군요. 그런 생활에 환멸을 느껴 일찌감치 안정적인 공무원의 길을 택했다고 합니다.

그래도 사업가가 되지 않은 이유가 뭘까 생각하다가 깍지를 껴보시라고 했습니다. 아니나 다를까! 그분은 오른손 엄지가 위로 올라가더군요. 엄지가 위로 올라가는 것이 타고난 손이니 보통 사람들과 다르게 타고난 손이 오른손, 현재의 손이 왼손이었던 겁니다. 즉, 사업가가 될 운명으로 태어났는데 현재의 손을 따라 공무원의 길을 가게 된 것이지요. 손금의 세계, 정말 신기하지 않나요?

잔금이 많으면 나쁘다던데 정말인가요?

●● 잔금이 많다고 꼭 나쁜 건 아니니 몇 가지만 주의하세요

잔금이 많으면 좋지 않다는 얘기는 종종 들어보셨을 거예요. 근데 생각해보면 손바닥에 잔금이 없는 게 꼭 좋은 것만은 아닙니다. 보통 손이 두툼하면 살집 때문에 잔금이 거의 없거든요. 손이 통통하고 몸이 무거우면 손금과 별개로 혈압이나 당뇨 등 갑작스레 질병이 찾아올 수 있으니 건강에 유의하셔야 합니다.

잔금이 많으면 사실 손금을 보기가 힘듭니다. 하지만 그 말인즉슨 잔금이 많은 손은 손금 공부에 더 효과 만점이라는 얘기이기도 하죠. 그렇다면 잔금이 많다는 건 어떤 걸 의미할까요?

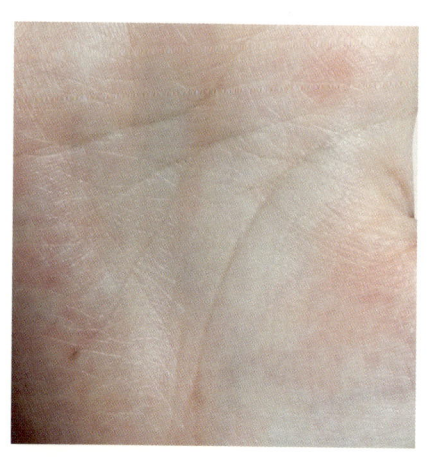

'예민' 하면 빠질 수 없는 사람

이것저것 고민이 많고 다른 사람의 말을 너무 심각하게 받아들이는 분 계시죠? 막상 상대는 벌써 잊었는데 뒤끝이 있어서 상처는 꼭 기억하고 후회도 많이 하고요. 그래서 특히 사람을 상대해야 하는 일을 하면 스트레스를 많이 받을 수 있습니다. 이런 분들은 나쁜 말도 아무렇지 않게 넘길 수 있는 담력을 쌓아야 합니다. '그러려니' 하고 넘기는 연습을 자주 하시기 바랍니다.

잔병치레가 많아 괴로워!

환절기만 되면 기다렸다는 듯이 감기에 걸리고 환경이 변하면 꼭 병이 나는 분들 계시죠? 잔금이 많으면 성격이 예민한 만큼 신경 쓰는 것도 많다보니 잔병치레를 많이 합니다. 슬럼프에 빠지거나 몸이 아프고 컨디션이 좋지 않을 때도 단기간에 회복되지 않거나 한 번에 끝나지 않고 자주 반복될 수 있습니다. 그래서 평소에 본인이 즐길 수 있는 취미 활동을 하면서 스트레스를 정기적으로 풀어주는 것이 좋습니다.

그렇다고 너무 나쁘게 생각하진 마세요. 좋게 보면 크게 아프거나 수술을 할 정도로 심각한 경우는 드물다는 것을 의미하기도 하니까요.

손재주, 끼가 많은 예술형 인재

잔금이 많다고 다 나쁜 건 아닙니다. 손재주도 많고 끼도 많아서 예술·예능 쪽에서 두각을 나타낼 수 있습니다. 만약 일반 회사에 들어가더라도 기획이나 마케팅처럼 창의력과 아이디어로 승부하는 일을 한다면 반드시 빛을 발할 겁니다.

그렇다면 잔금을 없앤다고 레이저 성형을 하면 운명이 좋아질까요? 절대 그렇지 않습니다. 굳이 수술을 받지 않더라도 자신의 노력에 따라 잔금은 없어지거나 생길 수도 있고, 부득이한 사고로 선이 달라질 수도 있으니 손금을 바꾸려 하기보다 더 나은 삶을 위해 노력하는 게 현명합니다.

손바닥 색이 유독 하얗거나 빨간 건 어떤 의미인가요?

●● 손바닥 색도 그 사람을 어느 정도 보여줍니다

손바닥이 하야면 욕심이 별로 없습니다

보통 손바닥이 하야면 전체적으로 피부가 깨끗하기 때문에 '우윳 빛깔'과 같이 많은 여성들의 부러움을 사는 별명을 얻을 수도 있지만 사실 그다지 좋은 것만은 아닙니다. 우선 결벽증이 있거나 방황이 너무 길어질 수 있습니다. 큰 모험을 별로 좋아하지 않고 욕심도 없고 자신감도 없는 편이죠. 귀인이 도와주지 않으면 일어나기 힘든 타입입니다. 또 손바닥이 하야면 외모가 출중한 편인데 본인은 아니라고 합니다. 이처럼 자신감이 없기 때문에 포기도 빠릅니다. 이런 사람은 새로운 환경에 적응하는 데 시간이 좀 걸리기 때문에 참을성을 길러야 합니다. 건강에 있어서는 빈혈을 조심해야 합니다. 혈액순환이 잘 안 되고 쇼크나 충격으로 잘 쓰러질 수도 있으니 주의하세요.

손바닥이 빨갛거나 시커멓다면 화병에 걸리기 쉽습니다

이는 혈액순환이 너무 잘된다는 의미로 볼 수도 있지만 열이 많고 화병에 걸리기 쉽다는 걸 의미하기도 합니다. 즉, 속으로 담는 스타일이라는 거죠. 손바닥이 빨갛거나 거무스름한 경우 생활력이 강하고 성실하지만 욱하는 성격이 있고, 충격을 받으면 치유하는 데 오래 걸린다는 단점도 있습니다. 또, 고혈압과 간 질환을 주의해야 하고 음주나 담배를 웬만해서는 하지 않는 것이 좋습니다. 물론 손바닥의 핏기만으로 그 사람이 어떻다고 판단하는 건 무리이지만 대체적으로 이렇다는 것이니 참고하시길 바랍니다.

손의 언덕도
함께 봐야 한다고?

●● 손금과 함께 '구'도 참고하세요

흔히 손금을 본다고 하면 손에 있는 선들만 본다고 생각하는데 그렇지 않습니다. 손을 만져보면 부위마다 언덕처럼 두툼하게 올라온 곳이 있는데 이를 '구'라고 부릅니다. 손금을 볼 때 이 부분도 함께 참고해서 보시면 좋습니다. 예를 들어 엄지손가락 아래 두툼한 부분은 금성구라고 하고, 그 반대편의 두툼한 부분은 월구라고 합니다. 쉽게 말해 구를 본다는 것은 손의 특정 부위에 살집이 있는지 없는지를 보는 거라 생각하시면 됩니다.

구가 발달되어 있는 손은 대개 손금이 미흡한 편입니다. 그래서 손금을 보려고 하는데 선이 너무 미흡하다면 선과 같은 역할을 하는 구를 참고해야 더 명확히 해석할 수 있습니다.

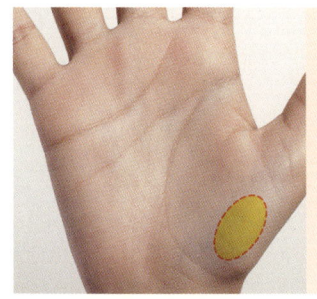

금성구

생명선이 감싸고 있는 엄지 부분을 금성구라고 합니다. 금성구가 발달한 사람은 체력이 좋고 운동을 잘하거나 성격이 유하고 배려심이 있습니다. 직업까지는 아니어도 부동산이나 땅에 관심을 가지면 아주 좋습니다.

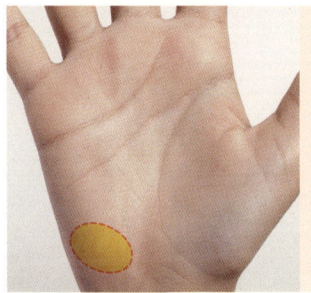

월구

금성구와 마주 보고 있는 월구가 발달되어 있으면 예술·예능적 기질이 강하거나 4차원 소리를 들을 수도 있습니다. 낭만적이고 상상력이 풍부해 창조적인 일을 하면 좋습니다. 예술가나 작가 등으로 활약을 하거나 철학이나 심리학 쪽으로 몸담을 수도 있습니다.

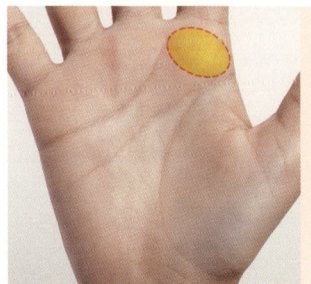

목성구

검지 아랫부분을 목성구 혹은 권력구라고도 부릅니다. 명예와 권력, 또는 승부욕이나 성취욕을 의미합니다. 목성구가 발달한 사람은 관직에 종사할 가능성이 많지만, 이 부분이 빈약하면 진급이 힘들 수도 있습니다.

토성구

중지 아래, 좀 더 정확히는 그림에 표시된 부분, 즉 중지와 검지 사이쯤 튀어나온 부분이 토성구입니다. 종교를 의미하므로 신앙심이 깊은 사람들이 특히 발달되어 있습니다. 자신만의 세계관과 고집이 있기 때문에 외로운 일을 하게 되고 외로움을 자처하기도 합니다.

태양구
약지 아랫부분이 태양구입니다. 이 부분이 발달한 사람은 인기가 많고 자신을 찾는 사람이 많아 유명세를 탈 수 있으며 늘 바쁩니다. 자신감도 많고 포부가 큰 게 특징입니다.

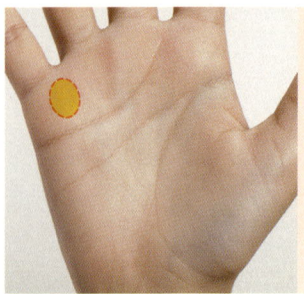

수성구
새끼손가락 아래가 수성구입니다. 사업선이 뻗는 곳이니 당연히 사업가 기질이 있는 사람이죠. 즉, 계산적이고 추진력이 있고 인내심이 강하며 언변도 뛰어납니다.

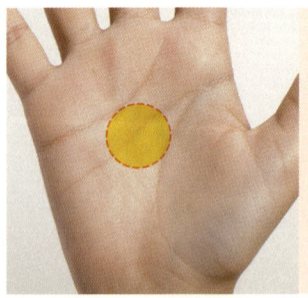

화성평원
손바닥 중앙을 화성평원이라고 합니다. 두툼한 구와 달리 움푹 들어간 곳이라는 뜻에서 평원이라 부르죠. 화성평원이 깊이 들어간 사람은 자수성가할 가능성이 많고 정신적인 일보다 육체적인 일에 종사하는 경우가 많더군요. 또한 다혈질인 데다 자존심이 강해 주변 사람들을 피곤하게 할 수도 있으니 주의해야 합니다.

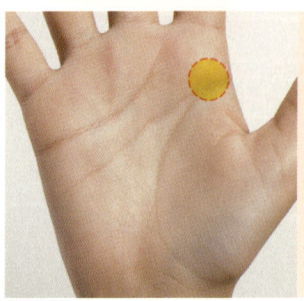

제1화성구
검지 아래와 금성대 사이에 있는 구는 제1화성구라고 부릅니다. 이 부분이 유난히 발달한 사람들은 대게 운동선수나 육체 노동을 하는 경우가 많습니다. 갑자기 욱하는 성격도 있으니 감정을 절제할 줄 알아야 합니다.

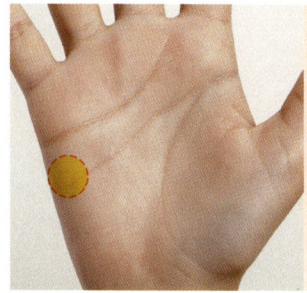

제2화성구

제1화성구의 맞은편, 즉 반항선이 있는 수성구와 월구 사이를 제2화성구라고 합니다. 이 부분이 발달한 사람은 계산적이고 사업적 기질이 강하며 논리정연한 게 특징입니다.

손금, 정말 믿을 만한가요?

사주 역학계에서는 사주를 80%, 손금과 관상을 각각 10% 정도의 비중으로 활용한다고 합니다. 사실 사주학을 공부하는 사람들은 손금과 관상을 경시하는 경향이 있습니다. 사주가 그만큼 다방면으로 공부해야 하고 어렵기도 하니까요. 하지만 손금과 관상은 조금만 공부해도 금방 배울 수 있다는 매력이 있어 사주 공부를 많이 하신 분들도 결국엔 그 10%를 채우기 위해 손금에 관심을 두게 됩니다.

또, 사주는 기록을 하면서 봐줘야 하지만 손금은 그냥 손바닥을 들여다보기만 해도 간단명료하게 상대를 파악할 수 있다는 강점이 있습니다. 그래서 전 개인적으로 손금의 비중을 10%보다 더 주고 싶답니다.

손금을 점이나 미신으로 생각하시는 분들도 참 많은데요. 손금은 얼마나 신빙성이 있을까요? 사주·역학 전문가들은 맞아떨어질 확률이 80% 이상이라고 말합니다.

여러분은 손금을 공부함으로써 자신의 과거, 현재, 미래 그리고 자신의 마음 상태를 높은 확률로 알 수 있을 뿐 아니라, 다른 사람에게도 놀라움과 기쁨을 줄 수 있답니다. 앞으로는 적성 검사나 심리 상담 때 손금이 유용하게 쓰이는 시대가 꼭 왔으면 하는 바람입니다.

선이 이렇게 많은데
뭐부터 봐야 하지?

'이제 본격적으로 손금을 봐야 하는데 가만 보자…… 무슨 선이 이렇게 많아? 도대체 뭐부터 봐야 되는 거지?'

보통 손금 초보자들은 손금 공부를 시작하기도 전부터 손에 있는 수많은 선들에 압도당해 주눅이 들곤 합니다.

하지만 이렇게 생각해보는 건 어떨까요? 여러분의 손은 인생의 축소판이고, 손금은 여러분 인생의 길과도 같습니다. 신기하게도 사람의 운명이 그 길대로 흘러가니까요. 공부하고 정복해야 하는 선으로만 보지 말고 내가 걸어가야 하는 길이라고 생각하면 더 친근하게 느껴지지 않을까요?

또, 선의 이름을 무작정 외울 필요는 없습니다. 저도 처음엔 '이 선이 발달하면 상상력이 풍부하구나' 이런 식으로 먼저 익혔거든요. 이름보다는 그 선이 의미하는 바가 무엇인지를 이해하는 게 중요합니다.

무슨 선부터 봐야 하나요? | 기본 3대선

●● 기본 3대선(생명선, 두뇌선, 감정선)부터 보세요

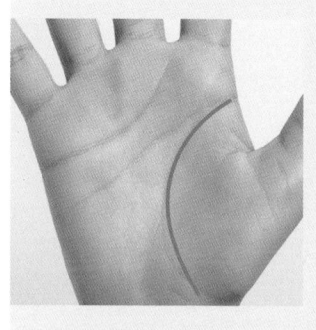

생명선

생명선은 건강과 수명을 나타냅니다. 기본적으로 생명선이 뚜렷하고 길다는 것은 건강하고 장수할 수 있음을 의미하지만, 건강한 삶의 '태도'와도 밀접한 연관이 있어 그 사람의 성격을 나타내기도 합니다.

즉, 생명선이 진하면 적극적이고 인내심이 있으며 생활력이 강합니다. 또한 생명선 안쪽 금성구가 두툼할수록 활동적이고 역마가 있으며 부동산과 인연이 많습니다. 반대로 생명선이 연하거나 선이 좀 끊어져 있고 금성구가 약하다면 병약하고 쉽게 지치며 무슨 일이든 소심하고 예민하게 받아들여 중도 하차하기 쉽답니다.

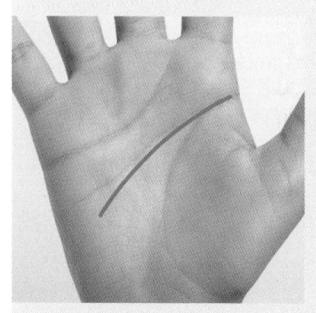

두뇌선

두뇌선에서는 지능, 적성, 성격을 알 수 있습니다. 흔히 두뇌선이 선명할수록 머리가 좋다고 이야기하죠. 두뇌선이 직선형이면 이공계, 곡선형이면 인문계가 잘 맞고, 두뇌선 끝이 월구로 향해 있으면 예능계열이 적합합니다. 또, 두뇌선이 직선형이면 성격이 냉정하고 신중하고 논리적인 반면, 곡선형이면 감성적이고 즉흥적이고 배려심이 많습니다.

두뇌선이 월구로 가 있으면 상상력이 풍부해 '4차원'에 엉뚱하다는 소리를 들을 수도 있습니다. 감성이 너무 풍부해서 눈물도 많답니다.

두뇌선에 장애선이 많은 경우에는 집중력에 문제가 있어 산만할 수도 있고 일을 하는 데 실수가 잦을 수 있으니 주의해야 합니다.

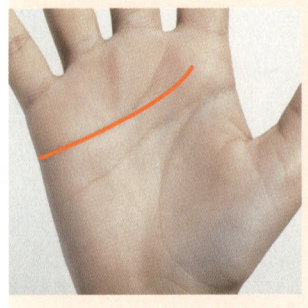

감정선

감정선은 주로 그 사람의 성격을 파악할 수 있는 선입니다. 좀 더 깊이 들어가면 감정선의 나이에 따라 인생의 변화나 건강도 볼 수 있으니 고수가 되고자 한다면 깊게 연구해보는 것도 좋습니다.

감정선이 직선에 가까울수록 솔직하고 직설적입니다. 반면 곡선에 가까울수록 상대를 배려하고 부드럽게 대하기 때문에 매력적인 사람으로 불릴 수 있습니다. 쉽게 말해 직선형은 성격이 차갑고 곡선형은 부드럽다고 이해하시면 될 것 같네요.

감정선 하나만 잘 읽어내도 그 사람의 성격과 성향을 알 수 있기 때문에 원만한 대인관계를 갖고 인맥을 넓히고 싶은 분들에겐 감정선이 좋은 참고 자료가 될 수 있습니다. 직장인, 혹은 손금을 처음 접하는 분이라면 감정선부터 습득하는 것이 좋습니다.

기본 3대선, 그다음에는 무엇을 보나요? | 세로 3대선

●● 세로 3대선(운명선, 재물선, 사업선)을 보세요

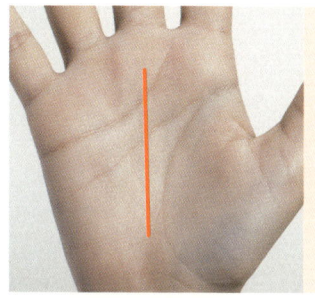

운명선

중지로 향해 있는 선이 바로 운명선입니다. 선이 어디에서부터 출발했느냐에 따라서 진로나 직업에 큰 영향을 줍니다. 월구에서 시작하는지 손목에서 올라가는지 혹은 두뇌선 부근에서 시작하는지에 따라 진로나 직업이 자리 잡는 시기를 알 수 있으니 잘 참고하시기 바랍니다.

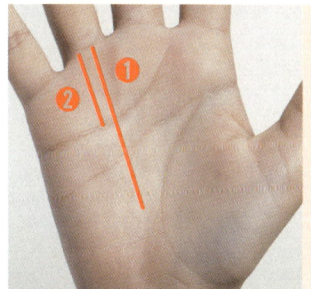

재물선

약지를 향해 뻗어 올라가는 선이 재물선입니다. 재물선이 진하고 선명하다는 것은 재물운이 있다는 것입니다. 재물선이 끊어짐이 심하거나 이어지다 말았다는 것은 재물이 있는 게 한때뿐이라는 걸 의미하기도 하니 조심해야겠죠.

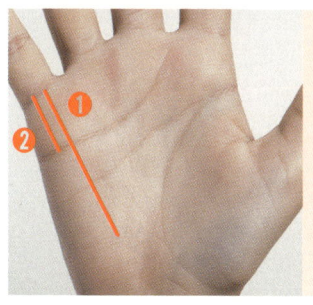

사업선

새끼손가락을 향해 뻗은 선이 사업선입니다. 이 선은 꼭 사업만이 아니라 그 사람의 건강과 인내심, 책임감도 말해줍니다. 사업을 하지 않고 있더라도 이 사람이 얼마나 끈기가 있는지 알 수 있는 좋은 참고 자료라 할 수 있습니다.

그 외의 선들도 다 의미가 있나요?

●● 대부분의 선에는 이름도 있고 의미도 있습니다

선의 이름을 무작정 외우려고 하지 마시고 자신의 손에 그 선이 어디 있는지 확인하고, 무엇을 의미하는지를 찬찬히 보세요.

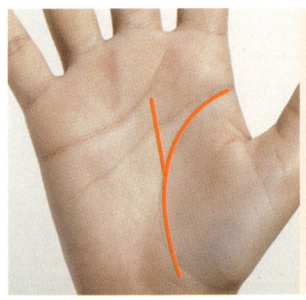

자수성가선

자수성가선은 생명선에서 손가락 쪽을 향해 뻗어 있는 선을 말합니다. 말 그대로 다른 사람의 도움 없이 자신의 능력으로 성공할 수 있음을 의미합니다. 약한 운명선을 가진 분들에겐 자수성가선이 좋은 참고 자료가 될 수 있습니다. 이 선으로 성공 시기나 사업 시기를 보기도 하기 때문이죠.

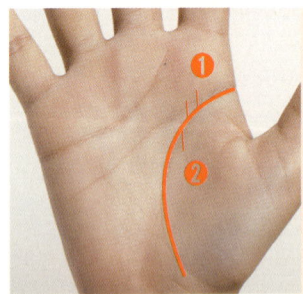

노력선

생명선에서 작게 올라와 있거나 내려가 있는 선이 노력선입니다. 그 나이대에 뜻하지 않은 작은 경사나 좋은 일이 있거나 인연을 만날 수도 있음을 말해주기도 합니다.

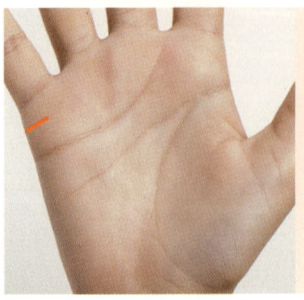

결혼선

새끼손가락과 감정선 사이에 있는 선입니다. 가끔 결혼선이 없다고 주먹을 쥐거나 살짝 오므려서 생기는 선을 결혼선이라고 우기는 분들도 있는데, 그것은 결혼선이 아닙니다. 손을 쫙 펴고 정면으로 봤을 때 굵고 선명하게 보이는 선만이 결혼선입니다. 결혼선으로 결혼 시기를 아는 건 고수들에게도 어려운 일이기 때문에 시기에 너무 집착하지는 마세요.

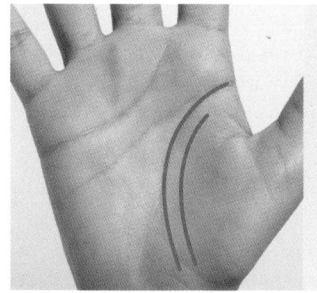

영향선
생명선 안쪽에 생명선을 따라 난 선이 영향선입니다. 부부관계, 연인관계를 보여주기도 하는데, 이 선이 선명하면 배우자나 이성에게 사랑받을 수 있습니다.

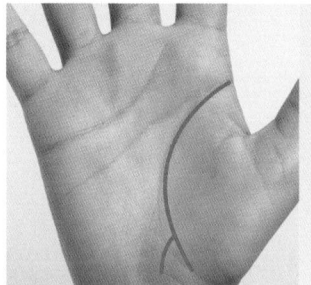

부업선
부업선은 손목 부분에서 올라와 생명선과 붙어 있는 선입니다. 이 선이 있으면 직업이 두 개가 될 수도 있습니다. 또는 지금 하고 있는 일과는 다른 일에 재능이 있을 수 있습니다. 부업선이 발달한 사람은 재테크에 관심이 많고 일복이 많습니다.

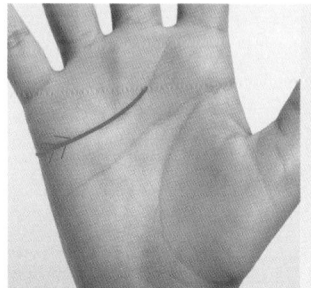

자식선
감정선 시작점에서 소지 쪽 부근으로 올라간 선은 아들, 밑으로 내려간 선은 딸을 의미합니다. 자식뿐 아니라 형제를 뜻하기도 하더군요. 솔로인데 유난히 자식선이 많다면 형제가 많거나 자식 복이 많을 수도 있다는 점을 참고하세요.

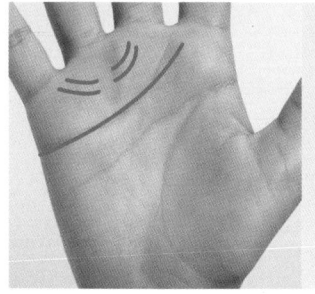

금성대
감정선 위쪽의 곡선으로 되어 있는 선입니다. 매력을 의미하면서 건강도 보여주는 선입니다. 금성대가 유난히 많고 지저분하면 우유부단하거나 알레르기 또는 결벽증이 있을 수 있습니다. 외모는 출중한 편이지만 다방면에 끼가 너무 많아서 진로 고민을 하기 시작하면 끝이 없을 수도 있습니다. 당연히 너무 많아도 좋지 않겠죠?

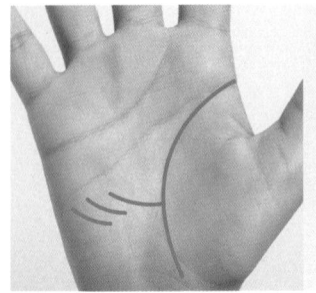

여행선

생명선에서 나와 옆으로 뻗어 있는 직선을 말합니다. 여행선이 있다는 것은 여행을 갈 기회가 있음을 의미입니다. 직장을 갖더라도 국내보다 해외가 더 잘 맞고, 앉아서 하는 일보다 돌아다니는 일이 어울립니다. 유학이나 이민을 고려한다면 여행선의 시기를 보고 결정하면 좋습니다. 좋은 여행이 될지 후회하는 여행이 될지 짐작할 수 있으니까요.

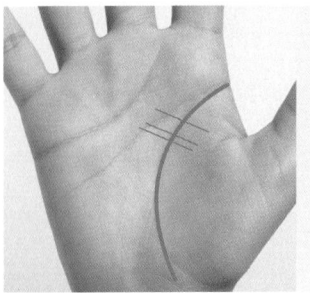

장애선

생명선에서 나오거나 생명선을 뚫고 올라가는 사선을 장애선이라고 합니다. 이 선이 다른 선을 가로막거나 자른다면 막힌 선이 제 역할을 하지 못한다고 할 수 있습니다. 여행선과 혼동하기 쉬운데 생명선에서 나와 '옆으로 뻗은 선'은 여행선으로, 생명선에서 혹은 생명선을 뚫고 '위로 올라가는 선'은 장애선으로 보시면 됩니다.

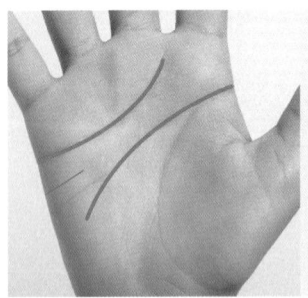

반항선

감정선과 두뇌선 사이에서 나오는 선이 반항선입니다. 이 선이 선명하면 이중 감정선으로 볼 수도 있습니다. 반항선이 있으면 호기심이 많고 자기주장이 강하며 사람들한테 성격이 너무 세다는 소리를 자주 들을 수 있습니다.

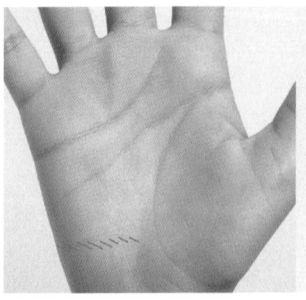

방종선

여행선으로 착각하기 쉽지만 월구에 나 있는 선으로, 그림처럼 선이 겹겹이 이어져 있습니다. 있는 사람도 있고 없는 사람도 있는데 방종선이 있다는 것은 피곤한 삶을 살고 있다는 증거입니다. 술, 담배를 너무 좋아하거나 즐기는 사람들은 꼭 방종선이 있더군요. 방종선이 있다면 갑작스런 사고, 특히 교통사고나 심장 발작 등을 주의해야 합니다.

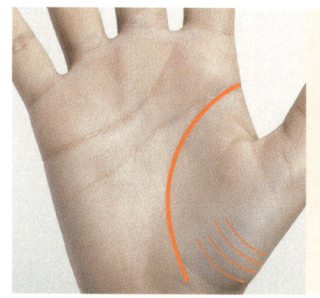

인복선

생명선 안쪽에 진한 세로선이 인복선입니다. 이 선이 많고 적음을 통해 주변에서 도움을 주는 사람이 많은지 적은지를 알 수 있죠. 인복선이 많으면 사람들의 도움을 많이 받을 수 있다는 뜻이니 성공하는 데에도 더 유리하겠죠?

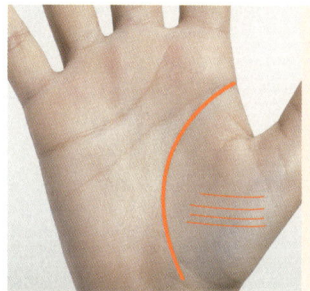

의리선

생명선 안쪽에 진한 가로선이 의리선입니다. 이 선이 있으면 자신보다 주변을 더 신경 쓰기 때문에 남에게 이것저것 다 챙겨줘야 직성이 풀린답니다.

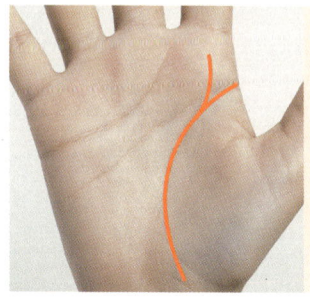

자만심선

생명선에서 권력구로 향하는 진한 선을 자만심선이라고 합니다. 본인이 실제로 능력이 많으면 꼭 나쁘다고 볼 순 없지만 스스로를 너무 높이 평가해서 허황된 꿈을 꾸고 무모한 행동을 할 수도 있습니다. 투자할 때도 너무 기대를 하면 오히려 크게 실패할 수도 있으니 주의해야 합니다.

저는 일자 손금인데요?

● ● **'원숭이 손금'이라고 하는 일자 손금을 '막쥔금'이라고 합니다**

막쥔금은 특이한 손금입니다. 보통 막쥔금을 가진 사람은 '대통령 아니면 거지 될 팔자'라고 합니다. 결국 운명이 극과 극이라는 뜻이니 마냥 좋아할 일은 아닌 것 같습니다. 그렇다고 막쥔금이 안 좋다는 건 아닙니다. 특별해도 너무 특별하기 때문에 좋게 본다면 장점도 많습니다. 그리고 미리 안 좋은 점은 예방하는 차원에서 공부를 해두면 도움이 많이 될 것입니다.

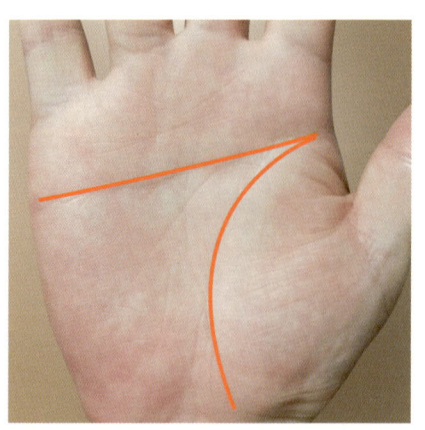

막쥔금을 가진 사람의 성격 역시 그 운명처럼 극과 극을 달립니다. 이처럼 막쥔금에 '적당히' '보통'이란 단어는 어울리지 않습니다. 원만한 대인관계를 위해서는 누구보다 주변의 도움과 자기 성찰이 필요합니다.

막쥔금이 아주 선명하고 잔선, 장애선, 선의 끊어짐이 없다면?

다정다감하고 예의를 중시하며 매너도 있습니다. 사람들 사이에서 분위기 메이커인 데다 리더십도 뛰어나며 자기만의 매력이 있는 사람입니다.

막쥔금에 잔선, 선의 끊어짐이 있어 지저분하고 거칠다면?

욱하는 성격을 가진 분이 많습니다. 변덕이 심하고 자존심도 강하며 고집이 세서 주변에 사람이 모이지 않습니다. 자신만의 세계관이 확실해 사회에 적응하지 못할 수도 있습니다.

양손 모두 막쥔금이면 능력자!

양손이 모두 막쥔금이라면 자신이 가고자 하는 분야에서 전문가가 되어 인정받을 수 있습니다. 하지만 매사 완벽주의에 꼼꼼한 스타일이기 때문에 함께 일하는 사람을 피곤하게 할 수 있어 사람이 잘 떨어져 나가고 다른 사람을 잘 못 믿는 경우가 있습니다. 만약 내 상사가 막쥔금이라면? 계속 이직을 생각하게 될지도 모르겠네요. 만약 내 양손이 모두 막쥔금이라면 주변 사람을 너무 내 사람으로만 만들려고 하지 말고 상대의 말에도 귀 기울이고 배려할 줄 알아야 합니다.

한 손만 막쥔금이면 승부욕이 철철!

깍지를 꼈을 때 엄지가 위로 올라가는 손, 즉 타고난 손이 막쥔금이면 천성적으로 미적지근한 것을 잘 참지 못합니다. 또한 반항기가 있고 승부욕, 성취욕도 강하죠. 직장생활을 하면서도 늘 사업을 꿈꾸지만 생각보다 시행착오가 많을 수 있습니다. 섣불리 사업을 한다고 나서다간 매번 낭패가 올 수 있으니 자신이 잘 아는 분야에 도전하거나 바닥부터 시작해 어느 정도 자리를 잡은 다음에 사업을 하는 것이 좋습니다.

반대로 현재의 손이 막쥔금인 사람은 직장에서 일찍 능력을 인정받아 큰 책임을 부여받을 수 있습니다. 어려서 사업을 시작해도 성공할 가능성이 높으며 시험 운도 좋죠. 하지만 이렇게 승승장구하다 보면 자칫 자만에 빠지거나 주위의 시샘을 살 수 있으니 항상 겸손한 자세를 잊지 말아야 합니다.

막쥔금에는 다양한 형태가 있고 그에 따라 해석도 다릅니다. 어떤 경우든 자신의 노력 여하에 따라 쉽게 성과를 볼 수 있는 복 받은 손금이라는 건 사실입니다. 하지만 '대통령이 아니면 거지'가 될 운명이라는 것을 명심해야 합니다. 그만큼 끊임없는 노력을 해야 하고 감정 조절이 반드시 필요하다는 것을 유념하시기 바랍니다.

막쥔금인지 아닌지 헷갈려요

막쥔금에 대한 궁금증이 풀렸나요? 그런데 막쥔금이 아니라 '막쥔금형'인 경우도 있습니다. 막쥔금인지 아닌지 애매할 경우 손을 살짝 오므렸을 때 막쥔금이 된다면 막쥔금형이라 할 수 있습니다. 하지만 이를 막쥔금이라고 단정 짓기에는 애매모호한 부분이 있습니다. 따라서 이때는 하나의 선으로 보지 않고 감정선, 두뇌선 등 하나하나 뜯어서 따로따로 설명해야 합니다. 막쥔금형이 궁금하시면 Part6 실전 편에서 사례 5, 6, 8번을 참고하세요.

손금으로 시기도 본다 | 유년법

선의 명칭이나 구를 알았다면 이제 내 나이에 맞는 생명선, 운명선, 감정선, 결혼선 부근이 어디인지가 궁금할 것입니다. 이처럼 각 손금으로 시기를 알 수 있는 방법을 '유년법'이라고 합니다. 이 유년법이 초보자들에게는 제일 어렵고 힘든 관문이라 이 부분에서 막혀 손금 공부를 포기하시는 분들도 있습니다. 이처럼 손금 공부 도중 슬럼프에 빠지게 하는 주범이기도 하죠. 다른 손금 책에서도 유년법에 대한 많은 이야기가 나오지만 너무 어렵게 설명되어 있는 경우가 많더군요. 그러나 제가 알려드릴 유년법은 정말 쉽게 이해할 수 있는 방법이니 차근차근 잘 따라오도록 하세요.

보통 결혼 시기를 가장 궁금해하십니다. 하지만 결혼 시기를 맞히는 것이 유년법 중에서도 가장 어렵고 힘든 부분이랍니다. 요즘엔 결혼에 대한 개념도 많이 변해서 웬만한 고수가 아니고서는 정확히 맞히기가 어렵고, 결혼선으로 대략 유추만 할 수 있습니다. 결혼선이 없으면 어떡하냐고요? 그렇다고 실망할 필요는 없습니다. 인연을 말해주는 선은 또 있으니까요. 그럼 각각의 선에서 시기를 보는 방법에 대해 알아봅시다.

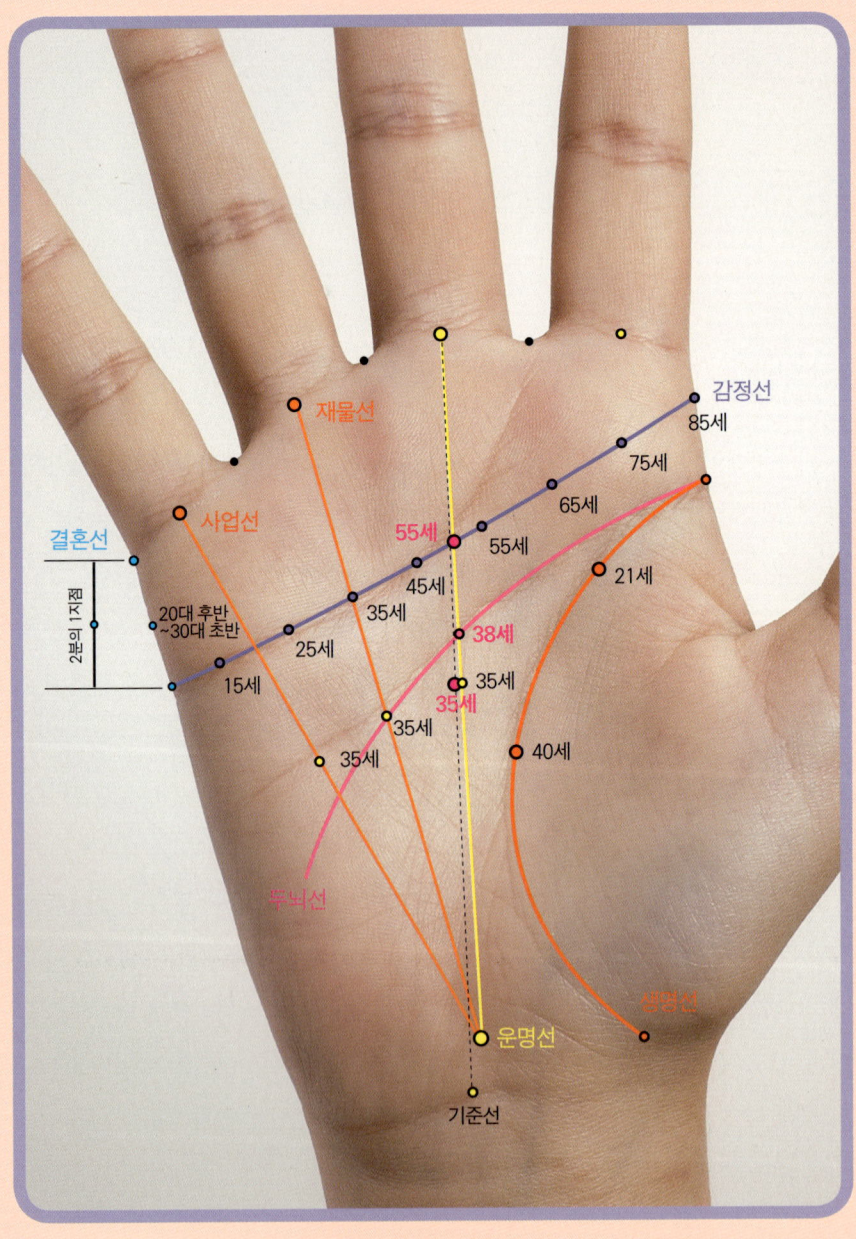

손금으로 시기를 보는 법 : **유년법**

❶ **운명선**의 나이는 보통 **두뇌선**과 만나는 지점을 38살, **감정선**과 만나는 지점을 55살로 봅니다. 그러나 유독 **두뇌선**, **감정선**이 위로 올라가(혹은 내려가) 있거나, **두뇌선**과 **감정선** 사이의 폭이 유난히 좁으면 손바닥의 정중앙을 35살로 보면 됩니다(기준선 참고).

❷ **생명선** 시작 부분에서 손목까지를 전체로 볼 때 중간 지점을 40살, 검지 아래가 되는 지점을 21살로 봅니다.

❸ **감정선**은 새끼손가락 쪽에서부터 시작하는데 소지의 중간 부분을 15살, 소지와 약지 사이를 25살, 약지의 중간을 35살, 약지와 중지 사이를 45살로 봅니다. 이런 방법으로 나이를 매기다 보면 검지의 가장 끝 지점은 85살이 됩니다.

❹ **운명선**, **사업선**, **재물선**은 손목 부분부터 손가락 마디까지를 전체로 봤을 때 딱 반이 되는 지점을 35살로 봅니다.

❺ **결혼선**의 나이는 소지 밑부터 감정선 시작 부분까지를 전체로 봤을 때 2분의 1이 되는 지점을 20대 후반에서 30대 초반으로 봅니다.

· **운명선이 없는 경우** 운명선 대신 기준선을 참고하세요.
· **두뇌선의 나이**를 아는 건 너무 어렵기 때문에 여기서는 생략하였습니다.

손안의
문양들은 뭐지?

●● 선 말고 문양에도 각각 다 의미가 있습니다

매일 달고 살아왔음에도 우리는 자기 자신의 손이 어떻게 생겼는지, 손금은 어떤지 모르는 경우가 많습니다. 손금 공부를 하면 자신의 손바닥을 유심히 들여다볼 기회를 얻는 것이고, 보다 보면 재미있는 사실들을 많이 알게 됩니다. 자세히 보신 분들은 아시겠지만 손바닥에는 선이 아닌 어떤 문양들도 있습니다. 그냥 지나칠 수도 있지만 이 문양 또한 각각의 의미를 갖고 있답니다.

문양이 있으면 다 좋다고 보는 경향이 있는데 꼭 그렇지 않습니다. 그리고 간혹 특정 문양을 발견하고 크게 흥분하는 경우도 많은데 우물 정 자나 솔로몬 링, 십자무늬, 섬문양, 별문양을 제외하고는 크게 호들갑을 떨지는 않았으면 합니다. M문양이니 세모 모양이니 네모 모양이니 하는 것들은 사실상 큰 의미는 없습니다. 문양보다 손금이 훨씬 중요하다는 사실을 명심하세요.

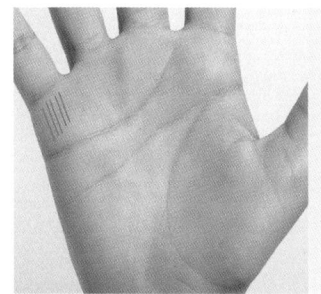

쌀알무늬

소지 아래에 있는 다섯 가닥의 세로선을 쌀알무늬라고 합니다. 재물선의 보조 역할을 하기도 하죠. 이 선이 선명하게 두 가닥 정도 있으면 어학 쪽으로 잘 가더군요. 판검사나 교사가 될 수도 있고 영업력도 아주 뛰어나답니다. 하지만 많다고 해서 좋은 건 아닙니다. 쌀알무늬가 5개 이상이면 많다고 볼 수 있는데, 상담 결과 쌀알무늬가 많으면 욕심만 많지 정작 채워지는 건 없는 경우도 많았습니다.

관운무늬

관운무늬란 검지 아래 감정선 끝, 즉 목성구(권력구) 쪽에 있는 우물 정 자 모양을 말합니다. 권력을 의미하기도 하는데, 이 선이 있는 사람은 공직에 몸담는다거나 후에 정치에 관심을 두기도 하더군요.

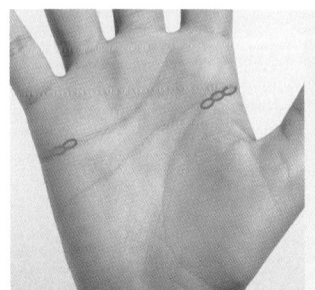

섬문양

생명선 시삭 부분, 두뇌선에 감정선 시작 부근에 주로 있는, 좁쌀 같이 생긴 것이 섬문양입니다. 아주 작은 원 혹은 타원형으로 생겼죠. 건강이 안 좋거나 사고의 위험이 있음을 말해주고, 일이 잘 안 풀리고 배신을 당할 수 있음을 의미하기도 합니다. 또 섬문양이 있는 시기엔 슬럼프가 올 수도 있으니 유년법으로 시기를 잘 봐야 합니다.

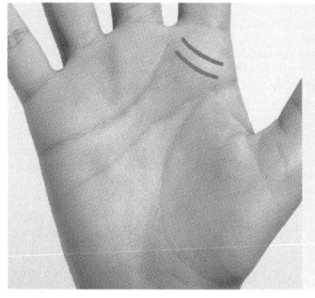

솔로몬 링

검지 밑 목성구(권력구) 쪽에 있는 타원형 모양의 선을 말합니다. 한 개가 있으면 약하지만 두 개 이상 있다면 그 사람이 감이 발달되어 있거나 종교나 철학에 관심이 많음을 뜻합니다.

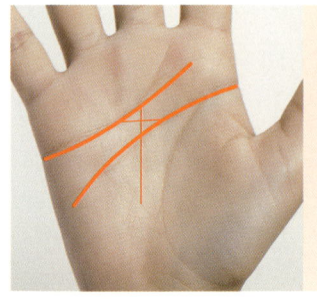

십자문양

감정선과 두뇌선 사이의 직선을 말하는데 그 선만 있으면 비애나 장애를 의미하지만 운명선과 십자 모양을 이룬 경우엔 십자문양이라고 합니다. 이 선이 뚜렷하다는 것은 종교나 철학, 또는 조상이나 신에 관심이 아주 많다는 걸 의미합니다. 직감, 느낌, 꿈이 잘 맞는 경우도 이에 해당되고, 뭔가에 빠지면 헤어나오기 힘들 수도 있으니 주의해야 합니다.

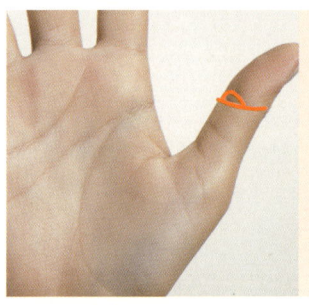

눈모양

엄지손가락에 있는 모양을 말합니다. 이 눈모양도 역시 예감, 느낌, 꿈이 잘 맞고 점술이나 철학이나 손금 등 종교에 관심이 많다는 것을 의미합니다.

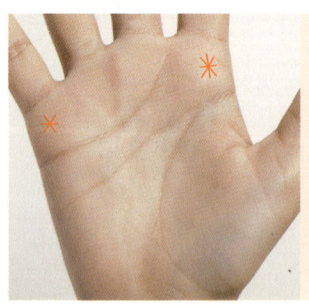

별문양

작은 횡재나 또는 기회를 의미하기도 합니다. 아주 작은 것이니 괜히 이 선 저 선 다 합해 큰 별을 만들고 횡재운이 있다고 착각하지 마세요. 특히, 소지 밑 수성구에 별문양이 있으면 사업적 능력이 많거나 횡재를 할 가능성이 높다고 볼 수 있습니다.

손금과 타로,
차이가 뭔가요?

　번화가를 걷다 보면 길가에서 망토를 입고 고깔모자를 쓴 분들이 천막을 치고 앉아 타로 점을 봐준다고 걸어놓은 팻말들을 자주 볼 수 있습니다. 셔플(카드 섞기)당 얼마씩 해서 카드를 뽑아 사랑, 건강, 재물, 성공 등 궁금한 것을 묻고 답을 듣는 것이죠. 상담하시는 분의 능력에 따라 사주나 손금, 관상 등 여러 가지를 다양하게 볼 수 있기도 하고요.

　그런데 막상 상담을 받으러 가면 내가 지금 손금을 보는 게 좋을지 타로를 보는 게 좋을지 잘 몰라 고민하셨던 분도 계실 겁니다. 그렇다면 손금과 타로의 차이점은 뭘까요?

손금은 장기적인 운, 타로는 단기적인 운을 보는 데 유리합니다

　손금은 당장의 오늘이나 내일, 그리고 단기간 내의 일을 알기에는 미흡한 점이 많습니다. 하지만 타로는 오늘이나 내일 등 짧은 기간에 이뤄지는 일들을 예언하거나 점을 치는 데 유리합니다.

손금은 타고난 능력을, 타로는 현시점의 마음 상태만 볼 수 있습니다

손금은 성격이나 성향, 타고난 능력을 볼 수 있습니다. 그러나 타로는 그 사람 성격이나 성향까지는 깊게 들여다볼 수 없고 현시점의 마음 상태 정도만 볼 수 있습니다.

손금은 전반적인 인생을, 타로는 그때그때를 점검하는 데 유리합니다

손금은 평생에 걸쳐 내 운명이 어떻게 흘러가는지, 앞으로 주의해야 할 점이 무엇인지 참고할 수 있지만, 타로는 좀 다릅니다. 상황이나 환경에 따라 그때그때 카드가 다르게 나타나기 때문에 어떤 특정한 게 궁금할 때, 그리고 내 결정이 맞는지 확신이 서지 않을 때 보면 유용합니다. 따라서 타로 점의 경우 너무 심각하게 받아들이고 새겨들으실 필요는 없습니다.

궁합을 보려면 타로보다 손금이 더 좋아요

궁합을 볼 땐 손금이 더 정확할까요, 타로 점이 더 정확할까요? 둘 다 보면 좋겠지만 굳이 하나를 선택한다면 손금이 낫습니다. 타로 점으로는 상대의 마음을 당장 확인하는 정도로 끝나지만, 손금으로는 그 사람의 미래를 보면서 앞으로 위기가 올지 안 올지를 예측하고 대비할 수 있죠. 또, 이 사람의 타고난 성향과 그에 따라 주의해야 할 점 등을 알 수 있어 상대를 좀 더 깊이 들여다보고 함께하는 삶이 어떨지를 예상하는 데 도움이 됩니다.

따라서 내 인생의 전반적인 운세나 나의 타고난 성격 등을 알고 싶을 땐 손금을, 성격이 급해 궁금한 게 있으면 참지 못하고 그때그때 요긴하게 결정해야만 직성이 풀린다면 타로를 추천합니다. 저의 책 『타로도 독학이 된다』(박소영, 글로세움)를 참고하시면 도움이 될 것입니다.

PART 2

사랑 편

원래 '내 연애'가 세상에서 가장 어렵다

주변에 보면 연애를 잘하는 분도 많고, 유독 연애운이 없는 사람들도 있습니다. 얼굴, 성격, 능력 다 괜찮은데도 혼자 외롭게 지내는 분들을 보면 연애를 하는 데 꼭 외모나 조건이 문제가 되는 건 아닌 것 같습니다. 누군가를 만나다 헤어지고, 상대를 평생의 동반자로 받아들이는 과정은 사실 정말 어렵습니다. 나 혼자만 잘한다고 되는 게 아니니까요. 사랑 편에서는 세상에서 가장 어렵다는 '내 연애'가 어떻게 풀리는지, 또 내 인연은 어디에 있는지를 손금으로 알아봅시다.

연애 잘하는 사람은 따로 있다?

Q 남들은 잘도 만나고 잘도 헤어지는데 저는 왜 이러는 걸까요?

― 여, 27세 직장인, 3년째 솔로

● 저는 이제 연애 세포가 다 죽은 것 같습니다. 친구들은 도대체 남자를 어디서 어떻게 만나는 건지 연애를 참 잘도 합니다. 100일이니 200일이니 하다 또 어느 날 엉엉 울면서 남친이랑 헤어졌고 다시는 사랑 따위 안 한다며 저에게 전화를 합니다. 제가 솔로라서 그런지 유독 그런 전화를 많이 받는데, 그때마다 우는 친구가 안쓰러워 실컷 그 남자 욕을 같이 하죠.
"그래, 그 남자가 미쳤나보다. 너 같이 완벽한 애를 놓쳤으니 평생 후회할 거야!"
이러면 뭐 합니까? 좀 지나면 언제 그랬냐는 듯이 어디서 또 새로운 남자를 데려와 똥차 가더니 벤츠 왔다며 생글생글. 이럴 땐 솔직히 친구도 얄밉습니다.
세상에서 제일 어려운 게 '내 연애'라더니, 저는 어찌된 게 매일 이상한 남자만 꼬이고, 대접은커녕 대부분 100일도 안 되어서 다른 여자에게 가더군요. 이제 누굴 만나서 서로를 이해하는 과정 자체가 지긋지긋합니다. 저에게 정말 문제가 많은 걸까요?

●● 사랑받는 여자는 다 이유가 있습니다

주변에 보면 유독 연애를 잘하는 친구들이 있습니다. 평생 제대로 된 연애 한 번 하기 힘든 사람도 있는데 어찌나 잘 만나고 잘 헤어지는지 신기할 따름이죠. 게다가 나보다 예쁘지도 않고 잘난 것 같지도 않은데 남자친구나 남편의 사랑을 한 몸에 받는 경우엔 더더욱 이해 불가입니다.

왜 이런 일이 일어나는지 궁금하다면 손금을 한번 보세요. 나보다 못난 친구가 남자를 잘 만나 잘산다고 배 아파만 하지 말고 자기 자신을 잘 들여다보세요. 드라마에나 나올 법한 남자만 기다리면서 늘 이상한 놈만 꼬인다고 불평만 하고 있지도 말고요. 간혹 남자가 다가와도 꿍꿍이가 있는 건 아닌지 의심부터 하는 경우도 많은데 상대의 손금을 한번 들여다보고 감을 잡아보는 건 어떨까요.

인복선, 금성대가 많거나 태양선이 있는 것은 매력이 있고 인기도 많다는 것을 의미하지만 사랑을 받는 것과는 별개입니다. 사랑받을 팔자인지 아닌지는 생명선, 영창선, 감정선 이 세 가지로 알 수 있습니다. 사실 가장 좋은 건 나의 있는 그대로의 모습을 아껴주는 사람을 만나는 것 아닐까요? 그럼, 연애를 잘하고 사랑받는 손금은 어떤지 한번 살펴봅시다.

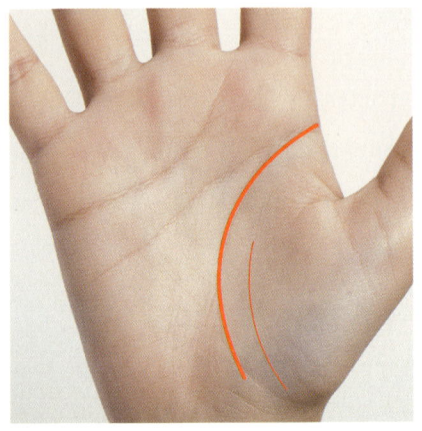

1 생명선 안쪽에 영향선이 내려와 있다

생명선 안쪽에 영향선이 있는 사람은 배우자로부터 사랑받습니다. **금실 좋은 부부는 대부분 남녀 모두 영향선이 있답니다.** 이 선은 배우자가 다정다감하고 헌신적임을 의미하므로 부부 모두에게 있다면 당연히 좋겠지만 실제로 그런 경우는 드뭅니다. 영향선은 그만큼 희귀하고 고귀한 선이죠. 하지만 영향선이 없다고 절대 실망하지 마세요. 우선 상대에 대한 기대를 낮추고 누구를 만나든 너무 까다롭게 굴지 않는 게 좋습니다.

나이가 들어서도 깨를 볶고 서로 아껴주는 부부도 있는가 하면 어쩔 수 없이 정으로 사는 부부도 있죠. 이게 바로 영향선이 있고 없음의 차이이기도 합니다.

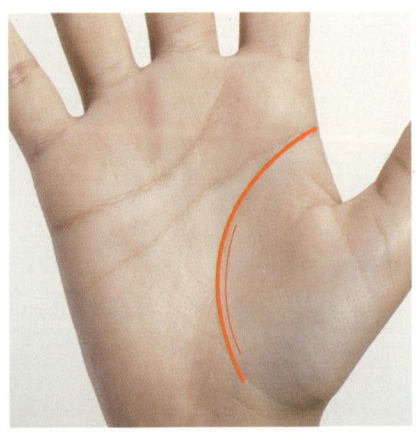

2 영향선은 없지만 생명선 안쪽에 실선이 내려와 있다

영향선이 없다면 영향선 역할을 하는 노력선 혹은 생명선 안쪽으로 살짝 내려와 있는 실선이 있는지를 보세요. **실선이 내려와 있으면 현재 누군가가 날 좋아하고 있거나 내가 마음에 두고 있는 사람이 있음을 의미합니다.**

이 선만으로 결혼까지 갈 수 있을지는 알

수 없지만, 만약 애인이 없는데 이 실선이 나타났다면 조만간 누군가를 만날 가능성이 있습니다. 또한 이상형에 가까운 사람을 만나게 될 수도 있으니 자신감을 갖고 주위를 잘 둘러보시길 바랍니다.

3 감정선에 지선이 많이 내려와 있다

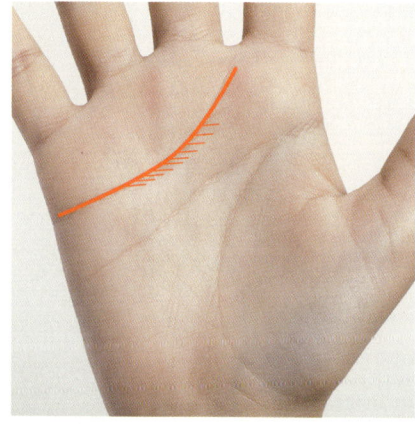

이 지선은 애교를 의미합니다. 농담도 잘 하고 웃음도 많고 상대를 배려해주기 때문에 상대방이 넘어가지 않을 수 없죠. 이런 손금을 가졌다면 외모가 별로여도 낙담하지 마세요. 이미 충분히 매력적인 사람이니까요.

요즘엔 유머 감각도 사람 사귀는 데 있어 매우 중요한 요소 중 하나죠. 이 선이 있으면 **유머러스하고 눈치도 빨라 분위기 파악을 잘하고 상대를 쉽게 리드할 수 있습니다.** 조용한 사람들은 누군가가 자신을 이끌어주길 바라는 경향이 있어 **유독 내성적인 사람에게 매력을 발산하기 쉽습니다.** 상대와 취미가 잘 맞고 대화까지 잘 통한다면 충분히 사랑받고 지낼 수 있음을 명심하세요.

소영이의 리얼스토리

연하남과 잘 맞는 여자도 따로 있다

요즘엔 연상연하 커플이 마치 유행처럼 번지는 것 같습니다. 주변에서도 종종 보게 되고, 생각지도 못한 연예인 연상연하 커플 결혼 소식에 놀라기도 하고, 드라마에서까지 누나, 아줌마 팬들의 마음을 설레게 하는 연하남이 등장하네요. 자신보다 어린 남자를 만나는 여자는 능력 좋은 여자로 불림과 동시에 많은 시샘을 받지만, 사실 모든 여성이 연하남과 어울리는 건 아닙니다.

만약 여자분의 생명선과 두뇌선이 떨어져 있으면 연하남과 궁합이 잘 맞습니다. 반대로 만약 남자가 그런 손금을 갖고 있는데 연상의 여자를 만난다면? 마찬가지로 좋습니다.

예전에 모 여배우가 연하 신인배우를 좋아한다고 고백했던 일이 생각나네요. 스캔들도 났었는데 엄청 유명한 배우는 아니어서인지 금방 잠잠해지더군요. 둘의 나이 차가 너무 많이 나기도 했지만 개인적으로 그 커플의 미래가 그다지 밝아 보이진 않았던 이유가 있었는데요. 바로 여자분의 손금 때문이었습니다. 남자 배우의 손금은 보진 못했으니 여성분만 보고 판단할 수밖에 없었죠.

손금을 보니 여자분이 집착이 매우 강하실 것 같더군요. 생명선과 두뇌선이 떨어져 있었는데, 이런 경우 직감, 의심병 등을 절대 무시 못 하거든요. 꼬투리를 잡으면 끝까지 캐내는 성격이 있어 무섭습니다. 이런 손금을 가진 분들은 상대에게 너무 집착하지 않도록 부단히 애쓰셔야 합니다.

●● 혼자 사는 팔자라 해도 희망을 잃지 마세요

대부분의 사람들이 결혼선을 가지고 있지만 간혹 결혼선이 없는 분들도 있습니다. 제가 결혼선이 없다고 하면 주먹을 쥐었을 때 생기는 선을 보여주는 분도 계신데, 안타깝게도 그건 주름이지 결혼선이 아니랍니다. 손바닥을 쫙 폈을 때 진하게 선이 있어야만 결혼선으로 볼 수 있습니다.

결혼선이 없다는 건 무엇을 의미할까요? 말 그대로 결혼과 인연이 없다는 뜻이죠. 여기저기에서 한숨 소리가 들리는 것 같네요. 하지만 낙담하실 필요는 없습니다. 결혼선이 없어도 잘사는 부부들은 얼마든지 있으니까요. 그리고 스님이나 수녀님 중에도 결혼선이 있는 분들도 있습니다.

사실 인연을 보여주는 선은 결혼선만이 아닙니다. 다른 여러 개의 선까지 모두 봐야 한답니다. 하지만 만약 결혼의 3대선, 즉 결혼선, 인연선, 영향선 이 세 가지가 모두 없다면 독신으로 살 가능성이 높다고 볼 수 있습니다. 그럼, 혼자 살 운명을 가진 분들의 손금을 한번 알아볼까요?

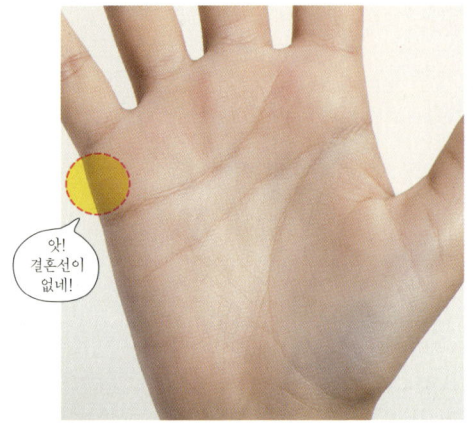

1 결혼선이 없다

결혼선이 없는 사람들은 대부분 마음에 드는 사람이 잘 나타나지 않고 그런 사람이 나타나도 어긋나기 일쑤라고 합니다. 그래서 '눈이 높아 혼기를 놓쳤다'는 오해를 사기도 하죠. 억울할 수도 있지만 맞는 말일 수도 있습니다. 운명적인 사랑을 너무 기다리는 건 아닌지 자신을 한번 냉정하게 돌이켜보세요. 이런 손은 사실 스님이나 성직자에게서 잘 나타납니다. 따라서 속세를 떠나 도를 닦을 생각이 아니라면 인연을 기다리고만 있을 게 아니라 적극적으로 만남의 기회를 가지려 노력하는 게 좋습니다.

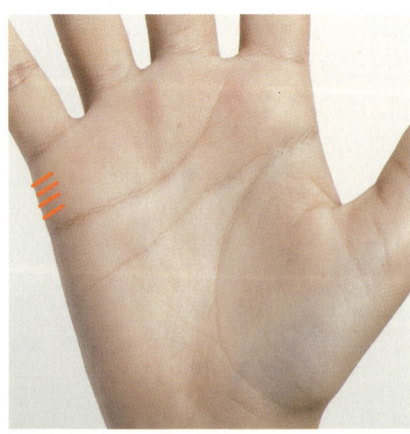

2 결혼선이 많다

어떤 게 결혼선인지 알 수 없을 정도로 많아도 독신으로 살 수 있습니다. 이런 사람은 어딜 가든 이성들의 관심을 끌지만 정작 결혼까진 어려울 수도 있습니다.

사실 환경의 영향이 가장 큽니다. 장남 노릇, 집안의 가장 노릇을 하고 있는 바람에 혼기를 놓칠 수도 있고 당장은 제 코가 석 자인지라 자신부터 여유를 찾으려는 분들도 꽤 있더군요. 이처럼 인연이 닿지 않는 이유도 참 다양합니다. 결혼선이 많으면 바람을 피울 가능성도 있으니 관계에 있어 항상 명확한 선을 긋는 냉정함이 필요합니다.

3 감정선이 이중이거나 끊어졌다

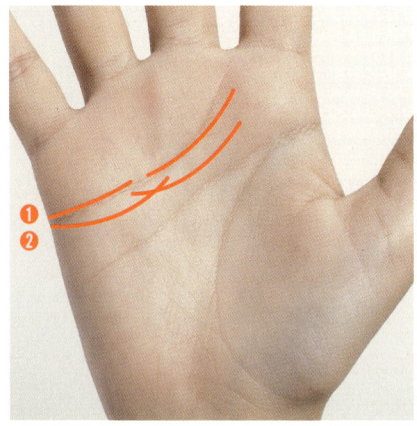

❶❷ 감정선이 이중이거나 끊어졌다 다시 이어져도 외로운 팔자를 나타냅니다. 감정선이 끊어져 있는 사람은 자존심이 강하고 호기심과 의심이 많습니다. 이런 사람은 자신의 감정이나 상대의 마음을 계속 의심합니다. 그러니 상대는 피곤할 수밖에요. 그리고 **한 번 호되게 이별을 당하면 그 후유증이 상당히 오래가 새로운 사랑이 오더라도 계속 의심을 하는 경향이 있습니다.**

이중 감정선을 가진 사람은 고집이 세고 자기만의 세계와 감정에 충실하기에 결혼을 안 해도 되겠다고 한번 마음먹으면 정말 관심조차 없더군요. 또 결혼을 하고 싶어도 조건만 따지거나 일단 집안이 먼저란 생각을 해 어려울 수도 있습니다.

4 이중 생명선이 있다

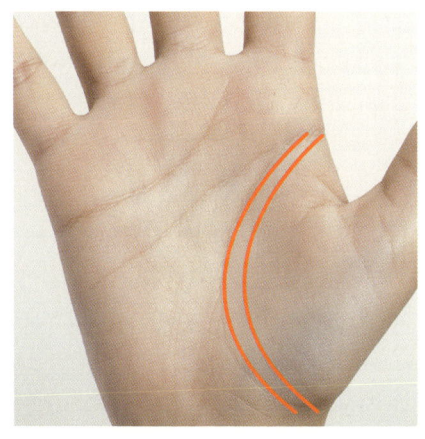

보통 이중 생명선을 가진 사람은 생활력이 강합니다. 주변에 독하다 싶을 만큼 자기 일을 척척 해내는 사람들이 있다면 이중 생명선이 있는지 확인해보세요. 생활력이 강해서 독신이 된다고 하면 억울할 것 같지만 이런 사람들은 정작 본인은 개의치 않습니다. **전적으로 배우자에 대한 기준이 높아 혼기를 놓치는 사람**이기 때문입니다.

일단 이런 사람은 일에 치여 살다가 혼기

를 놓치거나 적당한 혼처가 있어도 눈에 차지 않을 수 있습니다. 자신의 기준에 맞는 사람을 찾는 것도 어렵겠지만 찾는다 해도 서로 좋아할 거란 보장도 없으니 결혼 확률이 낮아질 수밖에요. 사실 남자분이 이런 손금이면 일복에 처복이 있는 경우도 있는데, 여자분이면 가장 노릇을 하다 마음고생하는 경우가 더 많다는 점도 참고하세요.

5 생명선과 두뇌선이 떨어졌다

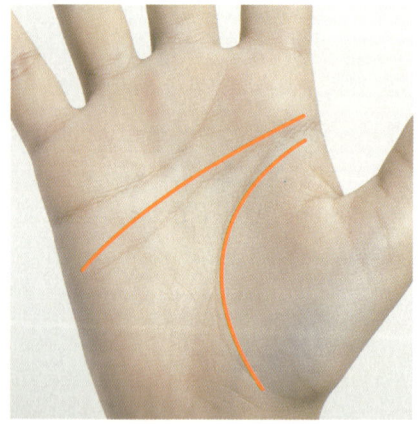

생명선과 두뇌선이 떨어져 있어도 독신이 될 가능성이 있습니다. 여성의 경우 소위 '팔자가 세다' '남자 잡을 팔자다'라고 불리는 손금이죠.

이런 손금을 가진 사람은 **구속을 싫어하고 자기만의 삶을 추구하며 자유분방한 사고를 가지고 있습니다.** 그래서인지 성공한 프리랜서들이 많습니다. 하지만 자유롭게 살 수 있다고 좋게만 볼 수는 없습니다. 특기를 살리지 못하면 평생 어떻게 먹고살아야 하나 고민해야 할지도 모르기 때문이죠.

▶ 주체 못하는 끼, 내 일이 1순위

직업으로는 프리랜서나 예술가, 전문직, 외국계 회사원, 승무원 등이 어울립니다. 주로 끼로 먹고살아야 하는 분야가 해당됩니다. 자신의 일이 1순위이고 자기부터 일단 안정이 되길 바라기 때문에 혼기를 잘 놓치죠. 간혹 멋모르고 일찍 나이 차가 많이 나는 사람을 만나 결혼하는 경우도 있고요.

파란만장한 청춘을 보내다가도 30대 초반쯤 결혼에 관심이 생긴다면야 결혼에 골인할 수도 있지만, 어쩌다 30대 중반을 훌쩍 넘기면 결혼과는 서서히 멀어져 가고 있다고 봐야겠죠. 독신을 원하지 않는다면 정착하기 위해 부단히 애써야 하는 손금입니다.

6 두뇌선이 월구로 가 있다

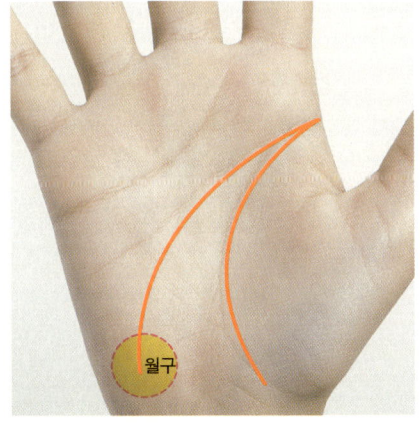

두뇌선이 월구로 가 있으면 **자기 일에 몰두하는 경향이 많습니다.** 자기만의 생각에 **휩싸여 있고 일이 너무 바빠서 혼기를 놓치기도 하죠.** 또, 일에 대한 집착이 강해 어떻게든지 끝을 보는 성격입니다. 당연히 연애를 시작하는 것도 힘들지만, 연애를 하더라도 헤어지면 다른 사람보다 그 아픔을 더 오래 간직하고 추억에 너무 자주 젖어들어 시간을 허비할 수도 있습니다.

사랑을 하더라도 주로 짝사랑을 하거나 사랑해서는 안 될 사람을 좋아할 수도 있으니 이 점을 유의해야 합니다. 물론 사랑이 내 마음대로 되는 건 아니지만 나 혼자만 일방적으로 하는 사랑은 답이 없을 수도 있다는 점을 명심해야 합니다.

7 두뇌선이 이중이거나 끊겼다

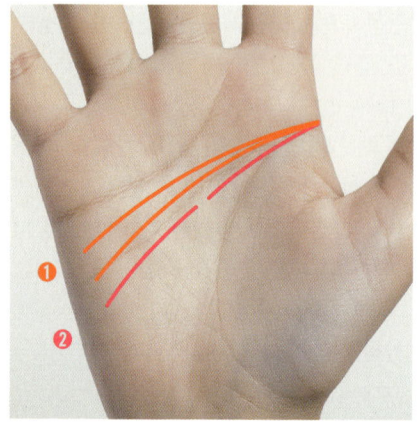

❶ 두뇌선이 두 개면 머리가 좋습니다. 그런데 이게 천재적인 능력보다 잔머리로 발전하는 경우가 많더군요. 또, **예술적 재능이 뛰어나며, 평범한 월급쟁이의 삶과는 거리가 멉니다.** 따라서 평범한 결혼과도 인연이 없습니다. 물론 다른 결혼선이 있다면 무사히 결혼할 수도 있습니다.

❷ 만약 두뇌선이 끊어져 있다면 결혼은 늦게 하는 것이 좋습니다. 초혼에 실패할 수도 있고 마음고생을 하고 슬럼프가 오래갈 수도 있으니 참고하세요.

만약 결혼을 일찍 했다면 본인이 일복이 많아 가정에 소홀할 수 있습니다. 따라서 부부 중 한 사람이라도 이런 손금을 가지고 있다면 서로 배려하려고 노력해야 합니다.

8 생명선에 작은 지선이 없다

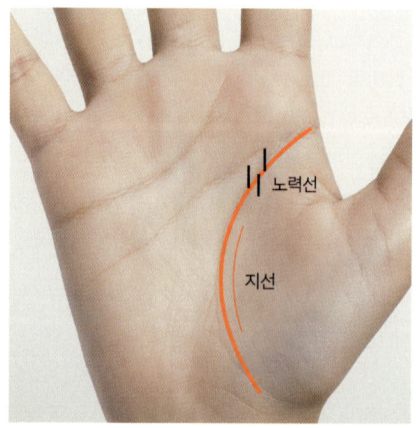

생명선에서 나오는 지선이 있다는 건 그 나이대에 좋은 일이 생길 수도 있음을 의미합니다. 일명 '노력선'이라고도 하는데 갑작스럽게 이 선이 나타났다면 좋은 징조입니다. **배우자를 만나 결혼할 가능성도 있고, 기혼자에겐 자식을 의미하기도 합니다.** 결혼선이나 영향선이 없어 자포자기한 상태라면 한번 기대를 걸어봄 직합니다.

그렇다면 앞서 말한 선들도 없고 이 지선까지 없는 사람은 정말 독신으로 살 각오를 해야 할까요? 아닙니다. 절대 희망을 버리지 마세요. 손금은 계속해서 변할 뿐 아니라 이런 작은 지선은 금방 생기기도 하고 없어지기도 하니까요. 그러니 자신의 손금을 자주 들여다보고 점검하는 게 좋습니다.

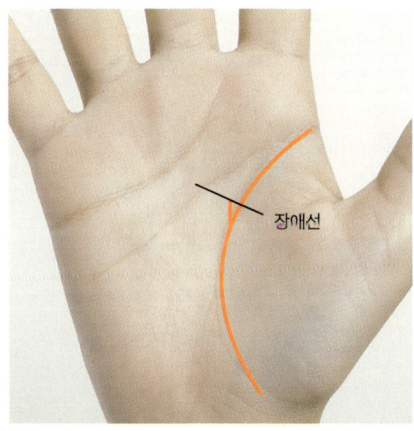

9 생명선에 작은 지선이 있지만 장애선이 가로막고 있다

생명선에서 올라가는 지선이 영향선의 역할을 하는 경우도 있습니다. 이 선이 잘 올라와 있던 없던 만약 그 나이대에 장애선이 있으면 인연을 만나기 힘들뿐더러 결혼까지 가기 힘들어질 수도 있습니다. 누군가를 만나더라도 마음이 잘 따르지 않아 자신감도 점차 사라지죠. 또 사람은 괜찮은데 환경이 너무 마음에 안 들 수도 있고요.

하지만 결혼을 신분 상승의 수단이나 재테크로 여기는 분들도 있는데 이런 태도가 불행한 결혼생활의 원인이 된다는 것을 명심해야 합니다. 결혼을 하면 오히려 양쪽 집안에 대한 책임뿐 아니라 육아라는 짐도 짊어지게 되므로 독신일 때보다 편하게 지내는 건 거의 불가능합니다.

여자는 이별을
직감적으로 안다

 옆에 있는데 이런 생각이 드는 거예요.
'이 사람, 나 아니어도 괜찮겠구나.'

- 여, 30세 직장인, 2년째 연애 중

● 옆에 남자친구가 있는데도 외롭다고 느끼면 문제가 있는 거겠죠? 남자친구랑은 한 2년 정도 만났고요. 착하고 성실해서 크게 부딪히는 일 없이 잘 지냈답니다. 최근엔 양가 부모님 입에서도 결혼 얘기가 나오고 있고, 남자친구도 그냥 받아들이는 것 같습니다.
친구들은 무난한 남자를 만나는 게 세상에서 가장 어렵다며 절 부러워합니다. 그런데 사실 저는 그래서 더 고민입니다. 친구 소개로 만나 지금까지 별 탈 없이 잘 지내긴 했지만, 저는 오히려 원수질 것처럼 싸우고 나서도 언제 그랬냐는 듯이 너밖에 없다며 뜨겁게 사랑하는 커플이 더 부럽거든요.
남들은 배부른 소리 하지 말라고 하겠지만 사실 가장 큰 문제는 그 사람이 옆에 있어도 외롭다는 겁니다. 남자친구 팔짱을 끼고 있어도 저 혼자인 것 같고, 어느 순간엔 '이 남자는 나 아니어도 될 것 같다'는 생각까지 들거든요. 남자친구가 애정 표현을 잘 안 해서 더 욱더 답답합니다. 이 남자, 정말 계속 만나는 게 좋을까요?

●● 남자친구가 무뚝뚝해도 속은 아닐 수도 있어요

워낙 애정 표현을 잘 안 하거나 무뚝뚝한 사람을 만나면 한편으론 '이 사람이 정말 날 사랑하긴 하는 걸까' 하는 의문이 듭니다. 그리고 참 서운한 일도 많고요. 표현을 안 하는 게 성격 때문인 건지 정말 애정이 없어서인 건지 궁금해하다 싸움으로 번지기도 하죠. 이럴 땐 손금으로 상대의 타고난 성격을 알 수 있다는 사실이 참 위안이 됩니다. 상대방의 진짜 성격을 미리 알면 사귀면서, 또 결혼 후에 겪는 시행착오를 최소화할 수 있으니까요.

이 사람이 겉으론 무뚝뚝해도 속은 진국인지 알고 싶다면 가장 먼저 감정선을 보세요. 그 외에도 두뇌선, 반항선이나 자수성가선, 운명선도 참고하면 좋습니다.

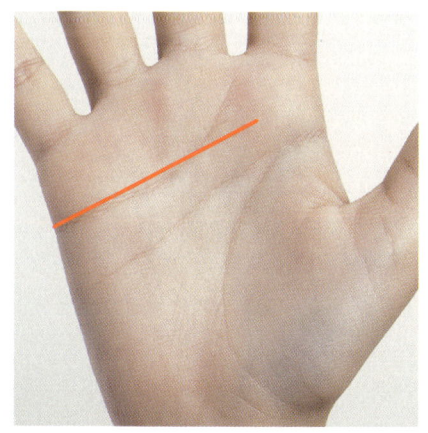

1 감정선이 직선이면 무뚝뚝하다

감정선의 모양은 사람의 성격을 보여줍니다. 감정선이 직선이면 냉정하고 솔직하며 신중하죠. 좋게 말하면 속이 깊은 사람, 나쁘게 말하면 속을 알 수 없는 사람입니다. 솔직하고 감정에 군더더기가 없어 소심하다는 말을 듣기도 합니다.

애인의 손금이 이렇다면 행실을 조심해야 합니다. 한 번 아니다 싶음 뒤도 돌아보지 않고 가버릴 수도 있거든요. 홧김에라도 '우리 그만 헤어지자'라는 말은 절대 하지 마세요. 진심으로 받아들일 가능성도 있습니다.

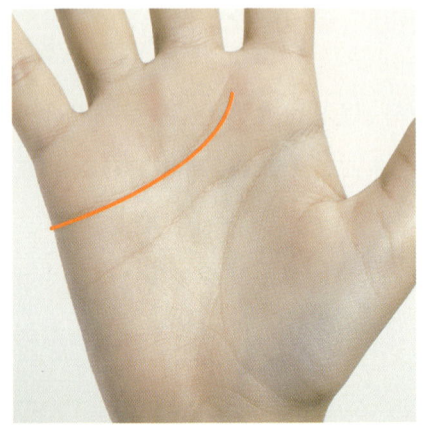

2 감정선이 곡선이면 사랑을 자주 확인한다

감정선이 곡선이면 직선인 경우와 반대로 보시면 됩니다. **여자라면 애교가 많고, 남자라면 이해심이 깊고 애정 표현도 잘하는 스타일이죠.** 또 자신의 감정을 잘 드러내는 만큼 상대가 자기를 얼마나 사랑하는지도 늘 확인하고 싶어 합니다.

반면 마음이 여려서 상처를 받으면 오래 갈 수 있으니 주의해야 합니다. 누군가에게 보여주는 것을 중시하기 때문에 상대가 기념일을 챙겨주는 걸 은근히 바라죠. 즉, 남들 시선을 꽤 중시하는 편입니다. 이런 사람끼리 만나면 둘은 깨를 볶겠지만 남들은 눈살을 찌푸릴 수도 있으니 지나친 애정 행각은 자제해야겠죠?

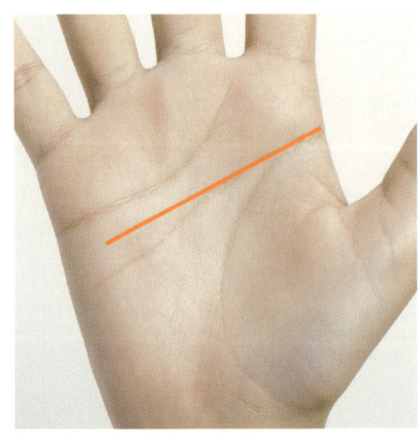

3 두뇌선이 직선이면 솔직하다

두뇌선이 직선이면 애교가 많이 없습니다. **무뚝뚝하고 자기 하고 싶은 말만 툭툭 던지는 타입**이지요. 거기다 감정선까지 직선이면 연애를 오래하지 못합니다. 재미없다는 소리를 들을 수도 있고요.

예쁘게 화장을 하고 왔는데 조금 안 어울리면 이런 남자는 바로 대놓고 "다음부터 그렇게 나오지 마! 당장 지워!"라고 할지도 모릅니다. 음식을 만들어 주고 계속 어떠냐고 물어보면 바로 "맛없어!"라고 할지도 모르고요. 그만큼 **거짓말을 못하고 속에 있는 얘기를 있는 그대로 내뱉는 타입**입니다. 애인이 이러면 상처 받는 일이 참 많을 겁니다. 하지만 원래 성격이 그런 것이니 그 사람 말이나 행동에 너무 큰 의미를 두진 마세요.

4 자수성가선이 있으면 내 길이 먼저다

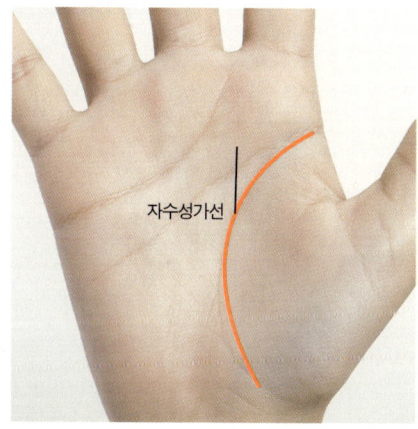

자수성가선이 선명한 사람을 만나고 있다면 너무 마음을 주거나 깊이 빠지지 마세요. 본인만 힘들어집니다. 더군다나 상대가 안정된 직장에서 일만 죽어라 하는 타입이라면 내가 조금 더 기다리고 참아야 합니다.

하지만 애인이 수입이 없는 학생 또는 백수이거나 뭘 해 먹고 살아야 할지 모르겠다며 그냥 그렇게 살고 있는 안주형이라면 주의해야 합니다. 어느 날 갑자기 이별을 통보할지도 모르거든요.

자수성가선이 있는 사람은 혼자 생각하는 일이 많습니다. **자수성가선이 있다는 것은 말 그대로 자신이 벌어서 성공한다는 걸 의미하므로 다른 사람의 도움 없이 꿋꿋하게 자신만의 길을 가려 합니다.** 그러니 옆에 있는 애인이 도움은커녕 부담만 준다면 어떻게 될지는 불 보듯 뻔하겠죠?

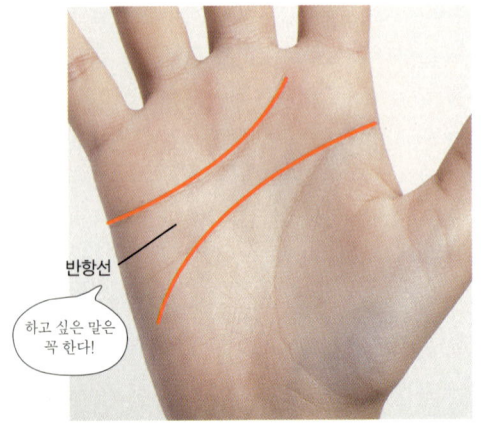

반항선
하고 싶은 말은 꼭 한다!

5 반항선이 있으면 무뚝뚝하다

반항선이 있으면 솔직하고 논리정연하며 생각해놓은 말을 언젠가는 꼭 터트리는 타입입니다. 또, 아니다 싶으면 냉정하게 돌아서는 면도 있죠. 말 그대로 반항한다는 의미에서 반항선이라고 불리긴 하지만, 성격이 잘 맞지 않는 상대와는 자주 다투고 '끝까지 가보자' 하는 경향이 있어 애인에게도 절대 지지 않으려고 할 수 있습니다. 따라서 만나는 상대가 반항선이 있다면 많이 이해하려고 노력해야 합니다.

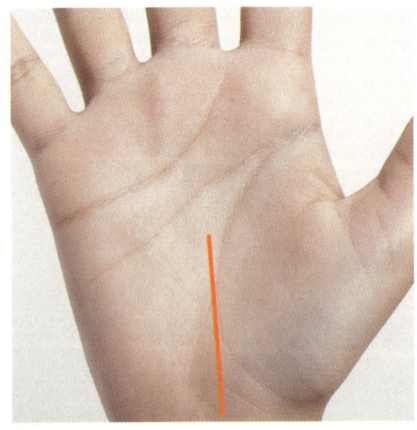

6 운명선이 손목에서부터 올라가면 내 앞길, 내 것이 먼저다

운명선이 손목에서부터 쭉 올라가 있다면 일찍 철들고 일찍 자리 잡을 수 있습니다. 하지만 일단 내 길에 걸림돌이다 싶으면 냉정해지기도 해 연애가 어려울 수 있습니다.

이런 사람과 연애를 하게 되면 설사 오래 만난다 해도 결혼하기까지 많은 난관이 있을 수 있습니다. 본인이 아무리 기다려준다 해도 만나는 동안 상처도 많이 받고 예기치 못한 순간에 일방적으로 이별 통보를 받을 수도 있고요. 게다가 이런 분들은 집안 환경을 중시해 조건에서 차이가 너무 나면 상대가 아무리 착하고 배려심이 많아도 오래가지 못할 수 있습니다.

●● 심증만 갖고 바람났다고 의심하지는 마세요

요즘엔 애인이나 배우자가 바람난 것 같다는 분들이 의외로 많더군요. 특히 여성분들은 남자친구가 자신에게 소홀해지면 '다른 여자가 생긴 건 아닐까' 하는 생각을 많이 합니다. 하지만 상대가 단지 바쁘고 힘들어서 그러는 건지도 모르니 아무 근거 없이 심증만 갖고 바람났다고 몰아세우면 곤란합니다.

하지만 정말 바람을 피우는 거라면? 당사자들은 얼마나 속이 탈까요. 그런데 손금으로 바로 이 '바람기'를 알 수 있다는 사실, 놀랍지 않으세요? 물론 상대가 다른 이성에게 최대한 신경을 쓸 수 없도록 잘 대하는 게 가장 현명하겠죠. 설사 상대가 바람기가 많다 해도 일거수일투족을 체크하는 스토커가 되면 곤란합니다.

여기선 바람기에 대해 간단히 손금으로 알아보는 법을 확인해보겠습니다. 바람기는 일단 금성대를 보고, 또 연애를 보여주는 3대선(결혼선, 인연선, 영향선)을 주로 봅니다.

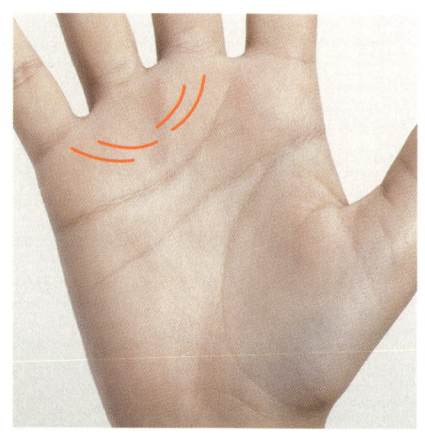

1 금성대는 매력을 나타낸다

일단 금성대를 봅시다. 앞서 이야기했듯이 금성대가 발달해 있다는 것은 매력이 풍부함을 의미합니다. 왠지 모르게 호감이 가고 다시 만나고 싶게 만드는 매력이 있거나 **외모가 빼어난 사람**은 대개 금성대가 발달해 있습니다. 또 남자든 여자든 보호본능을 자극하는 면도 있습니다.

금성대가 발달한 사람은 다른 여자가 접

근했을 때 "난 사귀는 사람이 있어요."라고 단호하게 거절하지 못합니다. 좋게 말하면 상대에게 상처주길 꺼리는 거고, 나쁘게 말하면 우유부단한 거죠. 따라서 이런 애인을 두었다면 본인이 적극적으로 리드해야 합니다. 만일 이런 사람을 공략하고 싶다면 인내심을 가지고 끊임없이 주변을 맴돌아야겠죠? 그리고 기회가 왔을 때 적극적으로 다가가는 배짱이 필요합니다.

2 결혼선이 많으면 이성친구가 많다

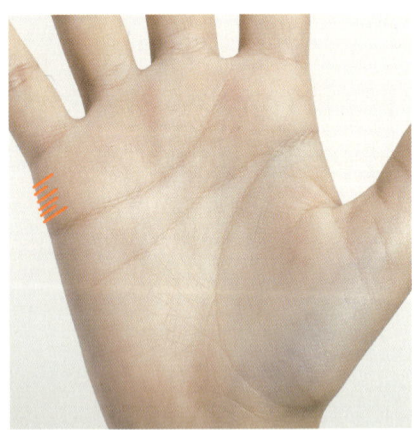

간혹 결혼선인지 아닌지 구별이 안 될 정도로 지저분한 결혼선을 가지고 있는 분들도 있습니다. 이런 사람은 대개 주변에 이성친구들이 많습니다. 만나는 사람도 많지만 또 쉽게 질리기 때문에 교제기간이 짧죠.

결혼선이 많으면 결혼을 많이 한다고 생각할 수 있는데요. 할리우드 톱스타라면 모를까 연애를 많이 하는 거라고 보시면 됩니다. 이런 이유 때문에 결혼선이 많으면 바람기가 많다고 오해를 받을 수도 있습니다. 만약 자신의 손금이 이렇다면 더 늦기 전에 한 사람에게 정착하는 것이 좋습니다. 계속 연애만 하다 정작 결혼 시기를 놓칠 수도 있거든요.

3 인연선이 많으면 결혼이 늦어질 수 있다

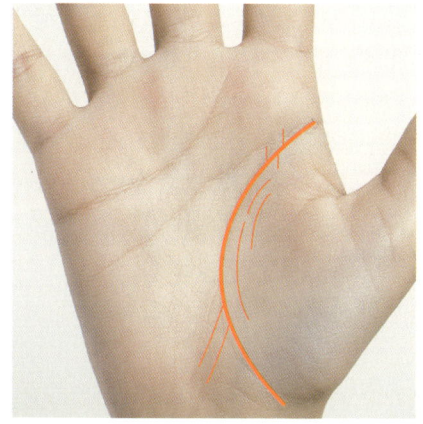

인연선도 마찬가지입니다. 인연선이 많으면 말 그대로 인연이 많다는 걸 의미합니다. 연거푸 사람을 만나니 부러움을 살 수도 있지만 정신없이 지내다 보면 어느 순간 혼자 남은 자신을 발견할지도 모릅니다. 실제로 그런 경우가 꽤 있더군요.

일찍 결혼을 했더라도 유년법으로 봤을 때 결혼 시기 이후에 또 결혼선이나 인연선이 있다면 외도를 할 가능성을 배제하긴 어렵습니다. 그렇다고 단지 상대의 손금만 갖고 몰아세우거나 집착하시면 절대 안 됩니다. 어떤 문제든 먼저 믿음으로 극복하는 현명함이 필요합니다.

4 생명선, 두뇌선, 감정선이 이중이면 흔들리기 쉽다

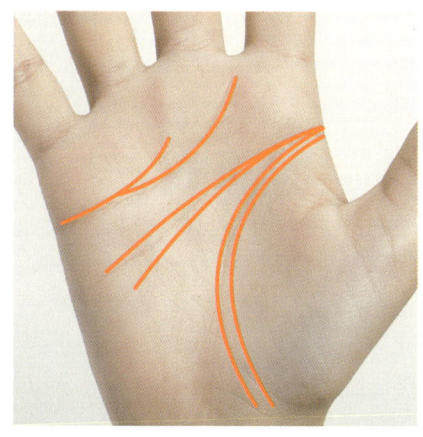

생명선, 두뇌선, 감정선이 이중이면 현재 애인이 있더라도 다른 사람에게 흔들리기 쉽습니다. 또 자기가 사랑하는 사람보다 자기를 사랑해주는 사람에게 더 끌리는 타입입니다. 현재 연애를 잘하고 있어도 자신에게 관심을 보이는 사람이 나타나면 금방 혼란스러워 하죠. 따라서 이런 손금을 가진 사람이라면 신중해야 합니다. 다른 이성에게 한순간에 끌렸다가 정신을 차렸을 땐 이미 애인의 마음 역시 떠나 있을지도 모르니까요.

이런 손금을 가진 분들은 연애를 하다 갑자기 결혼을 하거나 갑작스레 헤어질 수도 있습니다. 나이가 많이 찼다면 모를까 30대 전에 결혼을 하면 후회하게 될 수도 있으니 신중하게 결정하시기 바랍니다.

5 두뇌선과 감정선이 끊어졌다면 연애에 위기가 올 수 있다

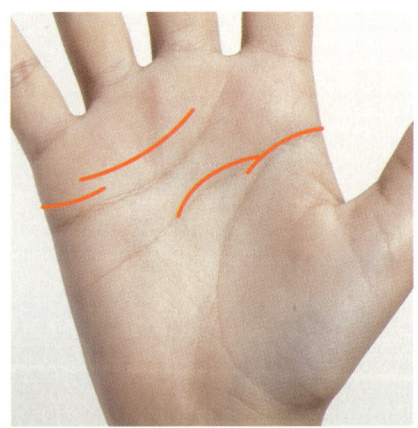

두뇌선이나 감정선이 중간에 끊어져 있으면 환경이 크게 변한다는 걸 의미합니다. 본인 혹은 집안에 문제가 생길 수 있으니 주의해야 하죠. 또 큰 배신과 상처를 의미하기도 하기 때문에 연애 중이라면 연애 위기가, 기혼자에게는 이혼 위기가 올 수도 있습니다. 하지만 너무 나쁘게 생각하지는 마세요. 오히려 고민을 툭 터놓고 공유하고 함께 극복한다면 둘은 더 좋은 관계로 발전할 수 있으니까요.

상대에게 안 좋은 사실을 감추려 하면 할수록 관계는 악화되기 마련입니다. 혼자 말 없이 끙끙 앓고 있으면 상대는 자기에게 소홀해졌다고 느끼고, 싸움이 잦아집니다. 그렇게 둘의 관계가 소원해졌을 때 다른 이성으로부터 정신적인 위로를 받고 끝내 헤어지죠. 따라서 터놓고 대화할 수 있는 용기가 필요합니다.

●● 사랑에도 유통기한이 있습니다

사람이 만나고 헤어지는 데에는 왕도가 없습니다. 아무리 잘 지내도 한 명이 해외로 가거나 집안이 너무 어려워 헤어지는 경우도 있죠. 그리고 처음엔 서로 죽고 못 살다가도 한 번 크게 실망하면 세상에 둘도 없는 원수가 되어서 헤어지는 경우도 있고요. 이 남자와 계속 만나도 되는지 궁금하다면 손금을 한번 들여다보세요. 이별 수가 있는지도 볼 수 있거든요.

손금에 이별 수가 보인다고 너무 좌절하지 마세요. 사랑에도 유통기한이 있고, 헤어졌다는 건 상대가 자신의 진짜 인연이 아닐 수도 있다는 걸 의미하니 마음을 비우고 새로운 사랑을 기다리세요. 거듭 얘기하지만 정해진 운명도 사람의 의지에 따라 변하기 마련이랍니다. 손금을 보는 이유는 미래를 예견하고 준비하기 위함이지 그 미래를 맹신하기 위해서는 절대 아닙니다.

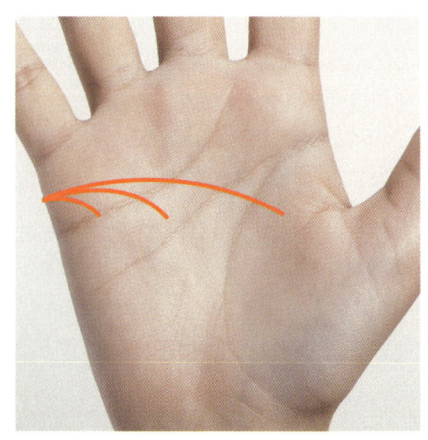

1 결혼선이 급하향했다

결혼선이 급하향해 있다면 갑작스런 이혼 위기를 맞거나 배우자와 사별을 할 수도 있습니다. 원인은 배우자에게 있으니 나보다는 상대에게 집중해야 합니다.

내 결혼선이 급하향했다면 서로에게 마음이 떠난 건 아닌지 잘 생각해보세요. 두 사람의 애정 전선에 아무 이상이 없다면 괜찮습니다. 둘이 힘을 합쳐 환경의 변화나 예기치 못한 어려움을 잘 헤쳐나가면 됩니다.

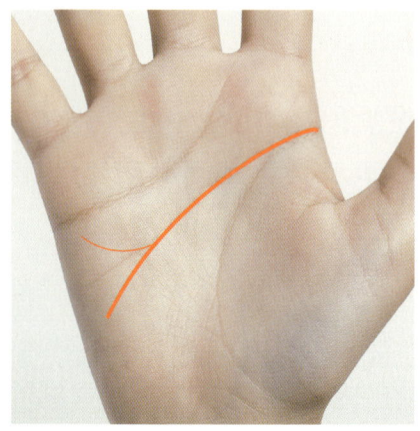

2 두뇌선이 상향했다

두뇌선 중간이나 끝 지점에 연한 선이 상향해 있거나 새끼손가락 쪽으로 올라가 있으면 배우자와 사별을 하기도 합니다.

재미있는 건 상향한 두뇌선은 사업상으로는 좋은 손금이라는 것입니다. 그러나 늘 **외로움을 느끼고 혼자만의 생각에 빠져 상대를 잘 이해하지 못해 위기가 올 수도 있습니다.** 대부분 성격 불화로 이별을 하거나 갑작스럽게 사고가 나기도 하니 배우자가 이런 손금이라면 건강에 좀 더 신경을 쓰고 말 한마디라도 따뜻하게 해주는 게 좋습니다.

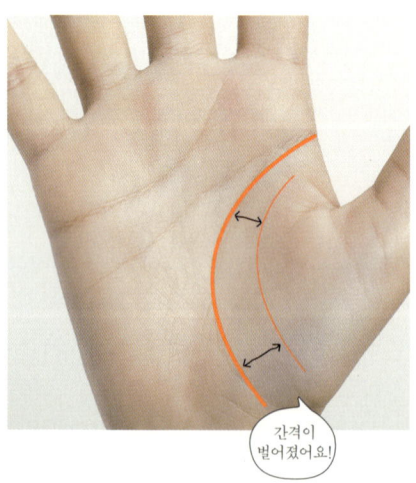

간격이 벌어졌어요!

3 영향선이 벌어졌다

영향선이 크게 벌어져 있다면 **결혼생활 중 어떤 계기로 갑작스레 마음이 멀어질 수 있습니다.** 주로 실직이나 사업 실패, 외도가 그 원인이죠. 이런 일은 중년에 잘 일어나니 미리미리 꼭 대비하세요.

영향선이 내려가다 없어졌다면 애정 전선에 변화가 생겼다는 걸 의미합니다. 이럴 경우 이혼이나 이별 수가 생길 수 있습니다. 하지만 앞서 얘기했듯 애정 관계에는 무엇보다 지속적인 관심과 신뢰, 사랑이 가장 큰 무기라는 걸 잊지 말아야 합니다.

4 감정선을 막는 선이 생겼다

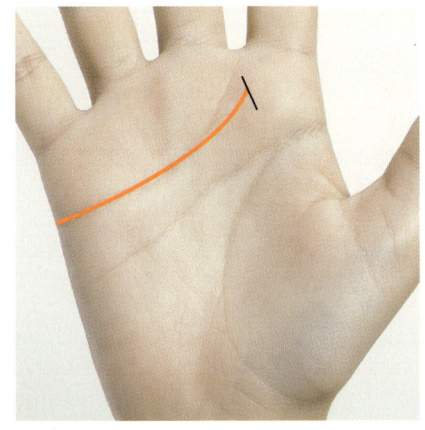

어느 날 손바닥을 봤는데 감정선을 막는 선이 생겼다면 조만간 이혼 등의 위기가 생길 수도 있습니다. 혹은 현재 별거 상태일 수도 있고요. 자기 자신보다는 배우자 때문이지요. 자신의 의지로는 별수 없어 속만 태우는 상황이 계속될 수 있습니다.

감정선을 막는 선은 답답함을 의미합니다. **속에 있는 얘기를 잘 못 한다거나 하고 싶은 말이 많아도 꺼내기 싫을 수도 있습니다.** 또 지금 하는 일이 잘 안 풀리고 배우자도 같은 상황에 처해 있는지도 모릅니다. 내 손금이 이렇다면 슬럼프라고 생각하시고 잘 극복하기 위해 노력해야 합니다.

5 배신선이 생겼다

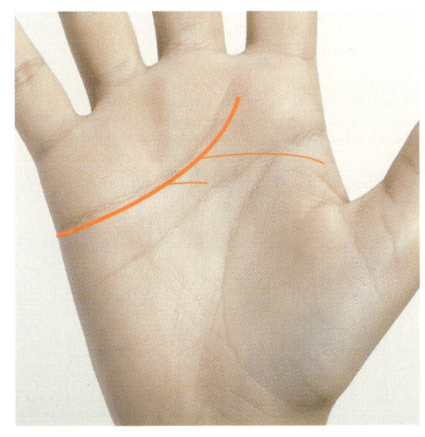

배신선 무늬가 있다면 믿었던 사람에게 상처를 받을 수 있습니다. 연애 중이면 이별을 하고, 일찍 결혼한 사람이라면 이혼을 하게 될 수도 있습니다.

감정선에서 하향하거나 생명선 안쪽으로 들어가는 선이 있다면 친지나 가족으로부터의 배신을 당하는 걸 의미하지만 사랑하는 사람으로부터 깊은 상처를 받게 된다는 것을 의미하기도 합니다. 내가 너무 상대한테 끌려다니는 것은 아닌지 냉정하게 판단해야 합니다.

사랑을 확인하는 메시지,
비애선과 영향선

사랑을 방해하는 메시지, 비애선

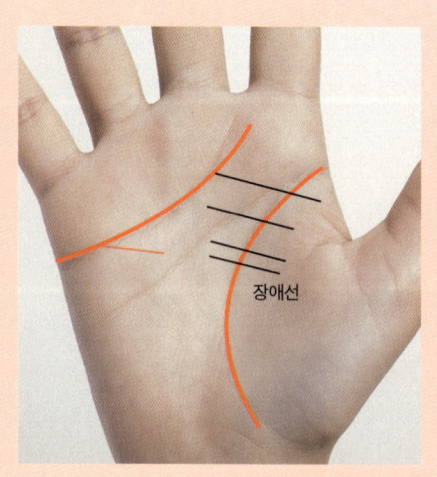

장애선

친구를 만나 지금 당장 듣고 싶어 하는 말이 무엇인지, 현재 상황이 어떤지를 알고 싶다면 비애선을 보세요. 만약 유년법으로 봤을 때 지금 나이대에 비애선이 있으면 애정 전선에 문제 있음을 의미합니다. 사실 부모님 중 한 분이 일찍 돌아가시거나 결혼하고 나서 배우자와 사별하는 경우도 해당됩니다.

비애선에는 여러 가지가 있습니다. 생명선 안쪽에서 시작해서 나오는 장애선, 감정선에서 지선이 내려와 멈춰 있는 경우도 비애선입니다. 중요한 것은 감정선 끝, 즉 중지나 검지 부근에서 선이 내려와 생명선 안쪽으로 닿으면 후유증이나 쇼크, 충격이 오래갈 수도 있다는 점입니다. 지금 당장 이혼 위기에 놓여 있어도 비애선이 한 손에만 있다면 위기를 잘 넘길 수 있으나, 양손 다 있다면 잘 넘기지 못할 수도 있다는 점도 참고하세요.

부부 궁합은 역시 영향선

예전에는 영향선이 있는 분을 보면 저도 마냥 부러워했습니다. 영향선은 상대한테 사랑받는다는 징표이기도 하거든요. 그런데 어느 순간 차라리 없는 게 낫겠단 생각도 들더군요. 왜냐하면 영향선이 끊어졌다 다른 선에서 시작하면 바람을 피우고 있는 경우도 꽤 있었거든요. 또 배우자와 각방을 쓰거나 대화가 아예 단절된 경우도 참 많았습니다.

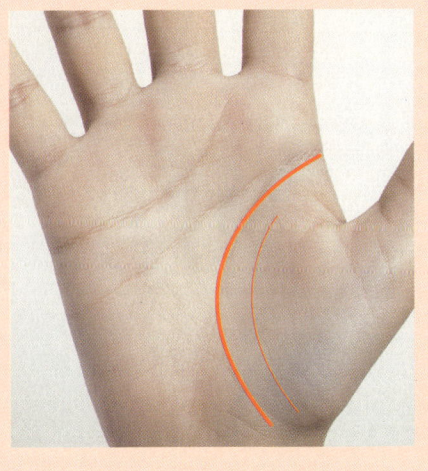

한 손만 영향선이 있고 한 손은 없다면 둘의 궁합은 그리 좋다고 보기 힘듭니다. 이왕 영향선이 있다면 양손에 다 있는 게 좋습니다.

내 손금에 영향선이 하나만 있다면 상대와 정 때문에 사는 거나 다름없으니 "있을 때 잘해!"라고 큰소리 칠 수 있겠죠. 영향선이 끊어졌거나 벌어져 있는 사람에겐 "사랑보다 현실"이라고 말해주세요. 이 말의 속뜻을 여러분은 아시겠죠?

사랑은 또 다른 사랑으로 치유한다

 헤어진 지 1년이 됐는데도 좀처럼 잊을 수가 없습니다. 저에게도 정말 새로운 사랑이 찾아올까요?

- 여자, 31세 직장인, 헤어진 지 1년

● 그 남자랑 헤어진 지 1년이 다 되어 가는데 자꾸만 생각이 납니다. 사실 제가 차였던 건데도 자존심이고 뭐고 다 버리고 제가 먼저 연락을 한 적도 있습니다. 그다음 날 제 자신을 욕하면서도 연락하고 나면 한편으로는 후련한 건 도대체 어떤 심리일까요?
다들 그러더군요. 시간이 지나면 잊히기 마련이고, 사랑은 사랑으로 잊어야 하니 또 다른 사랑을 하게 되면 금방 잊을 수 있다고요. 근데 전 솔직히 그 사람이 정말 미우면서도 그 남자가 "미안해. 다시 시작하자."라고 하는 날을 은근히 기다리게 됩니다.
그 사람의 페이스북을 보면 저와는 달리 잘 지내는 것 같아 야속하고, 저한테 문자 메시지 하나도 없는 걸 보면 정말 너무하다는 생각이 듭니다. 문득 제 자신이 초라해져 '그래, 정신 차리자. 내가 더 잘되고 더 좋은 사람을 만나면 자기도 배 아프겠지.' 하면서 마음을 다잡지만 결국 또 그 사람 생각으로만 가득 차더군요. 이젠 친구들도 저에게 지친 상태라 어디 가서 하소연도 못하고, 제 속이 말이 아닙니다. 저 정말 이 사람을 놓아야 할까요? 그리고 저에게 새로운 사랑이 찾아오긴 하는 걸까요?

●● 새로운 사랑, 다 만나는 방법이 따로 있습니다

누군가를 진심으로 사랑하고 헤어지면 그 후유증은 엄청납니다. 이건 정말 겪어보지 않은 사람은 잘 모르죠. 새로운 사랑이 찾아오냐고요? 물론입니다. 정말 이 사람만큼 날 사랑하는 사람이 다시 있을까 의문을 품지만 그 사람을 완전히 놓아주고 마음을 비우면 언젠가 반드시 헤어지길 잘했다는 생각이 들 만큼 좋은 사람이 나타날 겁니다. 결국 자기가 준비가 되어야 사랑도 찾아오는 겁니다.

손금으로 언제 사랑이 다가오는지, 또 언제 떠나는지도 알 수 있습니다. 일단 생명선에서 살짝 내려온 인연선을 봅니다. 그다음 생명선 안쪽에 생명선을 따라 내려온 영향선과 결혼선의 위치로 인연이 오거나 떠나는 시기를 짐작할 수 있습니다. 운명선에서 나온 지선의 방향으로도 그 사람과의 관계를 미리 알 수 있고요. 그럼 새로운 사랑과 관련된 손금을 한번 살펴볼까요?

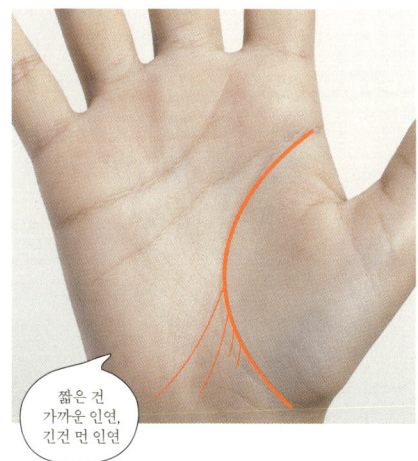

짧은 건 가까운 인연, 긴 건 먼 인연

1 인연선으로 보는 그 사람과의 거리

운명선에서 아래쪽으로 나온 작은 선들을 '인연선'이라고 합니다. 이 선이 길게 뻗어나왔다면 멀리 떨어져 있는 사람과 인연이 있다고 볼 수 있습니다. 외국인이나 제2교포 혹은 외국에서 살고 있는 우리나라 사람, 그리고 국내에 있지만 거리가 좀 있는 분들도 해당됩니다.

또, 역마가 많아 돌아다니면서 인연을 만

나게 될 수도 있습니다. 내 일이 여행과 관련이 많거나 출장이 잦고 현재 유학이나 이민을 고려하고 있다면 조만간 좋은 소식이 있을지도 모르겠네요. 우연히 비행기에서 인연을 만나게 될지 누가 알아요?

반대로 **인연선이 짧으면 가까운 곳으로 눈을 돌리는 게 좋습니다.** 이런 경우 갑작스럽게 상대를 만나 결혼에 골인할 수도 있답니다. 주변에 모태 솔로였던 친구가 잠시 연락 끊긴 사이 시집간다고 소식을 전해왔다면 친구의 손금을 확인해보세요.

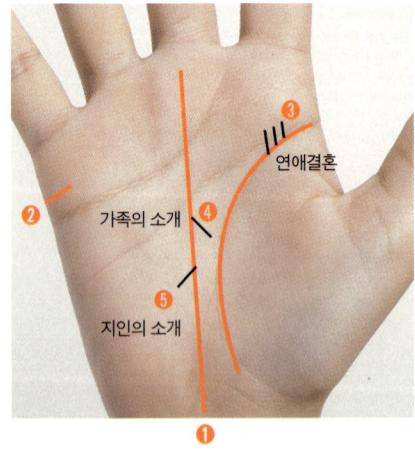

2 연애로 만날까 중매로 만날까

연인을 만나는 것도 참 가지각색입니다. 고등학교 때 친구였다 대학교 때 연인이 되어 쭉 결혼까지 이어지는 커플도 있고, 직장에서 서로 첫눈에 반해 몇 개월도 안 돼 결혼하는 커플도 있죠.

❶ 운명선이 손목에서부터 시작하거나 ❷ 결혼선이 일찍 시작하는 경우, 또 ❸ 생명선의 지선이 21살 전에 노력선으로 올라와 있는 경우엔 연애결혼을 할 확률이 높습니다.

❹ 운명선에서 나온 선이 생명선 방향으로 뻗어 있다면 가족이나 친지의 소개로 짝을 만날 수 있습니다. 또, 이는 결혼이 성사되는 데 가족 누군가의 역할이 크다는 걸 의미합니다. 이런 선이 있다면 즉시 친지에게 맞선 자리를 부탁해보는 건 어떨까요.

❺ 반대로 운명선의 지선이 월구 쪽에서 출발해서 운명선에 붙어 있다면 친구나 직장 동료의 소개로 만나게 될 가능성이 높습니다. 이런 선이 보인다면 본인이 좀 더 적극적으로 나서서 모임이 있을 때마다 참석하시는 게 좋습니다.

3 생명선 안쪽에 지선이 있으면 곧 핑크빛!

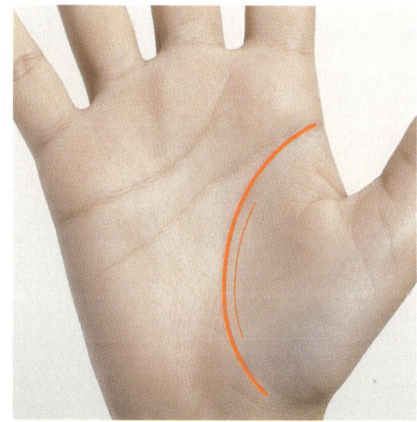

생명선 안쪽에 나란히 뻗은 선이 있다면 연애에 임박해 있다는 걸 의미합니다. 또한 지금 만나고 있는 사람이 평생의 인연이 될 수도 있습니다.

이 선을 보면서 "지금 사귀는 사람과 결혼할 것 같네요."라는 말을 해주면 의외로 시큰둥한 반응을 보이는 분들도 있습니다. 물론 현재 애인을 결혼 상대로 생각하지 않을 수도 있고 그 사람의 능력이나 배경, 조건이 마음에 안 들어서 고민할 수도 있겠죠. 하지만 조금 더 긍정적으로 생각하는 게 좋을 듯합니다. 둘이 정말 아끼고 사랑한다면 현실의 장애쯤은 충분히 극복할 수 있으니까요. 이렇게 말하는 이유는 **이 선이 바로 이상형과 만나 결혼에 골인한다는 의미를 갖고 있기 때문입니다.**

●● 사랑도 타이밍, 때를 잘 맞추세요

사랑에도 타이밍이 중요하죠. 특히 20대 후반에서 30대 초반, 즉 결혼 적령기에 만나는 사람은 평생의 동반자가 될 확률이 높아 그 시기의 이성운은 매우 중요합니다.

내가 결혼을 하는 시기를 미리 알 수 있으면 좋으련만, 요즘은 손금으로 그 시기를 알아보는 게 쉽지는 않습니다. 옛날과 달리 동거를 하며 연애를 가장한 결혼 생활을 하는 커플들도 많고 또 이혼율이 보여주듯이 결국 헤어지는 커플도 많기 때문이죠. 그만큼 결혼이라는 개념 자체가 변했을 뿐 아니라 그 시기도 점차 늦어지고 있어 정말 뛰어난 고수가 아니고서는 손금으로 결혼 시기를 맞히는 게 매우 어렵습니다.

그래도 기본적으로 시기를 살펴볼 수 있어야 상황에 따른 적용이 가능하니 한번 도전해봅시다. 결혼 시기는 결혼선과 인연선, 영향선을 참고하시면 됩니다.

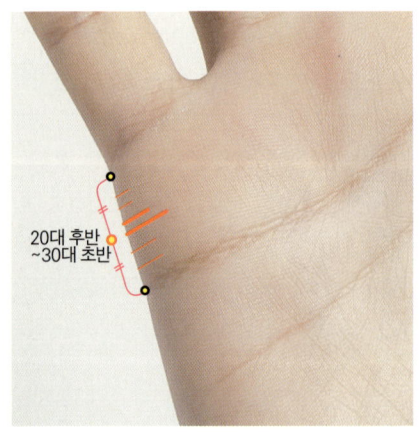

1 결혼선으로 알아보기

결혼선은 감정선과 새끼손가락 마디 사이에 있는 선입니다. 너무 깊이 들어가면 어렵기 때문에 간단히 설명드리겠습니다. 일단 감정선과 새끼손가락 마디 사이를 2분의 1로 나눕니다. 이렇게 나눈 선 아랫부분을 20대로, 윗부분은 30대로 보시면 됩니다. 따라서 2분의 1이 되는 지점에 결혼선이 와 있다면 서른 내외에 결혼한다는 것을 의미합니다.

결혼선을 볼 때 자주 묻는 질문 중 하나가 '결혼선이 많으면 어떻게 받아들여야 하냐'는 것입니다. **결혼선이 많아도 그 선들 가운데 가장 굵고 짙은 선이 진짜 결혼을 의미합니다.** 그럼 나머지 선들은 뭐냐고요? 그것은 연애나 자식 복을 의미할 수도 있습니다. 결혼선 때문에 다투는 커플도 있는데 괜한 감정 낭비는 하지 마세요.

물론 짙은 선이 더 있다면 또 결혼을 할 가능성이 높습니다. 하지만 한 번의 시기를 넘겼는데 아직 솔로라면 그 선이 오히려 반가울 수도 있겠죠?

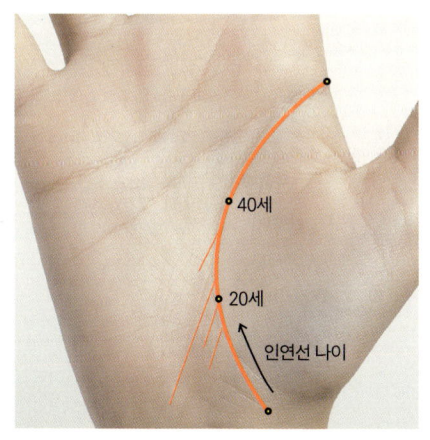

2 인연선의 역할을 하는 선으로 알아보기

인연선으로도 나이대를 알아볼 수 있지만 많은 분들이 너무 어려워하시더군요. 그래서 그 부분은 생략하도록 하겠습니다.

여기서는 인연선은 아니지만 인연선의 역할을 하는 선을 알려드리겠습니다. **생명선을 따라 내려오는, 보일 듯 말 듯한 연한 선이 보이시나요?** 그렇다면 결혼 시기는 어떻게 알 수 있을까요? 총 수명을 80세라고 쳤을 때 생명선을 2분의 1로 나누면 그 지점은 40세가 되겠죠. 거기서 또 반으로 나눈 지점은 20세가 되고요. 이를 참고해서 시기를 예측하시면 됩니다.

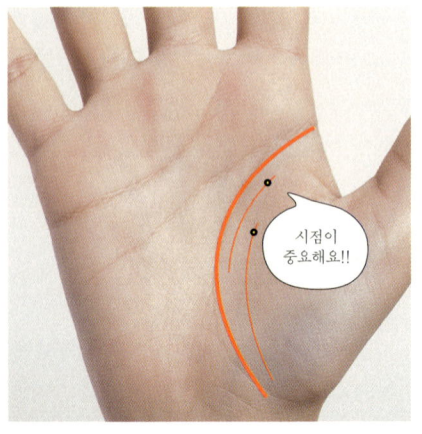

3 영향선으로 알아보기

생명선 안쪽에 생명선을 따라 내려오는 선이 바로 영향선입니다. 인연선보다 더 굵고 선명한 게 특징이죠. **영향선이 생겨났다는 건 그 시점에 사랑하는 사람을 만날 수 있다는 걸 의미합니다.** 그런데 만약 영향선이 두 개라면 지금 만나는 사람과 결혼까지 갈지는 두고 봐야 합니다. 지금의 연인과 무사히 결혼한다 해도 다른 영향선은 재혼이나 외도를 의미하거든요.

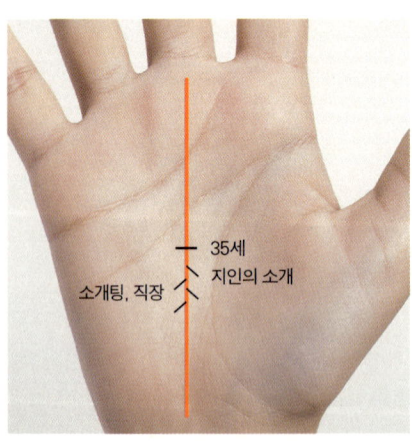

4 운명선으로 알아보기

1, 2, 3번에 해당사항이 없는 데다 선이 희미해서 잘 모르겠다면 운명선을 보세요. **운명선의 경우 중지에서 손목까지를 2분의 1로 나눈 지점을 35살로 봅니다.**

그쯤 운명선에 붙은 지선이 있을 수 있는데 만약 월구 쪽에서 나왔다면 소개팅이나 직장에서 짝을 만나 결혼까지 골인할 수 있습니다. 만약 그 지선이 생명선 쪽에서 운명선으로 붙어 있다면 가족이나 친지 혹은 아주 친한 지인의 소개로 만나게 되고요. 또 이 시기에 결혼을 하게 될 수도 있으니 참고하세요.

●● 외모, 능력 너무 많은 걸 바라지 마세요

연애를 못 하고 있는 친구 중에는 눈이 너무 높은 경우가 참 많습니다. 본인은 그렇게 생각하지 않는데 친구들이 '너가 까다로워서 그래.'라고 한다면 이성에 대한 기준을 좀 낮출 필요도 있습니다. 입에 맞는 떡은 없듯이 설사 상대가 자신이 원하는 조건에 들어맞는다 해도 결국 단점이 있기 마련이거든요. 따라서 이상형을 찾기보다 서로 이해하고 양보하는 태도를 갖는 게 더 중요합니다.

이번엔 손가락을 봅시다. 다섯 개의 손가락은 각기 의미하는 바가 다릅니다. 엄지는 부모, 검지는 친구, 중지는 배우자, 약지는 자신, 그리고 소지는 자식을 의미합니다. 따라서 배우자를 알고 싶다면 중지를 보시면 됩니다. 중지에는 마디가 세 개가 있는데 손톱에 가까운 마디를 첫째 마디로, 그 아래 있는 것을 둘째 마디, 그 아래는 셋째 마디로 봅시다. 먼저 배우자의 외모부터 살펴봅시다.

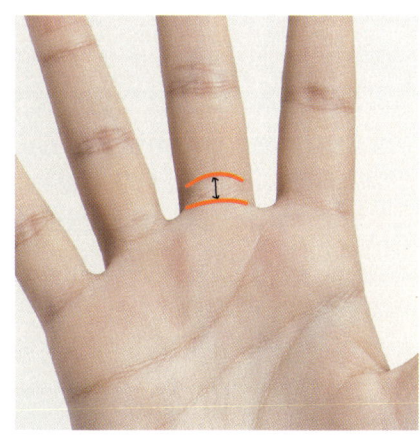

1 중지 셋째 마디의 간격은 외모를 말한다

남녀 불문하고 앞으로 만날 배우자에 대해서 묻는 첫 질문은 대부분 "잘생겼어요?" "예뻐요?"랍니다. 역시 외모가 중요하긴 한가 봅니다. 배우자의 외모는 중지의 셋째 마디 사이에 있는 두 갈래 선의 넓이로 알 수 있습니다. 거기가 다른 손가락 마디에 비해 넓으면 상대의 외모를 중시하거나 첫인상이나 첫 느낌 그리고 텔레파시를 유독 중시한다고 볼 수 있습니다.

반대로 이 간격이 거의 없거나 좁은 사람은 상대를 만날 때 쉽게 마음을 열지 않고 조심스러워 한답니다. 즉, 지속적으로 만남을 가지면서 상대에게 천천히 마음을 여는 사람이라고 보면 됩니다.

소개팅을 하면 상대의 중지를 유심히 보세요. 만약 셋째 마디의 간격이 넓다면 본인의 첫인상이나 외모에 좀 더 신경을 써야 겠죠. 반대로 마디가 좁은 경우 너무 급하게 밀어붙이면 안 됩니다. 지속적으로 상대의 호감을 얻기 위해 노력해야 한다는 것을 명심하세요.

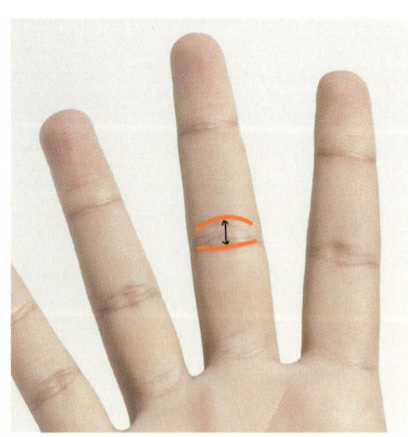

2 중지 둘째 마디의 간격은 능력을 말한다

가운뎃손가락 두 번째 마디의 간격은 능력을 의미합니다. 이 부분이 넓은지 좁은지는 자신을 뜻하는 약지와 비교해서 판단하는 게 좋습니다. 만약 **중지의 둘째 마디가 약지의 둘째 마디보다 넓다면 상대가 나보다 능력이 더 좋고 현명하다는 뜻입니다.** 만약 비슷하면 둘이 비슷하다는 걸 얘기하겠죠? 간격이 좁거나 안 보인다고 해서 실망할 필요는 없습니다. 손가락 마디만으로 상대를 평가할 수는 없으니까요.

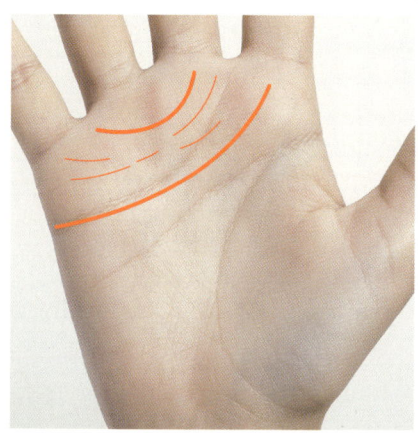

3 금성대가 진하거나 많으면 외모가 출중하다

외모를 따질 때 중지의 간격만으로는 만족이 안 된다면 금성대를 잘 살펴보세요. 금성대가 많으면 바람둥이에 외모가 출중하다는 걸 의미합니다. 게다가 매력적이고 솔직하고 끼도 많고 매너도 좋답니다.

만약 상대에게 금성대가 너무 없으면? 상대의 외모가 그리 잘난 것도 아니고 평범하거나 그 이하인 거죠. 자신이 그렇다면 외모에 좀 더 신경을 써야겠죠?

금성대가 지나치게 많으면 우유부단한 성격에 거짓말도 잘하고 술과 친구를 너무 좋아한다는 걸 뜻합니다. 또, 눈치가 없을 수도 있으니 많다고 좋은 건 절대 아니랍니다.

여자는 식장에 들어가기 직전까지 불안하다

 **지금 남자친구를 정말 사랑하지만 결혼까지는 잘 모르겠어요**

– 여자, 27살 프리랜서, 7년째 연애 중

● 현재 남자친구랑 7년째 연애 중입니다. 중간에 몇 번 헤어지고 만나기를 반복하기도 했죠. 한번은 여자 문제로 헤어졌는데, 3개월 후 싹싹 빌며 또다시 만나자고 하더군요. 저도 한 번 정도는 눈감아 줄 수 있다고 생각해 받아주었습니다. 정이 들기도 했고 옆에 늘 있던 사람이 없으니 외롭기도 했고요.
그런데 아니나 다를까 이번엔 또 다른 문제로 속을 뒤집더군요. 친구에게 돈을 빌려줬는데 받지 못하고 있어 너무 힘들어 하길래 그땐 위로를 해주었습니다. 근데 카드빚도 꽤 있더라고요. 알고 보니, 남친의 어머니께서 씀씀이가 좀 헤프시더군요. 결혼까지는 어려울 것 같아 저는 결국 헤어지자고 했습니다. 그러자 울며불며 저에게 절대로 헤어지지 못하겠다고 합니다. 그리고 어머니는 어떻게든 설득시켜 앞으로 돈도 차곡차곡 모으겠다네요. 자기가 믿음을 보여줄 테니 2년 후쯤 결혼도 하자고 하더군요. 물론 저는 남자친구를 믿고 싶지만 막상 어머니 앞에 가면 쩔쩔 매는 것 같고 친구에게 생각 없이 돈을 빌려주는 것도 믿음직스럽지가 못합니다. 하지만 이 남자가 제 첫사랑이라 다른 사람을 만날 자신은 또 없네요. 이 남자와 결혼해도 되는 걸까요?

●● 지금 만나고 있는 사람이 평생의 동반자일 수도 있습니다

　지금 만나고 있는 사람이 있더라도 과연 이 사람이 결혼 상대자인지, 지금이 결혼할 시기인지 확신하기는 쉽지 않습니다. 사실 이보다 더 중요한 것은 서로에 대한 믿음입니다. 그 사람이 그냥 결혼할 사람이 필요해서 날 만나는 건 아닌지, 나역시 이 사람을 믿고 어떤 고난과 역경도 같이 감당할 자신이 있는지 객관적이고 냉정한 시각으로 바라봐야 합니다.

　손금을 봤는데 지금이 결혼을 해야 하는 시기라면 결혼 준비를 해도 되지만 그럼에도 결혼하는 데 너무 많은 장애와 고난이 따른다면 인연이 아닐 수도 있다는 걸 받아들이세요. 지금 당장 헤어지는 게 힘들다고 결혼했다가 평생을 고생해야 할지도 모릅니다. 미래를 위해서 지금 고통을 겪는 게 더 현명하다면 그렇게 해야겠죠. '이성이 먼저냐, 감정이 먼저냐' 참 어려운 문제이긴 하지만 진지하게 고민해보고 손금을 참고하는 것도 좋습니다.

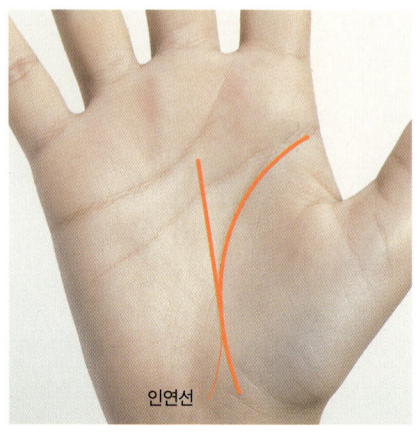

인연선

1 인연선과 운명선이 합쳐졌다면 결혼이 임박해 있음을 뜻한다

인연선이 운명선과 합쳐져 있다면 우선 축하부터 드리는 게 좋을 것 같네요. 지금 만나는 사람이 있는 경우 그 사람과 결혼을 할 수 있고, 그 시기 또한 임박해 있다고 보면 됩니다.

만약 지금 짝이 없으면 어떡하냐고요? 걱정 마세요. 조만간 인연이 나타나 결혼을 전제로 만나게 될 확률이 높거든요. 그러니 차차 마음의 준비를 해두세요. 이런 손금은 보기 드물다는 것도 참고하시길.

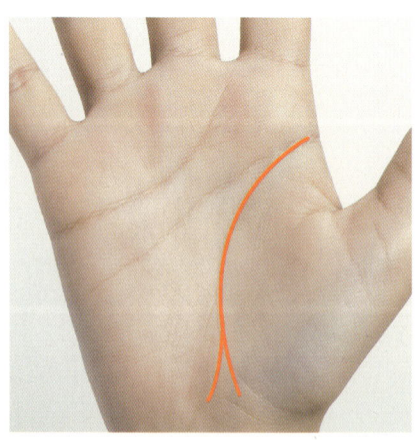

2 인연선이 기본 3대선처럼 선명하면 결혼할 때가 됐다

인연선은 희미할 때도 있고 선홍색처럼 진할 때도 있습니다. 손금이 자주 바뀌는 분들은 종종 물어보십니다. 손금을 자주 들여다보는데 이상하게 이 선이 유독 선명해지고 있다고요.

만약 선들 중에서도 인연선이 유독 선명하다면 조만간 인연을 만나거나 결혼에 골인할 수 있습니다. 이 사람과 결혼하는 것에 확신이 서지 않는다면 인연선 하나라도 눈여겨보는 것은 어떨는지요.

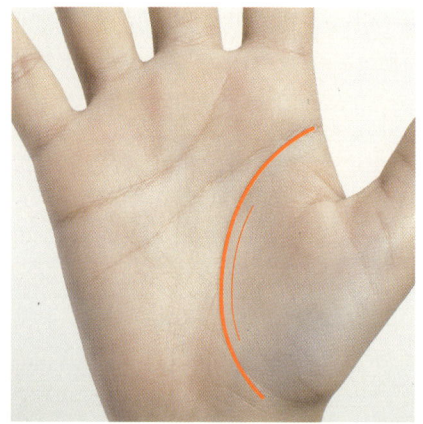

3 생명선 안쪽에 실선이 있다면 현재 애인이 내 짝이다

생명선 안쪽 연한 실선이 가로나 세로에 상관없이 내려와 있다면 현재 만나고 있는 사람과 결혼할 가능성이 높습니다. 앞에서 이 인연선이 영향선 역할을 하기도 한다고 했는데, 이는 인연이 나타나면 꼭 결혼까지 고민하게 된다는 걸 뜻합니다. 애인이 없다 해도 갑자기 인연이 나타날 수 있고, 애인이 있으면 지금 만나는 사람이 바로 내 짝이라는 생각을 하게 되는 거죠. 애인이 결혼에 대해 말이 없어 답답하다면 무작정 기다리지만 말고 진지하게 먼저 말을 꺼내보는 것은 어떨는지요.

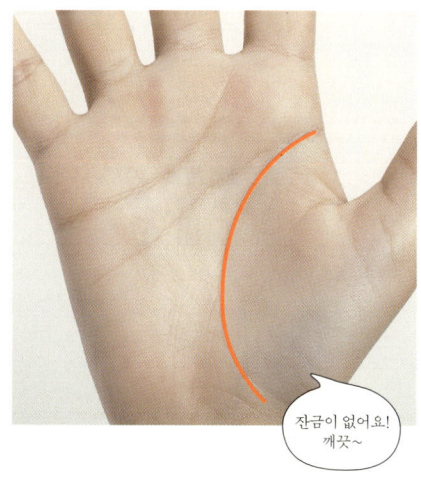

잔금이 없어요! 깨끗~

4 장애선이 없다면 오랜 친구가 연인이 될 가능성이 높다

지금 만나는 사람이 너무 마음에 드는데 결혼을 의미하는 선들이 보이지 않는다면? 그렇다고 실망할 필요는 없습니다. 생명선에서 나오는 선이나 장애선이 없다면 현재의 사랑에 충실하시면 됩니다.

그런데 유독 결혼선이 약하고 장애선도 없고 손금이 정말 깨끗한 분들도 있습니다. 게다가 인연을 말해주는 선들도 보이지 않고요. 이런 분들은 **오랜 친구와 사귀게 되어 결**

혼하게 될 가능성이 있으니 희망을 놓지 마세요. 친한 친구가 지금은 이성으로 느껴지지 않더라도 언젠가 상대의 마음은 어떤지 궁금해할 날이 올지도 모릅니다.

5 비애선이 없거나 연하면 안심해도 좋다

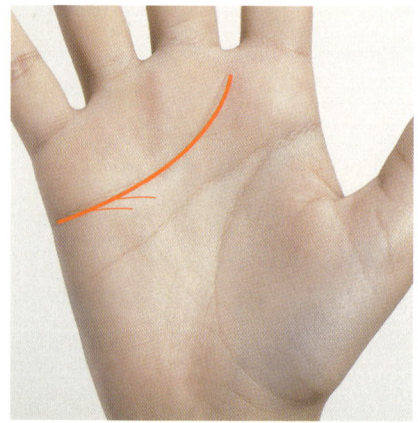

비애선이 감정선에서 나와 선명하고 긴 경우는 위험한 징조이지만, 감정선 끝에서 나와 생명선까지 닿지 않거나, 유년법으로 봤을 때 지금이 그 시기가 아니라면 괜찮습니다. 큰 슬럼프가 있거나 환경이 변화한다는 걸 의미할 수도 있으니 꼭 결혼에 장애가 있는 거라고 단정 짓지는 마시길. 물론 나이대를 봤을 때 조만간 그 시기가 온다면 조심하면서 긴장을 늦추지 않는 것이 좋겠죠.

사랑 편 원래 '내 연애'가 세상에서 가장 어렵다

●● 연애할 땐 잘 안 나타나는 그 남자의 진짜 성격

흔히 남자들은 결혼하면 변한다고들 하죠. 연애할 땐 정말 하늘의 별이라도 따 줄 것 같던 사람이 결혼하면 집에 들어오는 것도 싫어하고 별은커녕 집안일 도와 주는 것도 귀찮아하고요. 너네 아빠도 연애할 땐 안 저랬다는 말, 엄마들이 딸한테 참 자주하는 얘기이기도 합니다.

그렇다면 지금 만나는 남자의 진짜 성격도 손금으로 알 수 있을까요? 네, 어느 정도는 가능합니다. 따라서 그 사람의 손금을 보면 결혼 후 어떻게 변할지 예상이 가능하니 시행착오가 줄어들 수 있겠죠.

성격은 감정선으로 파악할 수 있습니다. 먼저 봐야 할 것은 감정선과 새끼손가 락 사이에 폭입니다. 그다음엔 선이 날카롭고 곧게 뻗은 직선인지, 유연한 곡선인 지, 또 선이 끝나는 지점이 어떤지를 봅니다.

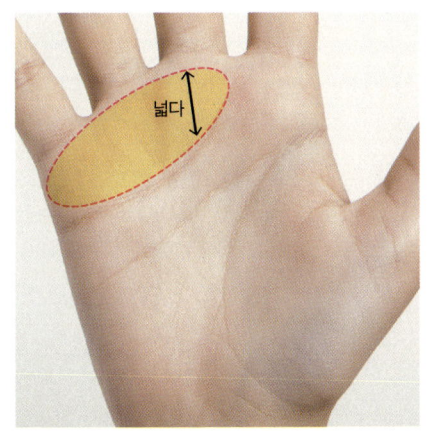

1 털털하고 너그럽다

감정선의 출발 지점과 손가락 마디까지의 간격이 넓은 사람은 성격이 털털하고 너그럽 고 관대하다는 평가를 듣습니다. **이성들이 편한 친구로 느끼다가 중간에 연인 사이로 발전하는 경우가 많습니다.**

반대로 손바닥을 봤을 때 선이 전반적으 로 위로 올라간 것처럼 보이고 감정선과 손 가락 마디 사이의 폭이 좁아 보이는 경우, 즉 기본 3대선이 위로 올라가 있어 금성대가 좁

아 보인다면 소심하고 의심이 많습니다.

간격이 넓고 좁은 건 어떻게 아냐고요? 남들과 비교했을 때 특별히 좁거나 넓다는 게 단번에 느껴진다면 그런 것이고, 별 차이가 없어 보인다면 무난하다고 보시면 됩니다.

2 소심하고 낯을 가린다

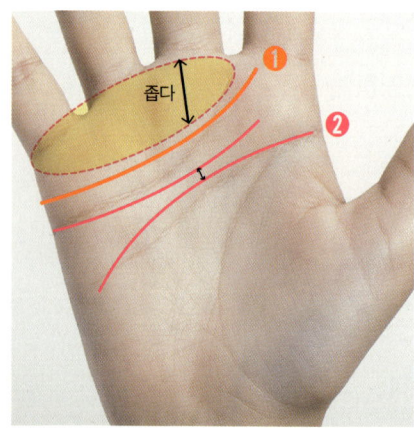

위에서 이야기했듯이 선들 자체가 다 위로 올라간 것처럼 보여서 ❶ 감정선 윗부분 폭이 좁아 보인다면 소심한 성격의 소유자입니다. 또한 ❷ 두뇌선과 감정선 사이의 폭이 좁은 경우도 해당됩니다.

이런 분들은 사람을 알고 친해지는 데 시간이 오래 걸리죠. 남 앞에 나서는 것을 별로 좋아하지도 않고요. **자신과 잘 맞는 몇 사람 말고는 맘을 잘 안 열기 때문에 이기적이라는 오해를 살 수도** 있습니다.

하지만 **사랑을 하게 되면 상대방에게만 몰두하는 경향도** 있답니다. 상대가 어떻게 받아들이냐에 따라 결과는 천차만별인 것 같아요. 상대가 너무 집착한다고 싫어할 수도 있고, 반대로 자신만 바라본다고 좋아할 수도 있으니까요. 상대가 불쾌해한다면 어느 정도는 적당히 거리를 두면서 다가가야겠죠.

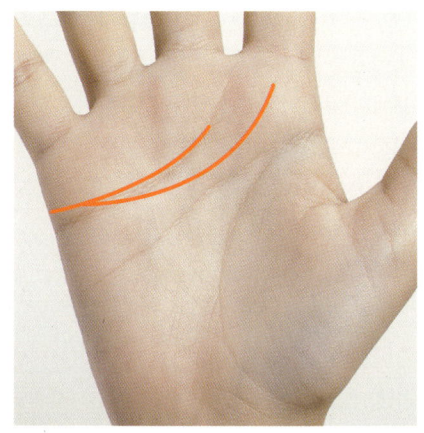

3 의심이 많다

이중 감정선을 가진 사람은 '왜'라는 질문을 달고 삽니다. 반항선이 감정선에 닿아 이중 감정선 역할을 하는 경우도 있고, 감정선 자체가 끊어져서 다시 시작하는 선이 있다면 이 역시 이중 감정선으로 볼 수 있습니다.

이런 사람은 의심도 많고 정확한 것을 좋아해 이성과 사귈 때도 자신의 감정까지 항상 의심합니다. '나는 이 사람을 정말 사랑하는 걸까' '이 사람은 환경이 너무 안 좋은데 내가 이 사람이랑 결혼하면 손해 보는 건 아닌가' '이 사람이 과연 내 마지막 인연일까' 등등 별생각을 다 한답니다. 그렇기 때문에 상대가 먼저 적극적으로 다가오기 전까지는 절대 움직이지 않을 수도 있습니다. '내가 뭐가 아쉬워서?'라는 생각을 할 수도 있거든요.

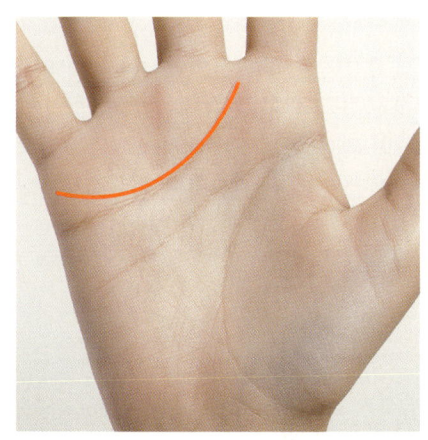

4 계산적이고 계획적이다

감정선의 시작점이 새끼손가락 쪽으로 올라가 있으면 계산적이고 계획적입니다. 계획적인 건 좋지만 문제는 자기중심적이라는 겁니다.

이런 사람은 애인에게도 친구처럼 대하는 경향이 있습니다. 또 구속받는 것을 싫어하고 이성을 보는 눈이 높은 편입니다. 연애를 하기 전부터 일단 조건을 다 알고 난 후 어떻게 해야 할지 생각하기 때문에 환경적으로 너무 차이가 나면 쉽게 포기하기도 합니다. 속애기를 잘 하지 않는 데다 감추려 하기 때문에 만남에서 결혼하기까지 많은 어려움이 따를 수도 있습니다. 만약 자신의 손금이 이렇다면 자신의 진심을 보여주려고 부단히 노력해야 합니다.

5 갑자기 성격이 변할 수 있다

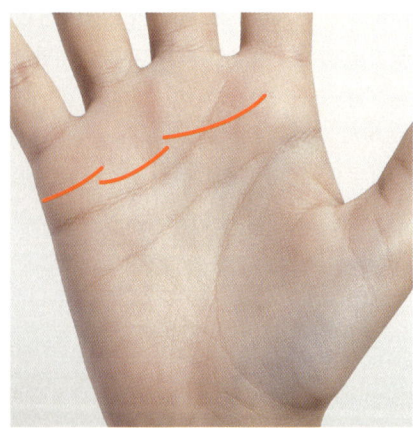

성격을 의미하는 감정선이 중간에 끊겼다는 건 성격이 확 바뀐다고 이해하시면 됩니다. 환경의 변화 때문이죠. 끊긴 시점의 나이에 사랑을 하고 있다면 감당하기 어려울 수도 있습니다. 사랑이 식어버린다거나 만사가 귀찮고 혼자 있고 싶어 하는 등 감정상으로 혼란이 올 수도 있거든요.

그리고 가정에 문제가 생겼을 때도 의기소침해지고 자신감도 많이 없어져 주변의 지인이나 친구들이 조언해주고 도와주지 않으면 슬럼프가 길어질 수 있습니다. 반면에 이런 시기가 오히려 기회가 되어 내성적인 사람이 외향적으로 변한다거나 외향적인 사람이 갑자기 내성적으로 변할 수도 있답니다. 평소에 성격을 바꾸고 싶었다면 희망을 가져도 좋겠죠.

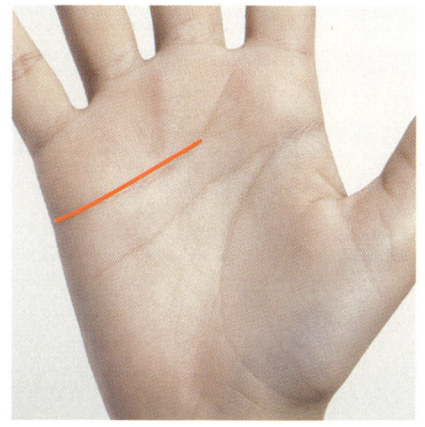

6 냉정하고 쌀쌀맞다

중지에서 끝나는 직선형 감정선을 가졌다면 냉정한 타입입니다. 실제로 주변 사람들에게 차갑다는 말을 많이 듣고요. 또 소심하고 말수가 적으며 묻는 말에 단답형으로 대답하는 등 쌀쌀맞은 편이죠.

여자의 경우에는 남자 같다는 말을 들을 수도 있고, 남자의 경우엔 연애와는 거리가 멀 수 있습니다. 그래서 사랑하는 사람이 생겨도 짝사랑을 하고 말거나 계속 짝사랑만 할 수도 있습니다. 일 처리에 있어서는 정확하고 냉정한데 이상하게 연애에는 영 소질이 없죠. 지금 만나는 상대가 너무 무뚝뚝하거나 말수도 적고 속마음을 도무지 모르겠다면 손바닥을 한번 들여다보세요.

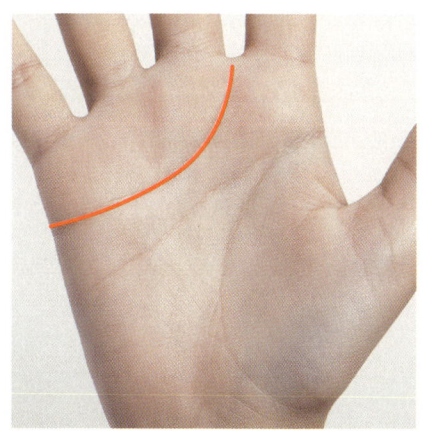

7 감수성이 풍부하다

감정선이 검지와 중지 사이로 들어가거나 올라와 있는 경우, 여자는 감수성이 풍부하고 마음이 여리며 정에 약하고 눈물도 많습니다. 또 상상력이 풍부해서 낭만적인 사랑을 꿈꾸는 천생 여자라고 할 수 있습니다. 만나는 사람이 있다면 내조도 잘하고 상대를 잘 배려하는 타입입니다.

남자라면 여성스러운 면이 있다고 보시면 됩니다. 상대를 잘 챙겨주고 매너도 좋고 주변 사람들을 많이 의식하는 편으로, 이런 분들은 대체로 아기자기하고 재미있는 연애를 하게 됩니다. 감동도 잘 받고 잘 울기도 합니다. 애교도 많아서 어쩌면 느끼할 수도 있지만 직선형 감정선을 가진 남자보다는 훨씬 낫답니다.

8 자기중심적이다

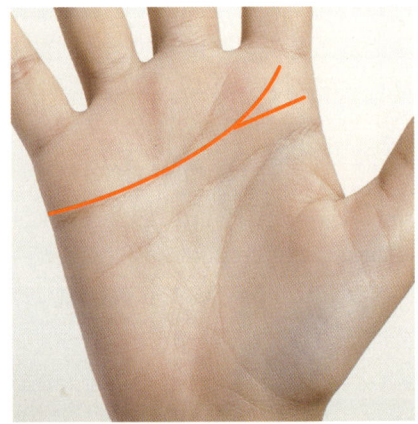

끝 부분이 두 개로 갈라진 감정선을 가진 사람은 자존심이 강하고 자기중심적입니다. 일이면 일, 공부면 공부, 모든 것에 욕심이 많고 늘 인정받기 위해 노력합니다.

하지만 **자신의 상황만 중시하다가 연애나 결혼 시기를 놓치는 경우도 많습니다.** 따라서 함께 일하거나 같이 공부하는 사람들과 교제할 가능성이 높습니다.

이런 분과 연애를 한다면 자존심을 건드리지 않는 게 좋습니다. 자존심에 금이 가면 냉정해질 수 있기 때문이죠. 욕심이 많은 만큼 본인이 경쟁을 즐기기 때문에 자존심을 걸고 싸워야만 하는 상황에서 더 큰 성과를 내는 경향이 있습니다. 이런 사람과 만난다면 서운한 일이 많을 수도 있습니다. 하지만 정말 사랑하고 아낀다면 내가 더 이해하고 노력해야겠죠.

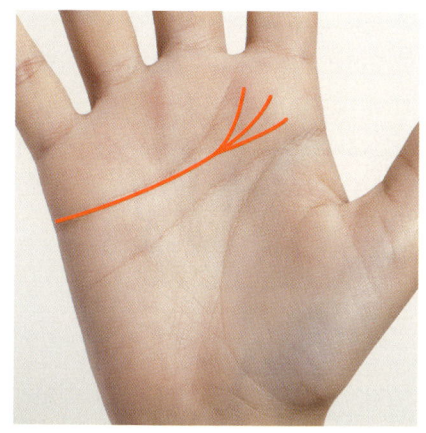

9 이타적이고 희생적이다

감정선 끝이 세 갈래로 나눠진 사람은 이타적이고 희생적입니다. 맏며느리들이 대개 이런 손금을 가지고 있습니다. 욕심이 많지 않아 이 사람 저 사람에게 잘 퍼주는 타입이죠. 특히 어른들에게 칭찬을 많이 받고 사랑을 하더라도 장남과 인연이 많으니 천생 맏며느리의 팔자라 하겠습니다.

남자의 경우 책임감이 강하고 다른 사람을 잘 챙겨 주변 사람들이 의지를 많이 합니다. 꼭 장남이 아니더라도 장남 역할을 하고 있을 수도 있습니다. 하지만 귀가 얇아서 남의 말을 잘 믿기 때문에 특히 사업할 때 주의해야 합니다. 보증이나 투자, 금전 거래는 절대 금물입니다.

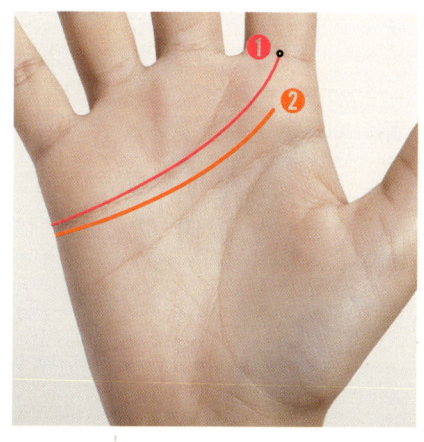

10 자존심이 강하다

❶ 감정선이 검지 셋째 마디까지 올라가거나 ❷ 그 아래 권력구에서 끝난다면 자존심이 강하고 욕심도 많습니다. 일과 사랑 어느 것 하나에도 소홀하지 않고 눈치가 빨라 주변 상황에 민감한 편입니다. 이성을 만날 때도 상대의 능력과 배경을 모두 고려하는 철두철미한 성격의 소유자이죠. 이 중 하나라도 모자라면 만나는 내내 싸움거리가 될 수 있습니다.

그리고 남녀 할 것 없이 자존심을 건드리

는 말을 듣거나 이별 통보를 받는다면 뒤도 안 돌아보고 바로 마음을 정리하는 냉정함도 있습니다. 헤어지고 마음이 아프고 미련이 남는다 해도 기다리면 기다렸지 절대 먼저 연락하진 않습니다.

11 남자 같이 털털하다

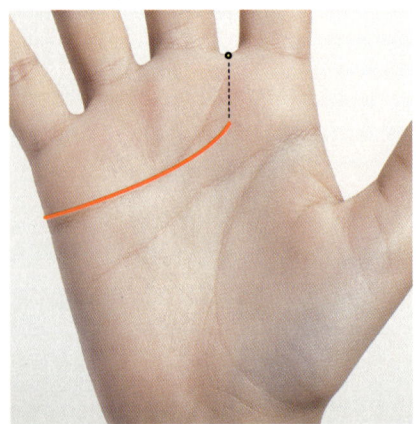

감정선 끝이 중지와 검지 사이에 멈춰 있다면 남자 같다는 말을 잘 듣는 털털한 여자입니다. 성격도 좋아서 사람들이 많이 따를 수도 있습니다. 이런 성격 탓인지 막상 연애하기가 쉽진 않습니다. 하지만 **연애를 시작하면 주변 사람들이 배신감을 느낄 정도로 천생 여자가 되고 맙니다.** 애교도 많고 여성스러워지려고 노력도 많이 합니다. 내 사람에게만 올인하는 스타일이죠.

남자의 경우 털털하고 시원시원하며 유머감각이 있습니다. 그래서 주변에 이성 친구가 많아 바람둥이라는 오해를 사기도 합니다. 늘 예의를 갖추고 자기 관리도 철저히 하죠. 하지만 연애할 때 상대에게 여느 이성 친구와 다를 바 없는 태도를 취해서 자주 다툴 수도 있습니다. 애인한테만큼은 애정 표현에 과감할 필요가 있습니다.

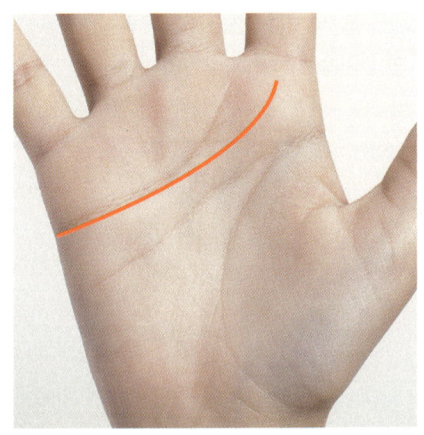

12 기대를 잘한다

감정선이 상향하면 상대방에 대한 기대가 많습니다. 기념일마다 애인이 꼬박꼬박 이벤트를 해주길 바라죠.

이런 손금을 가진 사람은 상대를 고를 때도 매우 까다롭게 구는 경향이 있습니다. 일단 자기 이상형이 아니거나 느낌이 오지 않으면 마음속으로 이미 상대를 퇴짜 놓기 일쑤입니다. 만약 내 애인이 이런 성격이라면 **작은 선물이라도 항상 신경 써주는 것이 좋습니다.** 다행히도 작고 사소한 것에도 잘 감동받는 타입이랍니다.

작은 농담에도 잘 웃는 이성을 만난다면 손금을 들여다보세요. 감정선이 상향하는 손금일 확률이 높습니다.

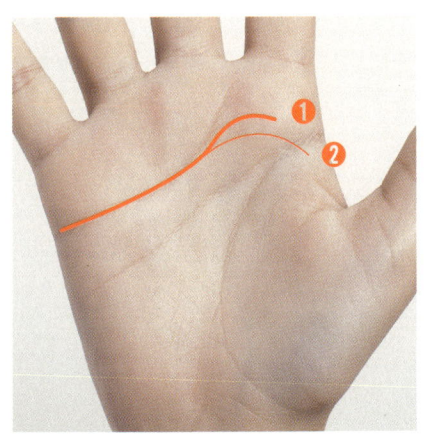

13 상처를 잘 받는다

❶ 감정선 끝이 하향했거나 ❷ 비애선이 생명선 안쪽으로 들어가 있으면, **사귀는 동안 큰 문제가 없었어도 한번 상처를 받으면 그 상처가 오래가는 사람입니다.** 다시는 그런 사랑을 하지 않겠다고 결심하고 오랜 시간 일에만 빠져 있기 쉽죠.

하지만 이렇게 마음을 닫으면 닫을수록 상처는 아물기 어렵다는 점을 명심하셔야 합니다. 상처는 또 다른 사랑으로 치유된다는 점을 꼭 기억하시길.

사실 이런 손금을 가진 분들이 상처를 받는 이유 중 하나는 사람 보는 눈이 없기 때문입니다. 주변에서 다 아닌 것 같다는 사람을 만나 큰 배신을 당할 수도 있으니 지인들의 말에 귀 기울이는 게 좋습니다.

14 밝고 명랑하다

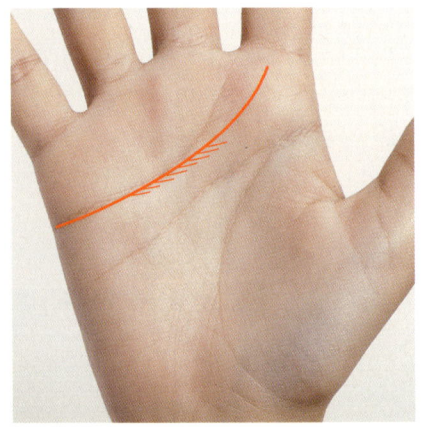

감정선에 사교선 문양이 있다면 성격이 밝고 명랑합니다. 사람을 상대하는 수완이 탁월해서 인기를 한 몸에 받죠. 애정에 있어서도 한 사람보다 여러 사람에게 잘하는 스타일입니다. 장점이라면 장점이겠지만 질투심이 많은 이성과 사귄다면 자주 다툴 수 있습니다.

또 사랑하는 사람이 있다면 주변에 이 사람이 내 애인이라고 각인시킬 필요가 있습니다. 그렇지 않으면 친구에게 사랑을 빼앗길 수도 있는 손금이거든요. 되도록 둘만의 시간을 많이 갖도록 하세요.

●● 결혼, 급하다고 너무 섣불리 생각하지는 마세요

길든 짧든 연애에 종지부를 찍는 건 결혼입니다. 결혼이 연애의 연장이라고 생각할 수도 있겠지만 많은 사람들이 결혼 날짜를 잡는 순간부터 연애할 때와는 다른 세상에 접어들었다고들 하죠.

특히 여자분들은 친한 친구가 결혼을 먼저 하면 심리적으로 타격을 많이 받습니다. 더군다나 고민이 있을 때마다 연락하고 서로 나오라고 하면 바로 나오는 친구였다면 겉으로는 축하해도 속으로는 서운해하기도 하죠. 그래서 주변에 하나둘씩 시집가는 친구들이 생기면 자신도 모르게 결혼을 서두르는 경우도 있는데요. 결혼은 일생에 큰 영향을 주는 만큼 정말 신중해야 합니다.

그렇다면 결혼을 준비하면서 맞게 되는, 연애할 때와는 다른 위기들을 어떻게 현명하게 헤쳐나갈 수 있을까요? 손을 펼치고 확인해봅시다.

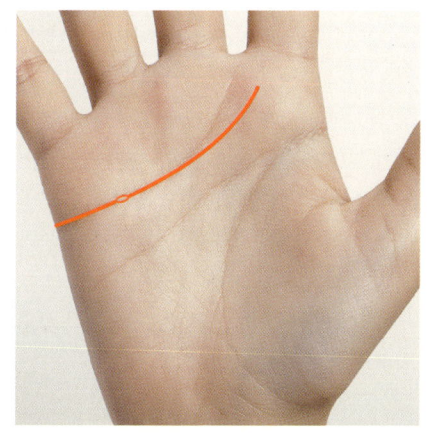

1 섬문양이 있다면 신중하자

소지와 약지 지점의 감정선에 섬문양이 있는데 결혼을 생각하고 있다면 신중해야 합니다. 섬문양은 좋지 않은 징후이므로 생명선, 두뇌선, 감정선, 운명선 등등 여러 군데에 있다면 더 주의해야 합니다. 이런 경우 **결혼을 앞두고 크게 실망할 일이나 사고가 터질 수도 있습니다.** 개인 신상의 문제일 수도 있고 집안의 반대나 환경의 변화일 수도 있죠. 자칫 결혼을 단행하게 되면 힘겨운 생활이 지속되고 결혼생활 자체에 위기가 올 수도 있으니 내 손금이 이렇다면 객관적이고 냉정하게 행동해야 합니다. 절대 감정적으로 나서면 안 됩니다. 상대가 정말 결혼 상대로는 아닌 것 같고 내가 양보할 이유가 없다고 한다면 '우리 인연은 여기까지인가보다'라고 생각하고 마음을 접는 것이 현명할 수도 있습니다.

2 주말 부부 손금

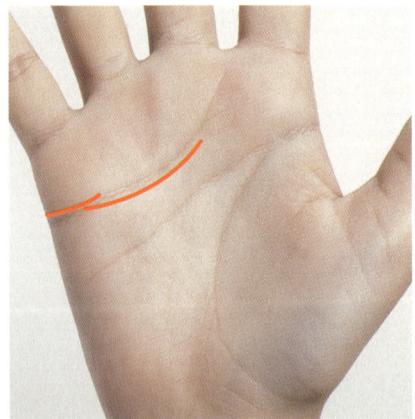

새끼손가락과 약지 사이의 지점에서 감정선이 끊겨 있다면 결혼과 동시에 갑작스럽게 환경이 바뀔 수도 있습니다. **누군가가 해외나 지방으로 발령이 날 수도 있는데 부부가 함께 간다면 문제가 없겠지만 갑작스레 주말 부부가 되거나 떨어져 살 것을** 각오해야 합니다.

맞벌이 부부에 아이도 없다면 주말 부부라도 크게 문제가 안 될 수 있지만 아이도 낳고 육아에도 힘써야 되는데 주말 부부로 지내야 한다면 신뢰가 매우 중요하다는 생각이 드네요. 상담하러 오신 분들 중에서도 주말 부부로 지내면서 잘 지내는 분들이 있는가 하면 이혼한 분들도 꽤 많더군요. 아무리 부부라 할지라도 몸이 멀어지고 마음까지 멀어지면 결국 남이 되는 것 같습니다.

3 사기 결혼 손금

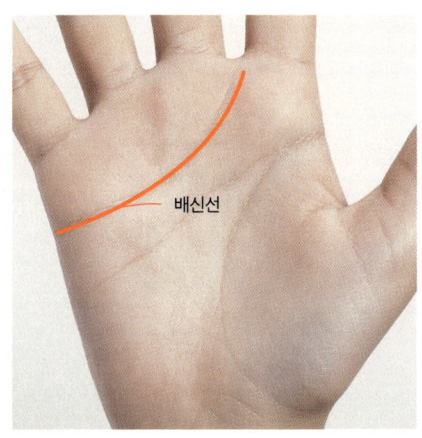

배신선

소지와 약지 사이쯤에 있는 감정선 부근에서 배신선이 선명하게 나와 있다면 상대에 대해 좀 더 확인하는 시간을 가지는 것이 좋습니다. **상대의 가족과 환경, 재무관계까지 꼼꼼하게 살펴보세요. 극단적으로 말하면 사기 결혼을 할 가능성이 있기 때문입니다.**

배신선이 있는 사람을 만나고 있다면 후에 몰랐던 사실 때문에 충격을 받을 수도 있습니다. 숨겨놓은 빚더미가 있어 결혼 후 본인의 상황까지 안 좋아질 수 있습니다. 아무것도 갖춰진 것 없이 맨땅에 결혼하자고 달려들거나 결혼을 탈출의 수단으로 삼는 사람을 만나고 있다면 사랑에 눈이 멀어 서두르지 말고 객관적으로 판단해야 합니다.

4 파혼 위험이 있는 손금

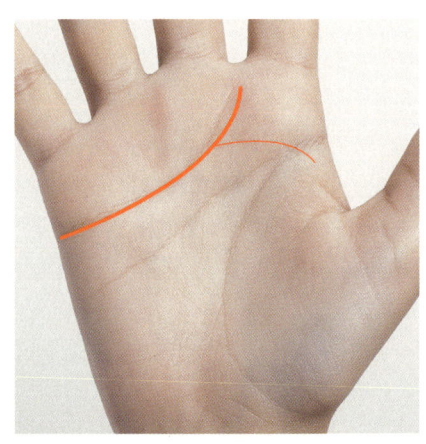

감정선 끝에서 나온 선이 하향해서 생명선으로 들어가 있거나 생명선에 닿아 있다면 결혼을 거의 앞두고 파혼할 수도 있습니다. 결혼식을 끝내고 나오기 직전까지 절대로 마음을 놓아서는 안 됩니다. **연애를 아무리 오래 했어도 결혼은 다른 사람과 하게 되는 경우가 많거든요.** 따라서 큰 아픔을 겪게 될지도 모릅니다.

상대가 이런 손금이라면 너무 서두르지 않는 게 좋습니다. 옛 사랑을 잊기 위해 다른 사람을 만나 '도둑 결혼'을 감행하는 무모한 사람도 있으니까요. 이런 사람들은 결혼을 하더라도 전 애인을 만나고 싶어 하고 실제로 만나는 사람도 더러 있어 주의하지 않으면 안 됩니다.

5 결혼에 난관이 많은 손금

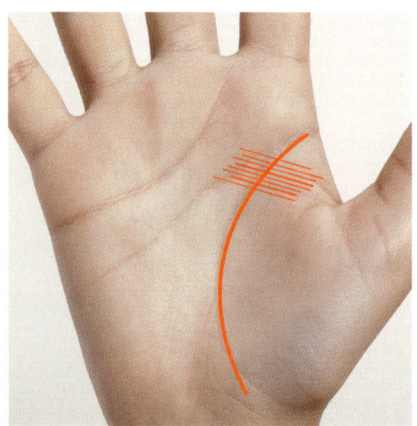

생명선 자체에 장애선이 많으면 결혼에 난관이 많습니다. 말 그대로 장애물 넘기를 해서 결혼에 골인해야 하니 어려울 수밖에요. **결혼을 해도 시부모나 장인, 장모 혹은 시누이나 처제 등 자기를 못마땅해하는 사람이 있을 수 있습니다.**

배우자나 두 사람의 사랑은 별문제 없어도 이런 환경이라면 결혼생활이 어려워질 수 있습니다. 안타까운 일이지만 결혼을 당사자 둘이서만 하는 게 아니기 때문에 둘이 너무 사랑하더라도 한계가 있을 수 있습니다. 내가 이런 손금이라면 겸허히 받아들이는 것이 좋습니다. 상대가 이런 손금이라면 얼마나 마음고생이 심할까 안타깝게 생각하면서 자신의 가족과 갈등이 생겼을 때도 최대한 배우자 될 사람의 편을 들어주려고 노력해야 한다는 생각이 드네요.

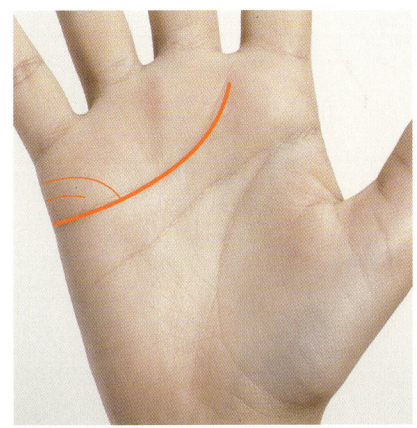

6 결혼해서는 안 되는 손금?!

결혼선이 하향해서 감정선에 닿아 있는데 현재 결혼을 앞두고 있다면 당장 만류하고 싶습니다. **결혼이 성사된다 해도 언제 이혼하게 될지 모르거든요.** 지금 만나고 있는 사람이 이런 손금이라면 냉정하게 생각해볼 필요가 있습니다.

하지만 한국 사람들은 대부분 결혼선이 조금씩 하향해 있으니 정도가 심하지 않다면 너무 심각하게 받아들이지 마세요. 다만 결혼선이 하향해서 감정선에 닿아 있다면 결혼은 서두르지 않는 게 좋습니다. 믿었던 사람에게 배신을 당하거나 크게 놀라는 일이 있을 수도 있기 때문입니다.

아직 결혼을 안 했는데 이런 손금을 가지고 있다면? 그럴 땐 시기를 잘 보고 판단하세요. 현재 애인이 진짜 인연이 아닌데도 이 사람 아니면 정말 다른 사람을 못 만날 것 같다는 착각에 앞으로 더 고생할 수도 있습니다.

●● 궁합까지 좋으면 금상첨화

결혼을 준비하는 사람들에게 궁합은 껄끄러운 문제가 될 수 있습니다. 사랑하는 두 사람이 그저 궁합이 나쁘다는 이유로 헤어지는 경우도 있으니까요. 실제로 사이가 좋은데도 궁합이 나빠 부모님이 반대해서 고민하는 커플도 많이 있었습니다. 그런 부모님이 야속하기도 하지만 한편으로는 껄끄러워 고집을 부리는 것도 점점 힘들어지죠.

궁합은 사주로 보는 거라고 생각하는 분들이 많은데 손금과 사주는 거의 비슷합니다. 그리고 사실 사주보다 손금이 더 활용하기 수월하다고 볼 수 있습니다. 사주는 전문가의 풀이를 통해 대운이 좋은지 나쁜지 설명을 들어야 하지만 손금은 비교적 쉽기 때문에 누구나 금방 배울 수 있죠. 따라서 손금을 볼 줄 알면 두 남녀가 서로 맞춰나가기 훨씬 수월하답니다.

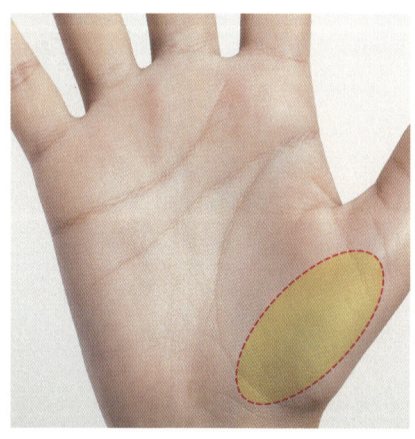

1 금성구가 넓으면 헌신적이다

금성구가 두툼하고 넓다는 건 상대에게 헌신적임을 의미합니다. 내조를 잘하는 여자분들은 대부분 금성구가 발달되어 있더군요.

남자 역시 금성구가 넓다면 회식과 아내의 생일이 겹쳤을 때 무슨 수를 써서라도 아내의 생일을 챙기는 타입입니다. **일과 친구보다는 가정을 중심으로 생각하죠. 그렇다고 친구를 멀리하고 그러진 않습니다.** 하지만 매사 현명하게 처신하면서도 아내에 대한 자랑이 늘어나 주변에서 팔불출이란 소리를 자주 들을 수도 있습니다. 가정을 챙기는 것도 좋지만 눈치껏 행동하지 못하면 괜히 주변의 빈축을 사는 경우도 있으니 주의해야겠지요?

2 서로 잔선이 없으면 좋다

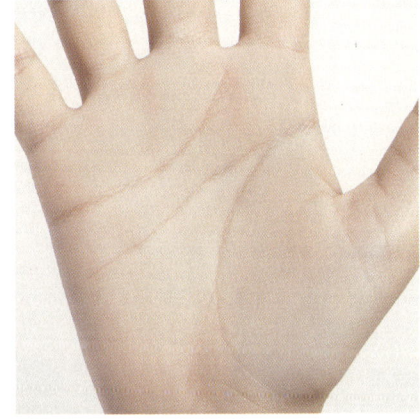

잔선은 심신의 고생이나 고충을 의미합니다. 당연히 없을수록 좋겠죠. 연인 혹은 부부 가운데 한 명에게 잔선이 많으면 그 사람이 희생한다는 것을 의미합니다. 두 사람 모두 잔선이 없다면 무난한 연애, 결혼생활을 한다고 볼 수 있습니다.

그러나 잔선이 많다고 고민할 필요는 없습니다. 손금은 계속해서 변하기 때문에 잔선 역시 생겼다가 없어지기도 하니까요. 어려운 시기를 잘 넘기면 잔선들이 몰라보게 사라지곤 합니다. 따라서 상대의 손에 잔선이 많이 보인다면 마음을 잘 살피고 배려하는 것이 최선입니다. 어느 순간 깨끗해진 손을 보게 될 수도 있거든요.

여자든 남자든 잔선이 많은 사람이 예민하고 민감하고 뒤끝이 있는 편이니, 그렇지 않은 사람이 좀 더 배려를 잘해주고 이야기도 잘 들어주는 센스를 발휘하는 게 좋겠죠?

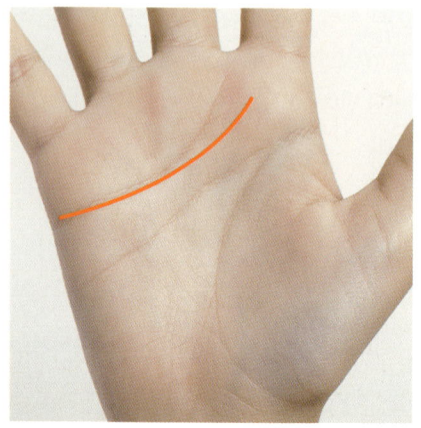

3 감정선이 완만해야 좋다

감정선 모양은 성격을 의미합니다. 꺾임이 있거나 직선에 가까운 것보다는 완만한 선을 가진 사람이 성격도 무난하고 이해심이 많습니다. 이런 사람은 화가 나도 금세 풀고 먼저 사과합니다. 오랫동안 연인으로 지내도 싸움 한 번 안 하는 커플을 볼 수 있는데, 두 사람 모두 이런 감정선을 가지고 있을 확률이 높습니다. 이런 감정선을 갖고 있다면 융통성이 있고 솔직하며 막말하는 것을 좋아하지 않습니다.

자신이 그런 성격인데 직선형 손금을 가진 사람을 사귀게 된다면 결혼은 신중히 생각해야 합니다. 차갑고 도도한 사람이 연애할 땐 좋을지 몰라도 결혼하고서는 평생 상처받으면서 살지도 모르니까요.

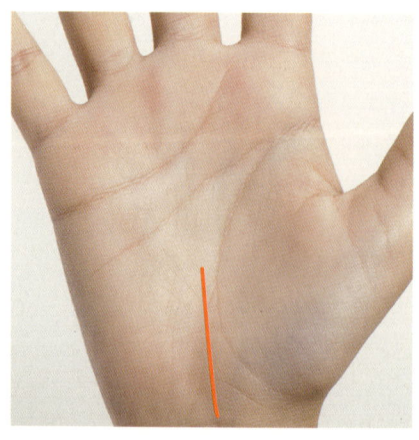

4 서로 운명선이 손목부터 올라가면 좋다

운명선이 손목부터 올라간다는 것은 그 사람의 의지력이 강하다 것을 뜻합니다. 일과 사랑 모두 욕심이 있고 아무리 일이 바빠도 연애 전선에 이상이 생기는 건 참지 못합니다. 그렇기에 이런 사람 둘이 만나면 주변에서 부러워할 정도로 서로 챙기는 사이가 됩니다. 상대가 일을 하던 공부를 하던 최선을 다해 서로 내조하는 사이로 발전할 수 있습니다.

 다만 자기 능력을 정확히 파악하는 현명함이 필요합니다. 완벽주의자 기질이 있어 상대에게 기대하는 바가 너무 높거나 자신이 모든 걸 희생하려 할 수도 있는데 그럴수록 금방 피곤해지고 지치기 마련입니다. 반면에 완벽주의자끼리 만나 서로 배려한다면 더욱 더 시너지 효과가 날 수도 있으니 서로 한 발짝 물러나 양보하며 지내는 게 좋습니다.

5 선명한 결혼선이 하나면 좋다

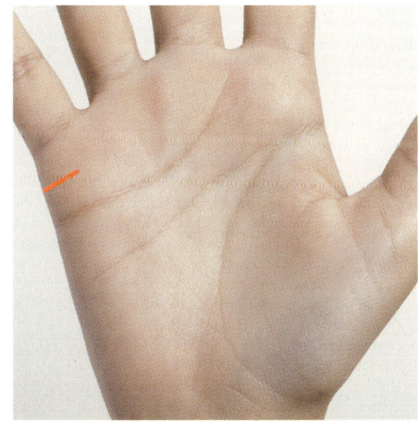

 결혼선이 많다고 좋아하지 마세요. 또 결혼선이 많은 사람을 부러워할 이유도 없습니다. 결혼선이 많다고 좋은 건 아니니까요. 오히려 결혼선이 진하게 하나만 있는 사람이 연애와 결혼 둘 다 성공합니다.

 연인이나 부부가 모두 한 개의 결혼선을 가지고 있다면 금슬이 좋고 어떤 어려움도 믿음으로 이겨낼 수 있습니다. 결혼선이 많다는 것은 연애 경험도 풍부하고 바람기도 있을 수 있으며 잘 거절하는 타입이 아니라서 오해를 사기도 쉽습니다. 그러나 선명한 결혼선은 일편단심형으로 상대한테 헌신합니다. 상대가 날 차버릴지언정 배신은 못한다고 보시면 됩니다.

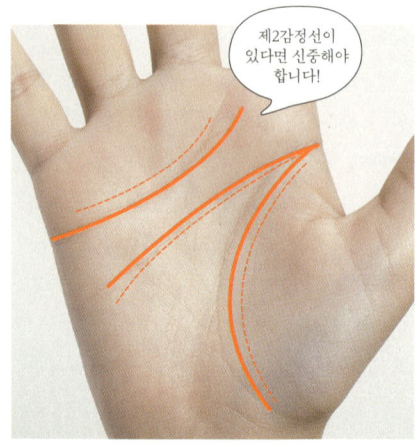

6 제2생명선, 제2두뇌선, 제2감정선이 없으면 좋다

제2감정선이 있다면 신중해야 합니다!

이런 선이 있는 것은 매우 특이한 경우로 제2생명선이 있으면 늦게 결혼하는 게 좋습니다. 일찍 결혼하게 되면 자신도 희생할 뿐 아니라 자주 다툴 수도 있거든요.

제2두뇌선이 있으면 진로 때문에 연애에 소홀할 수도 있고 슬럼프가 길어질 수도 있어 상대방의 인내심이 필요합니다.

제2감정선이 있어도 신중하셔야 합니다. **변덕스럽고 너무 예민한 데다 뒤끝이 있기 때문에 싸움을 자주 반복하다가 헤어질 수 있답니다.**

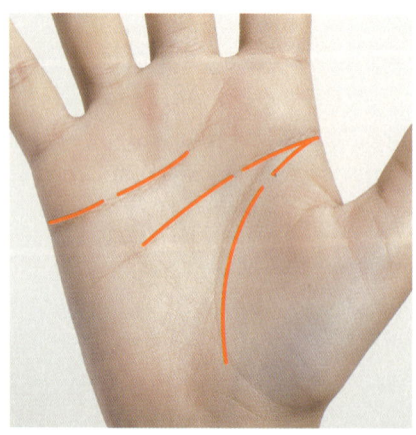

7 선의 끊어짐이 없으면 좋다

기본 3대선인 생명선, 두뇌선, 감정선이 끊어져 있다면? 환경이나 성격에 변화가 있을 수 있음을 의미하죠. **만약 운명선이 끊어져 있거나 그 끊어진 간격이 넓으면 위기가 찾아올 수도 있습니다.** 재물선도 마찬가지이지만 재물선은 없는 경우도 많기 때문에 운명선이 더 위험한 요소인 것 같네요.

운명선이 끊어진 간격이 넓다면 진로 때문에 고민할 수 있고, 이로 인해 배우자가 마음고생을 할 수도 있으니 본인이 꼭 배려해야 합니다.

●● 몸과 마음, 둘 다 맞아야 잘삽니다 | 속궁합

궁합에는 속궁합도 있습니다. 결혼생활에서는 성생활, 곧 섹스도 간과할 수 없는 문제입니다. 정신적으로는 찰떡궁합인데 육체적으로는 잘 맞지 않는 커플, 과연 행복할까요? 연애할 땐 잘 모를 수도 있지만 실제로 속궁합이 맞지 않아 이혼까지 가는 경우도 은근히 많습니다. 물론 다른 큰 사건이 있거나 성격이 맞지 않아 싸우게 되지만, 잘 따져보면 '섹스리스' 부부가 되어 각방을 쓰거나 따로 자기 시작하면서 갈등이 시작되는 거죠. 이성적인 연인과 부부라면 속궁합까지 좋아야 온전한 찰떡궁합이 될 수 있습니다.

앞서 얘기한 궁합이 속궁합에도 그대로 적용되긴 하지만 이번에는 속궁합에 좀 더 비중을 두고 확인하는 시간을 가져보도록 합시다. 속궁합은 결혼선과 영향선, 그리고 생명선으로 내려가는 지선을 봅니다.

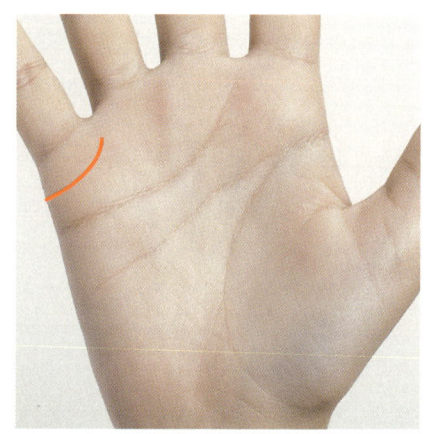

1 결혼선이 상향하면 좋다

한 사람이라도 결혼선이 상향하면 속궁합이 좋습니다. 겉궁합도 잘 맞고 속궁합도 좋으니 금상첨화겠지요. 그런데 배우자는 결혼선이 상향했는데 나는 하향했다면? 이런 경우 본인은 그저 그런데 상대가 너무 좋아할 수도 있습니다. 조금만 하향하고 있는 경우라면 큰 문제는 되지 않습니다. 우리나라 사람들 대부분이 약간씩 하향해 있는 결혼선을 갖고 있으니까요.

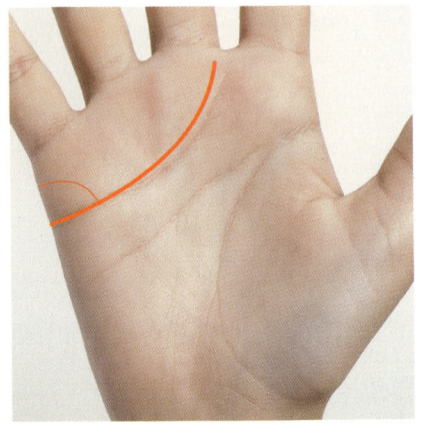

2 결혼선이 감정선에 닿아 있으면 좋지 않다

결혼선이 하향한 것보다 더 심각한 것은 결혼선이 감정선에 닿아 있는 경우입니다. **한 사람이라도 이런 손금이라면 겉궁합과 속궁합 모두 좋지 않습니다.** 성격이 다를 수도 있고 속궁합도 좋지 않으니 될 수 있으면 공감대가 형성되도록 대화를 자주 가져야 합니다. 한번 틀어지기 시작하면 회복하기도 어려울뿐더러 거기에 대화까지 잘 하지 않는다면 이혼 수도 생기고 서로의 감정의 골이 깊어질 수밖에 없습니다.

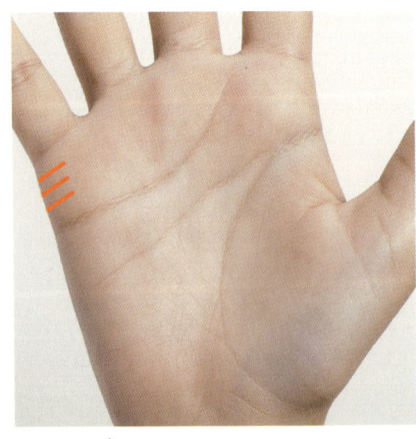

3 결혼선이 많으면 섹스에 적극적이다

결혼선이 너무 많으면, 즉 3개 이상이면 섹스에 적극적입니다. 이런 사람은 속궁합이 잘 맞는 사람과 결혼하는 것이 좋습니다. 단지 잠자리 때문에 다른 이성을 만날 수도 있으니까요.

반대로 **결혼선이 없다면 섹스에 대해 부정적인 생각을 가지고 있거나** 잠자리에 대해 아예 관심이 없는 사람일 수도 있습니다. 그러나 결혼선 자체만 보고 적극적이다 아니다 단정 지을 수는 없습니다. 다른 손금도 다 보고 총체적으로 판단해야 하기 때문이죠.

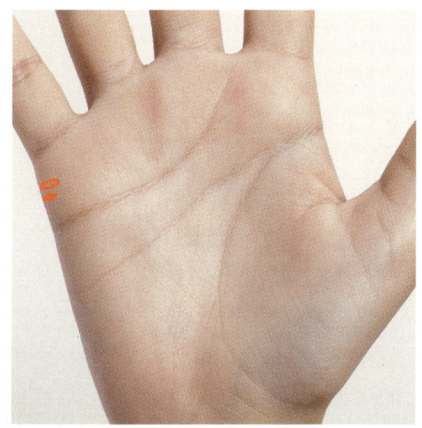

4 결혼선에 섬문양이 있으면 성생활이 힘들 수 있다

결혼선에 섬문양이나 가지가 나 있으면 성생활이 수월하지 않습니다. **지금 만나는 상대가 맞지 않을 수 있고 자궁이나 하체가 차가울 수도 있습니다.** 그래서 여성분이라면 건강검진을 할 때마다 꼭 자궁 쪽에 관심을 기울여야 합니다. 생리통이 심하거나 늘 다른 사람보다 컨디션이 저조하고 빈혈이 있을 수도 있다는 점을 참고하세요. 결혼에 치명적인 결함이 될 수 있으니 관리를 잘해야 합니다.

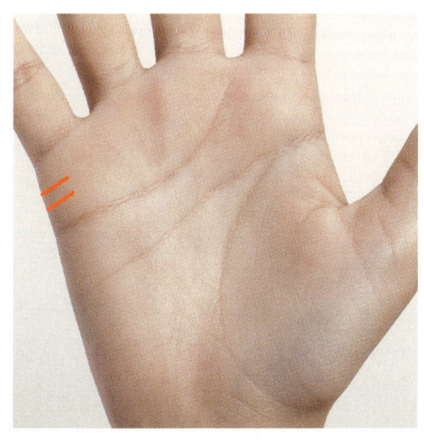

5 결혼선이 두 개면 외도를 조심해야 한다

결혼선이 두 개 있으면 애인이나 배우자가 아닌 사람과 성생활이 있을 수 있습니다. 그렇다고 **결혼에 충실하지 않은 것은 아니지만 결혼 따로 연애 따로, 이렇게 생활하는 사람이 많다는 걸** 아셔야 합니다.

또 결혼선이 두 개면 연애를 오래 하다 결혼하는 경우가 많습니다. 오랜 기간 만나다 보니 권태기나 슬럼프도 찾아오고 자주 다툴 수도 있다는 점을 참고하세요.

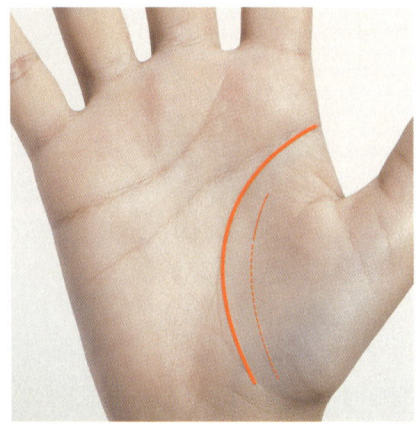

6 영향선에 따라 성생활이 달라진다

영향선이 없다고 속궁합이 안 좋은 것은 아닙니다. 오히려 성생활에 있어서 자기보다 상대를 배려해주는 편이라고 볼 수 있습니다. 영향선이 있어도 선이 연하다면 성생활을 즐기는 편은 아닙니다. 그렇다면 진한 영향선은 섹스에 예민하고 민감하다는 걸 의미하겠죠? 이런 분들은 속궁합이 맞지 않으면 대놓고 말할 수도 있습니다. 배우자에게 티를 안 내더라도 친한 친구에겐 불만을 토로할 수도 있겠죠.

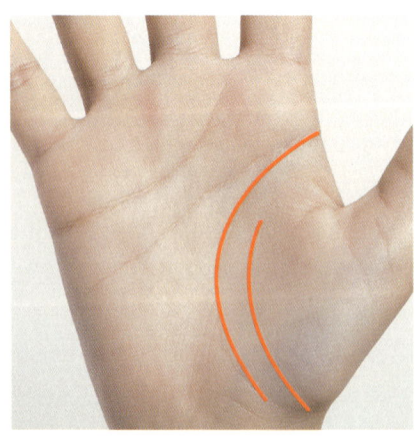

7 영향선이 뚜렷하면 좋다

영향선이 가는 실선이 아니라 진하고 선명하게 내려간다면 그 나이대에 만나는 이성과 속궁합이 좋다는 것을 의미합니다. 영향선이 일찍 시작하는데 가다가 연해지거나 없어져버린다면 처음에는 궁합이 좋지만 후에는 상대에게 충실하지 못하거나 환경 때문에 소홀할 수도 있습니다. 영향선이 늦게 시작하면 늦게 결혼하는 것이 좋고 영향선이 일찍 시작하더라도 끝이 좋지 않다면 후에는 사랑은 없고 정만 남을 수도 있다는 점을 참고하세요.

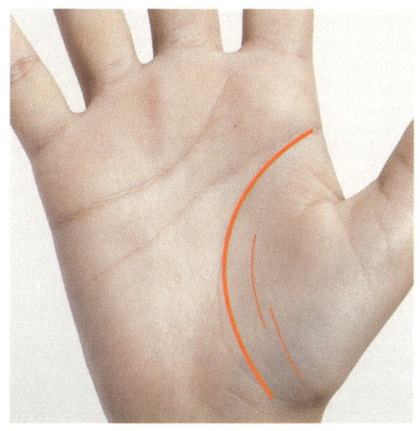

8 영향선이 두 가닥이면 바람을 피울 수 있다

영향선이 두 가닥이면 바람을 피우게 될 수도 있습니다. **성적으로 넘쳐나는 에너지를 억제하지 못하는 손금**이죠. 그렇다고 해서 꼭 이것을 섹스로만 생각하면 오산입니다. 이성 친구가 유난히 잘 붙는다거나 사귀고 있는 사람을 버리고 다시 다른 사람과 '쿨하게' 연애할 수 있는 강심장을 갖고 있다고 볼 수도 있습니다. 이런 배우자를 만나고 있다면 관리를 잘해야겠죠?

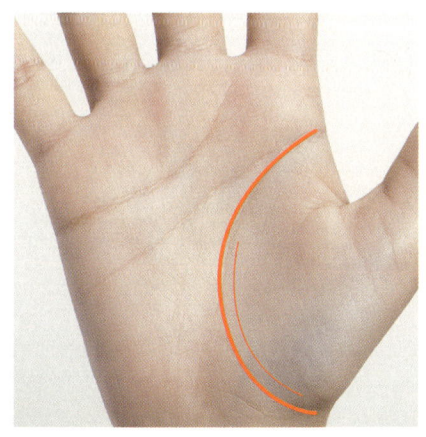

9 생명선 안쪽에 지선이 있으면 좋다

생명선 안쪽에 있는 지선이 손목 아래로 잘 내려가 있다면 **연애하는 기분으로 결혼 생활을 할 수도 있고 2세를 본다는 것을 의미하기도 합니다.** 이 선이 영향선의 보조 역할을 하기도 하므로 결혼에 확신이 없었는데 갑자기 결혼을 진행하게 될 수도 있습니다. 2세를 뜻하기도 하니 '과속'도 주의해야겠죠? 또 확 불타다가 갑자기 사랑이 식어버릴 수도 있으니 자기 감정을 잘 다스리는 수밖에 없는 것 같네요.

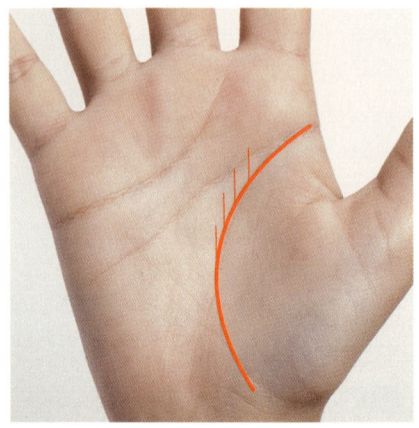

10 생명선 위로 올라가는 지선이 있으면 좋다

손가락 방향으로 올라간 지선도 역시 임신이나 연애 및 결혼 시기를 말해줍니다. 이 선을 노력선이라고 하는데, 내 일이나 진로 또는 재물이나 성과에 좋은 선이죠. 또 연애를 정말 원하는 사람이라면 **이 시기에 인연을 만날 수도 있고, 누군가를 만나고 있거나 결혼을 한 상태라면 2세를 뜻하기도** 합니다. 이 지선을 갖고 있는 경우 역시 욕망을 잘 절제하지 못하면 안 되겠죠? 그리고 잔선이 너무 많으면 성에 민감하다는 것도 참고하세요. **임신이 유난히 잘 되기도** 하지만 건강에 문제가 있다면 잘 안 될 수도 있어 극과 극이라 할 수 있습니다. 자신이 이런 손금이라면 건강부터 체크하는 것이 좋습니다.

●● 시월드, 무조건 피하려고만 하지 마세요

결혼을 앞두고 있으면 남자나 여자나 신경이 곤두서기 마련입니다. 아무리 교제 기간이 길었다 해도 과연 이 사람과 평생을 같이할 수 있을 것인가 하는 회의도 들고요. 게다가 챙겨야 할 것이 좀 많나요? 살 집이니, 혼수니, 웨딩 촬영에 결혼식장, 그리고 신혼여행 등등 서로의 의견이 잘 맞으면 좋겠지만 그렇지 않으면 결혼이 험한 길의 시작이 되고 맙니다.

사실 결혼 준비에 가장 큰 복병은 가족들입니다. 시대가 바뀌어도 특히 고부 갈등은 어쩔 수 없는 것 같네요. 요즘엔 '시월드'라는 말도 유행하더군요. 하지만 무조건 피하려고 하기보다 어떻게 잘 지낼 수 있을지 고민하고 인생 선배의 조언을 잘 듣는 것도 한 방법입니다. 어쨌든 며느리 입장에서는 시부모님을 모시고 사느냐 아니냐가 큰 이슈가 될 수 있죠. 여기서는 시부모를 모시고 사는지 확인하기 위해 봐야 할 선 5가지를 알아보도록 하겠습니다.

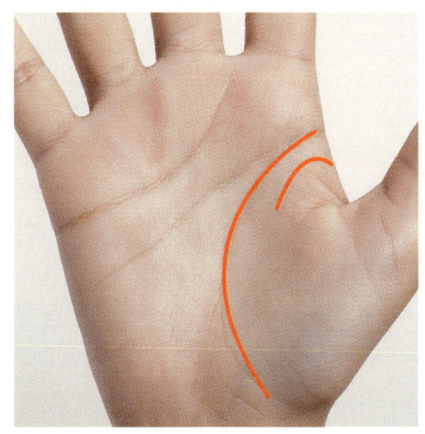

1 효자선이 있다

엄지 부분을 따라 내려오는 선이 '효자선'입니다. 배우자의 효자선이 선명하다면 시부모님과 같이 살아야 할지도 모릅니다. 이 선이 없다면 부모님과 큰 불화가 있거나 일찍 잃은 경우, 부모와 떨어져 사는 경우를 의미하지요.

이 선이 지저분하게 나 있거나 가지가 나 있다면 부모님이 병환으로 고생하시거나 한 분을 잃을 수도 있으니 꼭 참고하세요.

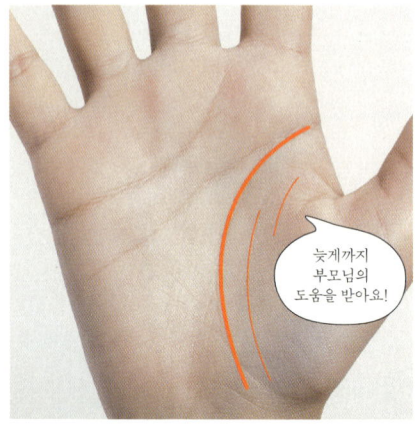

2 영향선보다 일찍 출발해서 내려오는 선이 있다

이 역시 부모하고 인연이 많은 손금입니다. 영향선도 결혼을 의미하기 때문에 일찍 결혼하는 손금이라고 생각할 수도 있지만 영향선이 잘 없어지지 않고 그대로 남아 있다면 오히려 늦게까지도 부모의 도움을 받는다거나 눈치를 볼 수 있습니다.

부모의 파워나 조부모의 힘이 세서 자신의 주관을 뚜렷하게 내비치기 어렵고 무슨 일을 하려 해도 매번 알리고 도움을 받아야 하는 상황일 수도 있는 거죠. 나이를 먹고 나서도 이렇게 늘 부모님 그늘 아래에만 있어야 한다면 너무 답답하지 않을까요? 일찍부터 이런 선을 발견했다면 빨리 독립하는 편이 낫지 않을까 합니다.

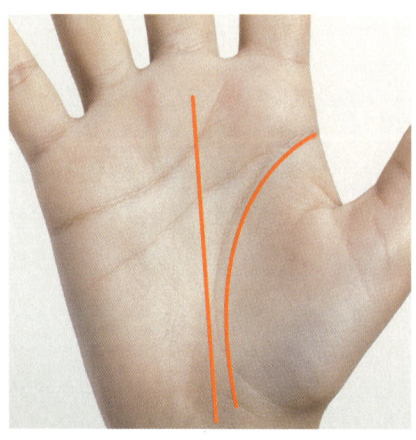

3 손목에서부터 시작하는 운명선이 있다

손목 부분에서 올라가는 운명선도 부모와 인연이 많다는 것을 뜻합니다. 따라서 부모를 모시거나 가까이 살게 될 수 있습니다. 가업을 이어갈 수도 있고 가정이 유복해서 부모의 영향으로 일찍 진로가 정해져 일을 빨리 시작할 수도 있습니다. 반대로 집안 사정이 어려워 어쩔 수 없이 돈을 벌어야 하는 상황이라면 그 때문에 부모님을 부양하게 될지도 모릅니다.

손목부터 시작하는 운명선 자체는 고지식하고 보수적인 성격을 의미합니다. 내 부모, 내 조부모뿐만 아니라 주변에 연세가 지긋하신 어르신들까지 공경하죠. 어른에게 예의바른 건 좋지만 만약 남편이 이런 손금을 갖고 있다면 옳은 소리만 하니 답답할 수도 있고 항상 어른 편을 들기 때문에 서운함이 쌓일 수도 있습니다.

4 장애선이 있다

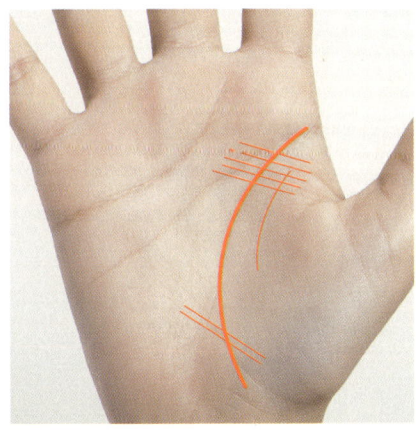

장애선이 많으면 부모님을 모시게 되는 경우가 많습니다. 장애선이 영향선 시점에 근접하게 와 있으면 부모님과의 사이가 괜찮지만 장애선이 영향선을 넘어서 생명선까지 닿아 있다면 가족사에 굴곡이 많다는 걸 의미합니다.

이래저래 장애선은 좋지 않은 선입니다. 정신적인 스트레스뿐 아니라 경제적인 손해까지 감수해야 하니 마음고생은 이루 말할 수가 없죠. 여건이 된다면 멀리 떨어져 사는 게 서로에게 좋을 수 있습니다. 나이를 먹고도 장애선이 그대로 남아 있는 분들 중에는 멀리 떨어져 살아도 부모를 꼭 챙기려 하거나 부모에게 도움을 받으려고 하는 경우가 많더군요.

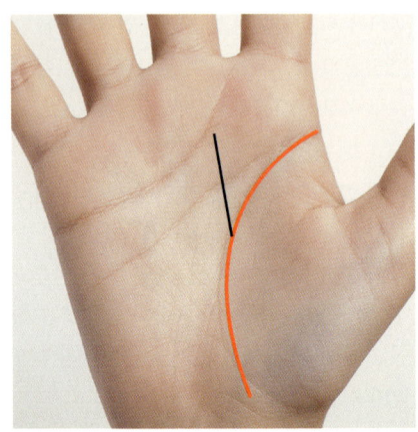

5 자수성가선이 선명하다

자수성가선이 있다는 것은 부모의 도움 없이 성공한다는 걸 뜻합니다. 이 선이 있는 사람은 성공하는 데 부모의 도움이 굳이 필요하지 않다고 생각하면서 내 스스로 이룬 후 부모님을 모시거나 잘 해드려야겠다는 생각을 하게 됩니다.

배우자가 이런 손금이라면 한번 지켜보세요. **전형적인 효자, 효녀라고 볼 수 있습니다. 하지만 항상 부모님부터 먼저 챙기고 배우자를 챙기니 당연히 부부간에 문제가 생길 수도 있습니다.** 젊었을 때는 같이 사는 내 가족을 먼저, 그리고 부모님이 연세가 지긋해지고 힘이 없어지셨을 때는 부모님을 챙기는 게 가장 이상적이라고 봅니다. 또 상의하에 서로의 부모님을 동등하게 잘 챙겨드리는 게 맞죠. 자수성가선이 있는 사람은 부모님을 모셔야 하는 상황이 생기면 결코 마다하지 않는다는 점, 참고하세요.

●● 자식 복이 있으면 부부간의 위기도 잘 넘길 수 있습니다

사실 결혼이 지속되는 데에는 자식의 영향도 꽤 큽니다. 실제로 자녀가 없으면 이혼 확률도 높아지죠. 아무래도 자녀가 있고, 자식과의 관계도 좋아야 집이 화목하고 좀 더 가정에 충실하게 되니까요.

자녀운은 감정선 끝과 새끼손가락의 모양, 그리고 생명선에서 나와 검지로 올라가는 선을 보면 됩니다. 그리고 결혼선으로도 자녀운을 볼 수 있습니다.

자식 복은 신혼부부나 곧 결혼을 앞두고 있는 커플에게 제일 큰 관심거리이지만 결혼 안 한 처녀, 총각들도 자식 복이 참 좋다고 하면 기뻐하더라고요. 특히 노처녀, 노총각들은 "아, 결혼을 하긴 하는군요?"라면서 희망을 갖기도 하고요. 그럼 손금으로 자식 복을 한번 알아볼까요?

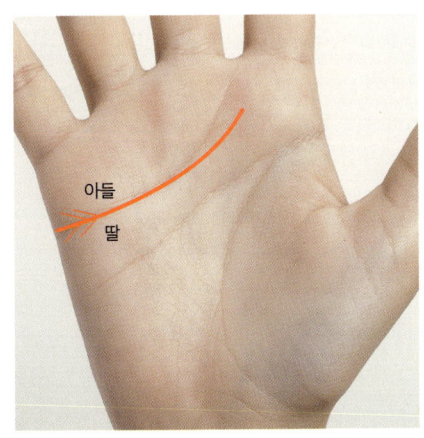

1 감정선으로 자녀 성별을 본다

감정선 끝에 나와 있는 선이 올라가져 있으면 아들, 밑으로 내려가 있으면 딸을 의미합니다. 임신 중이라면 더 정확히 알 수 있습니다. 부부가 서로 다른 선을 갖고 있을 경우엔 더 선명한 쪽의 결과를 보는데, 남자의 손금에 드러난 성별이 더 정확한 것 같더군요. 그러나 자식선이 너무 많으면 판별하기 힘듭니다. 자식선이 많으면 자식 복이 있는 것도 맞지만 형제들이 많다는 것을 의미하기도 합니다.

여자의 경우 **자식선에 섬문양이 있다면** 자궁에 문제가 있거나 생식기가 좋지 않을 수도 있고 자식이 속을 썩이는 등 자녀와의 관계에서 여러 가지 문제가 있을 수 있습니다. 섬문양이 뚜렷하다면 아이가 잘 안 생기고 불임일 가능성도 있습니다. 만약 섬문양은 없는데 자식선이 너무 연하면 태아의 건강이 안 좋을 수도 있고요. 하지만 본인에게 자식선이 안 보인다고 낙담할 필요는 없습니다. 아이를 혼자 만들 수 있는 것은 아니니까요. 배우자의 손도 잘 살펴보고 다른 자식선들도 참고하시는 게 좋습니다.

2 새끼손가락이 곧 자식이다

새끼손가락이 바로 자식을 의미합니다. 새끼손가락이 약지의 첫째 마디쯤까지 올라와 있으면 자식 복이 있습니다. 너무 짧다면 자식에게 큰 기대를 걸지 말아야 합니다. 또 자녀가 어릴 때 건강이나 신상에 큰 고비가 있을 수 있고 일찍 부모를 떠나 생활할 수도 있습니다.

소지가 휘어지고 약지와 떨어져 있다면 자식 복이 없습니다. 차를 마실 때나 활동할 때 손가락 중 유독 소지를 벌리는 분들 있죠? 그러면 자녀와 성격이 잘 안 맞아서 고생할 수 있으니 새끼손가락을 모으려고 의식적으로 노력하시는 게 좋습니다.

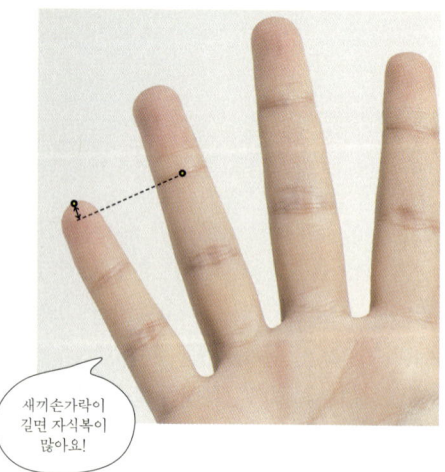

새끼손가락이 길면 자식복이 많아요!

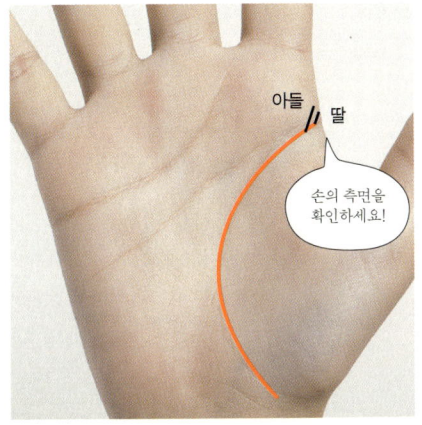

3 생명선 위쪽에 있는 선으로 가족의 안위를 살피자

생명선 위쪽에서 나와 올라가는 선이 보인다면 가족에게 좋은 일이 생길 수 있습니다. 즉, **집안의 경사를 의미하죠**. 만일 출산 계획이 있다면 가문의 영광이 될 후손을 볼 수 있겠지만 선이 끊어져 있거나 섬문양이 있고 유독 연하다면 너무 기대하지 않는 게 좋습니다. 따라서 선 자체가 뚜렷하고 선명하고 길어야 합니다.

이 선이 **길면 아들**, **짧으면 딸**이라고 보면 됩니다. 결혼하고 아이는 둘밖에 없는데 이 선이 4개 이상이라면 자식 복이 많은 걸 의미하기도 하지만 임신이 잘 된다거나 형제가 많다는 것을 뜻하기도 합니다.

PART 3

진로 · 적성 편

대학만 들어가면 다 되는 줄 알았다

적성이나 진로에 대한 고민은 절대로 10대 사춘기 학생들만의 것이 아닙니다. 정말 자기가 좋아하는 일을 찾지 못하면 그 힘들다는 입시, 취업문을 뚫고 나서도 이 길이 진짜 내 길인지, 내가 좋아하는 건 무엇인지, 다른 일을 해야 하는 건 아닌지 끊임없이 고민하게 되니까요.
한 번 사는 인생인데 이왕이면 나와 맞는 길을 가려고 노력해보는 게 좋지 않을까요? 진로·적성과 관련된 손금을 통해 방황에 종지부를 찍고 자신만의 길을 개척해보세요.

전공을 택할 때
내 손금을 알았더라면

 이것저것 하고 싶은 건 너무 많은데 또 특별히 잘하는 건 없다 보니 계속 방황 중입니다.

- 여자, 26세 백수

- 10년 동안 한 우물만 제대로 파도 성공한다는데, 저는 그 한 우물을 파는 게 어려워 계속 방황 중입니다. 이것저것 하고 싶은 게 너무 많거든요. 글 쓰는 게 좋아서 작가가 되려고 했었는데, 어쩌다 요리에 맛을 들이니 요리도 재밌더라고요. 토익 점수를 원하는 만큼 올리고 나니 바로 중국어에도 욕심이 생겨 중국어 학원도 다녔고요. 문제는 시도한 건 많은데 금방 그만두고 다른 곳에 눈을 돌리니 제대로 할 줄 아는 건 없다는 겁니다.
차라리 기술을 익혔거나 전문적인 지식이 있으면 좋겠는데 모든 일을 어느 정도 훈련만 받으면 누구나 할 수 있는 수준까지만 하다 보니 이제 취업을 해야 하는데 도무지 무슨 일을 해야 할지 알 수가 없어 스트레스가 심합니다. 친구들은 저보고 열정적이고 좋아하는 게 많아서 좋겠다고 하는데 절대 그렇지 않습니다. 차라리 좋아하거나 잘하는 게 명확한 친구들이 방황도 하지 않고 꿋꿋하게 자기 갈 길을 가는 것 같거든요. 문제는 아직도 다른 것들이 눈에 들어온다는 겁니다. 제가 정말 인내심이 없는 걸까요? 앞으로 도대체 어떤 일을 하고 살아야 할까요?

●● 두뇌선 하나만으로도 적성이 보입니다

이것저것 관심이 많은 건 절대 이상한 게 아닙니다. 어떤 것에도 관심이 없고 열정이 없는 것보다 훨씬 낫지요. 그리고 많은 사람들이 부러워하기도 하고요.

하지만 막상 재주가 많거나 다재다능한 분들은 뭘 해야 할지 몰라 오히려 방황하는 경우가 많은데요. 이런 분들은 두뇌선이 여러 갈래일 확률이 높습니다. 또, 그냥 즐기면서 하고 있던 취미생활이 후에 본업으로 이어질 수도 있기 때문에 이것저것 해본 후 자신이 정말 잘할 수 있고 즐길 수 있는 분야 하나를 정해서 정착하시면 됩니다. 이것저것 한다는 건 결국 다양한 경험을 한다는 것을 의미하죠. 그때그때 얻었던 것들을 정착 후에 최대한 활용한다면 언젠가 반드시 빛을 발할 겁니다.

적성은 두뇌선 하나만으로도 알 수 있습니다. 선 하나만으로도 문과, 이과, 예체능 어느 분야가 잘 맞는지 나온다는 것이 두뇌선의 매력이라고 할 수 있습니다. 즉, 적성을 볼 때 제일 먼저 봐야 하는 1순위가 바로 두뇌선이며 부수적으로 감정선, 운명선도 참고할 수 있습니다.

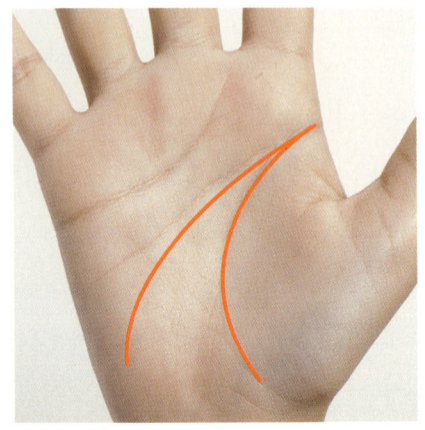

1 상상력이 풍부하다

: 예술, 예능, 엔지니어, 철학, 심리, 치료, 상담

두뇌선이 월구로 가 있다면 상상력을 요하는 직업을 택하는 것이 좋습니다. 기술이 있으면 더 좋습니다. 특히 패션, 유행에 관심이 많으면 지금부터라도 준비하세요. 책이나 잡지, 인터넷을 활용해서 꾸준히 정보를 얻는 것이 좋습니다.

그런데 어쩔 수 없이 중간에 손을 놓게 되면 후에 크게 후회할 수도 있고 미련이 남을 수도 있습니다. 예술 방면이 아니더라도 심리나 철학 또는 사람 말을 들어주는 일도 잘 어울립니다. 이런 손금을 가진 분들은 교사나 강사와 같은 전문적인 길로 갈 가능성도 있습니다.

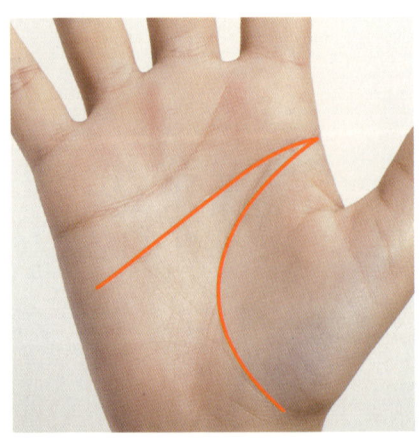

2 이성적이고 현명하다

: 상경계, 이공계, 서비스직 등 사람을 상대하는 직업

두뇌선이 제2화성구로 가 있다면 논리적일 뿐 아니라 이성적이고 현명하기까지 합니다. 사람을 배려할 줄 아는 성격 때문에 진로를 택할 때 문과도 잘 어울리고 이과도 나쁘지는 않습니다. 하지만 이과 쪽 전공을 하더라도 사람을 상대하는 일로 빠질 가능성이

있습니다. 즉, 영업을 하거나 사람들과 자주 부딪히는 등 분주하게 움직여야 하는 일을 하게 될 수도 있죠.

　　　사업을 하더라도 큰 욕심을 부리지 않으면 인복도 꾸준히 있고 사업이 잘될 수도 있습니다. 내가 가고자 하는 길이 경영과 관련이 많다면 전공이 무엇이든 계획을 잘 세워 보는 것이 좋지 않을까요? 그리고 논리력을 요하는 일에도 잘 어울리니 선생님이 되거나 공공기관에서 공무원으로 일하는 것도 좋습니다.

진로는 타고난 손과 현재의 손 중 어느 손을 봐야 하나요?

앞에서 말했듯 깍지를 꼈을 때 엄지손가락이 안쪽에 있는 손이 현재의 손입니다. 환경에 영향을 많이 받는 손이기도 하니 진로는 타고난 손금보다 현재의 손금에 더 비중을 둔다는 것도 참고하세요.

　　양손의 손금이 다르다면 현재의 손금을 비중 있게 보고, 타고난 손금은 참고용으로 보시면 됩니다. 타고난 재능이 있더라도 현재 환경이 받쳐주지 못해 포기하는 경우도 많죠. 그래서 양손을 다 봐야 현재 내가 앞으로 어떤 길을 택해야 할지 좀 더 명확하게 알 수 있습니다. 또, 타고난 것을 아무리 잘 살린다고 해도 현재의 운은 다르게 흘러갈 수 있다는 점도 염두에 두시길 바랍니다.

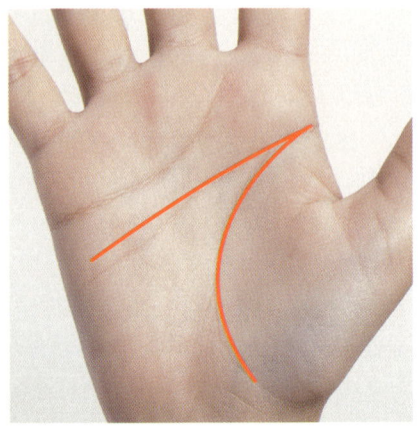

3 솔직하고 직설적이다
: 이공계열, 의학, IT

두뇌선이 제2화성구보다 위쪽으로 가 있으면서 직선형이라면 이공계, 특히 게임업이나 IT, 의학계가 가장 잘 어울립니다. 워낙 솔직하고 직설적이어서 빙빙 돌려가며 말하는 사람을 매우 답답해하며, 남의 말을 듣는 것도 별로 좋아하지 않습니다. 대인관계에 문제가 있을 수 있지만 의리가 강해서 한번 친해지면 우정이 오래가기도 합니다.

주의해야 할 점은 두뇌선의 길이가 적당해야 한다는 것입니다. 두뇌선이 너무 길면 방황을 할 수도 있고, 짧으면 워낙 머리 쓰는 것을 좋아하지 않아서 머리보다는 몸을 쓰는 쪽으로 빠지거나 일찍부터 사회생활을 시작할 수도 있습니다.

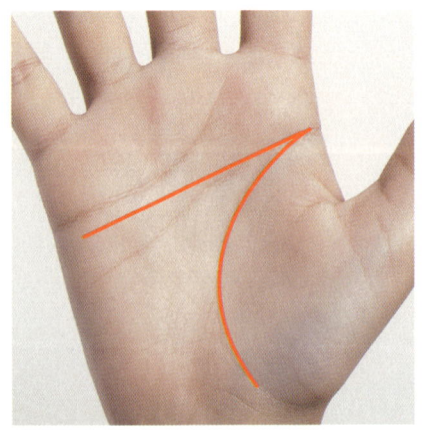

4 솔직하고 아쉬운 소리를 못한다
: IT, 기획, 기술직, 연구직

두뇌선이 직선형이면 너무 솔직해서 남한테 아쉬운 소리를 잘 못 합니다. 따라서 영업직과는 거리가 멀다고 보시면 됩니다. 이런 분들은 일찌감치 진로를 정하는 게 좋습니다. 괜히 나만의 길을 찾겠다고 방황하면 허송세월만 보내게 될 수도 있거든요. 다재다능하지만 특별히 잘한다 싶은 것은 없어 계속 방황한다면 곤란하겠죠?

직선형 두뇌선을 가진 사람은 이공계 성향이 강합니다. 그래서 기술뿐만 아니라 의료계도 괜찮고 컴퓨터나 자동차, 게임 등 첨단 기술을 다루는 직종과 잘 어울린다고 볼 수 있습니다.

5 두 가지의 재능이 있거나 다재다능하다
: 취미가 본업이 될 수도 있다

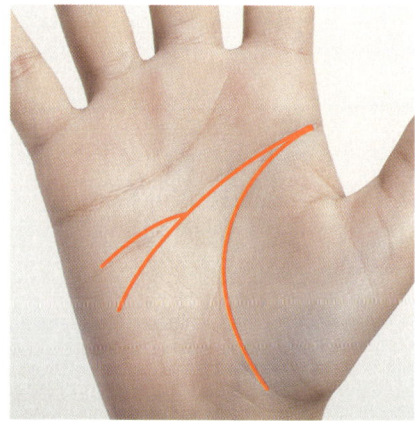

두뇌선이 양 갈래면 여러 가지 재능은 있는데 딱히 뭘 잘하는지 몰라 재능을 뒤늦게 발견할 수도 있습니다. 의학계나 엔지니어가 잘 어울리지만 가닥이 많을수록 좋다고 보긴 어렵습니다.

부모님의 뜻대로 의사가 되었지만 결국엔 미련을 버리지 못하고 취미 활동으로나마 음악을 하는 분들이 더러 있지요? 그런 사람들도 대부분 이렇게 두뇌선이 갈라진 손금을 가지고 있습니다. 의대를 졸업했는데 작곡을 하고 있거나 전공은 화학인데 건축가의 길을 가는 등 지금 이 시대에 맞는 '융합형 인재'라고 볼 수 있겠네요. 다양한 재능을 소화하고 있다는 점은 긍정적으로 보는 게 좋지 않을까요.

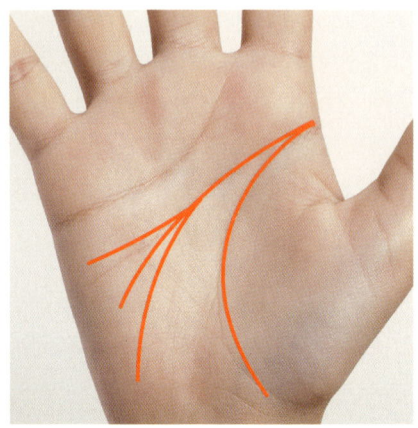

6 다재다능하고 끼가 많지만 자신의 길에 불만이 많다
: 기술을 갖거나 한 우물을 파야 한다

두뇌선이 세 갈래거나 그 이상이면 자기 길에 항상 불만이 많습니다. 이런 손금을 갖고 있는 사람들 중에는 이것도 해보고 저것도 해보는데 끝을 보지 못하고 어중간하게 그만두는 경우가 자주 있습니다. 하지만 반드시 끝을 봐야 합니다.

이런 두뇌선은 기술을 가지고 있으면 아주 좋습니다. 요리와 같이 특정 기술이 있어야 하는 전문직 쪽으로 가면 성공할 수 있지만, 일반 사무직으로 가게 되면 어려움도 있고 눈치도 많이 보고 마음고생도 하더군요. 내 손금이 이렇다면 한 우물을 제대로 파고 난 뒤 다른 기술을 접하면서 자기계발을 하는 것이 좋습니다. 혼자 너무 앞서 나가지 말고 주변의 조언을 토대로 앞길을 신중하게 선택하도록 하세요.

도전에 나이는 없다!
제2의 인생을 꿈꾸는 변호사

  손님으로 만났던 50대의 가장이자 변호사이신 분의 이야기입니다. 처음엔 판사를, 후엔 변호사를 하셨는데, 손금을 보니 두뇌선이 월구로 가 있더군요.

  예술이나 예능 쪽이 잘 맞는 손금을 가졌는데 과연 무엇을 잘하셨을까요? 모범생 같은 외모에 예술하고는 전혀 어울리지 않을 것 같은 모습이었는데 실제로는 글도 잘 쓰고 그림도 잘 그리고 등산도 좋아하고 낚시도 좋아한다고 합니다. 그래서 참여하는 동호회도 많다고 하네요. 어렸을 적 유복한 가정에 태어났다면 지신은 건축이나 예술에 심취해 있을지도 모른다고 하더군요. 그때는 워낙 먹고살기 힘들어 열심히 공부해서 이다음에 돈을 많이 벌겠다는 목표밖에 없었다고 하네요.

  중간에 여러 유혹이 있었지만 부모님을 보며 참다가 자리가 안정되고 난 뒤부터는 결혼도 하고 살림과 육아는 부인한테 맡기고 지냈답니다. 이제는 제2의 인생을 살고 싶은데, 두 가지 일을 병행할 수는 없냐고 묻더군요. 요즘에는 은퇴 후에도 늦공부를 하거나 새로운 일에 도전하는 분들도 많이 계시죠. 50대에 다시 무언가에 도전하려는 열정, 정말 멋지고 훌륭하지 않나요?

성격에 맞는 일을 해야
더 빨리 발전한다

 취업준비생인데 제가 굉장히 낯을 가리고 말수도 적어서
직장생활이 벌써부터 걱정됩니다.

― 여자, 25세 취업준비생

● 현재 취업 준비 중인 백수입니다. 취업도 당연 걱정이지만 사실 저는 직장에 들어간 후가 더 막막합니다. 직장인 친구나 선배들 얘기를 들어보면 결국 사교성 좋고 말 잘하는 사람이 적응을 잘한다고 하더군요. 아무리 속은 진국이어도 말수가 적거나 낯을 가리면 힘들어질 수 있기 때문에 사람들에게 적극적으로 다가가야 한다고요.

그런 얘기를 듣다 보면 숨이 막힙니다. 저는 정말로 낯선 사람이 두렵고, 누군가에게 먼저 다가가는 건 더더욱 잘 못 합니다. 입에 발린 소리, 칭찬 이런 것도 잘 표현을 못 하는 건 물론이고요.

하지만 대신 무언가에 몰입해서 주어진 업무를 시간 안에 마치는 것만큼은 자신 있습니다. 그런데 자꾸 선배들은 요즘엔 책상에 앉아서 일만 잘하는 걸로는 절대 좋은 인상을 줄 수 없다고 하네요. 결국 인간관계가 중요하다면서요. 아직 합격도 안 했는데 벌써부터 걱정이 앞섭니다. 제 성격을 고쳐야만 할까요? 혹시 저와 같은 성격을 가진 사람에게 잘 맞는 직업도 따로 있나요?

●● 감정선으로 성격에 맞는 일을 찾으세요

아무리 신의 직장이란 곳에 들어가도 인간관계가 좋지 않으면 심적으로 너무 괴로워 결국 그만두는 경우도 꽤 있습니다. 사람들과 잘 지내지 못하는 데에는 여러 가지 원인이 있죠. 자신의 성격이 문제일 수도 있고, 상대가 워낙 남을 배려하지 않아서 그럴 수도 있고요.

내성적이라고 해서 걱정하실 필요는 없습니다. 세상 모든 사람들이 다 외향적이고 사교성이 좋진 않으니까요. 모두들 직장 내에서의 인간관계로 힘들어하고 애를 먹는답니다. 그리고 외향적인 사람이라고 해서 꼭 직장생활을 잘해내는 것도 아니고요. '말빨'보다는 진정성이 있는 게 더 중요합니다. 사교성이 좋아도 그게 진심이 아니면 언젠가는 다 드러나거든요. 하지만 낯을 가리는 게 너무 심하다면 점점 개선해나가야 합니다. 어떤 직장을 가더라도 힘들어질 테니까요. 손금 공부를 해서 어떤 자리를 가더라도 사람들과 금방 친해질 수 있는 개인기를 갖는 것도 좋은 방법이라고 생각합니다.

우선 감정선을 통해 자신의 성격과 함께 그에 맞는 직업은 무엇인지 알아봅시다. 두뇌선만으로 적성을 찾기가 애매하다면 그다음 2순위로 감정선을 보시면 됩니다. 사실 자신이 진짜 잘하는 걸 찾는 것도 중요하지만 자신의 성격과도 잘 맞아야 일이 더 즐겁지 않을까요.

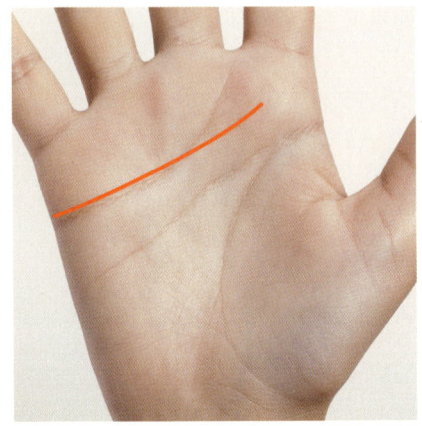

1 쿨하고 뒤끝이 없다
: 법조계, 의료계

감정선이 직선형이면 솔직하고 쿨하고 단순하고 뒤끝이 없는 성격을 의미합니다. 그래서 말 많은 것을 별로 좋아하지 않고 복잡한 건 딱 질색인지라 냉정하고 차갑다는 소리를 들을 수도 있습니다. 애교와는 거리가 멀고 낯가림도 심할 수 있기 때문에 말보다는 행동으로 보여주려 하는 면도 있습니다. 따라서 설레발 치지 않고 묵묵히 열심히 하는 타입이라고나 할까요? 이런 성격은 경찰이나 형사 또는 법조계로 가는 경우도 있고 의료계도 잘 어울립니다.

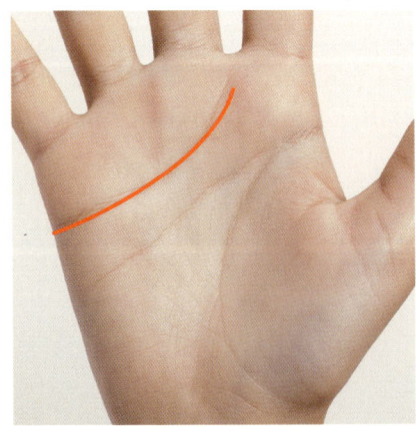

2 상대를 배려하고 매너가 좋다
: 서비스업

감정선이 곡선형이라면 부드럽고 매너도 있고 상대를 배려하는 성격이라 직설적이고 솔직한 사람과 잘 안 맞습니다. 하지만 한편으로는 이런 솔직한 성격을 부러워하기도 하죠. 객관적으로 냉정하게 사리 판단을 잘 못하고 사소한 것에 목숨을 걸고 있다면 반대의 성격을 가진 사람에게 고민 상담을 받아보는 것도 좋지 않을까요.

곡선으로 된 감정선을 가진 사람은 성격이 원만하기 때문에 사람을 사귀고 관계를 오래 지속하는 데에는 문제가 없습니다. 따라서 고민해야 할 것은 다른 사람이 아니라 나의 진로나 내 자신이라는 걸 명심하세요. 진로 면에서 보자면 사람을 상대하는 일이 잘 맞습니다. 즉, 서비스직이 아주 잘 어울린다고 할 수 있지요.

3 자기주장이 강하다
: **전문직**

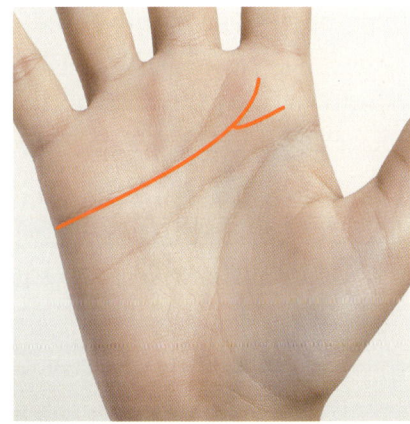

감정선 끝이 두 가닥인 경우 자기주장이 강하고 고집도 세고 욕심도 많아서 외로울 수 있습니다. 또 가족을 잘 챙기고 리더십도 있지만 주변에 내가 싫어하는 사람이 있으면 스트레스를 많이 받고 속으로 힘들어합니다. 욕심이 많아 자신이 2등이 되는 건 절대 용납을 못 하기 때문에 항상 중립을 지키려고 노력하고 상대 입장에서 헤아릴 줄도 알아야 합니다. 그리고 무리한 경쟁은 하지 않는 것이 좋습니다.

이런 손금은 명예에 욕심을 내는 편이라 전문직으로 가는 경우가 많습니다. 현재의 자신이 너무 초라하고 미래가 불안하더라도 후에는 이름을 날릴 수도 있으니 한 우물을 끝까지 파는 것이 좋습니다. 교수나 교사도 잘 어울리고 공직에 있다 해도 이름을 알릴 때까지 계속 진급할 수도 있습니다.

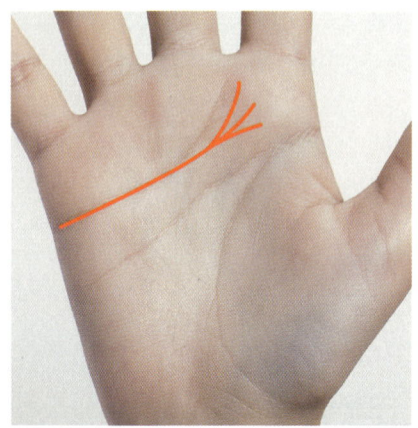

4 모든 게 다 내 탓이오
: 심리, 치료, 봉사, 사회복지

감정선 끝이 세 가닥이면 '희생과 봉사'를 의미해서 심리나 치료 또는 봉사, 사회복지 쪽으로 가는 경우가 많습니다. 그러나 이런 손금은 모든 것을 다 자기 탓으로 돌리려 하고 나를 도와주는 사람보다 내가 도움을 줘야 하는 이들만 꼬이니 피곤할 수 있습니다. 하지만 본인 스스로가 자신만의 수호신이 될 수도 있다는 걸로 위안을 삼으세요.

이런 사람들은 한번 자신감이 붙으면 꾸준히 노력하는 모습을 보여줍니다. 그리고 자신을 희생해서라도 가정을 일으켜 세우려 하고 늘 주변 사람들을 챙깁니다. 그러나 귀가 얇은 편이어서 빠지면 안 되는 곳에 빠질 수도 있다는 점을 명심해야 합니다.

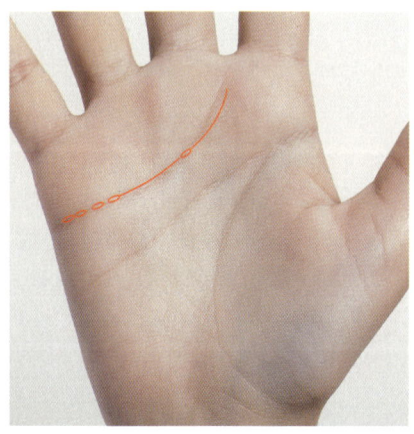

5 걱정이 많고 상처를 잘 받는다
: 한곳에 오래 머무는 일, 전문직, 기술직

감정선에 꽈리 모양이나 섬문양이 있다면 의심이 많고 쓸데없는 상상도 많이 합니다. 비가 온다는 뉴스를 접하게 되면 우리 집에 물난리가 나면 어쩌나 걱정하고, 갑자기 전쟁이 나는 상상을 하며 어디로 피하는 게 좋을지 고민하죠. 이처럼 모든 걸 다 의심하고 걱정하기 때문에 본인도 매우 피곤합니다.

또 예민하고 겁도 많고 사람의 진심을 헤아리는 데 시간이 오래 걸립니다.

낯도 심하게 가려서 새로운 환경에 적응하는 데 오래 걸립니다. 하지만 자신감이 너무 없다면 세상을 살아가기가 참 힘듭니다. 갇혀 있으려고만 하지 말고 적극적으로 행동하려고 노력해보세요. 이런 분들은 한곳에 오래 머물 수 있는 일을 해야 합니다. 따라서 전문직이나 엔지니어 등 기술을 요하는 직업이 괜찮습니다.

6 감정을 잘 드러내며 예민하다
: 예술이나 예능

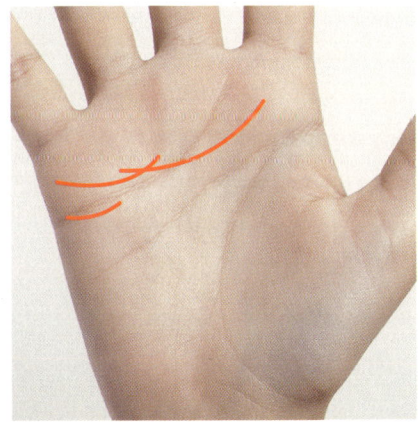

감정선이 끊어졌다 이어지거나 이중 감정선이라면 감정선이 하나인 손금보다 성격이 강합니다. 예민하고 감동도 잘 받고 표정에 감정이 다 드러나는 타입이라고 볼 수 있죠. 손재주가 좋고 예술이나 예능 쪽으로 가는 경우가 많은데, 이처럼 자신의 감정을 드러내는 분야로 가면 잘 풀릴 수 있습니다.

그러나 주의해야 할 점은 감정선이 끊어지는 지점에서 슬럼프가 찾아올 수 있다는 것입니다. 진로가 크게 바뀐다는 의미도 있으니 잘하면 두 가지의 재능을 발휘할 수 있지만 자칫 잘못하면 두 가지를 다 놓칠 수도 있어 현명하게 선택해야 합니다.

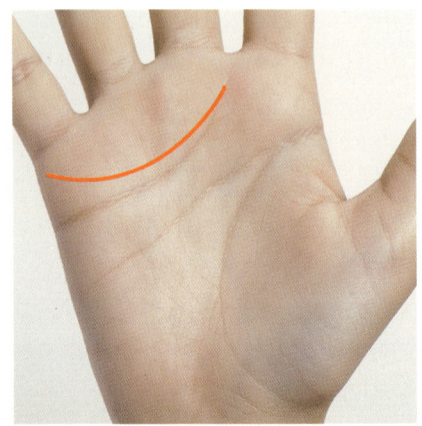

7 논리정연하며 계산적이다
: 회계, 경영

감정선이 소지에서 시작하면 계산적이고 논리정연한 타입이 많습니다. 눈치가 빠르고 알아서 하는 타입이기 때문에 조직에 들어가면 적응도 잘하고 칭찬도 많이 받습니다. 문제는 일복이 많다는 것이지만 스스로 바쁜 상황을 즐기기도 합니다. 일도 하고 취미 활동도 하고 미래 계획도 짜고 행동으로 꼭 옮기기 때문에 남들은 피곤하지 않냐고 하지만 정작 본인은 오히려 보람 있다고 하죠.

소지에서 시작하는 감정선은 선생님이 되거나 기술을 갖고 있어도 좋고, 회계나 경영 쪽으로 가도 잘 풀리더군요. 어렸을 적부터 수학을 잘하기 때문에 이공계 관련 전공을 갖게 되면 좋습니다.

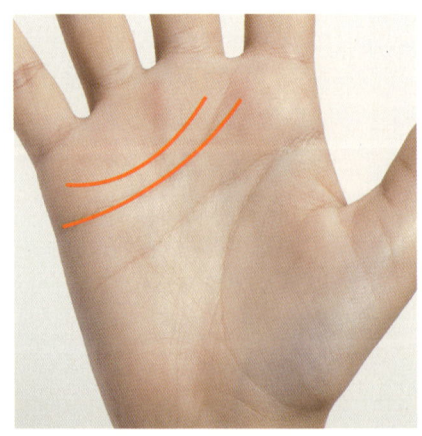

8 끼가 넘친다
: 예술, 예능

금성대가 진하면 이중 감정선으로 보는 것이 좋습니다. 만약 금성대가 지저분하거나 너무 많으면 끼가 매우 많다는 것을 의미합니다. 작가가 되거나 아이디어로 승부하는 직업, 마케팅, 광고 분야도 잘 어울리고, 예술이나 예능 쪽도 무난합니다. 손재주를 요하는 일도 좋습니다.

하지만 초반에 돈복이 없을 수도 있습니다. 기술이나 노하우를 많이 쌓고 난 뒤에야 두각을 나타내니 인내심을 가져야 합니다. 힘들고 지겹고 지친다고 해서 중도에 포기하면 이것저것 하다가 본전도 못 찾게 될 수도 있다는 점을 유의해야 합니다.

금성대가 진한 이중 감정선은 **남의 시선을 잘 의식하기 때문에 패션 감각도 뛰어나고 유행에도 민감합니다.** 눈썰미를 잘 활용하는 일도 잘 맞을 것 같네요. 자신이 이런 감정선을 갖고 있다면 진로 선택을 할 때 주변 사람들에게 자신의 평소 패션 센스가 어떤지 물어보는 건 어떨까요.

꼬인 인생 풀어주세요!

손 모양으로도
그 사람이 보인다

　사실 손금뿐 아니라 손바닥이나 손 모양, 손의 특징을 보고도 상대가 어떤 사람인지 파악할 수 있습니다. 물론 손금만으로도 상대를 충분히 알 수 있지만 손 모양에 따른 특징을 알아두면 손금을 볼 때 시간을 벌 수도 있고 더 많은 이야기를 해줄 수도 있습니다. 이처럼 손금 외의 지식에 대해서도 공부해두면 여러 모로 쓸모가 있으니 이 부분도 눈여겨보시면 좋을 것 같습니다.
　손을 보면 유난히 손바닥이 넓으면서 손가락이 짧은 사람이 있죠? 이런 사람은 '노력형'입니다. 반대로 손바닥은 보통 크기이거나 작아 보이는데 손가락이 길면 '게으른 타입'으로 볼 수 있고요. 여기서는 총 7가지 손의 유형별 특징에 대해서 알아보도록 하겠습니다.

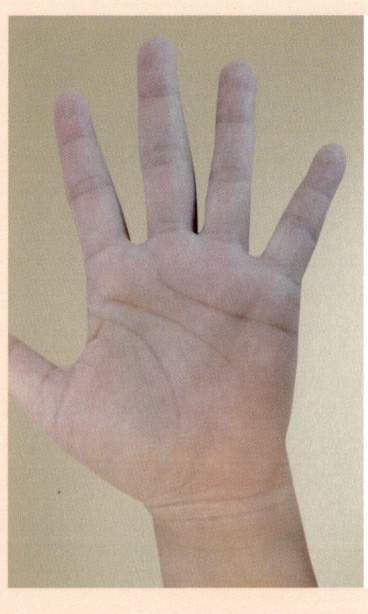

태양의 손: 열정 많은 노력형

- 손을 만져보면 뜨겁고 거칩니다.
- 각 구, 특히 금성구와 월구가 잘 발달되어 있습니다.
- 살은 건강한 붉은색이나 분홍색을 띠고, 손금은 별로 없지만 선 자체가 깊고 선명합니다.

어떤 사람인지 느낌이 오나요? 즉, 통통하고 체격도 있으며 운동을 좋아합니다. 이런 손을 가진 분들은 열정이 많은 노력형이라 볼 수 있습니다. 하지만 씀씀이가 큰 데다 아쉬운 소리를 잘 못 하고 혼자 끙끙 앓기 때문에 남한테 이용당할 수도 있으니 주의해야 합니다. 반면에 잔머리를 굴려 기발한 아이디어를 잘 내놓고, 순간적으로 유머감각도 발휘할 줄 알기 때문에 인기가 많습니다. 주의해야 할 점은 사랑에 대한 집착이 강하고 술, 담배를 오래해서 건강을 해칠 수 있고 슬럼프가 오래가면 다시 일어서는 데 남들보다 더 오래 걸린다는 점입니다. 이런 손 유형으로는 예능 프로그램 〈정글의 법칙〉에 출연한 개그맨 김병만 씨를 들 수 있습니다.

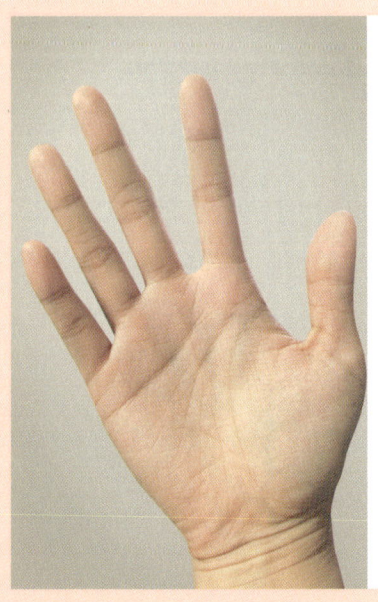

수성의 손: 뒤에서 묵묵히 일하는 은둔형

- 손가락이 길고 가늡니다.
- 피부가 대개 창백하고 손바닥에 미세한 잔선이 많으며 파란 정맥이 보이기도 많습니다.
- 가장 중요한 특징은 손바닥이 직사각형이라는 것입니다.

수성의 손을 가진 사람은 예민하고 자신감이 부족한 면이 있습니다. 그래서 앞에서 나서기보다 뒤에서 묵묵히 일하는 타입이죠. 그리고 직접 만나는 것보다는 통화나 이메일 등을 이용하는 것을 선호합니다. 약간 은둔형 타입이라고 볼 수 있습니다.
심리나 수상, 철학, 역학 등 신비로운 학문을 좋아합니다. 주변에 자기만의 세계에 빠져 있는 분이 있다면 손 유형을 한번 확인해보는 게 어떨까요.

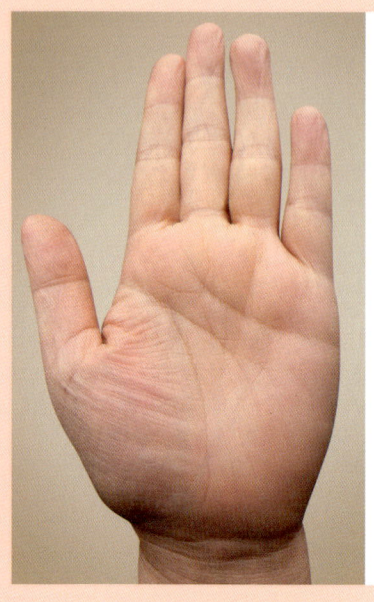

화성의 손: 취미가 다양한 감정형

- 손바닥은 넓지만 손목으로 갈수록 삼각형 모양을 띱니다.
- 손은 분홍색이나 붉은색을 띠고 만지면 따뜻합니다.
- 손가락은 끝이 둥글고 작은 주걱처럼 생겼습니다.

화성의 손은 역마살이 있어서 실외의 생활을 즐기고 좋아합니다. 스포츠나 레저 활동을 즐기는 등 취미가 다양하죠. 또, 하나에 한번 푹 빠지면 꾸준히 하는 타입입니다.
화성의 손을 가진 사람들의 직업을 보면 봉사자, 정치가 등 다양하게 분포하고 있습니다. 단점은 하는 일이 잘되지 않으면 우울해하거나 힘들어할 수도 있다는 것입니다. 감정적이고 욱하는 기질이 있어서 화를 잘 다스릴 줄 알아야 합니다.

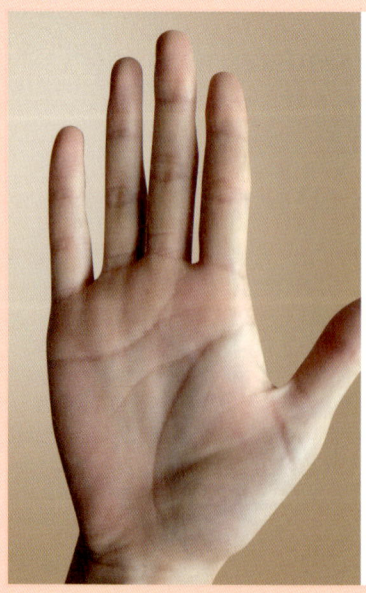

금성의 손: 감수성이 많은 로맨틱형

- 손바닥이 타원형이며 손의 모든 선들이 매끈하고 부드럽게 흐릅니다.
- 손이 딱딱하지 않고 부드럽고 유연합니다.
- 손가락 끝은 부드럽게 둥글거나 약간 뾰족합니다.
- 손바닥은 창백하거나 연한 분홍색을 띱니다.
- 손톱은 아몬드 모양을 하고 있습니다.

금성의 손을 가진 사람은 한마디로 감성적입니다. 그래서 감수성을 많이 요하는 일을 하면 좋습니다. 손재주가 좋으며 예술이나 예능, 창조적인 분야로 가는 것이 좋습니다.
그러나 사랑에 쉽게 빠지는 경향이 있으며 사람 보는 눈이 없는 편이기 때문에 사기를 당하거나 시샘을 받을 일이 많으니 조심해야 합니다.

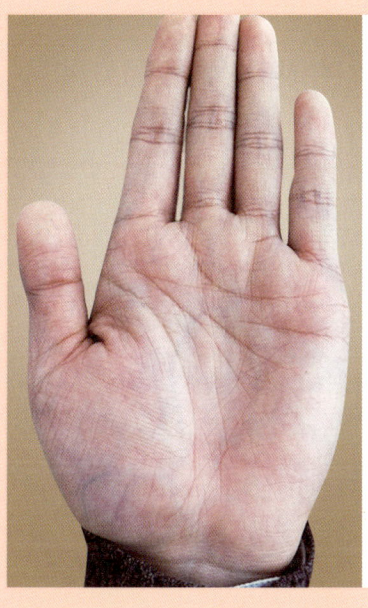

토성의 손: 믿음직스럽고 듬직한 농부의 유형

- 손바닥이 정사각형입니다.
- 손가락도 네모난 모양을 갖고 있습니다.
- 손금이 선명합니다.
- 피부는 분홍색이나 주황색 등 건강한 색을 띠고, 손을 만져 보면 건조하고 단단합니다.

토성의 손은 한마디로 농사일이나 자연친화적인 일을 하면 참 잘 어울립니다. 워낙 믿음직하고 듬직해서 상대로 하여금 든든함을 느끼게 하는 타입이라고 보면 됩니다. 성실한 데다 노력형이니, 인내심과 책임감은 두말할 나위가 없지요.
그런데 겉은 강해도 속은 예민하고 감성이 풍부해서 상처도 잘 받고 말 한마디에도 민감해할 수 있답니다. 그래서 예술가적인 면모도 있답니다. 실제로 토성의 손을 가진 분들 중에는 자연과 벗 삼아 사는 예술가로 성공한 사람이 많다고 하네요.

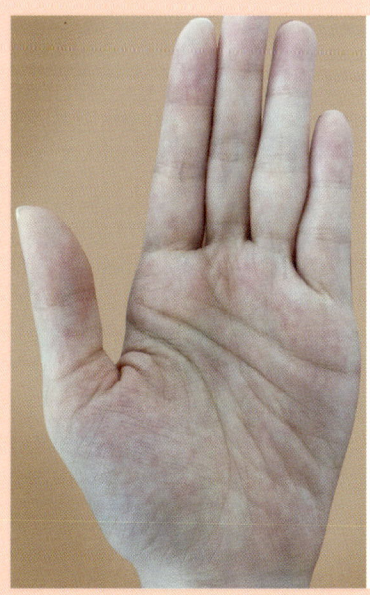

달의 손: 돈과 명예를 멀리하는 도인의 유형

- 희귀한 손 모양 중 하나로 손바닥을 하나의 큰 원, 손가락 부분을 하나의 작은 원으로 봤을 때 8자 모양을 띠고 있습니다. 즉, 손바닥이 손가락 부분보다 넓습니다.
- 정맥이 두드러져 보입니다.
- 화성평원이 움푹 들어간 모양을 하고 있습니다.
- 손이 전체적으로 가늘고 길며 야위었습니다.
- 손가락과 손톱이 길고 손가락 관절이 도드라졌습니다.
- 피부는 창백하거나 약간 검을 수도 있습니다.
- 손을 만져보면 차갑고 건조합니다.

달의 손은 도인과도 같다고 보면 됩니다. 즉, 돈이나 명예에 별 관심이 없답니다. 그래서 종교나 심리 쪽으로 가는 것이 좋고 남을 위해 희생하고 도와주는 일이 잘 맞습니다. 외로움을 타면서도 외로움을 즐긴다고나 할까요? 그러나 사회에 적응하는 데 많은 어려움이 따를 수 있습니다.

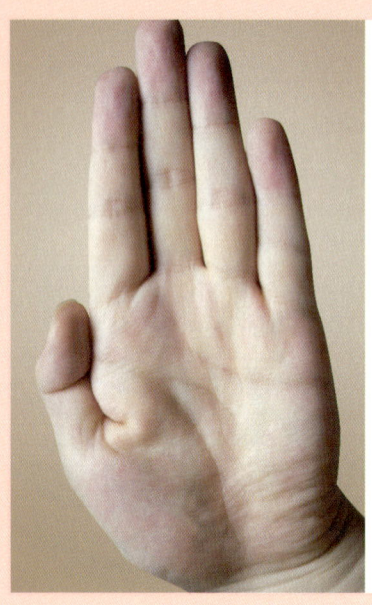

목성의 손: 너그럽고 사교적이지만 변덕스러운 복합형

- 위의 손의 유형 중 3가지 이상이 섞여 있으면 목성의 손에 가깝습니다.
- 손가락과 손바닥이 길다기보다는 넓적합니다.
- 손은 따뜻하고, 손가락 중 엄지손가락만 길고 나머지 손가락은 각각 서로 다른 유형일 수 있습니다.

목성의 손은 너그러운 편이지만 변덕이 있습니다. 직장뿐 아니라 직종까지 자주 바꿀 가능성도 많고요. 또, 사교적이기 때문에 인간관계를 중시하는 면이 있습니다. 그래서 펜션 사업 같은 숙박업 혹은 레저 사업이 잘 맞고 손재주를 살려 정비사와 같은 일을 하는 것도 좋습니다.

두 가지 유형이 섞인 손은 어떻게 보나요?

만약 손바닥은 정사각형 모양인 토성형인데 손가락 끝은 둥글고 작은 주걱처럼 생긴 화성형이라면 토성형과 화성형의 혼합형, 즉 '토성화성의 손'으로 보시면 됩니다.

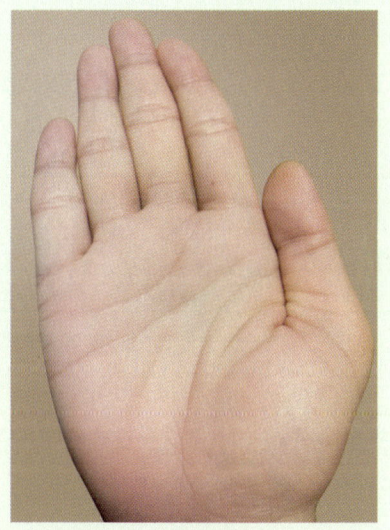

수성금성의 손

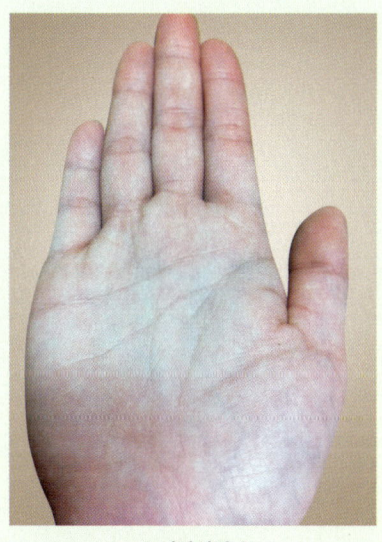

수성화성의 손

이분은 어떤 손의 혼합형일까요?
손바닥은 직사각형 모양으로 수성의 손으로 볼 수 있지만, 손가락은 끝이 약간 뾰족하기 때문에 금성형에 가깝습니다.

이분은 수성의 손일까요, 화성의 손일까요?
손가락은 길고 가는 수성의 손이지만, 손바닥은 넓적하고 손목 쪽으로 갈수록 삼각형 모양을 띠고 있는 화성형입니다.

운명적인 직업을 택하면 삶이 행복해진다

 저는 욕심이 별로 없습니다. 월급쟁이로 사는 게 좋은데 이게 꼭 문제일까요?

– 여자, 32세 사무직

● 요즘엔 책에서나 TV에서나 자신의 꿈을 향해 도전하시는 분들을 참 많이 접하게 되는 것 같습니다. 억대의 연봉도 포기하고 먹고살기 힘들다는 직업을 택해 성공한 사람들도 있고요. 제 주변에는 사실 미술을 하고 싶었는데 현재는 일반 사무직 월급쟁이로 살고 있어 힘들다고 하는 친구도 있고 이것저것 하고 싶은 게 너무 많아서 고민이라는 친구도 있지만 저는 그것마저 부럽답니다.

사실 지금까지 살면서 무언가에 푹 빠진 적도 없고, 열정을 갖고 목표를 이루기 위해 열심히 달린 일도 없습니다. 크게 사고를 친 적도 없고요. 좋게 보면 무난하고 평범하게 사는 거지만, 나쁘게 보면 젊은 나이에 열정 없이 현실에만 안주하는 사람인 것 같아요.

하지만 저는 그냥 주는 월급 받고 퇴근하면 친구들과 만나서 수다 떠는 이 생활에 만족합니다. 이게 꼭 잘못된 건 아니잖아요? 혹시 월급쟁이가 제 적성에 맞는 건 아닌지, 그런 손금이 따로 있는지도 궁금합니다.

●● 두뇌선, 감정선으로도 모르겠다면 운명선을 보세요

월급쟁이가 맞는 손금도 따로 있습니다. 누구나 특별한 일을 할 필요는 없죠. 사실 세상에는 회사에 속해서 월급을 받으며 생계를 꾸려가는 분들이 훨씬 많으니까요. 월급쟁이로 사느냐 마느냐가 문제가 아니라 그것이 자신에게 맞는 삶이냐 아니냐가 더 중요하다고 생각합니다.

진로와 적성을 보는데 두뇌선, 감정선 두 가지로도 부족하다면 그다음 3순위로 운명선을 보시면 됩니다. 운명선의 시작 지점을 보면 나의 적성을 정확히 알 수 있답니다. 또, 중간 지점과 끝 지점을 통해서는 안정된 직장인지 아닌지, 선의 선명함으로 일복이 많은지 적은지도 알 수 있습니다.

빨리 월급쟁이에서 벗어나 벌어놓은 돈으로 편히 살고 싶어도 만약 운명선이 선명하고 진하다면 일복이 터져 불가능할지도 모릅니다. 이런 운명선을 가진 분들은 일 없이는 못 산다고 할 뿐만 아니라 일을 그만두더라도 가만히 있지 못한다고 보시면 됩니다. 본인 스스로 일을 만들어야만 직성이 풀리는 거죠. 그만큼 운명선은 일과 아주 연관이 많으니 이제 운명선을 통해 자신에게 맞는 직업이 무엇인지 살펴보도록 합시다.

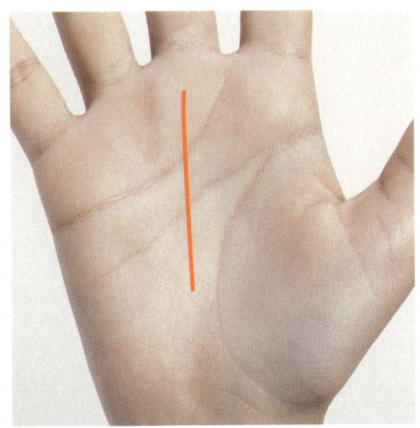

1 운명선이 손바닥에서 중간으로 올라가는 사람
: 평범한 회사원

운명선이 손바닥 중간에서 올라가는 사람 중에는 평범한 회사원이 많습니다. 정규 교육을 무사히 마치고 남들 다 취직할 때 직장에 들어가는 식이죠.

하지만 **운명선이 끊겨 있거나 장애선으로 막혀 있다면** 문제가 있을 수 있고, 그 시기에 변화가 있을 수 있습니다. 그때 잠깐 다른 일을 할 수도 있는데 그건 진짜 내 길이 아닐 수도 있습니다. 운명선이 끊기거나 막혀 있는 시기엔 힘들더라도 견디는 수밖에 없습니다. 하지만 운명선이 다시 시작하는 지점에서 안정을 찾을 수 있으니 희망을 놓지 마세요.

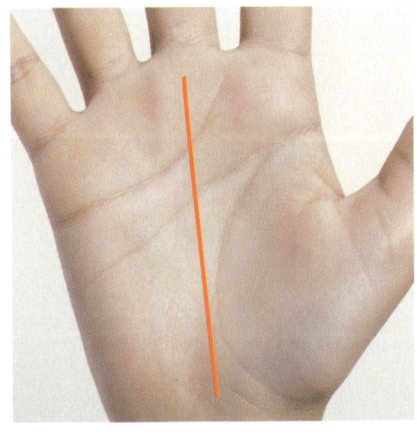

2 손목에서 올라가는 운명선
: '~사' 자 직업

손목에서 올라가는 운명선이 있다면 꽤 능력이 있는 사람입니다. 대기업이나 공공기관 등 안정된 직장을 얻을 수 있고, 소위 '사' 자 직업(의사, 판사, 변호사, 세무사, 법무사, 변리사 등)을 가진 사람도 많습니다.

손목부터 올라가는 운명선은 일을 일찍 시작한다는 걸 의미합니다. 그래서인지 **불우**

한 유년기를 거쳐 자수성가한 인물들이 대체로 이런 손금을 갖고 있답니다. 당연히 일복도 많죠. 일을 일찍 시작하지 않는 경우도 있는데 이는 유복한 가정에서 자라 아버지의 사업을 물려받는다는 걸 말하죠. 또, 운명선이 끊어져 있거나 옆으로 향해 있으면 초년에 일을 시작하지 못하고 방황을 하거나 긴 슬럼프가 찾아올 수도 있습니다.

3 월구에서 올라가는 운명선
: 예술가

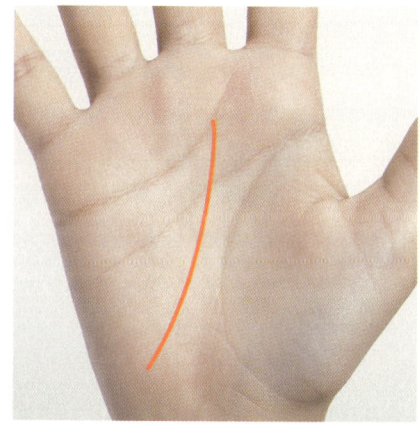

운명선이 월구에서 올라가는 손금을 가진 사람은 창조적인 일과 잘 맞습니다. 그래서 조직생활에 대한 적응력은 떨어지는 편이죠. 따라서 비교적 자유로운 조직에서 일하는 게 좋고 디자인 계통이나 광고, 방송, 문화, 예술과 관련된 직업이 잘 어울립니다.

사실 이런 손금을 가진 사람은 **정신적 고통이 심하고 평탄한 길을 걷지 못합니다**. 온전히 자기 뜻에 따라 일하고 인정받아야 하기 때문에 끊임없는 노력도 필요합니다. 그래서 인정받기까지 경제적·심리적 어려움을 겪을 수 있습니다. 내 손금이 이렇다면 빨리 성공하길 바라지 말고 경험을 잘 쌓아놓았다가 절호의 기회를 노리는 게 좋습니다.

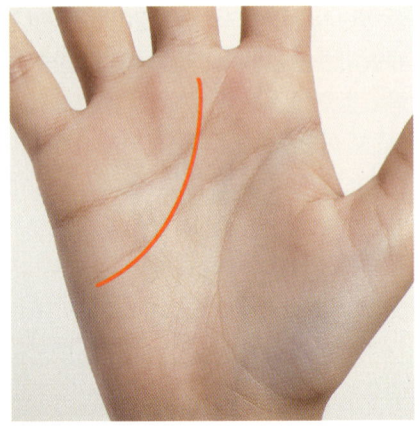

4 제2화성구에서 올라가는 운명선
: 사람을 상대하는 직업

운명선이 제2화성구에서 올라가면 사람을 상대하는 일을 하는 것이 좋습니다. 홍보, 마케팅 혹은 유통, 서비스직이 잘 맞고 고객센터의 상담직이나 판매직에 몸담고 있다면 능력을 발휘할 수 있습니다.

두뇌선의 상태에 따라 교육공무원이나 학원강사 등 가르치는 일로도 능력을 인정받을 수 있습니다. 여행선이 발달되어 있고 두뇌선 끝이 두 갈래로 갈라져 어학선이 발달되어 있다면 무역업이나 유통업 등에 종사하는 것도 좋습니다. 조직에 몸을 담아도 결국 자영업을 택하거나 취미활동을 하다가 그게 본업이 될 수도 있습니다.

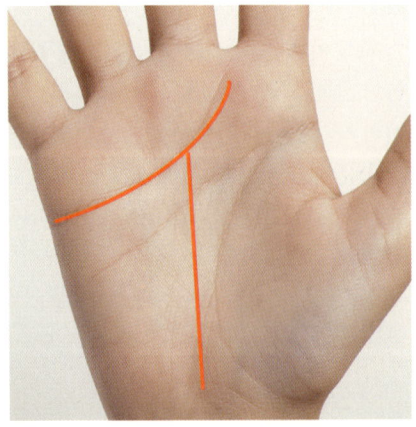

5 감정선에서 멈춰 있는 운명선
: 공무원

운명선 끝이 감정선에서 멈춰 있는 손금을 공무원 손금이라고 합니다. 하지만 원리원칙에 매달리다가 직장 동료들에게 밉보일 수도 있고 자존심이 강하고 고집이 세서 늘 사표를 가슴에 품고 다닐 수도 있습니다. 게다가 안정지향적인 삶을 원하기 때문에 정년 이후까지 고정적인 수입이 보장되지 않으면 매우 큰 스트레스에 시달릴 수 있습니다.

이런 분들은 민원 등 사람을 상대하는 업무가 잘 맞습니다. 교육공무원일 경우엔 제2화성구에서 출발하는 운명선을 가지고 있을 수 있습니다. 그러나 끝이 감정선에서 멈춰 있다는 게 중요합니다. 두뇌선이 길면 행정직이나 국회직이, 잔선이 없고 운명선과 주요선들이 굵고 짙다면 경찰이나 소방관이 잘 어울립니다. 만약 권력구와 리더십을 의미하는 목성구가 발달되어 있고 관운모양인 우물정 자까지 그려져 있다면 고위직도 꿈꿔볼 만합니다.

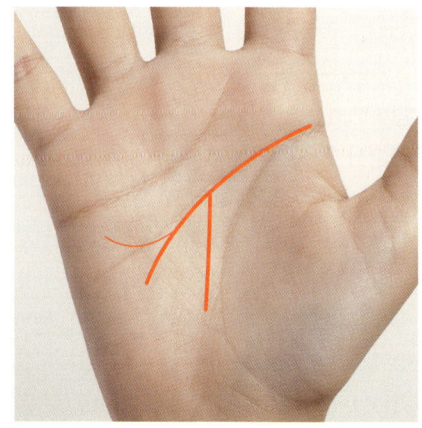

6 두뇌선에 멈춰 있는 운명선
: 학자, 연구원

두뇌선 끝에 상향하는 선이 있거나 운명선 끝이 두뇌선에 멈춰 있다면 주위에서 머리가 좋다는 말을 자주 듣습니다. 학문에 힘을 쏟는다면 학자나 연구직에도 잘 어울리고, 기획이나 마케팅 쪽도 좋습니다. 혼자만의 시간을 갖고 사색하는 걸 좋아하기 때문에 주변 환경이 시끄럽거나 복잡한 것은 딱 질색하기도 하죠.

반면 그 머리를 공부에 쓰지 않는다면 좀 안 좋게 풀리기도 합니다. 신문기사에 난 희대의 사기범이나 시대를 풍미하는 도박가들을 보면 "저 좋은 머리를 왜 저렇게 쓰나?" 하면서 혀를 끌끌 찰 때가 있죠? 이런 경우, 머리는 좋지만 두뇌선이 장애선이나 다른 선들의 영향을 받았다고 볼 수 있습니다. 따라서 좋은 손금도 중요하지만 환경적인 약점을 극복하려는 노력이 절대적으로 필요하다는 걸 명심해야 합니다.

7 올라가다 만 운명선
: 이직 가능성이 높다

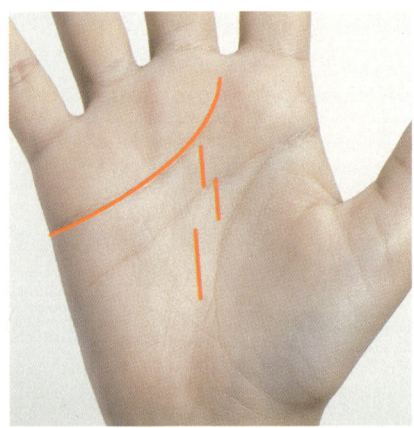

운명선이 올라가다 끊어진 선이 여러 개 있거나 끊어진 후 이어지는 운명선이 있는 경우, 그리고 이를 재물선, 사업선이 대체하고 있다면 다른 일을 할 수도 있습니다.

이런 손금을 가진 사람은 지금의 환경에 만족해서는 안 됩니다. 언제 운명에 변화가 생길지 모르기 때문입니다. 그 변화가 재난이 되지 않게 하기 위해서는 미래를 꼭 대비해야 합니다. 끊어져 있는 운명선이 두세 개여도 마찬가지입니다. 한 우물을 잘 파지 못할뿐더러 회사를 자주 옮길 수도 있죠. 물론 장애선이 많거나 잔선이 많은지도 유심히 살펴봐야 합니다. 만약 지금 자신이 안정된 직장을 선호한다면 잦은 변화에 잘 대처하는 자세가 필요합니다.

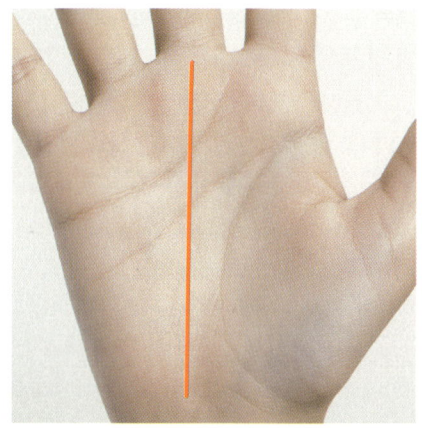

8 감정선 위까지 뻗은 운명선
: 정년퇴직 보장

운명선이 감정선 위 중지까지 쭉 뻗어 있으면 정년퇴직이 보장될까요? 대체로 그렇습니다. 일단 이런 사람은 추진력이 있는 데다 자신의 소신에 맞게 행동하기 때문에 조직생활에 굴곡이 많습니다. 좋게 얘기하면 자기만의 세계가 확고하고 맡은 바 책임을 다한다고 볼 수 있지만, 나쁘게 얘기하면 무조건 밀어붙이라고 닦달해서 여러 사람을 괴롭히는 타입인 거죠.

하지만 자신이 원하는 분야로 가지 못하고 계속 옮겨 다니면서 스트레스를 많이 받을 수도 있습니다. 노후에도 계속 일을 해야 할 수 있으니 노후대비를 철저히 해두는 게 좋습니다.

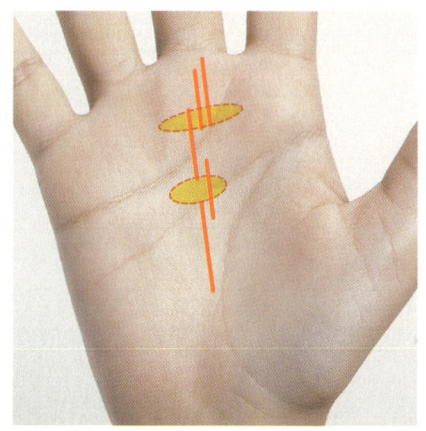

9 몇 가닥씩 올라가 있는 운명선
: 재테크에 능하다

돈 굴리는 재주가 있는 손금도 있을까요? 네, 그런 손금도 따로 있습니다. 언뜻 생각하면 재물선이 잘 발달되어 있을 것 같지만 꼭 그렇지만은 않답니다. 사실 운명선이 몇 가닥씩 올라가는 손금이 재테크에 수완이 좋습니다. 또 운명선이 여러 가닥 올라간다는 것은 부업운을 말하기도 합니다. 이런 사람들은 남몰래 돈을 불리기 위해 열심히 방법을 모색하는 타입입니다.

재물선이 연하거나 올라가다 만 사람 역시 환경에 민감하게 대처하는 능력이 있습니다. 중요한 건 돈을 버는 시기가 오래가지 않는다는 점입니다. 한 번 크게 벌고 바로 망하는 경우도 많이 봤지요? 그것은 선이 꾸준히 올라가지 않거나 장애선이 있기 때문입니다. 재물선에 장애선이 있거나 끊어져서 틈이 있고 거기에 두뇌선까지 길면, 단기 투자가 나올 수 있습니다. 투자를 할 때 너무 오래 고민하거나 꼼수를 쓰려고 하면 결국 손해가 날 수도 있으니 주의하세요.

운명선이 끊어진 어느 대기업 직원의 귀농

　손금 제자였던 어떤 남성분의 이야기입니다. 참 똑똑하고 능력도 많고 알아주는 대기업 계열사에서 일을 하고 계신 분이었지요. 그런데 직장에서 워낙 스트레스를 많이 받는 데다 앞으로 무슨 일을 해야 하나 고민하던 찰나 손금을 한번 배워보는 게 좋겠다 싶어 공부를 시작했다고 합니다.

　일주일에 한 번씩 퇴근하고 바로 저를 찾아와서 공부를 하셨는데요. 집에 가면 밤 11시가 넘는데도 3개월 동안 부지런히 따라와 주셨지요. 정말 부지런하고 성실하신 분이었습니다.

　그런데 이분의 운명선을 보니 끊어져 있더군요. 자신도 그 나이대에 무슨 일이 일어날지 너무 궁금해했습니다.

　세월이 흘러 그 나이가 되셨을 때 연락이 닿았는데, 역시나 지금 다른 일을 하고 계신다고 합니다. 손금 공부를 하면서 미리 준비를 해서 그럴까요? 명예나 권력에 대한 욕심이 참 많은 분이었는데 지금 농사를 짓고 있다고 합니다. 즉, 귀농을 한 셈이지요. 본인도 현재 자신의 삶에 만족하시는 것 같았습니다. 이런 분들을 보면 저 역시 큰 보람을 느낀답니다. 여러분도 손금을 통해 자신의 운명에 맞는 인생 설계를 시작해보세요.

손금,
나도 부업으로 할 수 있을까요?

    손금은 누구나 배울 수 있고 써먹을 수도 있습니다. 그러나 직업으로 삼는 건 신중하게 생각해야 합니다. 현실적으로 여러 장애요인이 따르기 때문이죠. 또, 사람들이 손금을 비과학적이고 단순히 재미로 보는 점이라고 생각하는 경향이 있어 더욱더 어려움이 많습니다.

    저 역시 처음부터 손금을 업으로 삼았던 건 아닙니다.
    어렸을 적 스님께서 "넌 이 길이 잘 맞아. 나한테 손금 배워봐." 하셨을 땐 그렇게 싫었는데, 고등학교 때 친구들의 진로 상담해주면서 저의 재능을 알게 되었거든요. 그러다 진로 때문에 갈팡질팡하고 사회에 첫발을 내디뎠을 때, 서먹한 분위기를 깨고 금방 적응하는 데 손금 만한 게 없다는 걸 깨달았습니다. 어떤 사람을 만나도 손금만 봐주고 나면 바로 친해질 수 있었거든요. 그리고 직장에선 오래 있지 못하는데, 당시 부업으로 하고 있었던 손금으로는 꾸준히 손님도 있고 그분들이 다시 절 찾더군요. 그러면서 이쪽에 완전히 발을 딛게 되었답니다.

이 길이 정말 내 길인 것 같다면 이를 받아들이고 열심히 연구해서 사람들한테 희망과 위로를 주면 참 보람되지 않을까요? 손금을 점성학으로 치부하는 현실이 안타깝지만 언젠가 손금도 '자기계발'의 한 수단으로 자리매김할 때가 분명이 올 거라고 저는 믿는답니다.

주변의 시선을 감내할 수 있어야 합니다

저한테 손금을 배우시던 분이 사무직에 있다가 한번은 어떤 타로 선생님을 만났더랍니다.

"넌 직감이 발달한 것 같아. 타로를 배워서 다른 사람들 운도 봐주고 그러면 정말 좋겠구나."

그분은 사무직으로 평생을 사느니 계속 써먹을 수 있는 뭔가를 배워서 노후대비를 하는 게 괜찮을 것 같다고 판단해 모험을 했지요. 그런데 타로만으로는 너무 부족함이 많아 아는 선생님의 소개로 저를 찾아왔습니다. 단기속성으로 가르쳐달라고 했는데 처음엔 열정적이었지만 갈수록 흐지부지 되더군요. 계속 헷갈려 하고 자신감도 없고 감도 떨어지는 편이었습니다. 감이 없어도 계속 배우고 싶어 하고 응용도 해보고 궁금한 건 적극적으로 물어봐야 하는데 잘 모르겠다 싶으면 금방 포기하더라고요.

그래도 전 인내심을 갖고 지켜보다가 마지막 시간에 진지하게 물어보았습니다.

"아직도 이쪽 길이 맞다고 생각하시나요?"

"저, 사실은……."

애기를 들어본즉슨 이랬습니다. 남자친구가 생겼는데 애인이 이 일을 하고 있는 걸 별로 좋게 보지 않는 것 같다네요. 게다가 2달 만에 프러포즈를 받았다고 합니다. 그때부터 이 길을 가야 할지 말아야 할지 매일 심각하게 고민을 했는데 머릿속이 복잡해지니 점점 감도 잃어버리는 것 같다고 하더군요. 남자친구한테 어머님께는 그냥 사무직에 있다고 거짓말을 하라고 했답니다.

전 어떻게 조언을 드렸을까요? 그냥 사랑을 택하라고 했습니다. 이 일은 언젠가 기회가 닿으면 또 할 수 있지만 사랑하는 사람, 그리고 놓치고 싶지 않은 사람은 다시는 나타나지 않을 수 있으니 꼭 잡으라고 말이지요.

결국 이 일을 그만두고 결혼하고 아들도 낳아서 잘살고 있습니다. 이처럼 손금을 업으로 삼기 전에 꼭 알아야 할 것은 이 일을 주변에서 싫어할 수도 있다는 사실입니다. 부모님과 가족 그리고 배우자가 될 사람을 속이면서까지 이 일을 하는 건 별로 권하고 싶지 않습니다.

끈기에 직감까지 있다면 도전해볼 만합니다

독학을 해서라도 부업으로 하고 싶다면 그만큼 인내심과 자신감이 필요합니다. 끈기 없이 한 석 달 배우고 써먹는다는 건 무리입니다. 사실 1년 동안 임상만 죽어라 해도 실력이 금방 늘 수 있기 때문에 어느 정도 시간을 꼭 할애해야만 합니다.

직감이 발달되어 있거나 영감이 있는 사람이라면 더없이 좋은 조건을 갖췄다고 볼 수 있고, 평소에 사람 심리나 대화, 인간관계에 관심이 많고 사람을 좋아하는 분에게도 잘 어울립니다.

또, 살면서 말하는 입장보다 사람들 얘기를 듣는 일이 많았던 분들, 계시죠? 이상하게 사람들이 계속 자신에게만 비밀을 털어놓거나 고민 상담을 해서 늘 불만이 많았을 겁니다.

'왜 하필 항상 나야. 내 문제도 해결하기 힘든데, 골치 아프게 왜 나한테만 상담을 하는 거냐고!'

이렇게 투덜거리면도 한편으로는 '그 친구 어떻게 됐을까 궁금하네. 전화 한번 해볼까?' 하면서 계속 신경을 쓰진 않으셨나요? 그렇다면 당신에게도 손금이 매우 잘 맞는다고 볼 수 있습니다. 만약 상담을 해주면서 손금까지 봐주겠다고 하면 더 많은 사람들이 당신을 찾게 되고 자연스럽게 인기도 많아지지 않을까요.

손금에 도전하고 싶다면 다음 4단계를 거치세요

 **자신이 생길 때까지 스스로에게 묻는다**

손금을 공부하기 전 꼭 스스로에게 다음과 같이 묻고 답해보세요.

> 내가 정말 끝까지 완주할 수 있을까?
> 자신감이 많이 있나?
> 친구들이나 주변 사람들이 나한테 잘 의지하는가?
> 나는 대화하는 걸 정말 좋아하나?

나에게 맞는 책을 고른다

공부를 할 때 자신과 잘 맞는 선생님이 따로 있듯이 손금 공부에도 자신과 잘 맞는 책이 있습니다. 책 속에 길이 있다고는 하지만 아무 책이나 들여다보진 마시고 일단 서점에 가서 대충 차례라도 훑어보고 결정하세요. 제일 쉬운 책부터 파보는 것이 좋겠죠?

나의 손금부터 마스터하고 지인의 손금을 본다

일단 내 손금부터 마스터합니다. 그다음 사람들을 만날 때마다 이렇게 말하면서 손금을 봐줍니다.

"내가 손금에 관심이 많아졌는데 여러 사람의 손금이 필요해. 손금 좀 보여줘. 일단 내가 아는 지식으로만 얘기해줄 테니 듣고만 있어."

 **취미로 한다면 더욱더 많은 노력이 필요합니다**

본업이나 직업으로 삼는 건 부담스러워 취미로 배우겠다고 하시는 분들에게 꼭 말씀드리고 싶은 건, 반드시 꾸준히 해야 한다는 겁니다. 보통 손금 공부를 시작하시는 분들은 자신의 운명이 궁금하거나 친목 도모용으로 쓰기 위해 도전합니다. 하지만 그냥 취미로 하면 분명 한계가 있습니다. 돈을 받고 하는 것도 아니고 밥벌이가 아니기 때문에 꾸준히 하기가 어렵거든요. 손금 역시 아무리 빨리 터득했다 해도 계속 공부하지 않으면 다 잊어버리기 마련입니다.

따라서 취미로 하더라도 끊임없이 책을 들추고 사람들의 손금을 봐주는 연습을 해야 합니다. 누군가의 손금을 정식으로 봐주기엔 자신감이 없고 부담스럽다면 '일주일에 몇 번' 이런 식으로 시간을 정해서 꾸준히 연습하셔야 합니다. 그렇게 노력하신다면 사람들로부터 '손금 좀 보는 것 같다'는 얘기를 듣는 날이 반드시 올 거라 확신합니다.

만약 친구가 들으면서 감동하고 감탄한다면 정말 재능이 있는 거겠죠? 어떤 자리에 가든 항상 진지하고 자신 있게 공부한 걸 써먹으려고 노력해보세요.

step4 기록하는 습관을 들이고 모르는 건 고수에게 물어본다

여러 사람의 손금을 보면서 어려운 선이 발견되면 횡재라고 생각하고 양해를 구한 뒤 사진을 찍어두세요. 그런 후 절대 잊어버리거나 방치하지 마시고 손금 고수나 저한테 물어보세요. 다음 카페에 사진을 올리거나 질문해주시면 성실히 답해 드리겠습니다.

소영이의 손금사랑 카페 cafe.daum.net/middari

PART 4

성공 편

언제까지 지금처럼 살 수는 없다

주변에 일찍 성공한 친구들을 혹시 부러워하고 있진 않나요? 나도 좀 더 열심히 공부할걸, 남들 다 놀고 있을 때 뭐라도 해볼걸…… 하지만 암만 후회해도 이미 지난 일일 뿐이고, 지금 성공했다고 해서 계속 잘 되는 것도 결코 아닙니다. 아무리 열심히 노력해도 잘 안 풀린다고 너무 억울해할 필요도 없습니다. 말년에 가서 편안한 노후를 보낼 수도 있거든요. 그러니 일확천금이나 대박을 바라기보다는 꾸준히 노력하면서 자신의 운이 빛을 발할 때를 기다리는 게 어떨까요?

내 인생에도 대박이란 게 있을까?

Q 비정규직 은행원이라 미래가 너무 불안합니다.
저에게도 해 뜰 날이 올까요?

– 여자, 30살 비정규직 은행원

● 저는 은행원입니다. 남들은 은행에서 일한다고 하면 부러워하지만 8년 차 비정규직이랍니다. 정규직으로 전환될 기회가 있긴 했지만 이 역시 잘 안 되더군요.
처음엔 비정규직이라도 직장이 있는 게 어디냐고 생각했지만 3년 차 정도 될 때부터 회의가 들더군요. 정규직 직원들이 무시하는 건 물론이고, 언제 밥줄이 끊길지 모르니 조금만 실수를 해도 오늘이 마지막 날이 될까 봐 매일 긴장 속에서 삽니다. 일찍 사회생활을 한 편이라 처음에는 제가 밥을 사기도 하고 친구들이 절 부러워하기도 했는데, 친구들이 정규직으로 입사하고 받는 첫 월급보다 8년째 일하는 제가 받는 월급이 더 적고, 그 차이가 점점 심해지니 일할 맛이 영 안 납니다.
이제 다른 곳에 들어가기엔 좀 늦은 감이 있고 결혼도 해야 하고 남자친구도 월급이 많은 편이 아니라 미래가 너무나 불안합니다. 게다가 제 손금엔 잔금이 많은데 그건 좋지 않다고 하더군요. 손금을 바꿀 수도 없는 노릇이고…… 그동안 앞만 보고 열심히 달려왔는데 너무 허무합니다. 제 인생에도 과연 해 뜰 날이 올까요?

●● 노력하면 성공운도 더해지니 현재에 충실하세요

　손님들 중에는 비정규직이라서 고충을 털어놓는 경우도 꽤 많았기 때문에 그 마음을 어느 정도 이해합니다. 매일매일이 불안한 삶, 얼마나 힘이 들까요. 하지만 그동안 열심히 잘 버티신 만큼 앞으로 어떤 일을 하더라도 잘하실 거고, 결국 해 뜰 날이 올 겁니다. 우선 자신의 재물운이 어떤지 확인하는 것도 좋겠죠.

　손님 중에는 무작정 자신이 성공하냐고 묻는 분들이 종종 계십니다. 물론 성공한다고 이야기해주고 싶지만 문제는 열심히 살고 있지도 않으면서 오직 횡재만 바라는 경우죠. 이런 분들은 설사 손금이 좋아도 성공한다고 말씀드리고 싶지 않은 게 솔직한 심정입니다.

　그렇다면 재물선이 없다고 평생 가난하게 살아야 할까요? 절대 아닙니다. 재물선은 성공이나 재물이 잘 따르는 '운'을 의미할 뿐, 노력하면 운은 반드시 더해집니다. 그러니 재물선이 없다고 낙담할 게 아니라 현실에 더욱 충실해야 합니다. 괜히 손금만 믿고 복권만 잔뜩 사놓고 허송세월을 보낼 게 아니라 그 시간에 자기계발을 하는 게 훨씬 현명합니다. 성공운은 재물선, 태양선, 목성구를 통해 알 수 있습니다.

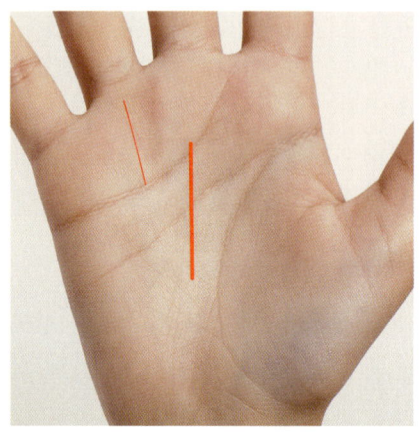

1 재물선이 운명선에 비해 연하면 평범하다

재물선과 운명선이 모두 있는 경우 대개 재물선이 운명선보다 연하답니다. 이런 손금은 안타깝지만 일한 만큼 재물이나 성과가 따라주지 않을 수 있습니다. 일복은 넘치는데 월급은 별로 오르지 않아 하소연하는 경우가 여기에 해당됩니다.

그러나 실망할 필요는 없습니다. 재물선이 있다는 것 자체는 좋은 일이니까요. 다만 횡재를 바라서는 안 됩니다. 자칫 한눈팔다가 본전도 못 찾을 수 있습니다. 현재의 상황이 조금 못마땅하더라도 너무 투덜대지 마세요. 기회는 언제 올지 모르기 때문에 꾸준히 돈을 모으며 참고 기다리는 것이 더 현명합니다.

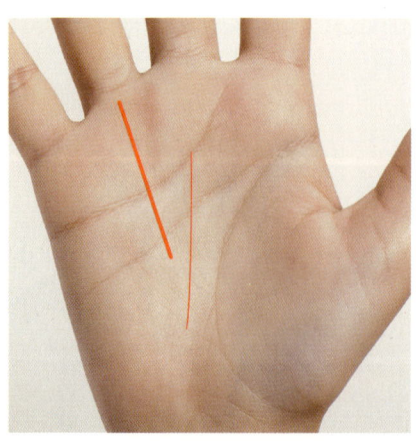

2 재물선이 운명선보다 굵으면 좋은 기회가 많다

반대로 재물선이 운명선보다 더 굵고 선명하다면 재물이 자기 능력 이상으로 모인다는 것을 의미합니다. 따라서 언젠가 인기도 많아지고 명예도 높아질 수 있죠. 인기가 곧 재산과 다름없는 연예인이나 정치인에게서 이런 손금이 종종 발견됩니다. 정치인인데 재물선이 진하게 손가락 마디까지 올라간다면 다음번 선거에도 도전해볼 만합니다.

그러나 굵고 진했던 재물선이 연해지거나 가다가 장애선을 만나 없어진다면 그다지 부러워할 만한 손금이 아닙니다. 한때 잘나갈 수도 있지만 그 이후는 보장하기 힘들기 때문에 유년법을 잘 참고해서 나이대를 보는 것이 좋습니다.

3 재물선에 끊김이 있으면 재산 관리에 신경 써야 한다

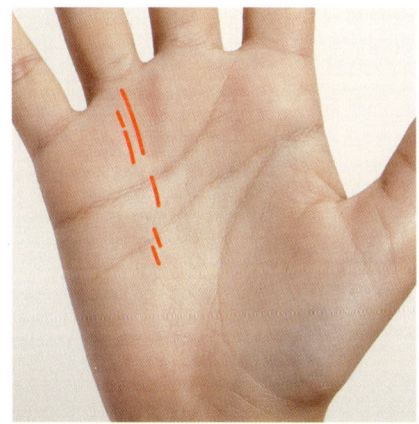

재물선이 끊어졌다 다시 올라간다면 재산 관리를 철저히 해야 합니다. **땀 흘려 모아놓은 재산을 한 방에 날릴 가능성도 무시하지 못하거든요.** 사업에 실패할 수도 있고 **가정 환경이 바뀔 수도 있습니다.** 또, 주변의 누군가가 아파서 병원비를 지출할 수도 있는 등 여러 가지 상황을 생각해볼 수 있습니다.

재물선이 끊겨 있지만 운명선이 쭉 이어져 올라간다거나 생명선, 감정선과 같은 다른 선들은 그냥 평범하다면 너무 걱정하지 않으셔도 됩니다. 크게 욕심만 부리지 않으면 위기를 무난히 넘길 수 있으니까요. 하지만 장애선이 있다면 주의하셔야 합니다. 사람을 잃고 배신당하고 큰돈이 나갈 수도 있어 지금부터라도 대비해두는 것이 좋습니다.

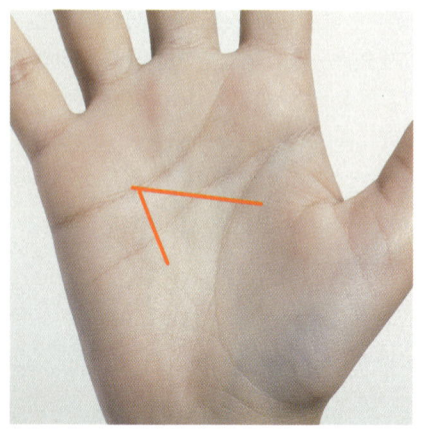

4 재물선에 장애선이 있으면 어떤 일을 해도 어렵다

재물선이 장애선에 막혀 있으면 현재 어떤 일을 해도 어렵습니다. 금전적인 거래를 하거나 보증을 선다든지 사업을 확장하는 일은 금물입니다. 또 구설수에 휘말릴 수도 있고 법정을 오가는 일이 생길 수도 있습니다. 장애선은 어디에 붙어 있든 불안한 징조를 뜻합니다. 따라서 장애선이 보인다면 뭐든 신중하고 현명하게 처신해야 합니다.

일을 벌이더라도 그 일이 오래가지 않으며 나도 벌어먹기 바쁜데 주변을 도와줘야 하는 상황이 반드시 옵니다. 친한 친구나 가족이 도움을 요청하면 거부하기도 참 어렵죠. 만약 이런 식으로 수입보다 지출이 계속 커진다면 긴장하고 대비해야 합니다.

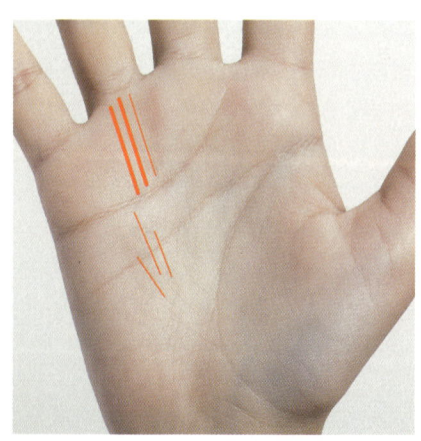

5 재물선이 여러 개면 본업 이외의 일로 돈이 들어올 수 있다

어떤 특정 나이대부터 재물선이 2개 이상인 경우, 이런 손금은 어떤 걸 의미할까요? 노력하기에 따라 다르겠지만 직장생활을 하는 사람이라면 **주식이나 펀드, 부동산 투자 등으로 수익을 낼 수도 있습니다**. 또, 부모님이 물려주는 재산이 있다거나 부업거리가 생길 수도 있습니다.

이는 재물뿐만 아니라 **주변 사람에게 인기가 있음**을 의미하기도 합니다. 너무 바쁘고 정신없이 사는 사람들 보면 재물선이 여러 가닥으로 올라가는 경우가 많습니다. 돈이 들어오는 만큼 베푸는 것도 좋지만 어느 정도는 지키려 하는 것도 중요합니다. 만약 선이 올라가다 말았다면 더욱더 주의가 필요합니다.

6 재물선이 감정선 위쪽에만 있으면 안정된 직장이 좋다

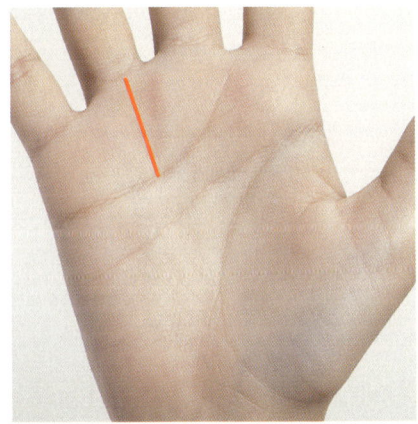

재물선이 감정선의 위쪽에만 있으면 노후에 성공한다기보다 노후를 위한 대책이 생긴다는 것을 뜻합니다. 따라서 현시점으로는 자영업보다 안정된 직장생활이 잘 맞는 손금입니다. 특히 매달 돈 때문에 걱정하는 사람이라면 사업은 절대 권하고 싶지 않네요. **꾸준히 돈이 들어오는 것에 만족하면서 아껴 쓸 수밖에 없는 손금**입니다. 큰돈을 벌 수 있다는 의미가 아니니 **퇴직금이나 연금을 잘 모아둬야겠죠?** 따라서 진로에 고민이 많은데 이런 손금을 갖고 있다면 그냥 남들을 따라가는 것처럼 여겨지더라도 대기업에 들어가거나 공무원이 되는 게 잘 어울립니다. 재물에 그다지 큰 욕심이 없으면서 안정된 삶을 꿈꾸는 경우도 여기에 해당됩니다.

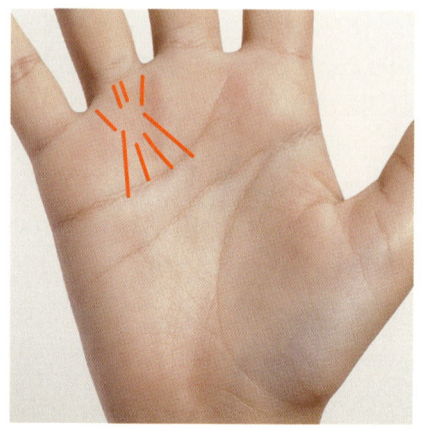

7 재물선이 부채꼴이라면 인기가 많지만 외로울 수 있다

부채꼴 모양의 재물선은 인기가 많다는 걸 의미하지만 한편으로는 정작 **자신한테 득이 되거나 마음을 주고받을 만한 사람은 얼마 없다는 것을 의미하기도 합니다.** 그러니 꼭 '절친'을 만드는 게 좋습니다.

이런 사람은 **자영업을 하거나 연예인과 같이 자신의 이미지로 먹고사는 게 좋습니다.** 이런 손금에는 실제로 자영업자나 프리랜서가 많답니다. 백수생활을 하는데도 바쁘다는 사람들의 재물선을 보면 꼭 이런 부채꼴 모양을 하고 있답니다. 오지랖도 넓고 사람을 참 좋아한다고 봐야지요. 그러나 돈이 샌다는 걸 의미하기도 하니 재물 관리에 좀 더 신경 써야 합니다.

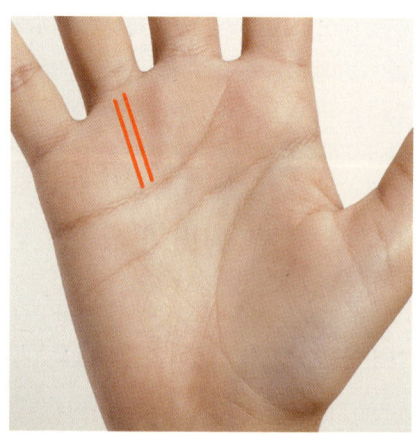

8 재물선이 두 가닥이면 이름을 날린다

지금까지 임상을 해오면서 재물선이 두 가닥인 사람들이 제일 부러웠답니다. 감정선 윗부분의 재물선이 딱 선명하게 두 가닥이 있으면 명예운, 재물운이 모두 좋기 때문이죠. 보통은 이 선을 의료계에 근무하는 사람의 선이라고 해석하기도 하지만 사실 이 선만으로 그렇게 판단할 수는 없습니다. 실제로는 교수나 교사, 조직에서 가장 핵심 위치를 차지하는 분들이 많이 있습니다. 진급 수도 있고 맨땅에 헤딩을 해도 도와주는 귀인들도 있으니 부러워할 만한 손금입니다.

선이 두 개라는 것은 재능이 두 가지라는 걸 뜻합니다. 이 선을 갖고 있다면 자기의 숨겨진 재능을 찾고 계발하는 것도 한 방법입니다. 노후에 명예와 재물을 얻게 되니 현재가 불안하다 해도 희망을 가져보세요.

9 태양선은 드문 만큼 큰 명예를 얻을 수 있다

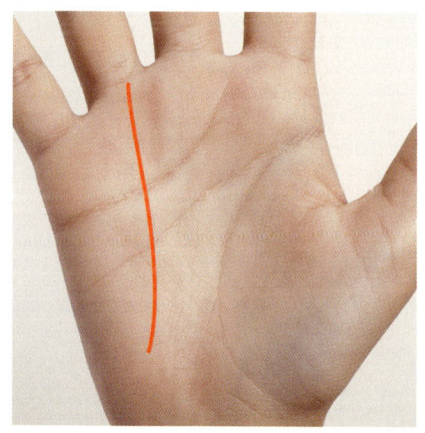

월구에서 약지로 올라가는 선이 바로 태양선으로, 이는 큰 명예를 얻을 수 있음을 뜻합니다. 고 노무현 전 대통령이 신서하는 장면을 보고 손금 보는 사람들이 태양선이 있다며 한창 호들갑을 떨었었죠. 태양선이 있어서 대통령이 됐다면서요.

태양선은 희귀한 손금 중 하나입니다. 누구나 다 있는 손금이 아니거든요. 월구에서 올라가서 소지 쪽으로 반원 모양처럼 생긴 선을 태양선으로 착각하기도 하는데 이는 직감을 이야기합니다. 태양선이라면 반드시 약지 쪽으로 길게 뻗어야 합니다. 제2화성구에서 올라갔다면 잠시 명예를 얻을 수도 있습니다. 끊어져 있다면 명예는 정말 한때에 불과하니 끊어진 시점을 잘 봐두는 것이 좋습니다.

10 목성구가 발달하거나 감정선 끝이 두 가닥이면 진급이 잘 된다

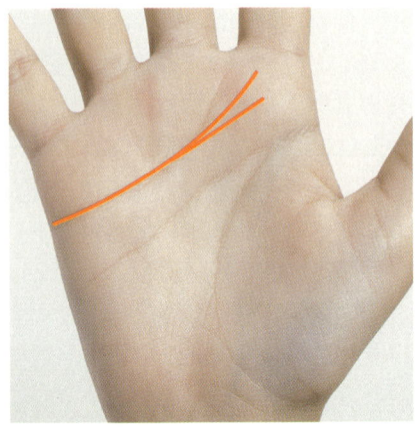

여기서 말하는 선이 모두 없다고 푸념하지는 마세요. **목성구 하나만 발달해도 명예운이 있으니까요.** 물론 두뇌선이 어떠냐에 따라 진급이 늦어질 수도 있지만 목성구가 빈약한 것보다는 낫습니다. 재물선, 태양선이 없더라도 목성구가 발달되어 있다면 충분히 승산이 있거든요.

목성구가 발달하고 감정선 끝이 두 가닥이면 더욱더 좋습니다. **진급이 빨리 되거나 기회를 잡아 올라갈 수 있는 데까지 오를 수도 있습니다.** 그래서 그런지 목표를 크게 잡는 분들이 많더군요.

만약 목성구가 빈약하고 감정선 끝은 두 가닥이라면 회장, 사장까지는 아니어도 이사급 정도는 될 수 있으니, 이 두 가닥도 명예와 관련이 있다고 볼 수 있습니다.

●● 나는 돈복이 없다고 섣불리 판단하지 마세요

이제는 월급만 모아서는 안정된 행복한 노후를 꿈꾸기가 어려운 시대입니다. 대형서점에 즐비하게 진열된 재테크와 자기계발 서적 앞에 모인 직장인들을 보면 이를 더 실감하게 되죠.

청년실업, 조기퇴직, 100세 시대 등 현실은 불안하기만 합니다. 게다가 '누구는 투자를 잘해서 몇 억을 벌었다'는 소문까지 도니 상대적 박탈감마저 느껴질 겁니다. 그러나 이런 성공담 이면에 숨어 있는 고통, 그리고 그렇게 되기까지 겪어야만 했던 고난과 역경을 절대 외면해서는 안 됩니다. 이를 생각하면 투자나 사업이 절대 배짱만 갖고 덤빌 일은 아닌 듯합니다.

손금에도 재테크, 투잡이나 부업을 보여주는 선이 있습니다. 물론 그보다 먼저 현재의 수입이 쓸데없이 새고 있는 건 아닌지부터 점검해봐야 합니다. 투잡운이 있는지는 운명선, 재물신, 부업선, 제2화성구 등으로 확인해볼 수 있습니다. 우선 재물운이 있는 시기부터 확인해봅시다.

안정된 삶을 사는 손금

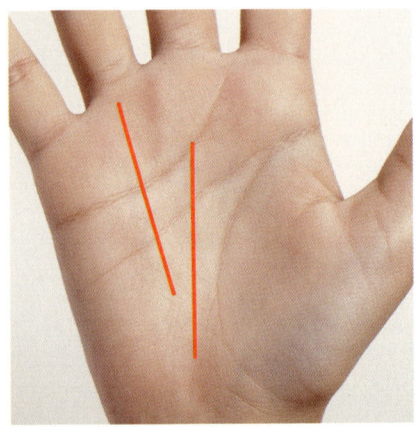

1 지금 나이대에 재물선이 생기면 돈이 들어온다

재물선이 있으면 일단 돈이 들어온다는 걸 의미합니다. 지금 나이가 30대 초반인데 재물선이 30대 중반부터 오르기 시작한다면 희망을 가져보는 게 좋겠죠. 지금 나이대에 재물선이 진하게 올라가 있다면 좋은 투자 건이 생긴다거나 진급을 해서 연봉이 오를 수도 있습니다.

만약 운명선보다 재물선이 연하다면 일복이 항상 많아서 들어오는 재물에 불만이 있을 수도 있으나 그래도 꽤 괜찮은 수준이라면 만족하시는 게 좋습니다.

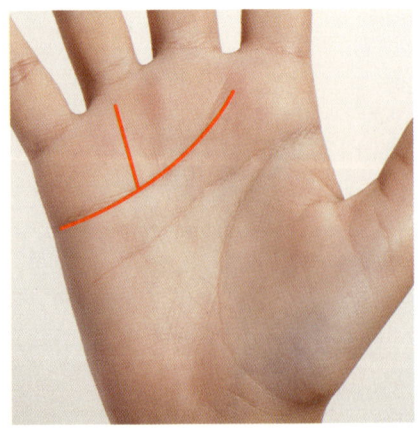

2 재물선이 감정선에서 약지로 올라가면 재물이 꾸준히 있다

재물선이 감정선에서 진하게 약지로 올라가면 재물이 꾸준히 있다는 걸 의미합니다. 월급쟁이의 삶, 그리고 안정된 생활을 꿈꾸기 때문에 능력이 되는 한도 내에서 재테크를 하는 게 좋습니다. 따라서 무리하게 대출을 받거나 투자하면 오히려 매달 돈 걱정을 하며 살 수도 있으니 꼭 유의하세요.

또한 장애선이 유난히 많아도 마찬가지입

니다. 들어오는 돈은 한정되어 있는데 나보다 가족이나 주변 사람들을 챙겨야 하는 상황이 오는 바람에 돈이 나갈 수도 있습니다. 이런 경우라면, 내 경제적 수준부터 점검해 봐야 하지 않을까요?

노후가 좋은 손금

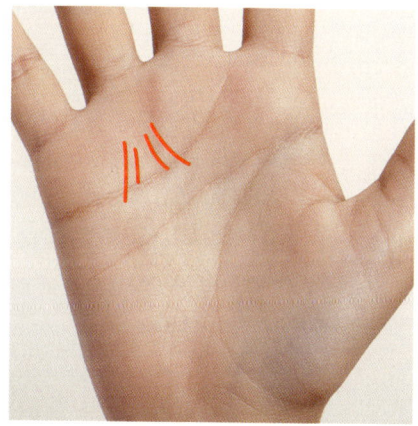

3 재물선이 부채꼴 모양이면 재물운이 늦게 트인다

재물선이 부채꼴 모양이면 재물운이 늦게 트입니다. 따라서 예술가나 프리랜서처럼 수입이 불안정한 삶을 살고 있다면 인내하며 기다려야 합니다.

직장에 다니는 사람이라면 월급이 적어서 항상 불만을 가질 수 있고, 수입보다 지출이 많으면 안정되기까지 오래 걸립니다.

따라서 부채꼴 모양의 재물선을 갖고 있다면 **지출을 계획적으로 하고 차곡차곡 돈을 모으는 방법밖에 별다른 도리가 없습니다.** 언젠가 크게 한 방 하는 날이 올 수도 있지만 안타깝게도 그때가 언제인지는 손금으로 알 수가 없답니다.

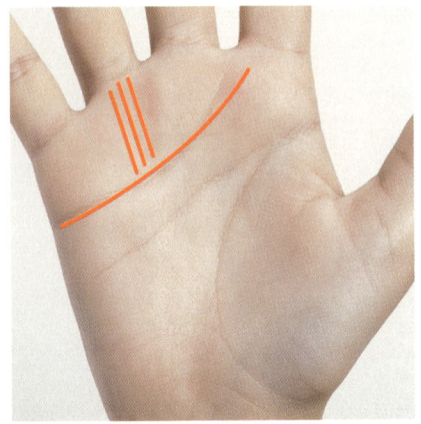

4 감정선 위에 재물선이 여러 개 있으면 노후가 행복하다

감정선 위에 재물선이 두 가닥 이상이면 노후에 이곳저곳에서 세를 받고 살 수 있습니다. 이것이 바로 사람들이 원하는 이상적인 노후의 모습이겠지요. 따라서 이런 손금을 가진 사람은 노후에 성공한다고 보시면 됩니다. 이건 노후의 이야기이니 젊은 친구가 재물선이 여러 개 있다고 허송세월을 보내선 안 됩니다.

지금 당장 세를 받고 산다 해도 유지하는 게 더 중요하니 장애선의 유무를 잘 봐야 합니다. 좋은 손금이더라도 장애선이 막고 있다면 욕심에 불과한 선일 수도 있거든요. 하지만 일단 태양구가 잘 발달되어 있고 재물선이 여러 개라면 언젠가 반드시 승산이 있을 것입니다.

크게 성공하는 손금

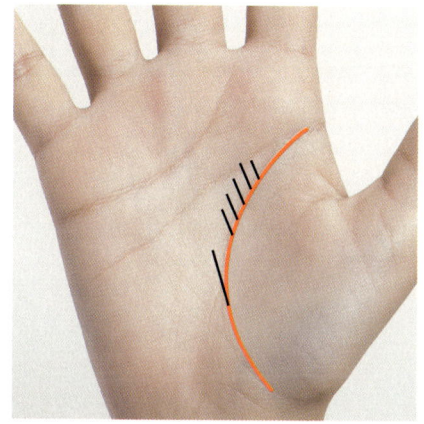

5 생명선 중간에 노력선이 여러 개가 있다

생명선 중간 부분에 유독 노력선이나 자수성가선이 많으면 그 선들은 자식선이 될 수도 있고 진급이나 합격을 의미할 수도 있습니다. 한 손님은 노력선이 특정 나이대에 4개가 있어 물어보았더니 그 시기에 결혼도 하고 아이도 낳고 진급도 하고 집까지 샀다고 하더군요.

이처럼 노력선은 원하는 걸 노력으로 얻거나 뜻하지 않은 횡재나 경사가 있음을 의미하기도 합니다.

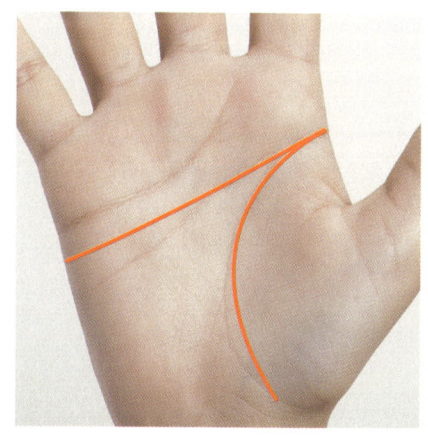

6 깨끗한 막쥔금에 구도 잘 발달되어 있다

막쥔금을 가진 분은 투자로 성공할 가능성이 높습니다. 거기에 두뇌선 끝이 약간 상향하고 재물선이 두뇌선 위로 올라간다면 금상첨화겠네요.

반면 투기나 사기성이 짙은 투자를 즐기는 사람은 두뇌선이 길더라도 장애선이 많답니다. 또 섬문양이 많고 장애선이 있는 막쥔금은 횡재가 있을지도 모르나 다시 그 횡재를 맛보기는 힘듭니다. 따라서 무작정 일을 벌이는 것은 금물입니다.

만약 깨끗하고 구도 잘 발달되어 있는 막쥔금이라면 **횡재가 자주 있을 수도 있고 자기계발이 곧 돈벌이로 이어질 수도 있습니다.** 이런 경우, 바닥까지 가보거나 무너져본 경험이 약이 되어서 다시 일어서는 분들이 많죠. 막쥔금은 극과 극의 운명을 타고난 만큼 모험가 기질도 있어 크게 성공할 수 있는 손금이기도 합니다.

재테크에 능한 손금

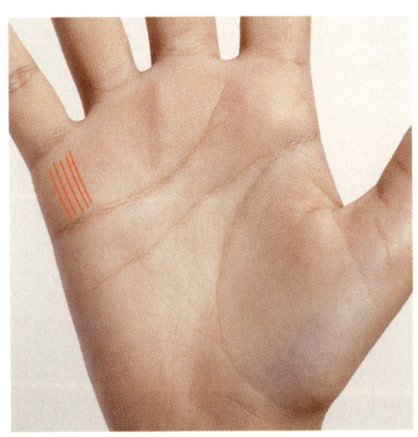

7 새끼손가락 밑에 세로선 무늬가 5개 있다

이 5개의 세로선은 수성구가 발달되어 있어야 의미가 있습니다. 수성구가 발달하지 않은 상태에서 세로선 무늬가 있다면 그저 욕심에 불과할 수 있거든요. 발달한 수성구에 세로선이 있으면 **돈과 운이 모두 따릅니다.** 욕심도 있고 일을 진행할 때도 계산을 많이 하기 때문에 신중하다는 평가를 듣기도 하죠. 젊은 친구가 이런 손금을 갖고 있다면 언젠가 큰 횡재를 불러올 수 있으니 유심히 지켜보세요.

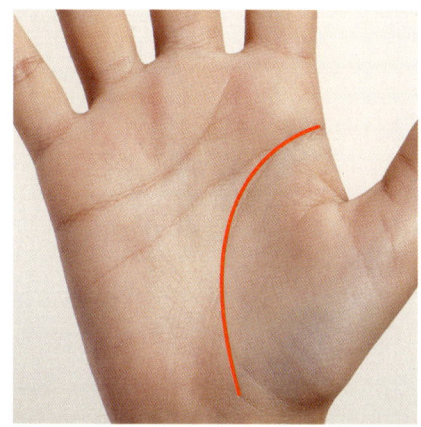

8 생명선이 선명하면 토지와 관련이 많다

생명선이 선명하고 금성구가 두툼하면 부동산에 눈을 돌려 보는 게 좋습니다. 재물선이 없더라도 주요 선 자체가 굵고 선명하면 좋은 손금입니다.

특히 땅에 관심을 가지면 더없이 좋을 것 같네요. 부모님이 물려주신 땅이 있다면 지키고 유지할 줄 알아야 합니다. 물론 **사고파는 시기도 봐야겠지만 번 돈을 오랫동안 묵혀두는 식의 재테크가 큰 도움이 됩니다.** 주의해야 할 점은 생명선이 선명하다 해도 다른 선이 빈약하거나 구가 약하면 돈의 씀씀이가 크다는 것입니다. 한턱 한턱 쓰다가 정말 길바닥에 나앉을지도 모르니 주의하세요.

없던 재물선이 생길 수도 있나요?

재물선이 없던 분도 새로 생길 수 있습니다. 재물선이 생기고 있다는 것은 자기 그릇이 만들어지고 있음을 의미하니 지금 하는 일에 충실하고 앞으로 하고자 하는 일을 열심히 준비한다면 인정받을 기회가 반드시 올 것입니다. 거듭 말하지만 재물선이 노력 없이 얻는 횡재를 의미하진 않습니다. 횡재선이란 것도 있지만 그 선은 백 명 중 한 명 정도만 갖고 있을 뿐입니다.

부업을 하게 되는 손금

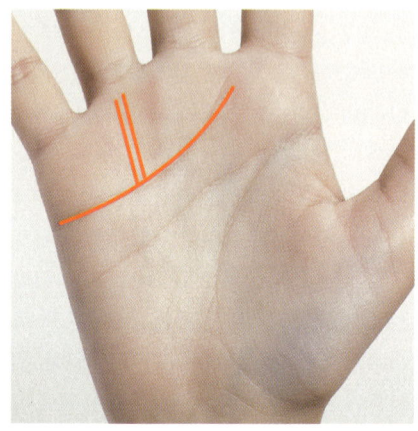

9 재물선이 두 개면 부업을 갖게 된다

재물선이 두 개면 의사나 교사가 되는 경우도 있지만 순수하게 재물 면에서만 보면 부업을 의미하기도 합니다. 이런 사람은 **자기 사업을 하면서 직장생활을 할 수도 있고 사업체가 두 군데 있을 수도 있습니다.** 또 자기가 세를 받으며 살 수도 있죠.

재물선이 두 개여도 그 선이 끊어져 있거나 금성대와 만나 장애선 역할을 하고 있는 경우엔 주의해야 합니다. 이런 경우 버는 것만큼 잃는 것도 있으니 한순간에 모든 것을 잃고 크게 후회하게 될지도 모릅니다. 또, 남들은 자신을 부러워하는데 정작 본인은 만족하지 못한다는 걸 의미하기도 하니 너무 재물 타령만 하지는 마시길.

●● 한 번에 많은 걸 얻으면 운이 금방 꺼질 수도 있습니다 | 횡재운

상담 오시는 분들이 제일 궁금해하는 것 중 하나가 횡재운입니다. 도대체 횡재가 뭘까요? 로또 1등에 당첨되거나 투자로 큰 수익을 얻는 운을 횡재라고 칩시다. 그런 횡재가 생긴다면 당연히 세상을 다 가진 듯한 기분이 들겠죠. 하지만 횡재는 순간적으로 일어나는 일이므로 그만큼 운이 금방 꺼지기도 합니다. 로또 1등에 당첨이 되고 오히려 더 불행해지는 사람들의 이야기를 보더라도 알 수 있죠. 만약 큰 한 방을 원한다면 우선 꼭 짚고 넘어가야 하는 선이 있는지 보고 그 선이 없다면 아예 마음을 비우는 게 낫지 않을까요?

하지만 살아가면서 생각지 않은 돈다발이 들어온다 한들 본인이 만족하지 못한다면 아무 소용이 없습니다. 작은 것에도 만족하고 기뻐하는 사람이 진짜 부자인 법입니다.

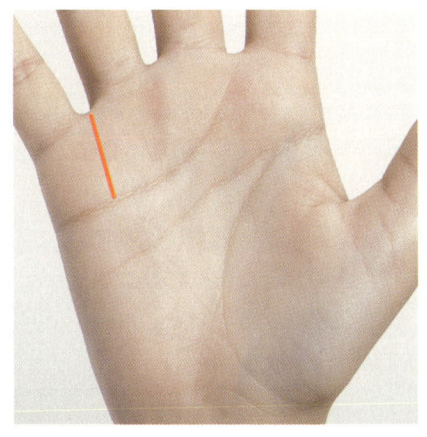

1 약지와 소지 사이의 세로선이 진짜 횡재선이다

약지와 소지 사이에 있는 세로선이 진짜 횡재운을 의미합니다. 감정선에서 뻗어나와 재물선과 함께 나란히 있어야 하죠. 운명선에서 나와서 올라가기도 하고 두뇌선 사이로 올라가기도 하는데 중간에 끊겼다면 횡재가 한때일 수도 있지만 길이가 길다면 앞으로 기대해볼 만합니다. 경품 이벤트에 응모하거나 부동산 혹은 다른 투자에도 한번 도전해보세요.

　사업하는 사람들 중에도 이 선이 있는 경우가 많은데 거액을 많이 만져봐서 그런지 횡재가 있다고 하면 더 많은 걸 원하더군요. 하지만 이렇게 생각해보는 건 어떨까요? 지금이 바로 그 횡재를 누리는 시기일지도 모른다고요. 그리고 실제로 정말 그런 시기일지도 모릅니다. 하지만 본인은 항상 더 큰 걸 바라고 현재에 만족할 생각은 잘 못 하는 것 같습니다. 이런 분들을 볼 때마다 항상 안타깝다는 생각이 든답니다. 괜한 욕심을 부리다가 현재의 복을 다 날릴 수도 있다는 걸 명심하세요.

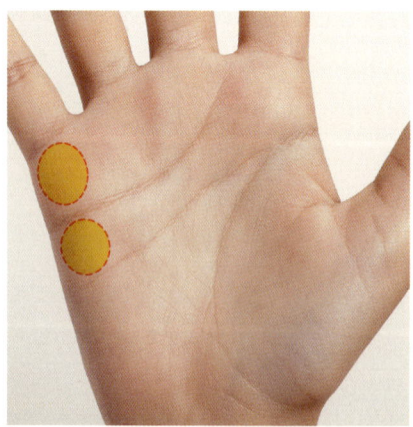

2 수성구, 제2화성구가 두툼하다

　이 부분이 두툼한 사람들은 돈이 들어와도 잘 새지 않습니다. 그런데 수성구나 제2화성구가 좀 빈약하다면 욕심만 있지 큰돈은커녕 희생만 하다 끝날 수도 있습니다.

　이 부분이 잘 발달되어 있는 사람들은 재테크의 고수가 될 가능성이 높습니다. 즉, 재물에 관심도 많고 횡재운도 있죠. 한 번 물면 끝을 봐야 하는 성격에 계산적이고 철두철미한 면이 있어 더 유리합니다. 그러나 계속 욕심을 부리기보다 지금 누리는 횡재에 만족하는 것이 좋습니다.

3 검지가 길다

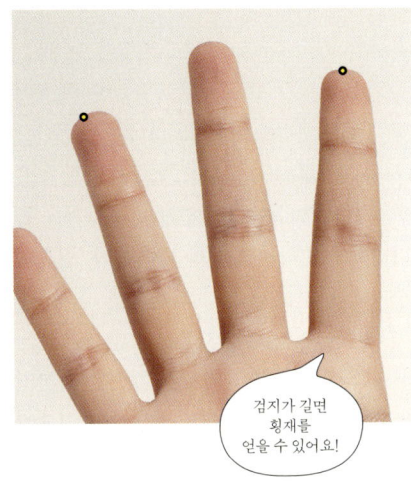

검지가 길면 횡재를 얻을 수 있어요!

검지가 약지만큼 긴 경우 의외로 횡재운이 따른답니다. 도박을 잘한다는 얘기도 있어서 경마나 카지노로 의외의 횡재를 얻을 수도 있는데 너무 빠져들면 그 후는 장담하지 못하니 꼭 절제해야 합니다.

검지가 유난히 긴 사람은 '억 소리' 나게 돈을 벌 수도 있는 반면 또 한순간에 잃을 수도 있습니다. 치장하는 데에만 돈을 쓰기 때문이죠. 사람들 시선을 잘 의식해 돈이 없는데도 있는 척하며 살아야 한다는 강박관념이 있거든요. 이런 분들은 한순간에 실패하면 허망하단 생각에 극단적인 생각을 하기도 하니 너무 욕심 부리지 마세요.

4 생명선이 중지를 넘어갔다

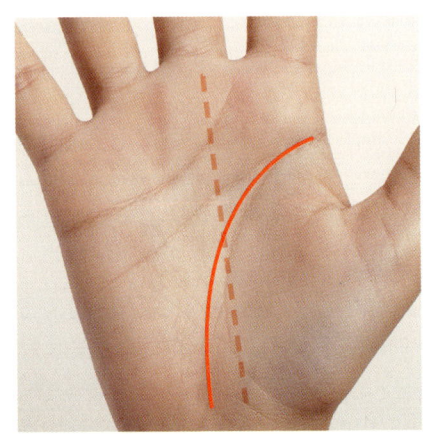

금성구가 두툼하고 생명선이 중지를 넘어간 경우는 **부동산이나 돈 거래를 하게 되면 큰 횡재를 얻을 수도 있고 갑자기 이름이 알려지는 등 유명세를 탈 수도 있습니다.** 그 시기가 길어질 수도 있으니 관리 또한 잘해야 합니다.

금성구가 두툼한 것보다는 생명선이 중지를 넘어간 경우가 더 큰돈을 모을 수 있습니다. 계속해서 그 재물을 잘 지켜낸다면 행복한 노후도 문제없으리라 생각됩니다.

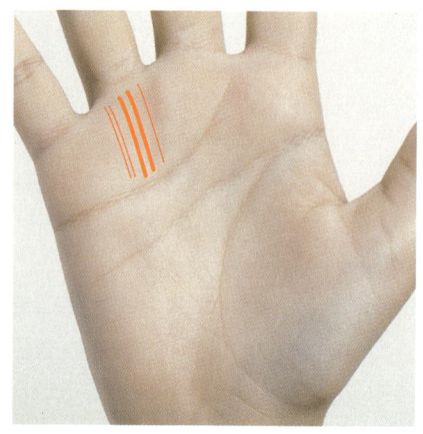

5 여러 가닥의 재물선이 있다

재물선이 두 개도 아니고 5~6개, 즉 여러 개가 있는 사람도 마찬가지입니다. 부동산으로 벌 가능성이 커서 여기 저기 세를 받아 살면 좋은데 그 돈에 만족하지 못하고 계속 불리려고만 한다면 근심만 많아질 수 있으니 주의해야 합니다.

내 손금에 이렇게 재물선이 많다면 부동산 공부를 하는 게 어떨까요. **젊었을 때부터 목돈을 만지는 일이 종종 생길 수도 있습니다. 하지만 젊을 때는 버는 족족 쓰다가 탕진하는 경우도 많더군요.** 그리고 다른 사람의 시선을 의식해서 외형적인 부분에만 치중하는 경향이 있는데 현명하게 판단해서 재테크와 재산 관리에 힘쓰시기 바랍니다.

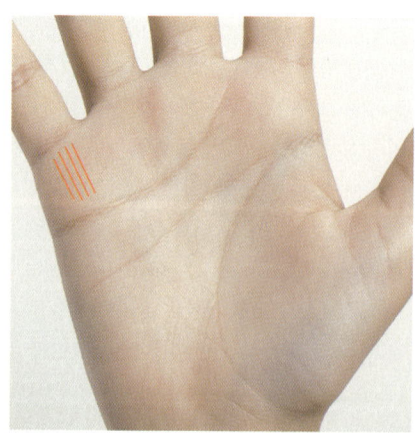

6 수성구에 여러 개의 선이 있다

흔히 수성구에 여러 가닥의 선이 있으면 돈 욕심이 많다고들 합니다. 재테크에도 관심이 많아 주식, 펀드 등으로 일찍 돈을 벌 수도 있습니다.

주의할 것은 **돈을 만질 수도 있지만 잃을 수도 있다는 사실입니다.** 특히 이 선들을 가진 사람들은 돈을 지키는 데 주력해야 합니다. 실제로 이런 손금을 가진 분들 중에는 큰 투자를 했다 돈을 잃은 적이 있는데도 다시 투자를 해보겠다고 혈안이 되어 있는 경우가 많더군요. 크게 실패하고 좌절하는 경험을 했음에도 불구하고 얼마 가지 않아 또 몸이 근질근질한지 다시 큰 투자를 시작하려 하는 거죠. 본인은 이걸 도전이나 모험, 혹은 패기라고 생각할지 모르지만 문제는 그러고 또 실패를 한다는 겁니다. 그러는 동안 가족과 멀어질 수도 있고요.

횡재운이 있다는 걸 너무 맹신하지 마세요. 다른 선도 꼭 참고해야 합니다. 손금이 아무리 좋아도 항상 마음을 비우는 게 최선이라는 걸 누누이 말씀드리고 싶네요.

손금 보러가서 로또 번호 묻지 마세요

도박을 좋아하는 손도 따로 있습니다. 엄지가 잘 발달되어 있어 90도 이상 꺾어지거나 검지가 약지의 길이가 비슷한 경우, 즉 약지가 유난히 긴 손이 그렇습니다.

가끔 손님 중에 자기는 횡재가 있는 손이라던데 왜 망했는지 모르겠다며 찾아오시는 분들이 있습니다. 급기야 손금에 혹시 로또나 경매 번호가 보이는지 봐달라고 하시기도 하고, 타로카드에는 번호가 있으니까 자기가 뽑은 번호가 어떤 의미가 있지 않냐며 묻는 일도 있습니다.

아시는 분들은 다 아시겠지만 안타깝게도 그런 건 없습니다. 손금에 그런 번호가 보였으면 저부터 부자가 되었겠죠. 그런 손님들은 대부분 노력해서 부를 얻을 생각은 안 하고 도박으로 일확천금을 얻으려고만 하더군요. 손금 보러 가서 절대로 로또 번호 같은 거 묻지 마세요. 저도 그런 분은 절대 방문 사절입니다.

재물선이 있다고
다 좋은 건 아니다

정말 부자 되는 손금이란 게 따로 있을까요?

보통 사람들은 평생 꿈도 꾸지 못한 돈을 만져본 사람들의 손금, 정말 궁금하지 않으세요? 사실 진짜 부러운 부자는 바닥부터 올라가서 본인의 노력으로 인생 한 방의 짜릿함을 제대로 맛본 사람이 아닐까 싶습니다.

사실 그분들의 손금을 직접 본 게 아니니 어떻다고 함부로 말할 수는 없지만 아마 재물선이 쫙 올라가 있거나 대부분의 사람들에게는 없는 태양선이 있지 않을까요. 혹은 구가 잘 발달되어 있거나 막퀸금일 가능성도 있습니다.

부자 손금, 너무 믿지 마세요

예전에 100억 부자 할머니 손금이 한창 이슈였었죠. 삼지창이 보이는 부자 손금이라면서요. 하지만 전 횡재를 한다기보다 사회에 환원하는 식으로 기부를 해서 본인이 돈을 떠안고 살지는 않을 거 같다고 생각했답니다(포털 사이트에서 '100억 부자 할머니 손금'이라고 검색창에 치면 손금 이미지가 나오니 참고하시기 바랍니다).

할머니의 손금을 보면 우선 선이 굵고 선명해 자립심도 강하고 홀로서기에 능하며 생명선과 두뇌선의 떨어져 있고 장애선도 보이기 때문에 인생에 위기가 있었음을 알 수 있습니다. 잔선도 있고 두뇌선이 곧지 않아 공부와 연이 없었을 수도 있고요. 하지만 월구로 가 있는 두뇌선을 보면 창작 능력이 있어 사실은 정말 하고 싶은 게 있지 않으셨을까 하는 생각도 해봅니다.

그다음 세로 3대선, 즉 운명선, 재물선, 사업선이 쭉 올라가는 '삼지창'이라 불리는 손금을 봅시다. 운명선은 평생 일해야 하는 손금이고, 재물선은 끊어져 있고, 사업선은 하나가 아니라 몇 가닥 올라가는 걸 보면 사업적 수완이 좋다고 볼 수 있습니다. 사실 이 사업적 수완이란 부분에 초점을 둘 필요가 있습니다. 사람들은 사업선이 한 가닥으로 쭉 올라가는 것도 모자라 몇 가닥이 같이 올라가는 걸 보고 횡재운이라 생각하지만 이 사업선과 제2화성구, 수성구의 발달이 돈을 불러 모은 걸 수도 있거든요.

그렇다면 일반적으로 부자 손금이라고 하는 선명한 재물선, 삼지창, 그리고 돈 때문에 끙끙 앓고 있음을 알려주는 활선에 대해서 알아봅시다.

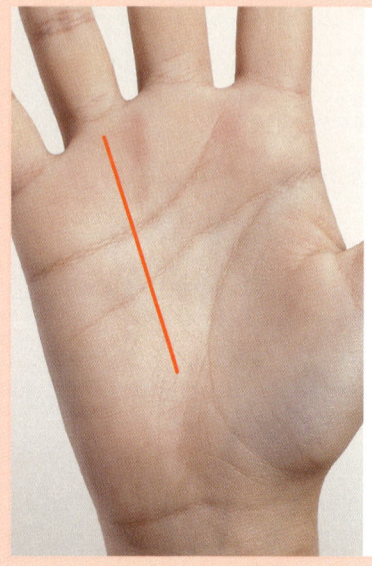

선명한 재물선은 돈은 잘 들어오나 샐 수 있다
: 안정적인 재테크를 해야 돈이 모입니다

부자 할머니 손금을 잘 보면 재물선에 아주 선명한 부분이 있습니다. 이런 경우 돈이 들어오고 나가는 기복이 심할 수도 있습니다. 즉, 재물선의 골이 깊고 선명하면 돈이 들어오긴 하지만 잘 샐 수도 있다고 보셔야 합니다.

따라서 안정적인 재테크를 하시는 게 가장 좋습니다. 돈을 빼내기 어렵게 적금을 드는 게 최고죠. 재물선이 선명하면 좋지 않냐며 항의하는 고객들도 더러 있더군요. 돈을 많이 벌 수 있는 건 사실입니다. 하지만 가족을 부양한다든지 책임질 일이 많아 돈 나갈 구멍이 꼭 있더군요. 그래서 이런 재물선을 갖고 있다면, 절대 밖에서 돈 있는 척하지 마세요. 또 인심 쓴다면서 어렵게 번 돈을 무작정 쓰지 마세요. 지출내역을 꼭 확인해서 돈이 어디로 나가는지를 꼭 점검하고, 자산관리를 어떻게 할지 전문가와 상담해보는 게 좋습니다.

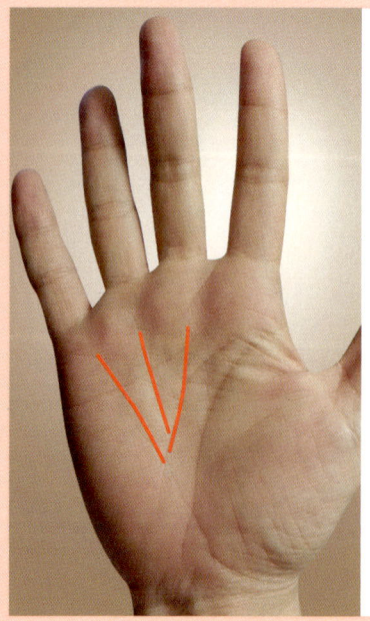

삼지창이 있다고 다 좋은 게 절대 아니다
: 삼지창보다 기본 3대선이 더 중요합니다

삼지창이 있다고 다 부자가 되는 건 아닙니다. 삼지창이 있는데 오히려 마음고생 많이 하고 박복하다고 한탄하는 어른들도 정말 많습니다. 손금에 미세한 잔선이 많고 굵은 장애선이 삼지창을 막고 있거나 삼지창 선에서 옆으로 나가는 선이 있는 경우, 또 생명선, 두뇌선, 감정선에 중간 지점이 끊어져 있는 경우라면 삼지창이 있어도 위기는 오기 마련입니다. 항상 손금을 볼 때는 가장 기본이 되는 기본 3대선, 그다음 구의 발달을 본 후 삼지창과 같은 기타 손금을 보셔야 합니다.

예를 들어 삼지창은 시원하게 올라가 있는데 생명선이 중간에 끊어져 있으면 삼지창이 있음에도 현재 많이 힘들다고 하소연하기도 합니다. 그럼 그 위기를 넘기면 되지 않냐고 할 수도 있지만 내일 당장 죽네 사네 하는 상황이라면 당장 뾰족한 수는 없지요. 실제로 이런 절박한 상황에 처한 분도 보았기 때문에 삼지창 때문에 부자가 될 수 있다고 딱 잘라 말할 수가 없네요. 그만큼 기본 3대선의 영향이 더 큰 법입니다.

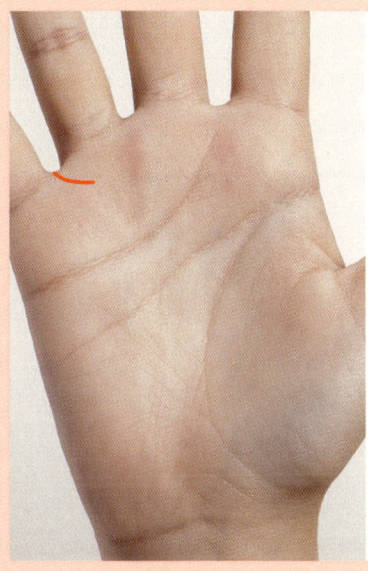

활선은 돈 때문에 속을 앓고 있음을 의미한다
: 속으로만 앓지 말고 해결 방법을 잘 생각해보세요

재물선이 약지와 소지 사이에서 나오는 선을 활선이라 합니다. 이 활선은 '돈에 대해 생각하고 있다'는 것을 의미합니다. 한마디로 돈 때문에 속을 앓고 있다는 증거지요.
활선을 보면 지금 당장 궁한지 아닌지를 볼 수 있습니다. 이 선이 선명하면 진짜 오랫동안 돈 때문에 고생했을 수도 있고요. 연하면 겉으로는 잘 티가 안 나더라도 속으로는 재물을 걱정하고 있거나 부모님 몰래 돈으로 사고친 일이 있을 수도 있습니다. 매일 죽어라 일하는데 월급은 쥐꼬리만큼만 준다고 하소연하는 경우도 여기에 해당되고요. 또 돈을 빌려줬는데 상대가 안 갚아 답답함을 호소하는 분도 있었습니다. 송사 문제가 걸려 있으면 매우 골치 아파지고 마음고생을 심하게 할 수 있으니 주의해야 합니다.

여기서 잠깐!

진짜 횡재를 뜻하는 횡재선은 무엇이죠?

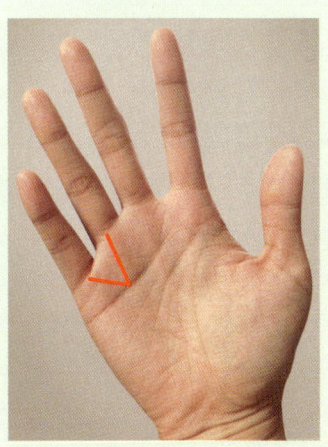

앞서 말했듯 재물선이 약지와 소지 사이에 빠지는 것이 횡재선입니다. 물론 이 선이 길어야 합니다. 횡재선이 있다고 지금 당장 대박이 나길 바라는 건 안 됩니다. 이런 운은 정말 '뜻하지 않게' 오거든요.
　감정선에서 소지 쪽으로 나가는 선과 재물선처럼 약지 쪽으로 나간 선이 합쳐져 영어 V 자 모양의 손금을 갖고 있는 경우 역시 진짜 횡재선을 뜻합니다. 지금까지 상담하면서 저도 이런 손금은 딱 한 번밖에 못 봤습니다. 강남에 빌딩 한 채를 갖고 있는 아주머니였는데요. 그만큼 드문 손금이기 때문에 자기 손금이 이렇길 바라보다는 자신만의 적성을 살리고 노력하는 게 더 현명하다고 생각합니다.

재물선이 있다고 무조건 좋은 게 아닙니다 | 일복이 많고 돈이 새는 손금

재물선이 있으면 무조건 좋다고 착각하시는 분들이 많은데요. 재물선도 재물선 나름입니다. 재물선이 있어도 오히려 돈이 새거나 평생 일만 하고 살아야 할 수도 있습니다. 따라서 무작정 좋아하시지만 말고 정확히 보셔야 합니다. 여기서는 재물선이 있지만 일복이 너무 많아 평생 일을 해야만 하거나 오히려 돈이 새는 손금에 대해 알아봅시다.

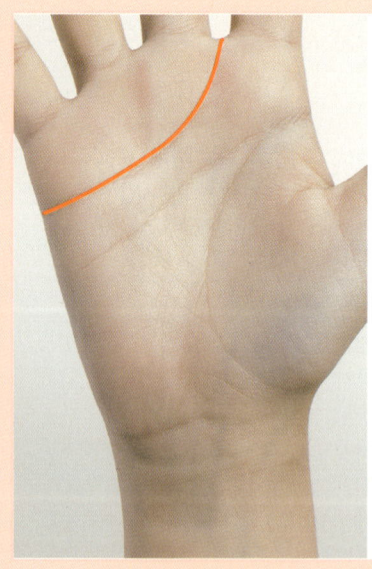

검지와 중지 사이로 빠지는 감정선
: 일복은 많은데 돈이 자꾸 새니 저축에 힘써야 합니다

감정선이 검지와 중지 사이로 빠지는 손금도 노후에도 일을 해야 함을 의미합니다. 일복이 지나치게 넘칠 뿐 아니라 재물이 새기도 하죠. 내가 가진 것은 얼마 없는데 자꾸 돈이 나가니 빚이 없으면 다행이라고 생각해야 할 정도입니다. 돈을 아무리 모아도 항상 제자리걸음을 하는 것 같아 지치고 힘들 수 있습니다. 하지만 이런 분일수록 꾸준히 절약하고 저축하는 것만이 답입니다. 너무 지쳐서 인생 한 방을 꿈꾸며 무모한 투자를 할 수도 있지만 자제하셔야 합니다. 또 가족들을 챙기고 집안에서도 늘 희생하는 입장이기 때문에 정작 본인한테는 투자하기가 어려운 팔자입니다. 그래서 그런지 한순간의 유혹을 못 이기고 지름신에 현혹되는 분들이 많더군요. 하지만 노후대비를 제대로 하지 않는다면 말년에 정말 고생하실 수 있으니 꼭 차곡차곡 돈을 모아두세요.

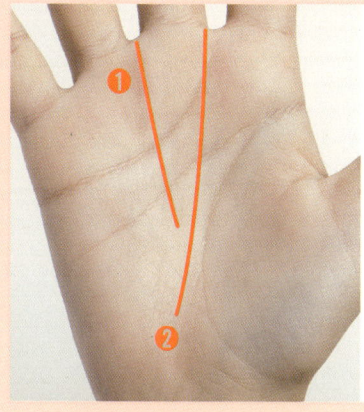

손가락 쪽으로 빠지는 운명선
: 평생 일할 운명이니 받아들이시는 게 좋습니다

운명선이 ❶ 중지와 약지 사이, 혹은 ❷ 검지와 중지 사이로 빠지거나 손가락 방향으로 쭉 올라가 있다고 좋아하는 분들이 계십니다. 하지만 전문가가 봤을 때 썩 좋은 의미는 아닙니다. 운명선이 손가락 쪽으로 쭉 빠진다는 것은 평생 일해야 한다는 걸 의미합니다. 직장인뿐 아니라 전업주부라도 노후에 계속 가사노동을 해야 할지도 모릅니다. 그 선이 없어지지 않는 한 일복을 타고났다고 인정하고 받아들이시는 게 더 현명합니다.

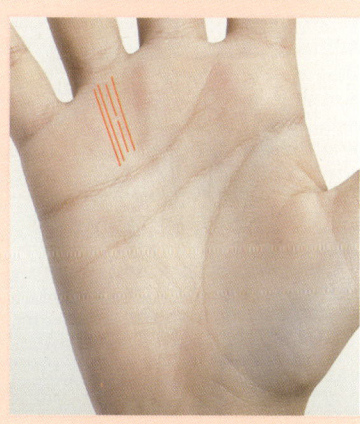

여러 가닥의 재물선
: 경제에 눈을 너무 일찍 떠서 늘 희생하며 살 수 있습니다

재물선이 여러 개면 무조건 좋을 것 같지만 경제적 관념을 일찍 깨우친다는 걸 의미하기 때문에 꼭 좋은 것만은 아닙니다. 후에 재테크도 잘하고 부자가 되는 경우도 많지만 그만큼 평생 희생해야 하고 많이 버는 만큼 많이 나갑니다.
어렸을 적부터 일찍 사회생활을 시작할 수밖에 없는 환경에 있었다든지, 돈에 빨리 눈을 뜰 수밖에 없는 상황이라 본인이 돈 관리를 했을 수도 있습니다. 또 본인이 나서야 하는 일이 많아 평생 가족을 위해 희생하며 살아야 할 수도 있습니다.

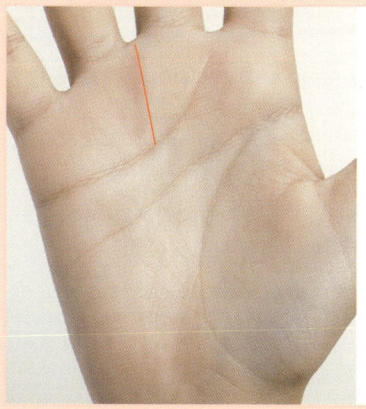

약지와 중지 사이로 빠지는 재물선
: 돈이 자꾸 새니 노후대비에 힘쓰세요

재물선이 있으면 무조건 좋다고 생각하시지만 약지와 중지 사이로 빠지는 재물선도 좋지 않습니다. 이 역시 돈이 자꾸 새는 선이거든요. 이 선도 횡재선이 아니냐고 우기는 분도 많은데 아닙니다. 재물선이 어디로 빠지는지 유심히 살펴보세요. 돈이 새는 선이라면 당연히 노후대비를 철저히 해야겠죠.

인간관계야말로
평생의 과제다

 주변에 친구는 많지만 정말로 속마음을
털어놓을 수 있는 친구가 없어서 고민입니다.

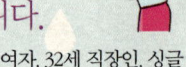

- 여자, 32세 직장인, 싱글

● 여자들은 흔히 나이를 먹을수록 친구가 점점 없어진다고 하잖아요. 20대 중반까지는 언니들이 그런 얘기하면 그런가보다 했는데 이제 30대 초반이 되니 그 말이 너무나 공감이 됩니다. 저는 현재 싱글이고, 제 친구들은 대부분 시집을 가 몇몇 친구들만 남아 있습니다. 하지만 그마저도 애인이 있어서 주말에는 거의 데이트하러 가더군요. 저는 남자친구가 없어 이제 혼자 밥 먹고 영화 보는 것도 너무 익숙합니다. 또 신기하게도 진짜 잘 통했던 친구들은 다 외국으로 나가더라고요. 동생들을 만나면 아무래도 제가 나이가 많으니 그들의 하소연을 들어줘야 하고 밥도 사야 해서 부담스럽기도 합니다.

생각해보면 주변에 친구는 많지만 결국 제가 힘들거나 고민이 있을 때 터놓고 이야기할 수 있는 진짜 친구는 없는 것 같아요. 제가 하는 일이 사람을 상대하는 일이라 전화번호부에는 500개가 넘는 연락처가 저장되어 있지만 막상 편하게 연락할 수 있는 사람은 정말 아무도 없다는 게 너무 허무합니다. 제가 잘못 살아온 걸까요, 아님 저에겐 정말 인복이 없는 걸까요?

●● 인복이 있어야 진짜 행복한 인생을 살 수 있습니다

많은 분들이 크게 공감하는 고민이라 생각됩니다. 놀라운 건 친구들도 많고 매일 사람을 만나느라 바빠 보이는 분들도 외로워한다는 사실입니다. 친구가 아무리 많아도 자신의 속마음을 툭 터놓고 이야기할 수 있는 친구는 없다고 하면서요. 이래서 나이가 들수록 인복이 중요하다고 하나 봅니다.

회사에서도 마찬가지죠. 직장 동료와 불화가 생기면 아무리 월급을 많이 받아도 직장생활이 큰 스트레스가 되죠. 또 어쩌다 상사에게 크게 밉보이면 사표를 늘 서랍에 넣어두고 비장한 각오로 출근을 하기도 하고요.

손금을 익혀두면 이럴 때 요긴하게 쓰일 수 있습니다. 직장에서의 인간관계 역시 연애와 마찬가지로 상대의 성격과 취향을 파악하면 나름의 방법이 생길 수도 있습니다. 그리고 요즘에는 온라인으로도 사람을 만날 수 있으니 사실상 사람을 만날 기회는 너 많나고 볼 수 있죠. 따라서 지금 친구가 없다고 생각된다면 새로운 친구를 만들어 보는 건 어떨까요. 정작 터놓고 말할 수 있는 친구는 없다고 생각하는 분들이 꽤 많기 때문에 서로 뜻만 잘 맞으면 늦게라도 평생 친구가 될 수 있을 겁니다. 사회생활에서 인간관계만큼 중요한 것은 없습니다. 결국 돈보다 인복이 많은 분들이 진짜 행복한 인생을 살 수 있습니다.

인간관계의 달인 – 사람을 깊이 사귀는 데 주력하세요

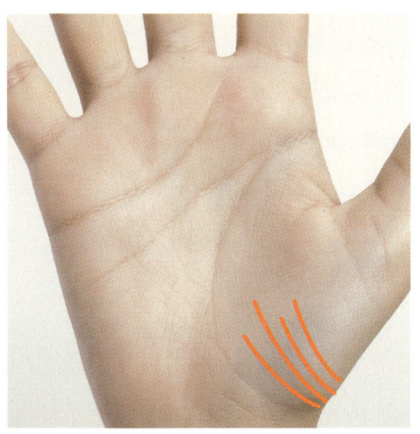

1 인복선이 많으면 주변에 사람이 많다

엄지 주위로 난 세로선들이 바로 인복선입니다. 인복선이 많은 사람은 예의가 바르고 인사성이 밝고 인기가 많죠.

그러나 인복선이 많은데 굵지 않고 연하다면 정작 자기가 의지할 수 있는 사람은 없음을 뜻합니다. 대인관계가 넓지만 깊지 못하기 때문이죠. 정치인이 되어서 선거에 출마할 게 아니라면 실속 없이 오지랖만 넓힐 게 아니라 믿을 만한 속 깊은 친구 한두 명 정도는 꼭 옆에 두는 게 좋습니다.

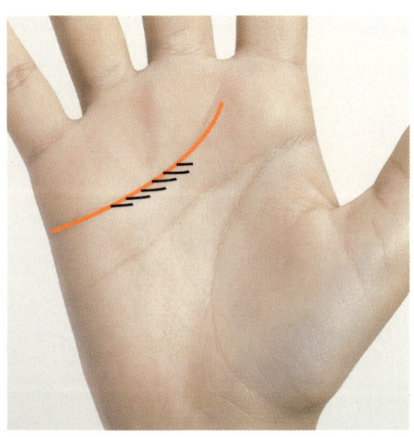

2 사교선 무늬가 있으면 사람을 잘 다룬다

감정선에서 자식선과는 다르게 소지와 약지 사이에서부터 중지와 검지 사이까지 사선 모양의 무늬, 즉 사교선 무늬가 쭉 이어져 있으면 대인관계가 정말 좋습니다. 사람 다루는 수완도 뛰어나고 눈치도 빠르며 분위기를 편안하게 이끌고 비위를 잘 맞추기 때문에 주변에 따르는 사람도 많습니다. 어색한 분위기를 싫어해서 자연스럽게 본인이 늘 분위기 메이커가 되죠. 본인은 튀는 걸 별로 원하지 않아도 튈 수밖에 없으며 주변에서 첫인상이 좋다는 소리를 종종 들을 수도 있습니다. 따라서 굉장히 유머러스하고 애교도 많고 웃음도 많고 밝고 따뜻한 사람으로 평가받지만 사실 그 속내를 들여다보면 여리고 겁도 많답니다. 또 인간관계가 오래가지 못할 수도 있으니 관계를 깊이 맺는 데 좀 더 신경을 쓰셔야 합니다.

다른 사람 챙기기의 달인 – 자신에게도 신경을 써주세요

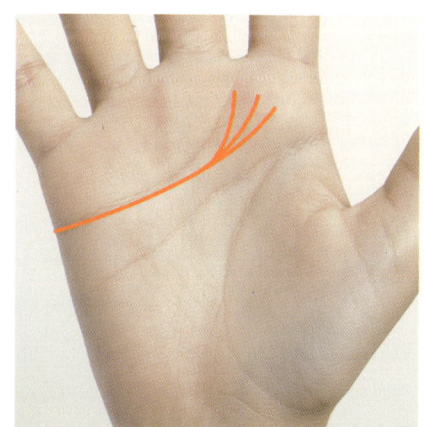

3 감정선이 세 가닥이면 늘 남을 위해 희생한다

감정선 끝이 세 가닥으로 갈라진 사람은 **집안의 종손이나 맏며느릿감일 가능성이 높습니다.** 첫째가 아닌데 맏이 역할을 하는 경우도 해당되죠. 물론 이런 사람들은 가족뿐만 아니라 사회생활을 할 때도 주변 사람들을 잘 챙깁니다.

그러나 이게 지나치면 안 좋은 점도 분명 있습니다. 항상 집안과 가족부터 먼저 챙기다 보니 자신에게 온 기회나 명예는 놓칠 수도 있거든요. 남을 챙기고 자기 자신을 희생하면 직장에서는 인정을 받을 수 있을지 모르지만 그러다 평생 누군가를 챙기기만 하다 끝날 수도 있으니 주의해야 합니다. 본인이 이런 성격의 소유자라면 수위 조절에 신경 쓸 필요가 있습니다. 인간관계에서는 무엇보다 중용이 중요하니까요.

4 태양선과 재물선이 없으면 외롭다

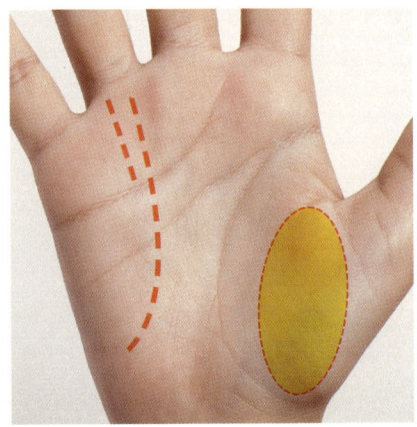

태양선과 재물선이 없는 사람은 주변에서 도움을 주는 일은 없고 다른 사람을 챙겨야 하는 입장이 되는 경우가 많습니다. 만며느리 손금과 달리 **자기가 희생하는 것에 대해 늘 회의를 하기 일쑤이고, 외로움을 타기도 합니다.**

또 금성구가 두툼하고 잔선이 거의 없다면 적극적인 태도로 성실하게 상대를 이끌어야 합니다. 이 손금은 어떤 모임에 가든 리더가 되는 사람을 의미하기 때문입니다. 반면 독단적이 될 수도 있으니 의사 결정 시 조율해줄 수 있는 조력자와 함께하면 좋습니다. 인기도 많지만 정작 필요할 때는 사람이 없어서 고민인 경우도 이 손금에 해당됩니다. 결정해야 하는 일이 있거나 고민이 있으면 혼자 끙끙 앓지 말고 꼭 지인과 상의하시길 바랍니다.

인간관계는 늘 나의 고민거리 – 은둔형에서 꼭 벗어나세요

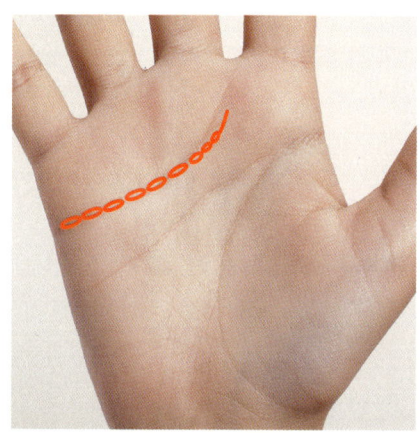

5 섬문양이 있으면 낯가림이 심하다

감정선 자체에 섬문양이 많으면 낯가림이 심합니다. 그래서 **새로운 환경에 적응을 잘 못하고 구설수에 오르기 쉽습니다.** 직장에서도 문제가 생기면 정면으로 부딪쳐 오해를 풀기보다 퇴사를 택하죠. 사람을 무서워하다 보니 늘 불안해합니다. 여기에 인복마저 없다면 정말 외롭겠죠. 많지 않아도 좋으니 한두 사람이라도 '절친'을 꼭 만들어야 합니다. 이런 사람의 장점은 한번 친해지면 끝까지 간다는 것이므로 주변에 이런 분을 발견한다면 친구로 삼아보는 건 어떨까요.

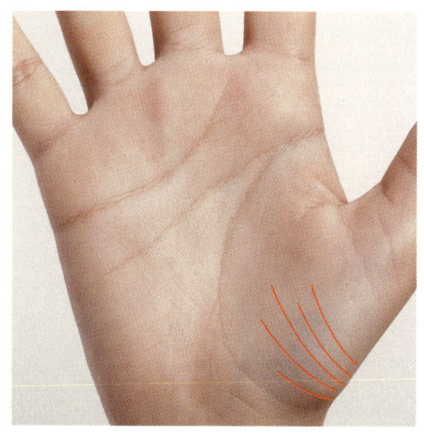

6 인복선이 연하면 개인적이다

인복선이 연하거나 없다면 인기가 없을까요? 꼭 그렇지만은 않습니다. 그보다는 개인주의 성향이 많다고 보시면 됩니다. **자기 일에 충실하고 다른 사람 시선이나 평가에 큰 의미를 부여하지 않거든요.** 하지만 개인주의 성향이 심해지면 본의 아니게 집단 따돌림의 대상이 되기도 하니 주의해야겠죠. 이런 사람은 능력으로 인정받지 않으면 외로울 수밖에 없기 때문에 직장에서 오래 버티기 힘들 수 있습니다. 제멋에 사는 것도 좋지만 주변에서 자기를 어떻게 평가하는지도 한 번쯤은 생각해볼 필요가 있습니다. 상대에게 베푼 작은 친절 하나가 큰 효과를 발휘할 수도 있으니 어색하더라도 차차 시도해보는 것은 어떨는지요. 친구 따위 없어도 된다는 은둔형 사람들은 나중에 후회를 많이 합니다. 동호회를 나가거나 다른 모임에 참가해 마음을 터놓을 수 있는 친구를 만드는 게 좋습니다.

이직이 새로운 기회가
될 수도 있다

 직장 3년 차인데 요즘 직장인 슬럼프에 빠진 것 같습니다.
버티는 게 좋을까요, 이직하는 게 좋을까요?

- 여자, 30세 3년 차 직장인

● 뽑아만 주면 뭐든 열심히 하겠다며 입사한 지도 벌써 3년. 언제 3년 차가 되나 했는데 벌써 그렇게 됐네요. 남들은 3년이면 아직도 한참 멀었다고 하는데 저는 벌써부터 너무 지칩니다. 이상과 현실이 다르다는 것쯤은 저도 잘 알고 있습니다. 또, 요즘 취업이 워낙 힘드니 배부른 소리인 것도 알지만 정말 3년 동안 오직 일만 하는 기계처럼 살았습니다. '언젠가 나아지겠지' '좀 더 적응이 되면 일도 빨리 처리하게 될 거야' '신입일 때는 누구나 이렇게 힘들 테니 참고 견뎌야지' 하며 야근에 주말 근무까지 다 견디고 왔는데 요즘 직장인 슬럼프에 제대로 빠진 것 같습니다.
사무실에 앉아 있는 것만으로도 숨이 막히고, 한번은 그냥 이유 없이 눈물이 나더라고요. 그리고 더 이상 이 회사에 있는 게 저의 발전에 도움이 될 것 같지도 않습니다. 요즘 자꾸만 구직 사이트에 들어가서 이 회사보다 더 좋은 곳이 없는지 찾게 되고, 퇴사하고 대학원을 다닐까 등등 별생각이 다 듭니다. 누구나 이런 시기를 겪는다고 하지만 마음이 떠나니 아무 의욕이 없네요. 이제 정말 이 직장을 떠날 때가 된 걸까요?

●● 이직도 타이밍이 중요합니다

한번 자리 잡은 직장을 옮긴다는 것은 쉬운 일이 아닙니다. 옮겨야만 하는 명확한 이유가 있거나 옮기려는 직장에서 합격 통지를 이미 받은 상태가 아니라면 신중해야 하지 않을까 싶습니다.

제 주변에도 더 좋은 조건을 약속받고 이직을 결심한 친구가 있었습니다. 하지만 이게 웬 걸! 출근하기로 한 회사가 망해서 스카우트가 백지화되어버린 것입니다. 본의 아니게 취업 사기를 당한 것이지요. 만일 더 높은 연봉과 직위로 스카우트 제의를 받았다면 손금을 한번 확인해 보세요. 감정선 아래로 하향하는 선이 지금 나이대에 있다면 귀인인 줄 알았더니 오히려 손해를 끼친 사람일 수도 있으니 꼭 의심해보셔야 합니다. 직업이나 직장의 변동은 운명선과 여행선, 자수성가선 등을 통해 알 수 있습니다.

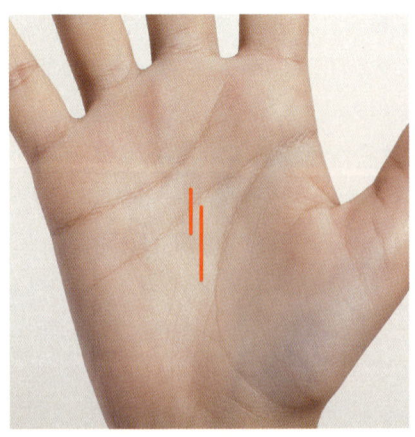

1 운명선이 끊겼다 다시 생기면 이직을 말한다

운명선이 끊어져 있고 위치가 바뀌어서 다시 생겼다면, 바로 그 끊긴 부분이 이직을 의미하기도 합니다. 운명선에 새로운 선이 생겨서 올라가는 것도 새로운 변화를 의미합니다. 더 좋은 직장으로 옮기거나, 승진이나 다른 희소식을 기대해볼 수도 있습니다.

하지만 만약 운명선이 연하게 올라간다면 이는 그다지 좋은 변화가 아닙니다. 따라서 이직보다는 현재 회사에 좀 더 머무르는 게 좋습니다. 거기다가 끊긴 부분에 틈까지 있다면 한동안 백수생활을 할 수도 있고 또 원치 않은 부서에 들어가 고생만 죽도록 할 수도 있습니다.

지금 있는 회사에 갑작스런 변화가 생겨 내가 움직이는 일이 많을 수도 있는데 힘들다고 관두지는 마세요. 끊긴 운명선에 틈까지 있다면 매우 신중해야 합니다.

2 여행선이 운명선과 닿으면 이직을 의미한다

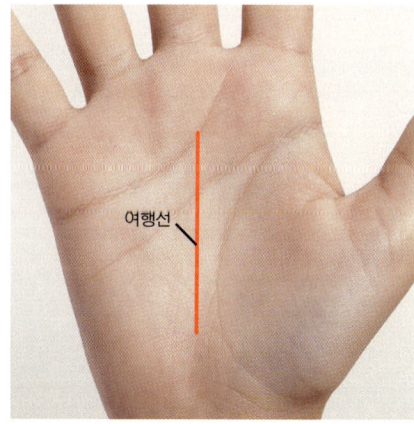
여행선

여행선은 말 그대로 여행을 의미하지만, 직업을 상징하는 운명선과 닿아 있다면 이직을 의미하기도 합니다. 물론 **해외 근무나 이민, 유학**이 될 수도 있습니다.

재물선이나 운명선에 두 가닥의 선이 생겼다면 승진하거나 재능을 인정받아 좋은 자리로 옮길 가능성이 큽니다. 만약 여행선이 너무 자잘하게 많다면 꼭 이직을 뜻하진 않습니다. 영업을 하게 되거나 출장이 잦거나 일복이 많음을 의미할 수도 있거든요. 이직을 결심한 상태인데 여행선이 있다면 회사를 옮기기 전에 부서 이동도 한번 고려해보는 건 어떨까요.

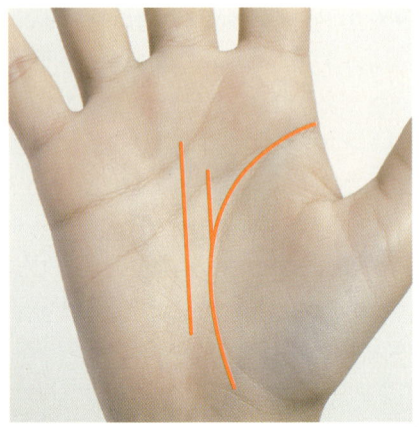

3 자수성가선이 있으면 투잡이 가능하다

자수성가선이 적당히 올라와 있다면 자기 사업을 할 수 있습니다. **투잡으로 일을 병행할 수도 있고 월급쟁이에서 자영업자로의 변신도 시도할 수 있습니다.** 물론 나이대가 중요합니다. 그리고 자수성가선이 힘 있게 올라가야 하는데, 중간에 장애선을 만난다면 사업은 하지 않는 것이 좋습니다. 실패하고 회복하는 데 시간이 오래 걸릴 수 있거든요.

이직을 할 때도 자수성가선이 있으면 가능할까요? 물론 가능합니다. 그러나 본업이 있는 상태에서 다른 일을 병행하는 게 더 낫습니다. 만약 완전한 프리랜서가 되려 한다면 이 역시 결국 자기 사업이나 다름이 없기 때문에 시기를 잘 봐야 한답니다.

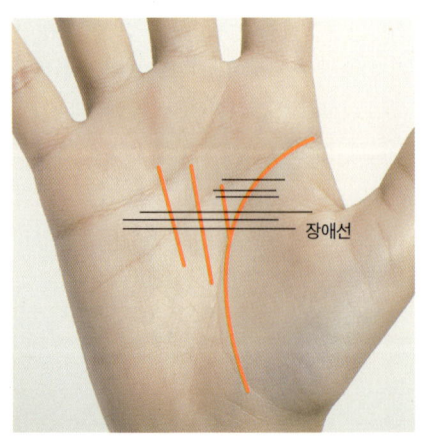

4 장애선이 있으면 이직은 위험하다

약지 부근의 감정선에서 아래로 뻗은 선이 있으면 **만난 사람이 귀인인 줄 알았는데 아닐 수도 있다는 걸 의미합니다.** 손금이 이렇다면 아는 사람에게 스카우트 제의를 받았다 해도 그 회사 재정이 튼튼한지 철저히 알아봐야 합니다. 자수성가선에 장애선이 많이 지나가거나 생명선의 나이대에 장애선이 많아도 이직은 위험합니다. 운명선이나 재물선이 연해져 있거나 장애선이 지나고 있어도 신중해야 합니다.

그럼 어떻게 해야 할까요? 답은 뻔합니다. 현재의 일에 충실하면서 기회를 노리는 수밖에요. 지금 있는 위치가 정말 별로인 데다 회사 경영상태도 별로 좋지 않다면? 설사 그렇다 하더라도 마지막까지 남는 게 좋습니다. 당장 관두면 백수생활이 길어질 수도 있으니까요.

5 생명선이 이어지면 새 직업을 갖는다

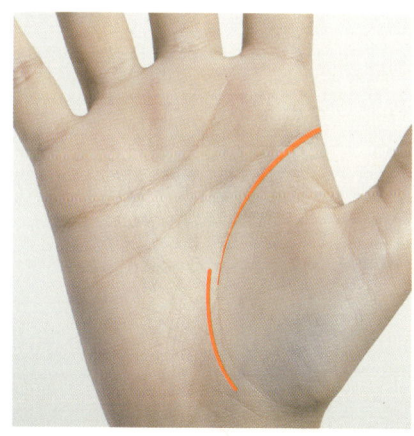

생명선이 끊어졌다가 이어지면 죽었다 살아나는 경우도 있지만, 죽을 뻔한 고비 외에도 새로운 일, 새 인생을 시작한다는 것을 의미하기도 합니다. 회사를 옮긴다면 전혀 다른 업종에서 일을 하게 될 수도 있고, 이민이나 유학 등을 통해 새로운 환경에서 제2의 인생을 시작할 수도 있습니다.

그러나 생명선에 이상이 있는 것이기 때문에 이는 건강과도 밀접한 관계가 있습니다. 따라서 나이대를 주목해야 합니다. 갑자기 큰 수술을 받게 될 위기도 있을 수 있으니, 새로운 선의 시작 지점을 잘 보고 현명하게 판단하세요.

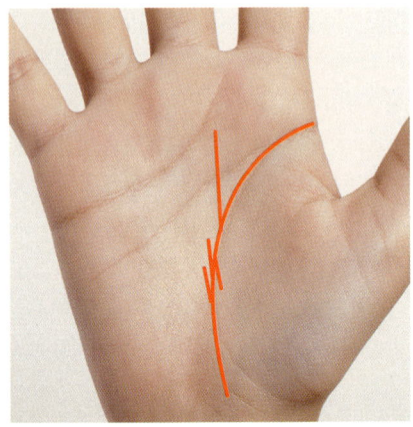

6 나이대에 자수성가선, 노력선이 있으면 재산이 늘어난다

유년법으로 봤을 때 현재의 나이에서 자수성가선이 시작하면 **재산을 늘리는 데 눈을 돌려도 좋습니다.** 다른 일을 시작해도 좋고 현재의 직장을 유지해도 좋으니 다른 선을 더 참고하거나 본인의 판단에 맡기면 됩니다. 다만 이 선이 짧거나 장애선 등으로 막혀 있으면 현재의 직업을 유지하며 부업을 생각하는 게 좋겠죠?

만약 노력선이 있으면 이때 재산을 늘리게 되거나 자신한테 좋은 일이 있음을 뜻합니다. 횡재를 하거나 집을 사는 경우, 진급을 하거나 학위를 따는 것도 포함됩니다. 이 나이대에 이직을 고려한다면 좋은 회사에 합격할 확률이 높으니 새로운 일에 도전해보는 게 좋습니다.

한 직장에 오래 머무르지 못하고
방황하는 친구

저의 책을 보고 20대 후반에 상담을 받으러 왔다가 이 분야에 관심이 많아 친해진 친구의 이야기입니다. 이 친구는 대학을 졸업하고 어렵게 합격한 회사에서 오래 적응하지 못해 긴 방황을 했답니다. 사무직으로 들어가면 비정규직부터 시작해야 했고 학교에 취업하면 기간제 때문에 길어야 1년 정도 있어야 했죠. 학원에 들어가면 아이들에게 치이고 원장의 운영 방식에 불만이 생겨 오래 못 버텼고요. 지금은 공무원 시험을 준비하고 있답니다. 늦은 감이 있긴 하지만 안정된 직업으로는 공무원만 한 게 없다고 생각해 현재 열심히 공부하고 있지요.

이 친구의 손금이 어떤지 궁금하죠? 운명선이 쭉 올라가는 것도 아니고 여러 갈래인 데다 재물선도 여러 가닥이고 잔선도 무지 많았답니다. 운명선이 중간중간 끊어져 올라가는데 이게 바로 한곳에 오래 못 있다는 것을 뜻하고요. 재물선도 여러 갈래로 끊어져서 또 다른 선이 올라가고 또 다른 선이 올라가는 식이랍니다. 이 역시 종종 이직을 할 수 있음을 의미합니다. 또, 잔선이 많으면 마음고생을 한다는 것을 뜻하니 이는 장애선으로 볼 수도 있습니다.

한 직장에 오래 머무는 것도 중요하지만 이직을 많이 한다고 해서 인생을 잘못 사는 건 절대 아닙니다. 오히려 변화무쌍한 삶을 살아서 적응력도 좋고 다양한 경험을 쌓을 수도 있으니 결국 다 자기 하기 나름이라는 걸 잊지 마세요.

손금이 정말 변하나요?

　손금은 시시때때로 변합니다. 손금이 변한다고 하면 많은 분들이 놀라시는데, 여러분의 손금은 지금도 변하고 있을지 모릅니다.
　저 역시 마찬가지입니다. 원래는 오른손 생명선이 중간에 끊어지고 다시 시작하는 선이 있었는데요. 결혼하고 나니 생명선이 붙어서 하나로 이어지는 모양을 하고 있더군요. 손님 중에서도 특히 건강에 관심이 많은 분들은 손금을 매일 들여다보시는데 어떤 분은 손금이 매일 변하는 것 같다고 합니다. 반면에 몇 년이 지나 다시 저를 찾아왔는데도 손금이 그대로인 경우도 있었습니다.

잘 변하는 손금 vs. 잘 안 변하는 손금

　누구나 손금이 변하지만 성격이나 손의 특징에 따라 변하는 정도가 약간씩 다릅니다. 잘 변하는 손금과 잘 안 변하는 손금의 특징을 알아볼까요?

손금이 잘 변하는 경우
- 예민하고 현실적이고 냉정한 성격의 소유자
- 삶에 변화가 많은 사람
- 손을 많이 쓰는 직업을 가진 사람
- 손에 선이 많고 구가 미발달된 경우
- 손바닥이 얇은 편인 경우

손금이 잘 안 변하는 경우
- 손금이 단순한 경우
- 낙천적·긍정적이고 유쾌한 성격을 가진 사람
- 구가 유난히 발달된 경우
  (보통 구가 발달되면 체구도 통통한 편이라는 것도 참고하세요)

변한 손금은 어떤 징조를 말해줍니다

　손금이 변한다는 것은 인생에 어떤 변화가 있을 것을 알려주는 징조라고 생각하시면 됩니다. 따라서 손금을 매일 들여다보고 변화한 부분을 포착한다면 살아가는 데 아주 유용한 자료가 될 수 있습니다. 정말 손금이 변하는지 궁금하다면 지금부터라도 매일 사진을 남겨놓으세요. 1년 있다 보셔도 되고 3개월 있다 보셔도 됩니다. 이렇게 체크하다 보면 아마 기본선은 거의 그대로이고 대부분 잔선에 변화가 있을 겁니다. 잔선이 미세하게 많아지거나 없어지는 것이지요.
　그러면 손금의 변화 중 대표적인 청신호와 적신호는 무엇인지 알아볼까요?

기본 3대선이 더 길어졌다

생명선이 길어지는 것은 생활이 안정적이 되거나 건강해진다는 것을 의미합니다. 두뇌선이 길어지는 건 늦공부를 할 가능성이 있음을 뜻하고요. 감정선이 길어지는 것은 권력이나 진급을 의미함과 동시에 많이 예민해지고 도전적으로 변할 수도 있음을 이야기합니다.

운명선이 새로 생겼거나 새로운 지선이 붙었다

운명선의 변화는 직업의 변화를 말합니다. 운명선이 새로 생겼다는 것은 진급을 하거나 좋은 자리를 얻을 수 있음을 의미합니다. 만약 지금의 나이대가 아닌 곳에 지선이 새로 생겨서 붙어 있다면 일복이 많아지거나 부업거리나 동업자가 나타난다는 것을 뜻합니다.

재물선에 지선이 생기거나 올라간다

재물선에 지선이 생기거나 올라가는 것도 안정된 수익이나 기대하지 않던 재물이 들어올 수 있고, 재테크에 관심을 갖게 되면서 돈에 관심이 많아진다는 걸 의미하기도 합니다.

사업선이 생기거나 올라간다

사업선이 생겼다는 건 청신호입니다. 사업을 의미하는 것도 있지만 인내심과 책임감을 갖고 미래를 계획해야 하는 일이 생길 수 있음을 의미합니다.

잔선이 없어졌다

　잔선이 없어진다는 것은 내 고민이 조금씩 줄어들고 해결될 수 있다는 걸 말합니다. 저는 손님이 잔선이 없어졌다고 하면 농담으로 "도 다 닦으셨네요!"라고 표현합니다. 대부분 그간 어려운 일이 있었는데 이제 좀 해결이 되어서 마음이 편해졌다 싶어 손금을 보니 역시 잔선이 많이 없어졌다고 하더군요.

적신호

기본 삼대선이 끊어졌다 / 연해졌다 / 섬문양 혹은 장애선이 생겼다

　이런 손금의 변화는 곧 위기가 생길 수도 있음을 의미합니다. 일단 제일 중요하게 체크해야 하는 것이 '건강'입니다. 고질병이 생겨 오랫동안 아프고 낫는 기미가 보이지 않은 분들의 손금을 보면 대부분 연합니다. 이런 손금의 변화가 있을 땐 먼저 자신의 건강부터 살펴보고 그다음 가족, 마지막으로 직장을 생각하시는 게 좋습니다.

운명선이 연해졌다 / 재물선이 끊어졌다 / 사업선이 많아졌다

　운명선이 연해진다는 건 곧 위기가 온다는 의미로 보시면 됩니다. 재물선이 끊긴다는 건 돈을 잃을 일이 생기거나 사기를 당할 수 있음을 의미합니다. 사업선으로는 사업뿐만 아니라 건강을 볼 수도 있는데 사업선에 잔선이 너무 많이 생겼다면 갑자기 몸이 아픈 일이 생길 수도 있으니 늘 주의하셔야 합니다.

소지와 약지 사이에 활선이 보인다

앞서 말했듯 활선(195쪽 참고)은 지금 현재 돈이 궁하다는 걸 의미합니다. 선이 연하면 돈에 대한 불만이 있고 여기 저기 돈이 나갈 일이 생긴다는 걸 의미하고요. 만약 선이 진하면 잃는 돈의 액수가 커서 회복하는 데 시간이 오래 걸릴 수도 있습니다. 이런 경우 특히 사기를 주의해야 합니다.

장애선이 생겼다

장애선이 '어디에' 생겼는지를 주목해야 합니다. 장애선이 생명선에서 나가는 건 '집안에서의 일'을 뜻하는데 만약 두뇌선까지 장애선이 이어지면 골치 아픈 일이 내 진로에 영향을 줄 수 있음을 의미합니다.

장애선이 운명선을 자르면 일에 있어 방해를 받거나 진로에 큰 변화가 생길 수도 있고 재물선까지 자르면 큰 위기를 맞이하게 될 수도 있습니다. 만약 결혼선에서 장애선이 생기면 부부간의 위기가, 장애선이 비애선처럼 감정선에서 하향하면 사별 등의 일이 있을 수 있으니(78쪽 참고) 늘 긴장하고 위기가 오더라도 잘 극복해나가야 합니다.

잔선이 너무 많이 생겼다

잔선이 많이 생긴다는 것은 내 마음에 병이 많다는 걸 의미합니다. 답이 단번에 안 나오는 고민을 너무 길게 끌고 있거나 지금 처해 있는 환경이 좋지 않을 수도 있습니다. 잔선이 많이 생겼다면 자기가 스스로를 힘들게 만드는 건 아닌지 우울증이 있는 건 아닌지 점검해보시고 좀 더 나아질 수 있는 방법을 찾아보셔야 합니다.

손금이 어떻게 변하는지 알기 위해서는 매일 자세히 들여다보는 게 좋습니다. 장애선이 나타나는 등 안 좋은 징조가 보인다고 해도 다시 장애선이 연해지거나 없어질 수도 있으니 너무 걱정 마세요. 또, 유년법을 사용해서 불운을 비켜가는 때가 언제인지 알고 희망을 가져보는 것도 좋겠지요.

PART 5

건강 편

건강 없이 되는 건
아무것도 없다

사랑, 건강, 재물, 성공 다 중요하지만 무엇보다 중요한 건 '건강'입니다. 몸이 조금만 아파도 일상이 힘든데 건강을 잃으면 그 모든 게 무슨 소용이 있을까요?
어떻게 보면 건강 편이야말로 여러분 인생에 가장 중요한 파트라고 할 수 있습니다. 또, 손금으로 건강을 보는 건 굉장히 고난이도이기 때문에 좀 더 반복적으로 깊이 공부하시는 게 좋습니다. 이번 기회에 손금을 배워서 부모님이나 주변 어르신들의 건강을 미리미리 체크해드리는 건 어떨까요?

질병이나 사고,
결코 남의 일이 아니다

Q 아버지가 당뇨가 있는데도 계속 술과 간식을 끊지 못하셔서 정말 걱정입니다. 제가 어떻게 해야 할까요?

– 여자, 33세 주부

● 저희 아버지는 1년 전에 당뇨 진단을 받으셨습니다. 아직 심각한 수준은 아닌데요. 처음엔 약도 잘 드시고 식단 관리도 잘하시더니 6개월쯤 됐을 때부터 이제 괜찮은 것 같다며 가끔 밖에서 친구들을 만나 몰래 술도 한잔 하시고 간식도 드시더군요.
문제는 완쾌되지 않았다는 겁니다. 저와 어머니가 하도 졸라서 몇 달 전에 병원에 갔었는데 의사선생님께서 이대로 가면 위험해질 수 있으니 꼭 조심하라고 하셨거든요. 그날부터 약 일주일동안은 또 정신을 좀 차리신 것 같더니 얼마 못 가 결국 식탐을 이기지 못하고 고집을 부리십니다. 심지어 어머니께서 걱정해서 하시는 말씀도 이제 듣기 싫으신지 제발 조심하라고 부탁하시면 잔소리 좀 그만하라며 바로 나간다고 하시네요.
저는 결혼해서 따로 나와 살고 있기 때문에 전화로 어머니 한탄을 들을 때마다 정말 너무 속상하고 어머니 건강도 걱정됩니다. 주변에 아버지가 속을 썩여 어머니 건강이 악화되는 경우도 많이 봤으니까요. 실제로 요즘 어머니도 온몸이 쑤시고 어지럽고 참 힘들다고 하시네요. 저희 아버지, 어떻게 설득해야 하는 걸까요?

●● 만성질환 당뇨와 혈압, 자기관리는 필수입니다

　어르신들 중에는 본인이 당신 몸을 가장 잘 안다면서 의사가 하는 말도 잘 안 듣고, 가족들의 걱정도 무시하는 분들이 계시죠. 하지만 제 주변에서도 그랬다가 나중에 걷잡을 수 없을 만큼 심각해져 크게 후회하시는 분들 많이 봤습니다. 연세 드신 분들의 고집은 꺾기가 너무 어렵기 때문에 가족들이 진솔하게 얼마나 힘든지 계속해서 알려드리고 아버지의 건강을 위해 가족 모두가 식단을 바꾸는 게 좋습니다. 그리고 아버지 친구분들께도 지금 상황을 솔직히 말씀을 드리는 건 어떨까요.

　당뇨와 저혈압, 고혈압은 사실 라이프스타일과 식습관을 바꾸시면 충분히 나아질 수 있습니다. 하지만 합병증이나 다른 심각한 질병으로 이어질 확률이 높기 때문에 가볍게 여기다간 큰코다칠 수 있어 어찌 보면 가장 무서운 병 중 하나가 아닐까 싶네요.

　요즘에는 젊은 분들도 당뇨나 혈압으로 고생하는 경우가 꽤 있더라고요. 운동과 함께 건강한 식습관을 갖는다면 충분히 피해갈 수도 있으니 젊다고 절대 속단하지 마시고 늘 건강관리에 힘쓰세요. 특히 중년 이후로는 술, 담배도 꼭 줄이시고요. 돌이킬 수 없을 만큼 심각한 상황이 와서야 땅을 치고 후회하지 않도록 말입니다.

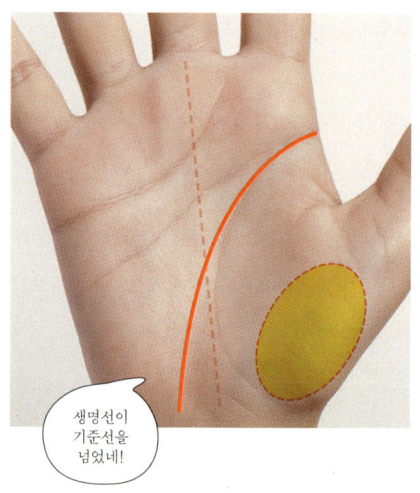

생명선이 기준선을 넘었네!

1 생명선 안쪽 금성구가 과도하게 넓거나 선이 나와 있다

생명선이 과하게 나와 있다면 혈압의 이상을 의심해봐야 합니다. 게다가 너무 마르거나 뚱뚱한 경우라면 더욱 세심하게 건강을 체크하는 게 좋을 것 같네요.

금성구가 두툼한 경우에도 혈압에 이상이 있을 수 있습니다. 이런 손금이라면 **충분한 수면을 취하고 일을 조절해야 합니다.** 혈압과 관련된 질병은 나이를 먹을수록 더 고생할 수 있으니 일찍부터 자기 몸을 알고 운동을 하거나 식이요법을 하는 것이 좋겠죠?

손금으로 정말 병을 예방할 수 있나요?

많은 분들이 손금으로 병을 예방한다는 것에 대해 의아해하시리라 생각합니다. 실제로 질병도 손금으로 어느 정도는 예방이 가능하고, 또 자신의 체질을 아는 데에도 큰 도움이 됩니다.

손에 있는 자극처에 침으로 자극을 줘서 질병을 치료하는 '고려수지침' 역시 손이 인체의 축소판이라는 전제에서 시작되었다고 합니다. 기혈로 연결된 손의 각 부위를 자극해서 병이 있는 부분을 치료하거나 기능 조절을 꾀하는 것이지요.

잘 생각해보면 손으로 그 사람의 상태와 운명을 가늠한다는 점에서 손금을 보는 것과도 일맥상통하는 부분이 있습니다. 한의학에서도 손금을 많이 이용하고 있고요. 하지만 손금만으로 어디가 안 좋다고 점찍는 덴 한계가 있습니다. 또, 특히 건강 편은 손금 초보자분들이 가장 어려워하면서 가장 많은 경험을 필요로 하는 파트랍니다. 하지만 이 역시 열심히 공부해서 자신만의 노하우가 생기고 연구한 내용들을 기록으로 남긴다면 후에 좋은 자료가 될 것입니다.

특히 손금이 변하는 것을 잘 체크하셔야 합니다. 운동과 식단 관리와 더불어 손금을 확인하는 습관을 들여서 본인 건강도 챙기고 주변에 어르신들, 부모님 손금을 봐드리는 건 어떨까요.

2 손이 하얗고 핏줄이 잘 보인다

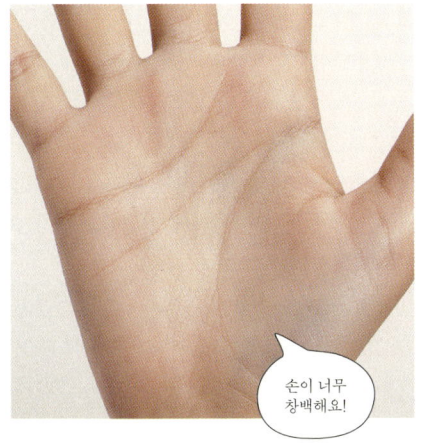

손이 하얗고 핏줄이 너무 잘 보인다면 **저혈압을 의심해봐야 합니다. 그리고 당뇨도 조심해야 합니다.** 물론 당뇨가 유전일 가능성도 높습니다. 당뇨는 자칫 잘못하면 수술마저 어려울 정도로 심각해질 수도 있고 합병증이 발생하기 가장 쉬운 병인만큼 절대 가볍게 여기면 안 됩니다. 손금에 혈색이 없다면 피가 잘 안 돌아서 그럴 수도 있지만 워낙 몸이 차기 때문일 수도 있습니다. 손발이 차다면 저혈압을 의심해보세요.

3 손목이 너무 굵거나 방종선이 있다

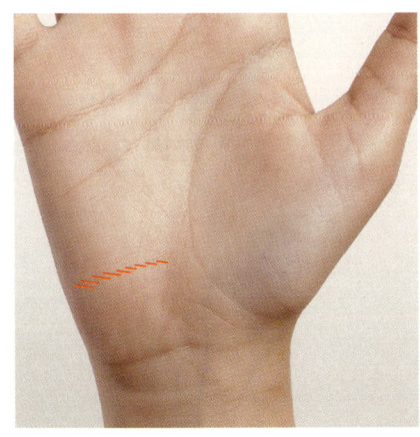

방종선이 있다는 것은 건강이 좋지 않다는 징조입니다. 담배를 많이 피운다거나 술을 자주 마시면 방종선이 생깁니다. 방종선은 쉽게 없어지지도 않는답니다. 거기에 손목까지 굵으면 간 계통뿐만 아니라 혈압, 심근경색 등을 주의해야 합니다. 당뇨는 쉽게 낫지 않을 수도 있고 나은 것 같더라도 재발 위험이 있으니 늘 관리를 해야 합니다.

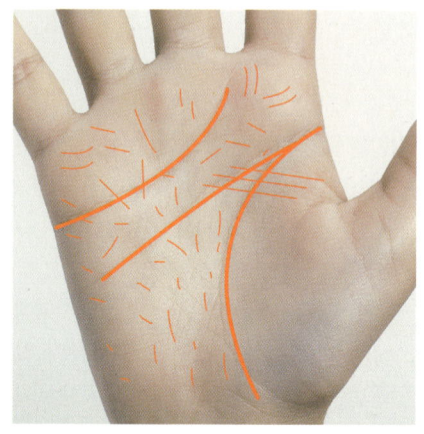

4 장애선이 굵고 너무 선명하다

선이 선명하면 건강할 거라고 생각하기 쉬운데 미세한 잔선이 장애선처럼 선을 끊고 있다면 당뇨나 저혈압을 의심해봐야 합니다. 혈색이 유난히 붉은 경우에는 고혈압일 가능성이 있습니다.

잔선이 유독 진하고 많다는 것은 건강이 좋지 않다는 징조입니다. 따라서 나에겐 어떤 운동이 맞는지 식습관은 어때야 좋은지 등에 관심을 갖고 늘 실천하려고 애쓰는 게 좋습니다.

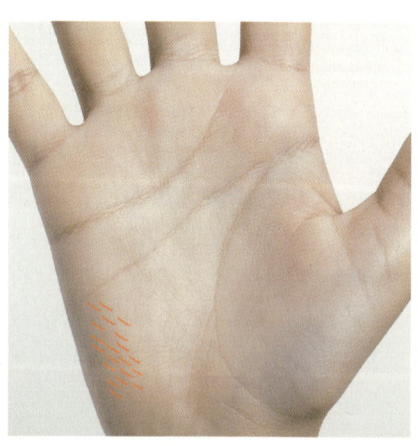

5 월구에 잔선이 많다

제2화성구나 월구에 잔선이 지저분하게 많이 나 있으면 혈압보다는 당뇨를 의심해봐야 합니다. 운명선의 나이로 본다면 초년에 증상이 생길 수도 있는데 당뇨는 회복이 어려운 만큼 더욱 조심할 필요가 있습니다. 무리한 다이어트도 당뇨의 원인이 되니 이런 손금이라면 살 빼는 데 너무 집착하지 않는 게 좋습니다.

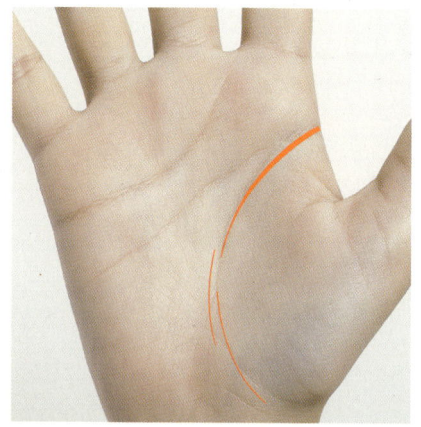

6 생명선이 끊어졌다 이어짐을 반복하고 있다

이런 손금은 혈압과 당뇨를 의심해야 하는데 손 자체가 하얗다면 특히 저혈압을 조심해야 합니다. 생명선이 끊어졌다 이어짐을 반복한다는 것은 그 증상이 재발할 위험이 크다는 것을 의미하고, 갑자기 큰 합병증을 얻을 수도 있어 주의가 필요합니다. 내 손금이 이렇다면 꾸준한 진료와 함께 자기 체질에 맞는 식습관을 가져야 합니다.

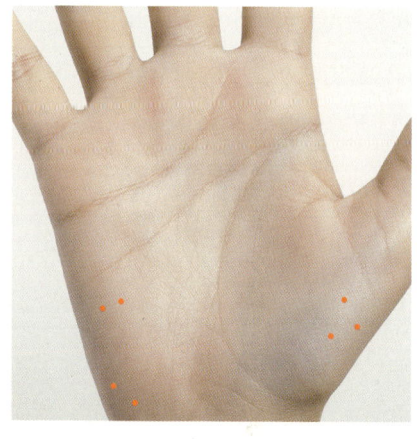

7 금성구나 월구에 빨간 점이 있거나 손바닥이 하얗다

금성구나 월구에 빨간 점이 있으면 당뇨를 조심해야 합니다. 만약 점이 뚜렷하다면 증상이 심각해질 수도 있습니다. 당뇨뿐 아니라 혈압도 의심해봐야 합니다. 특히 구가 발달되어 있으면 체격이 좋고 비만일 수도 있기 때문에 고혈압을 의심해봐야 하고, 손바닥이 하얗고 선이 거의 없는 경우에도 당뇨나 혈압을 주의해야 합니다.

소영이의 리얼스토리

본인의 건강은 곧 가족의 건강!

저와 가까운 한 친척분은 당뇨가 있는데도 술, 담배 없으면 못 삽니다. 인슐린 주사를 매일 맞으면서도 부인 몰래 매일 맥주를 한 캔씩 먹고 담배는 늘 피운다고 하네요. 과연 오래 살 수 있을까 저도 걱정을 많이 했지요. 본인의 건강은 결국 가족들의 삶에도 큰 영향을 주는데, 정말 가족을 생각한다면 당연히 관리해야 하지 않을까요?

이분의 손금이 어땠을 거 같나요? 우선 손의 혈색이 좋지 않았습니다. 그리고 남자분인데 체구에 비해 손도 작고 보랏빛 핏줄이 보일 만큼 피부가 하얗더군요. 다른 선들은 몇 개 없을 정도로 깨끗한데 운명선이 연한 데다 쭉 올라가지 않고 가다가 말고요. 어쩌면 직장을 관두고 싶어서 그런지도 모르나 자신의 몸을 좀 생각할 때가 아닌가 하고 충고를 줬답니다. 하지만 여전히 나쁜 습관을 버리진 못하고 계신 것 같습니다.

지인의 시아버님도 결국 당뇨에 합병증 때문에 다리를 절단했는데 후에 또 나머지 다리를 절단해야 하는 상황이 오자 갑자기 심장마비로 돌아가셨더군요. 그동안 마음고생도 심했을 테고 다리를 모두 잃는다고 하니 충격이 컸나 봅니다. 본인이 장기간 아프면 그만큼 가족들도 오랜 기간 고생을 하기 때문에 항상 자신의 건강이 곧 가족의 건강이라고 여기고 관리를 잘했으면 합니다.

●● 암 환자 백만 명 시대, 미리미리 진단하세요

암 환자 중 현재 치료 중이거나 치료 후 생존한 암 경험자 수가 백만 명에 육박한다고 합니다. 따라서 암은 언젠가 나뿐만 아니라 가족에게도 충분히 닥칠 수 있는 질병입니다. 주변에서도 암으로 투병 중이시거나 돌아가시는 경우를 자주 보게 될 겁니다. 이런 걸 보면 암은 정말 남 얘기가 아닌 것 같습니다.

모든 질병이 그렇지만 암을 예방하기 위해서도 역시 건강한 생활습관을 갖는 게 중요합니다. 하지만 운동도 하고 좋은 식습관을 갖고 있는데도 간혹 암에 걸리시는 분들을 보면 유전적인 요소도 크게 작용하는 것 같습니다.

요즘에는 조기진단으로 알아내면 암도 얼마든지 치료가 가능하기 때문에 주변에 어르신들 계시면 꼭 정기적인 건강 검진을 챙겨드리고, 더불어 손금도 자주 체크해드리는 건 어떨까요.

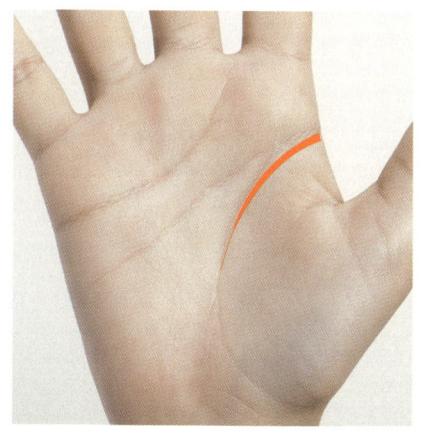

1 선명하던 생명선이 연해졌다

생명선이 연해진 것은 건강에 이상이 생겼다는 신호입니다. 한 손은 생명선이 진하고 다른 손은 생명선이 갑자기 연해지는 경우도 해당됩니다. 현재 병이 없더라도 운이 안 좋아지고 있다는 의미이기도 하고, 유년법으로 계산했을 때 그 나이대에 암 또는 기타 질병을 얻을 수 있습니다. 건강하던 사람이 갑자기 병을 얻는 사례에서 생명선이 연해져 있는 경우가 많으니 손금을 잘 살펴보시기 바랍니다.

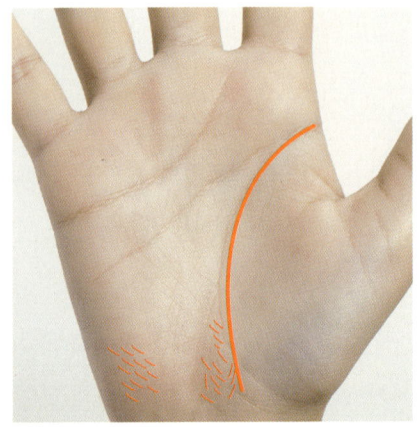

2 월구 혹은 손목 생명선 끝 부근에 잔선이 많다

월구와 생명선 끝 하단에서 중지를 향해 있는 지점에 잔선이 많다면 암에 걸릴 확률이 높습니다. 특히 자궁이나 생식기 계통, 갑상선호르몬 이상을 의심해봐야 합니다. 물론 손금만으로 병을 확신할 수는 없지만 경험에 의하면 이런 손금은 대개 **생식기, 갑상선호르몬 이상과 관련한 암 환자에게서 많이 나타나더군요.** 자신의 손금이 이러하다면 특히 이 부분에 신경을 쓰시는 게 좋습니다.

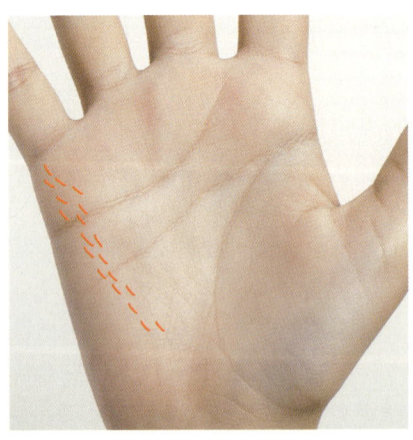

3 짧고 굵은 사업선이 많다

사업선과 암의 무슨 관계가 있을까 의아하겠지만 실제로 췌장이나 신장을 비롯한 작은 부위에 암이 생겨 고생하는 사람도 많았습니다. 크기는 작지만 아주 무서운 암 중 하나가 췌장암이지요. **건강 검진 시에도 췌장은 잘 안 보이는 데다 췌장암은 낫기도 힘들다고 하더군요.** 사업선이 유난히 많고, 유년법으로 봤을 때 특히 노후가 그렇다면 의심해볼 필요가 있을 것 같네요.

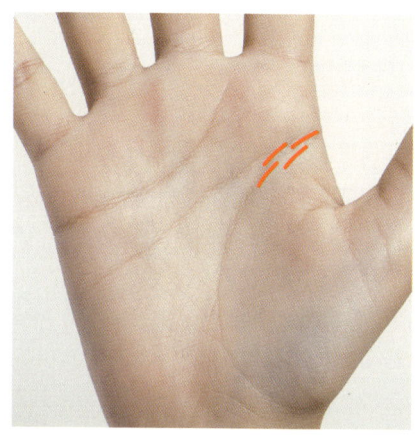

4 생명선이 끊어져 있다

생명선의 초반 부분이 끊어졌다면 소화기에 신경을 많이 써야 합니다. 또한 그 시점에 **갑작스러운 암 진단을 받을 가능성이 있습니다.** 끊어진 간격이 넓을수록 입원 기간이 길어지거나 후유증이 오래 갈 수 있습니다. 물론 암이 아니라 갑자기 원인을 알 수 없는 질병이 생겼기 때문일 수도 있고 결핵이나 B형 간염 등 오랫동안 치료를 요하는 병에 걸릴 수도 있다는 점, 참고하세요.

일복을 타고나신 분들은 특히 암을 주의하세요

암은 정말 예기치 못하게 찾아오는 것 같습니다. 주변을 보면 지금은 운명하셨지만 건강하다고 자부하다 어느 순간 위가 아프다고 병원에 가니 위암 말기 판정을 받은 사연도 있었고요. 친인척 중에서도 췌장암 말기로 얼마 남지 않은 여생을 보내고 계신 분도 있습니다. 생각해보니 다 50대네요.

흔히 암의 위험 신호로는 섬문양 혹은 생명선 하단이 짧아지거나 장애선이 강하게 지나가는 것을 들 수 있습니다. 만약 손금이 그렇게 변했다면 암의 강도가 세다고 볼 수 있습니다. 그래서 갑상선암 같이 상대적으로 가볍고 항암치료를 굳이 하지 않아도 된다거나 설사 항암치료를 받더라도 얼마 안 지나 회복하는 경우엔 손금에 잘 나타나지 않더군요.

또, 갑상선암은 예민하고 일을 좋아하며 일복을 타고난 사람들한테서 많이 나타났습니다. 이런 분들은 참 존경할 만한 분이라 칭송받고 있어 사람들의 부러움을 사지만 속은 까맣게 타들어가고 있거나 정신적 스트레스가 심각할 수도 있습니다. 일복이 넘치는 분들, 일도 일이지만 건강이 최고라는 걸 꼭 명심하세요.

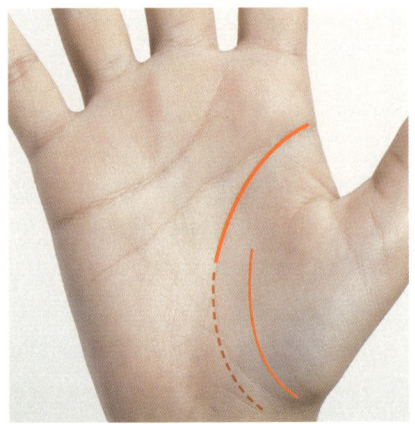

5 생명선 하단에 영향선이 길게 내려가 있다

생명선 하단에 영향선이 세로로 내려가 있으면 **암에 걸려도 회복되거나 나을 수 있음을 의미합니다.** 물론 조기에 발견하면 좋은데 유전적인 영향이 큰 만큼 부모님이나 조부모님 등 가족 중에 암으로 세상을 떠난 분이 계시다면 자신도 의심해봐야 합니다. 조기에 발견된다면 치료를 받고 새로운 삶을 살게 될 수도 있으니까요.

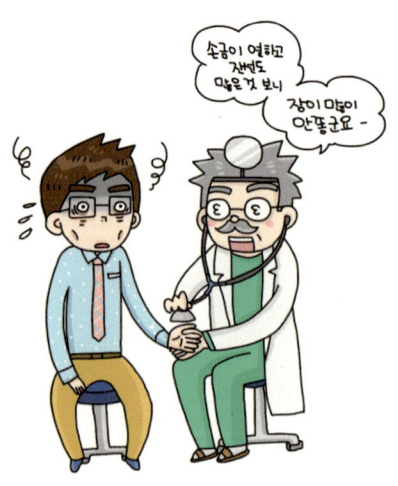

●● 예민하고 두통이 잦다면 뇌종양, 뇌졸중을 주의하세요

뇌와 관련된 여러 질병이나 장애도 점점 발병률이 높아지고 있다고 합니다. 특히 일교차가 큰 환절기에는 갑작스런 온도 변화로 고혈압이나 당뇨병이 악화되어 뇌졸중으로 나타나는 경우도 많으니 주변에 연세가 있는 분이 계시면 계절이 바뀔 때 더 눈여겨봐야 합니다.

부모님께서 심한 두통이나 어지러움이 있다고 하면 뇌졸중을 꼭 의심해보세요. 간혹 엄살이 심하신 분이 그러면 이번에도 별거 아니겠지 하고 안일하게 넘어가는 경우도 있는데 그러다 심각해지면 마비에 의식 불명까지 갈 수 있으니 부모님이 몸이 안 좋으시다고 하면 우선 의심부터 하는 게 좋을 것 같습니다. 이처럼 몸에서 보내는 신호를 절대 무시하시면 안 됩니다. 그럼 뇌 질환과 관련된 손금은 어떤 것들이 있는지 알아볼까요?

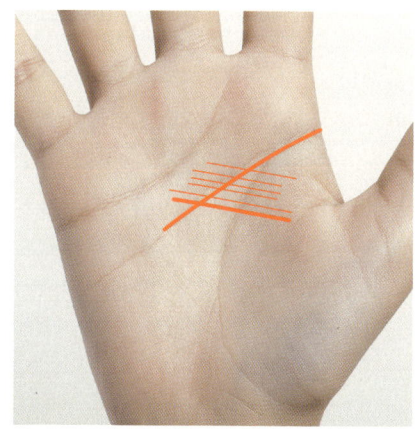

1 두뇌선에 장애선이 많다

두뇌선에 잔선이 많다거나 장애선이 지나가고 있다면 **예민하고 히스테리가 있으며 스트레스에 민감하다고 할 수 있습니다.** 단순하기에는 글렀다고나 할까요? 생각이 너무 많고 사소한 것에 목숨을 거는 성격이죠. 이런 손금은 뇌종양이나 뇌졸중 등 뇌와 관련된 질병을 의미하기도 합니다. 남들보다 몇 배로 일에 몰두하는 사람일수록 각별히 주의해야 합니다.

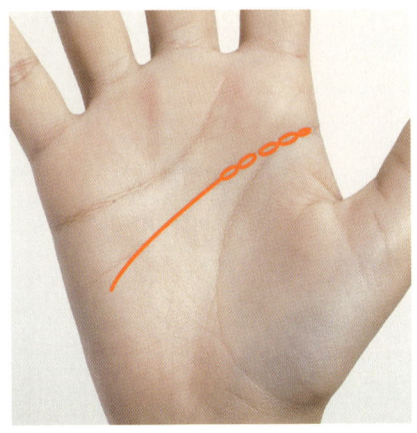

2 두뇌선에 섬문양이 있다

섬문양이 초반부터 있으면 이론을 습득하는 데에는 뛰어나나 건망증이나 우울증이 있고 겁이 많을 수도 있습니다. 손금을 배우던 초기에는 두뇌선에 섬문양이 있으면 머리가 나쁠 줄 알았는데 의외로 의사나 학자분들이 많이 계시더군요. 이런 분들은 대개 보통 사람들과 다른 세계관을 가지고 있습니다. 또, 한 가지에 지나치게 몰두해 두통을 호소하는 경우도 있고요.

섬문양은 수상학적으로 좋게 설명되는 부분이 없습니다. 일찍부터 두뇌선에 섬문양이 있다면 대인기피증, 건망증, 우울증, 두통, 특히 나이가 들면 뇌 질환을 조심해야 합니다.

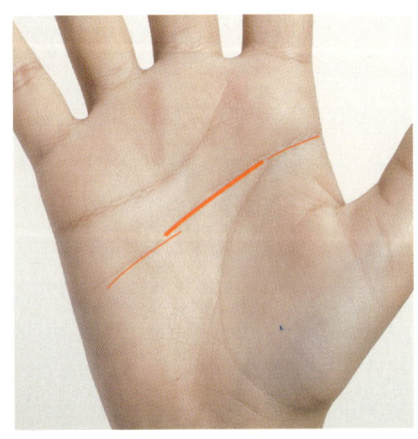

3 두뇌선이 연하다

두뇌선의 시작 부분이 연한 것은 어렸을 때 잔병치레를 했다든지, 그로 인해 지적 능력이 떨어짐을 의미합니다. 그러나 연했던 선이 다시 진해진다면 뒤늦게 학업에 눈을 떠 자기 길을 찾을 수도 있고 오랜 방황 끝에 철이 들 수도 있습니다. 혹은 장애가 있어 장기간 몸이 불편했는데 이제는 그런 상황에 익숙해진 상태일 수도 있습니다. 두뇌선이 연하더라도 자기 자신을 미리 인정하고 받아들인다면 이 선도 서서히 진해질 수 있다는 사실을 명심하세요.

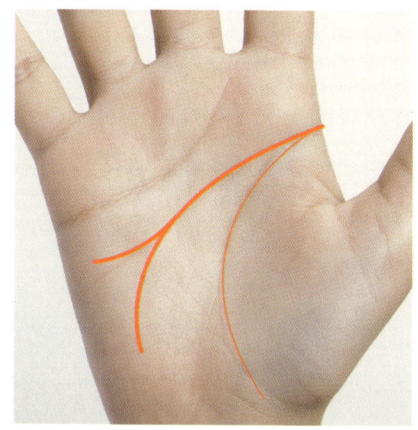

4 생명선이 연해지거나 두뇌선이 두 가닥이고 굴곡이 있다

생명선이 연하거나 두뇌선이 두 가닥인 데다 굴곡이 있으면 **두통과 스트레스를 조심해야 합니다.** 두뇌선이 두 가닥이면 좋은 의미로 볼 수도 있지만, 이는 인생에 큰 변화, 즉 안 좋은 일이 닥칠 수도 있음을 의미합니다. 거기다 생명선까지 길지 못하다는 것은 중간에 큰 수술을 받을 수도 있고 다칠 수도 있음을 의미하니 위험한 행동은 자제하는 것이 좋습니다.

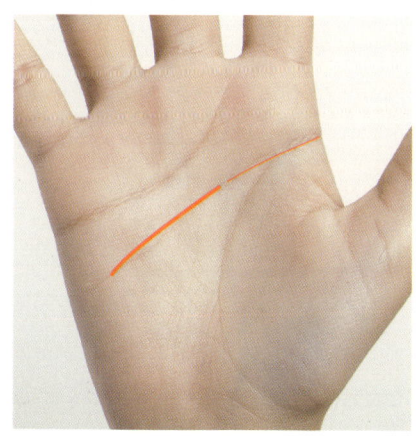

5 두뇌선이 중간에 끊어졌다가 다시 시작한다

두뇌선이 중간에 끊어져 있다는 것은 진로가 변하는 걸 의미하기도 하지만 갑자기 혈압에 문제가 생기거나 두통이 올 수 있음을 의미하므로 주의해야 합니다. 운동선수였는데 큰 부상을 입어 어쩔 수 없이 다른 길로 가게 되는 경우처럼 **꼭 두통이 아니라 다른 갑작스런 부상을 당해 인생이 변할 수도 있음을 의미합니다.** 끊어진 부분의 간격이 넓다면 백수생활이 길어질 수도 있고 몸을 회복하는 데 오랜 시간이 걸릴 수도 있으니 주의해야겠죠?

●● 심장이 약한 분들에게 무리한 일은 금물입니다

　세계보건기구에서 발표한 세계 10대 주요 사망원인의 1위가 바로 심혈관 질환, 2위가 뇌혈관 질환이라고 합니다. 이 말은 결국 혈관이 막히고 혈액순환이 원활히 이루어지지 않는 데서 문제가 가장 많이 발생한다는 것이죠. 따라서 콜레스테롤 수치가 높은 분들은 철저한 관리가 필요합니다. 특히 여성분들은 갱년기 때부터 몸이 급격히 안 좋아지시는 경우가 많으므로 자녀분들이 건강 검진을 받으시라고 하면 괜찮다고 하지 말고 꼭 중간중간 체크하세요.

　심장병은 유전적인 요소가 강해 혈연 중에 심장 질환으로 돌아가신 분이 있다면 특히 조심하셔야 합니다. 평소에 호흡 곤란이 잦고 피로감을 많이 느낀다면 심장에 이상은 없는지 꼭 점검해보세요.

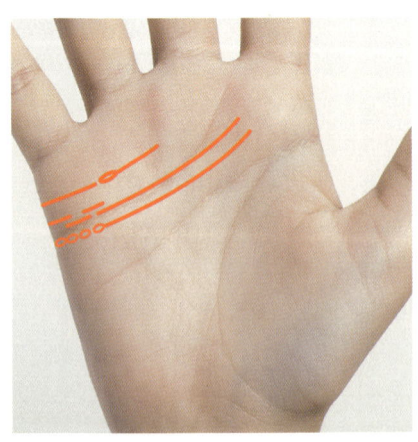

1 감정선이 끊어졌거나 꽈리문양, 섬문양이 있다

　감정선에 꽈리문양, 섬문양이 있거나 선의 끊어짐이 반복되고 섬문양이 있으면 심장에 이상이 있을 수 있습니다. **정도가 강하면 심장병일 수 있고, 약하면 깜짝깜짝 잘 놀란다거나 고소공포증이 있고 오래달리기를 잘 못 할 수도 있습니다.** 또한 충격적인 사건, 사고는 명을 단축시킬 정도로 치명적일 수도 있으니 위험한 행동은 자제하세요.

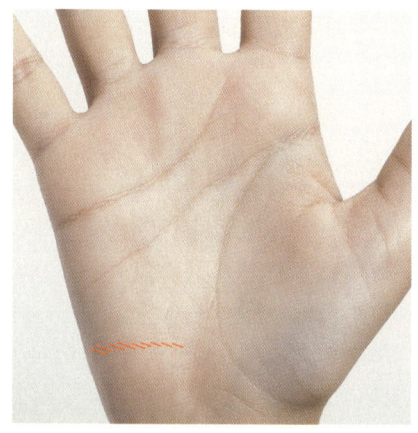

2 방종선이 있다

방종선이 있다면 혈압과 함께 심장 질환도 의심해봐야 합니다. 참고로 구가 너무 발달되어 있고 선이 오목하게 들어가 있는, 즉 깊게 들어간 것처럼 보이는 손금 역시 심장에 이상이 있다고 볼 수 있습니다.

특히 겁이 많고 민감한 성격이라면 더욱 더 방종선을 무시해선 안 됩니다. 방종선 하나만 있어도 내 건강이 그다지 좋지 않다는 걸 알려주니 반드시 철저한 몸 관리가 필요합니다.

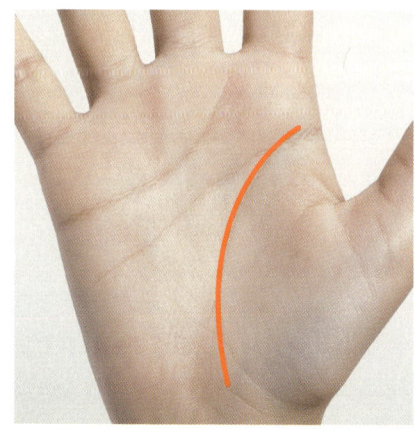

3 생명선이 굵고 끝부분이 유난히 두툼하다

생명선이 연한 경우에만 갑자기 아프거나 단명하는 건 아닙니다. 보통 생명선이 굵고 진하면 무조건 건강하다고 생각하는데 꼭 그렇지 않습니다. 실제로 **생명선이 굵고 과하게 나와 있는데도 건강하지 못한 경우도 많거든요**. 이런 생명선을 가졌다면 건강에 너무 자부하지 말고, **무리한 다이어트나 운동 또한 삼가는 게 좋습니다**. 어르신들 중에 어느 날 갑자기 운명하신 분들을 보면 의외로 생명선이 긴 경우가 꽤 있답니다.

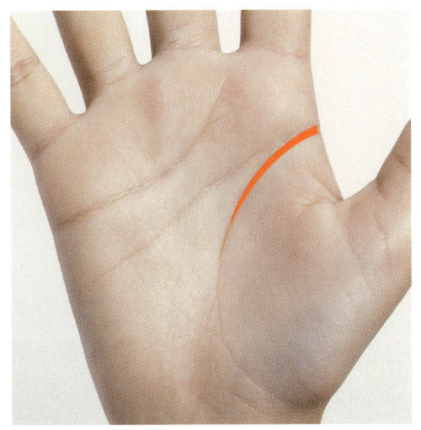

4 생명선이 갈수록 연하다

생명선이 갈수록 연해진다면 갑자기 건강에 이상이 생기는 게 아니라 심장이 조금 약하고 고소공포증이 있거나 겁이 많을 수 있습니다. 자신에 대해 비관적이고 삶에 대해서도 미래지향적이지 못하고 현실에 안주하기 때문에 오늘 죽어도 여한이 없다고 생각하기도 하지요. 체력이 받쳐주지 않으니 더욱더 그럴 수도 있고요. 이럴수록 내 건강에 더 신경을 쓴다면 오늘 하루가 더 소중하지 않을까 싶네요.

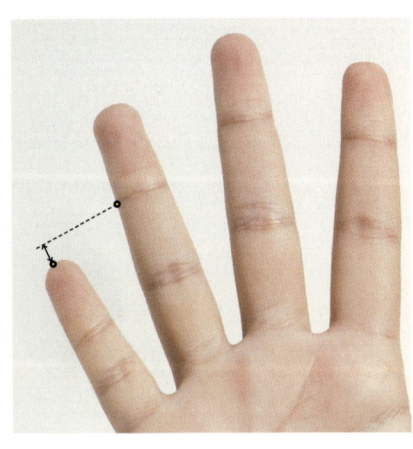

5 새끼손가락이 유난히 짧다

새끼손가락이 짧은 것은 심장, 신장, 생식기 계통에 이상이 있을 수 있다는 것을 의미합니다. 소지가 대략 약지의 첫째 마디보다 한참 아래 있으면 짧다고 볼 수 있습니다. 새끼손가락이 자식을 의미하니 자궁과도 관련이 깊지요. 소지가 유난히 짧다면 비관적으로 생각하는 경향이 있어 슬럼프에 빠졌을 때 잘 헤어나오기 어려우니 주의가 필요합니다.

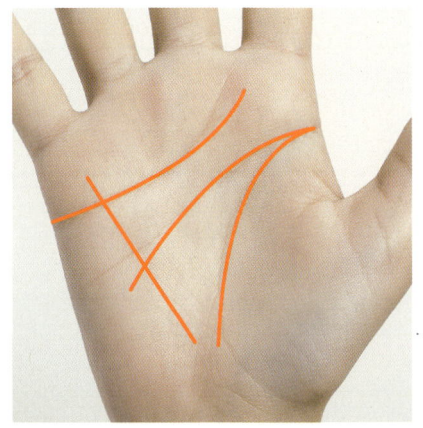

6 기본 3대선과 사업선이 구에 묻혀 들어가 있다

구가 너무 발달된 손의 경우 살짝 오므리면 선 자체가 움푹 파이면서 굵게 보입니다. 또, 구가 올라와 있지요. 구가 발달되어서 기본 3대선인 생명선, 두뇌선, 감정선이 굵고 선명하다 못해 구에 묻혀 들어간 모양을 하고 있고 거기에 사업선까지 들어가 있다면 심장이 약할 수 있습니다. 구가 발달하면 재물이나 기타 운을 부드럽게 풀어주므로 순탄하게 흘러갈 수도 있지만 건강은 장담하기 어렵습니다.

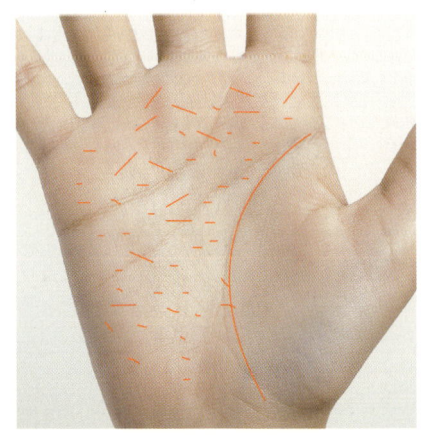

7 생명선이 연하고 미세한 산선이 너무 많다

생명선이 연한 경우에도 심장이 약합니다. 여기에 미세한 잔선까지 있다면 더 안 좋을 수 있습니다. 스트레스에도 민감할 수 있으니 참고하세요. 생명선이 연하면 **잔병치레가 잦고 큰 수술이나 쇼크가 반복될 수도 있습니다.** 평소에 자신감이 없는 편이라면 대범해질 필요가 있지 않을까 싶네요.

심장이 좋지 않아
꾸준히 손금을 체크하시는 아주머니

저의 제자 중에는 아주 유쾌하고 상냥하고 야무진 아주머니 한 분이 계십니다. 자신의 인생과 손금 이야기를 하루만으로 끝내기엔 아쉽기도 하고 본인의 건강도 꾸준히 살펴볼 겸 상담이 아닌 과외를 신청했다고 하더군요.

알고 보니 몸이 아파 고생을 참 많이 하신 분이었습니다. 남부럽지 않을 만큼 자식들도 다 잘되었지만 엄마가 집에 잘 없어 빈자리가 컸을 거란 생각에 건강을 되찾고 자식들과 더 많은 추억을 만들어주고 싶어 하는 듯했습니다.

그런데 이분의 손금을 보면 선이 생겼다 없어지고 길어지기도 하는 등, 매주 보는데도 참 다르더군요. 잔선이 많고 잘 변하는 손금인 거죠. 최근엔 짧았던 생명선이 조금씩 길어지고 있다고 하네요. 그런데 또 언제 짧아질지 모르니 주의해야 합니다.

걸어가는데 갑자기 숨이 잘 안 쉬어지거나 어지러워 혹시라도 쓰러지게 되면 병원 신세를 오랫동안 져야 하기 때문에 매일 토끼 눈에 안경까지 쓰고 손금을 보신다고 하네요. 선생님, 꼭 오래오래 건강하게 사세요.

●● 갑작스런 사고 전, 손금의 신호를 놓치지 마세요

라이프스타일과 생활습관을 바꾸고 운동을 자주 하면 병은 어느 정도 피해갈 수도 있지만 갑작스러운 사고는 막을 수가 없으니 사실 대책이 없습니다. 언제 어디서 어떤 일이 일어날지 아는 사람은 없으니까요. 이런 갑작스러운 사고 때문에 가정이 깨지거나 불행해지는 분들을 보면 정말 안타깝죠. 이런 것까지 예방할 수 있다면 얼마나 좋을까요.

그런데 손금을 잘 들여다보면 인생의 어느 시점에 어떤 변화가 있을지를 알 수 있어 경각심을 가질 수 있습니다. 손금으로 내가 정확히 언제 어떻게 사고를 당하는지를 알 수 있는 건 아니지만 어느 정도는 대비할 수 있다는 것만으로도 크게 안도가 되지 않으세요? 손금이 보내는 신호와 메시지를 절대 놓치지 마세요.

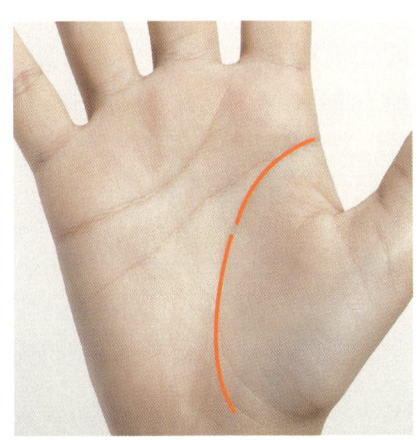

1 생명선이 중간에 끊어져 있다

생명선이 중간에 끊어져 있거나 끊어짐이 반복된다면 사고 위험이 많다고 볼 수 있습니다. 아예 끊어져 있으면 큰 사고를 당할 위험이 있고 끊어진 간격이 클수록 회복하는 데 시간이 오래 걸릴 수도 있습니다. 유년법으로 봤을 때 위험하다 싶은 때가 있으면 조심해야 합니다.

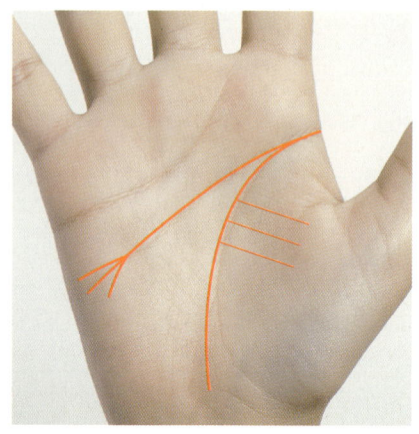

2 생명선에 장애선이 닿아 멈췄거나 두뇌선 끝이 갈라져 있다

생명선에 연한 장애선이 닿아 있으면 사고운이 있습니다. 나뿐만 아니라 가족들도 포함됩니다. 가벼운 찰과상부터 대형사고까지 모두 해당되니 특히 여행이나 모험을 하려 한다면 시기를 잘 봐야 합니다. 또한 두뇌선 끝이 여러 가닥인 경우 노후에 사고가 많을 수 있어 조심해야 합니다. 졸음운전이나 쇼크, 스트레스 등 주의하지 않으면 크게 후회하게 될지도 모릅니다.

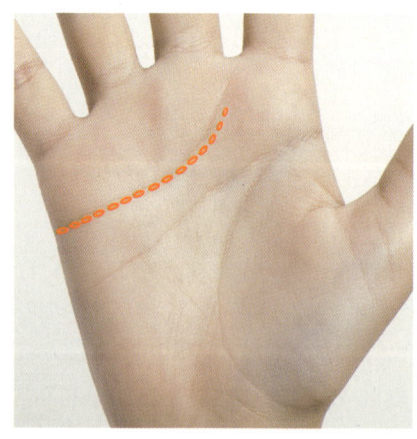

3 섬문양이 많다

섬문양이 많으면 겁이 많고 그로 인한 실수가 잦습니다. 이런 경우 운전면허는 천천히 따는 것이 좋습니다. 만약 감정선에 섬문양이 처음부터 끝까지 있으면 아예 운전을 하지 않는 게 낫지요. 그리고 생명선 중간 지점에 섬문양이 있어도 마찬가지입니다. 갑작스런 사고를 당할 수도 있으니 정말 주의해야 합니다. 또, 건망증도 있어 무언가를 골똘히 생각하는 일이 많을 수 있습니다. 하지만 잡생각을 하더라도 꼭 주위를 잘 살펴가며 해야겠죠?

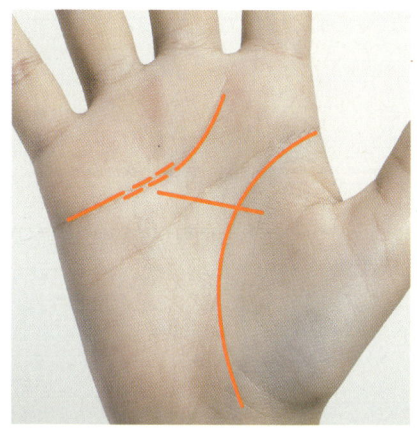

4 감정선이 약지 아랫부분부터 끊어졌거나 생명선에 장애선이 진하게 지나간다

섬문양이 있거나 감정선이 끊어졌다 이어지는 부분이 많을수록 사고를 조심해야 합니다. 또 **생명선 안쪽으로 장애선이 지나간다**면 그 나이대를 꼭 확인해봐야 합니다. 장애선이 유독 많은 경우엔 특히 운전을 조심하세요. 만약 집안 문제로 고민이 많다면 거기서 얼른 헤어나오려고 노력해야 합니다. 가족들을 신경 쓰다 정작 자신은 챙기지 못해 다치게 될지도 모르거든요.

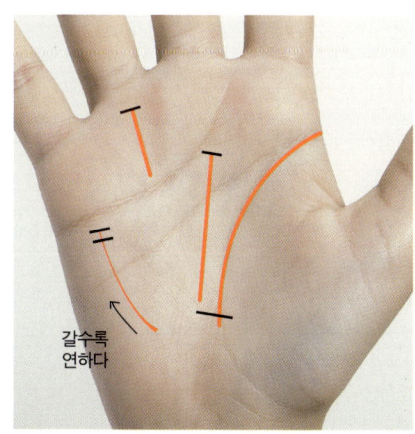

갈수록
연하다

5 생명선, 운명선, 재물선, 사업선이 연해졌거나 장애선에 막혔다

끊어진 생명선은 당연히 위험합니다. 끊어진 운명선 역시 **너무 크게 다쳐서 일을 그르치게 되는 걸 뜻할 수도 있기 때문에 위험한 징조입니다.** 재물선도 마찬가지로 잘 올라가다가 끊어져 있다면 건강에 유의해야 합니다. 사업선에도 장애선이 있거나 다시 선이 나타날 때까지 그 사이에 간격이 있다면 갑작스런 사고가 생길 수 있으니 긴장을 놓으면 안 됩니다.

소영이의 리얼스토리

갑작스런 사고로 실명의 위기에 놓인 손님의 손금

어느 날 신림동에서 고시 공부를 하는 분이 다녀간 적이 있습니다. 학생이지만 저보다 나이가 많은 분이셨는데 아주 두꺼운 돋보기안경 같은 걸 쓰고 오셨던 게 아직도 생생합니다. 저를 보고 양손을 내밀면서 이렇게 물어보시더군요.

"제가 갑자기 한쪽 눈이 실명에 가깝게 다쳤는데 그 시기가 언제인지 맞혀보실래요?"

양손을 다 보니 생명선에 섬문양이 31세에서 32세 즈음 뚜렷하게 있더군요. 그래서 그쯤일 것 같다고 하니 정말 신기하다며 손금을 미리 알았다면 예방을 했을 수도 있냐고 하기에 참고하면 좋다

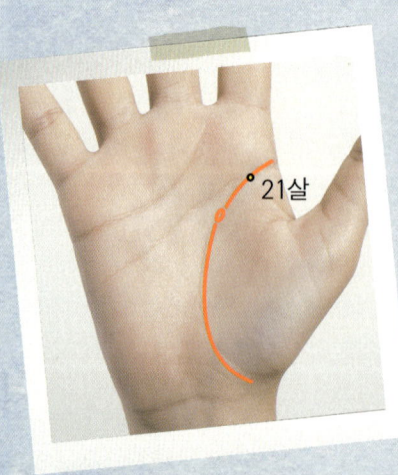

21살

고 답했지요. 사연인즉슨 공부하다가 원룸에 들어가는데 갑자기 술에 취한 남자가 툭 치고 지나가더니 자기를 사정없이 때렸답니다. 그 사람은 바로 구속됐지만 자기는 지금 돈을 버는 것도 아니고 학생 신분인데다 앞으로 어찌 될지도 모르는데 갑작스럽게 큰 사고를 당해서 충격이 매우 크다고 호소하시더군요. 일 년간 누워만 지내면서 이 길이 진정 내 길인가 하루에도 수백 번 고민을 한다고 합니다. 원래 시력이 정말 좋았다고 하니 더더욱 안타깝지 않나요?

직장인이라면
특히 주의하자

Q 회식 스트레스가 너무 심합니다. 대한민국에 회식 없는 회사는 정말 존재하지 않는 걸까요?

― 여자, 29세 사무직

● 회식 스트레스가 너무 심합니다. 자주 하더라도 그냥 간단히 한잔하고 헤어지는 거면 말도 안 합니다. 1주일에 한 번꼴로 음주에 기름진 안주, 그것도 매번 3, 4차까지 가야 하니 회식 한 번 하면 그다음 날 오전 근무는 없는 셈 쳐야 합니다. 그리고 회식은 도대체 왜 하고많은 요일 중에 월요일이나 화요일에 한답니까?

우선 저희 실장님이 술을 너무 좋아하는 게 문제입니다. 저는 지금 말단 사원이니 주시는 술을 무조건 받아야 하고요. 더 큰 문제는 제 건강과 몸입니다. 살이 찐 건 물론이고 저는 원래 간이 그다지 좋지 않습니다. 간 때문에 심각한 병을 앓은 건 아니지만 선천적으로 타고나서 술을 먹고 나면 숙취 때문에 고생이 이만저만이 아니거든요.

제가 실장님께 이런 말씀을 드려도 젊을 땐 괜찮다고 하시는데 말이 됩니까? 이 문제 때문에 회사를 그만둘까 말까 한두 번 고민한 게 아닙니다. 친구들 말로는 자기네들 회사도 비슷하다고 하네요. 아무리 음주 문화가 바뀌었다지만 저희 회사는 시대를 거꾸로 거슬러 올라가는 것 같습니다. 대한민국에 회식 없는 회사는 정말 존재하지 않는 걸까요?

●● 잦은 회식과 음주, 당신의 간은 안녕하십니까

정말 스트레스가 많으실 것 같습니다. 이건 본인의 건강과도 밀접한 연관이 있으니 진단서를 끊거나 간과 관련된 약물을 복용하고 있어 술은 절대 안 된다고 강력하게 말씀하시는 게 좋겠네요. 그래도 안 된다면 건강을 위협하는 회사는 차라리 나오는 게 현명하다는 생각이 듭니다.

한때 '간 때문이야'라는 가사로 크게 유행한 CM송이 있었죠. 간 건강과 직결되는 것이 바로 술입니다. 2010년 통계청 자료에 의하면 일주일에 1~2회 이상 음주를 하는 성인의 비율이 약 40%나 된다고 합니다.

우리나라의 음주 문화가 많이 달라졌다고는 하지만 여전히 많은 직장인들이 회식 자리에서 폭음을 하시죠. 물론 그러고도 건강하게 사신다면 다행이지만 문제는 술 좋아하시는 분들치고 건강히 오래 사는 분들은 거의 보지 못했다는 것입니다. 게다가 술을 먹으면 부부싸움도 늘고 자녀들도 싫어하니 주변 사람들도 힘들어지고요. 이래저래 술은 적당히 하는 게 좋다고 생각됩니다.

간암은 특히 4050 남성들에게서 잘 나타나는데 초반엔 별 증상이 없어 모르고 지내다 말기에 발견하는 경우도 많고 재발 가능성도 많다고 하니 본인과 가족을 위해서라도 간 건강, 꼭 챙기시길 바랍니다.

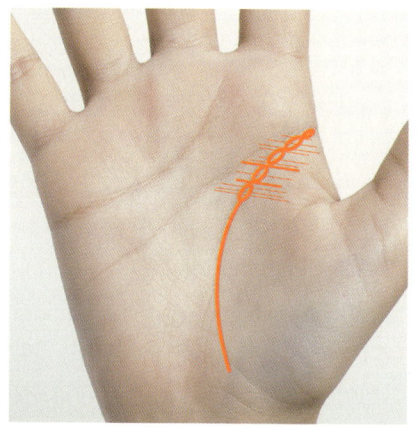

1 생명선에 장애선이 많거나 연하다

생명선에 꽈리문양이나 섬문양이 있으면 소화기 계통을 의심해야 하지만 여기에 **장애선까지 있다면 간에 문제가 있을 수 있습니다.** 야행성이거나 술을 좋아하는 경우가 이에 해당되죠. 피로에 찌든 생활을 오래 했거나 일복이 넘쳐 잠자는 시간도 아깝다며 일에 몰두하고 있다면 현재 자신의 몸과 맞지 않은 생활을 하고 있다는 겁니다. 생활 패턴을 바꾸려는 노력을 반드시 하셔야 합니다.

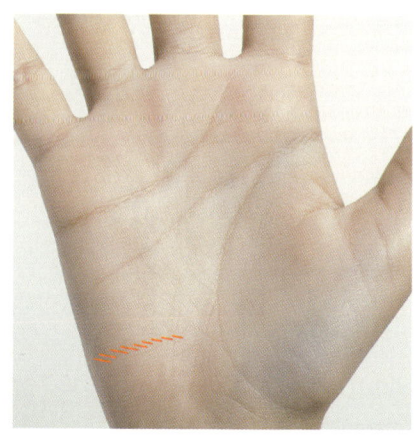

2 방종선이 있다

방종선은 음주와 담배를 많이 하거나 간이 별로 좋지 않을 때 생깁니다. **방종선을 발견하면 얼굴을 한번 보세요. 유독 눈동자가 맑지 않거나 낯빛이 어두울 겁니다.** 이런 사람은 간에 병이 찾아올 수 있으니 주의하지 않으면 안 됩니다. 그리고 눈동자가 유독 빨갛고 피로를 자주 느낀다는 건 체력이 많이 떨어졌음을 알려주는 신호입니다. 또 운이 좋게 흘러가고 있지 않다는 것을 의미하니 자신의 라이프스타일을 한번 돌이켜보세요.

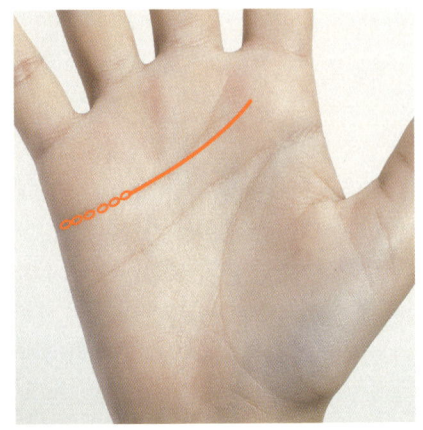

3 섬문양이 여러 개 뭉쳐 있다

감정선에 섬문양이 뭉쳐 있으면 간 질환을 의심해봐야 합니다. 이런 손금을 가진 분들은 긴장을 잘 하고 스트레스에 민감하며 낯가림이 심합니다. 또, 무슨 일을 시작하기 전에 미리 겁부터 먹는다든지 일이 너무 많은데도 자기가 다 감당하려 할 수도 있습니다. 자신의 약점을 유독 감추려 하는 경향이 있어 밖으로 감정 표출을 잘 못 하다 보니 몸도 피곤하고 마음도 괴로워지면서 병으로 이어지는 것이지요.

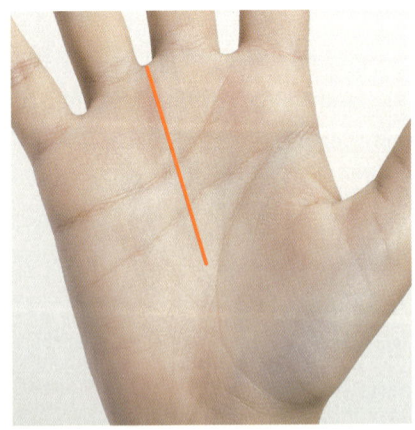

4 운명선이 중지와 약지 사이로 올라간다

운명선이 가운뎃손가락을 향해 올라가야 하는데 옆으로 올라가는 데다 선이 유독 선명하고 진하다면 간 질환을 의심해봐야 합니다. 나이와 상관없이 자주 피로를 느끼고 민감해서 스트레스를 많이 받는 편이죠. 일복이 많아 다양한 일을 경험할 수도 있지만 좋아하는 일일지라도 체력 관리를 잘 하지 않으면 결국엔 모든 것을 잃을 수도 있다는 점을 꼭 명심하길 바랍니다.

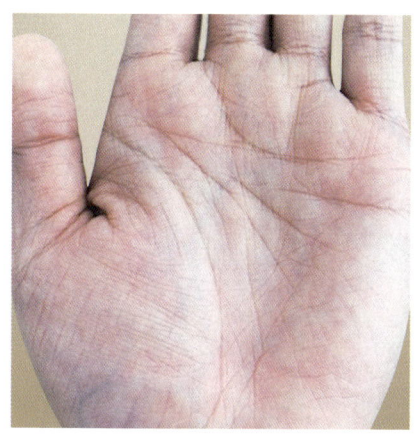

5 손에 열이 많아 손바닥이 붉다

손바닥에 유난히 땀이나 열이 많이 난다면 본인도 불쾌하겠지만 무엇보다 간이 안 좋을 수도 있습니다. 간은 열이 많은 장기로 음주는 되도록 피하는 것이 좋습니다. 생활이 규칙적이지 못하면 위험할 수도 있으니 무리해서 일하는 건 자제해야 합니다.

●● 소화가 종종 안된다면 식습관 점검이 꼭 필요합니다

직장인들 중에 위가 좋지 않은 분들 정말 많으시죠? 소화불량은 물론이고, 위염이나 장염 등으로 1년에 몇 번씩 고생하시는 분들도 참 많이 봅니다.

우선 밖에서 식사를 하는 게 큰 영향이 있다고 봅니다. 아무래도 조미료가 많이 들어간 음식을 섭취하실 테니까요. 게다가 중간에 커피도 마시고 간식도 먹고 회식 때 술도 마시니 위가 남아나질 않는 거죠. 요즘엔 도시락을 싸 갖고 다니시는 직장인분들도 꽤 계신데 돈도 절약하고 건강도 챙기니 일석이조라는 생각이 듭니다.

또, 소화는 스트레스와도 연관이 많으니 너무 무리하지 마세요. 물론 뜻대로 되는 건 아니지만 되도록 시간을 마련해서 휴식을 취하시고, 스트레스 해소를 위해 자신만의 취미를 갖는 것도 좋다고 생각합니다.

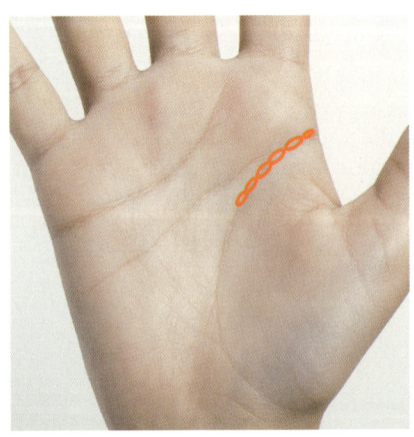

1 생명선이 꽈리문양, 섬문양으로 시작된다

꽈리문양이나 섬문양이 생명선 시작 지점에 있을수록 소화기 질환을 의심해봐야 합니다. 이런 분들은 **편식을 하거나 위와 장이 좋지 않습니다.** 꽈리문양은 보통 초년운이 안 좋다고 하는데 크게 영향을 받지 않는 사람도 있습니다. 그러나 소화기 계통이 약한 건 거의 맞더군요. 초년이 지났는데도 이 선이 남아 있다면 나이에 상관없이 소화기는 약하다고 보시면 됩니다.

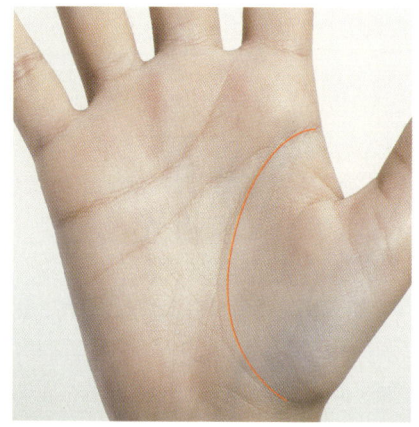

2 생명선이 연하고 가늘다

생명선이 거의 안 보이거나 지나치게 연한 경우, 혹은 끊어져 있는 경우에도 소화기 계통 질환을 주의해야 합니다. 이런 경우 **방치하면 위와 장 수술까지 받을 수 있으니 참고하세요.**

우선 식습관을 고치고 운동을 병행하는 게 가장 좋습니다. 특히 주변 사람들로부터 '기가 약하다' '기가 허하다'라는 말을 자주 듣는다면 손금을 들여다보세요. 핏기도 없고 선도 약할 확률이 높습니다.

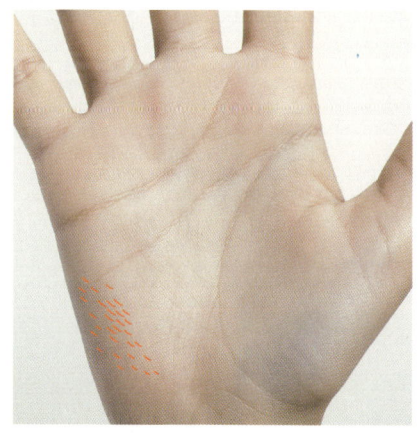

3 월구나 제2화성구에 짧은 잔선들이 많다

월구나 제2화성구에 짧은 잔선들이 많은 분들은 **유난히 자극적인 음식을 좋아합니다.** 맵거나 짠 음식을 좋아하기 때문에 소화기에 이상이 생길 확률이 높죠. 자극적인 음식에 입이 길들여지면 조금만 싱거워도 식사를 잘 못 하기 때문에 계속 악순환을 낳습니다. 좋아하는 음식을 먹는 것도 인생에 있어 큰 즐거움이지만 최대한 순한 맛의 음식을 먹으려고 노력하세요. 본인이 이런 음식만 유독 밝힌다면 특히 수분 섭취에 신경을 써야 하는 것도 잊지 마시고요.

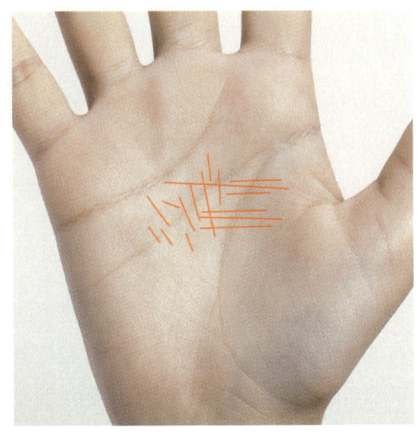

4 화성평원 지점이 지저분하다

화성평원은 구와는 달리 손이 움푹 들어간 곳을 말합니다. 그러나 여기에 선들, 예를 들어 장애선, 여행선, 여러 가닥의 운명선 등이 많이 있다면 건강은 보장하기 어렵습니다. 이런 분들은 우선 **일복이 넘칩니다. 따라서 삶에 여유가 없기 때문에 잔 스트레스를 많이 받아 장이 안 좋거나 자주 탈이 나기 쉽습니다.** 보통 위험 신호는 배가 아픈 것부터 시작됩니다. 직장인분들 중에 배가 유독 자주 아픈 분들 계시죠? 그럼 손금을 꼭 들여다보세요. 배가 아픈 건 별거 아니라고 생각하시는 분들도 계신데 위험 신호일 수도 있으니 긴장을 놓지 마세요.

 비염과 시력 저하도 무시하지 마세요

요즘에는 비염 환자도 점점 많아지고 있는데요. 특히 여름에 직장에서 에어컨 바람을 쐬다가 원래 비염이 없던 분들도 비염을 얻는 경우도 꽤 있더군요. 또, 요즘엔 다들 근무 내내 컴퓨터 모니터를 들여다 보니 시력 저하 문제도 심각하고요.

약지와 소지 부근의 감정선에 섬문양이 있으면 오감 중 어느 하나가 약하다는 걸 의미합니다. 일찍 시력이 나빠질 수도 있고 유독 축농증이나 코감기가 잘 걸릴 수 있으니 참고하세요. 만약 이 부분이 끊어져 있어도 마찬가지입니다. 평생 안경을 끼고 살아야 한다거나 라식·라섹 수술을 받아야 할 수도 있고 비염 치료를 꾸준히 받아야 할지도 모릅니다.

5 반항선이 있다

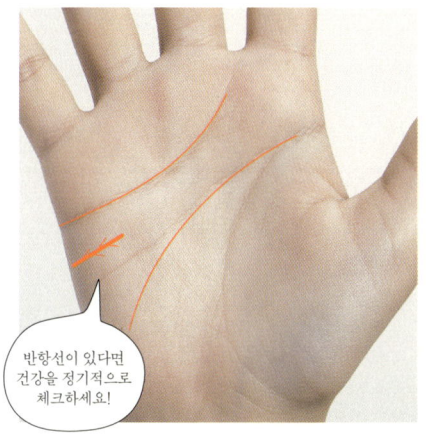

반항선이 있다면 건강을 정기적으로 체크하세요!

두뇌선과 감정선 사이에서 나오는 선을 반항선이라고 합니다. 이 선이 있으면 똑똑하고 반항기가 있다고 볼 수 있지요. 그러나 건강 면에서 봤을 때는 장기가 그다지 좋지 않다고 볼 수 있습니다. **소화기뿐만 아니라 다른 장기도 강한 편은 못 되니 손금에 반항선이 있다면 꼭 정기적으로 검진을 받으셔야 합니다.** 그렇지 않으면 암으로 넘어가게 될지도 모릅니다.

6 두뇌선이 두 개이거나 정중앙이 끊어져 있다

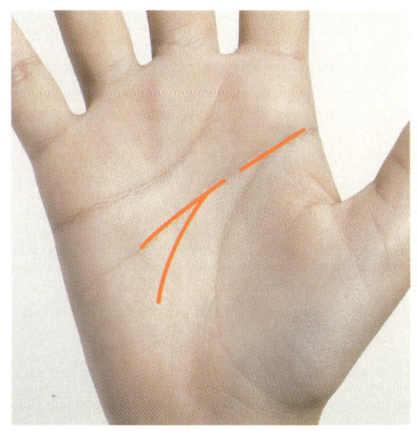

두 개의 두뇌선은 좋은 의미를 갖고 있기도 하지만 건강상으로는 위가 좋지 않다는 걸 뜻합니다. **소화가 잘 안 되거나 스트레스성 위염이 자주 발병할 수 있으니 늘 식단에 신경을 쓰시는 게 좋습니다.**

나에게 맞는 운동은
따로 있다

　질병 이야기를 하니 갑자기 겁도 나고 경각심이 드는 분들도 계시죠? 이런 걸 보면 그때는 운동을 해야겠다고 결심하지만 막상 실천하는 건 참 어렵습니다.
　사람마다 맞는 운동도 다 따로 있답니다. 자신이 좋아하는 운동을 하면 더 즐겁게 할 수 있지 않을까요. 손금을 참고하면 나에게 맞는 운동을 금방 찾을 수 있답니다. 이번 기회에 자신에게 딱 맞는 운동이 무엇인지 찾고 행동으로 옮겨보는 건 어떨까요.

정적인 운동이 잘 맞는 손금

손바닥에 열이 많다

　손바닥에 열이 많거나 땀이 잘 나는 경우 요가, 필라테스, 단전호흡 등 정적인 운동이 잘 맞습니다. 하지만 정적인 운동도 너무 오래 하면 혈압에 이상이 올 수도 있고 금방 지칠 수 있기 때문에 적당히 하는 게 중요합니다.

기본 3대선이 연하다

기본 3대선이 연하면 불안과 초조함을 많이 느낍니다. 그래서 운이 약하거나 체질적으로 몸이 허할 가능성이 큽니다. 유난히 잔병치레를 많이 하고 부정적인 사고방식을 가질 수도 있으니 정신 수양이 가능한 정적인 운동이 좋습니다.

잔선이 유독 많다

연한 잔선이 많으면 스트레스에 민감하고 정신적으로 지쳐 있는 경우가 많습니다. 그래서 움직이는 것도 별로 좋아하지 않고 약속을 잡는 것도 귀찮아 할 수 있습니다. 그래서 상대적으로 편한, 정적인 운동이 맞습니다. 만약 잔선이 너무 선명하면 반대로 동적인 운동이 잘 맞아 몸을 움직여 땀을 흘리는 것을 유독 좋아할 수 있으니 참고하세요.

두뇌선이 여러 가닥이다

두뇌선이 2개 이상이면 스트레스에 민감하다고 합니다. 연구하고 생각하는 것을 좋아하고 예민하기 때문에 동적인 운동보다는 정적인 운동을 하며 정신적인 안정을 취하는 게 좋습니다.

감정선이 하향한다

하향한 감정선이 진하면 불안, 스트레스가 많고 자신감이 없으며 다른 사람보다 우울증도 오래 갑니다. 또한 감정을 잘 절제하지 못하기 때문에 꾸준히 상담을 받거나 정적인 운동을 하면서 자신을 다스리는 게 좋습니다.

장애선이 너무 많다

장애선이 너무 많거나 굵어도 정적인 운동이 잘 맞습니다. 동적인 운동을 하면서 무리하면 관절염 등으로 고생할 수 있거든요. 천천히 하는 운동이나 호흡 운동이 맞는데도 굳이 동적인 운동을 선호한다면 잘 조절해서 하는 수밖에 없습니다. 불교 신자인데 장애선이 이렇게 굵고 진하다면 절하는 것도 자제해야 합니다. 108배를 아무리 하고 싶다 해도 꼭 체력이 준비가 됐을 때 하세요.

동적인 운동이 잘 맞는 손금

금성대가 넓다

금성대가 넓다는 것은 활동량이 많고 활동적인 것을 좋아한다는 걸 의미합니다. 등산이나 구기 종목에 취미를 붙여보는 건 어떨까요.

기본 3대선이 뚜렷하다

손금이 단순하고 잔금도 없고 기본 3대선이 뚜렷하다면 구기 종목과 잘 맞습니다. 특히 축구, 농구, 야구가 가장 좋을 것 같네요. 혼자 가만히 있는 걸 별로 좋아하지 않기 때문에 정적인 운동과는 거리가 멉니다. 배우자가 이런 손금이라면 운동을 유별나게 좋아해도 이해해줘야 하지 않을까요.

생명선과 두뇌선이 떨어져 있고 두뇌선이 선명하다

생명선과 두뇌선이 떨어져 있으면 얌전한 운동보다는 활발한 운동이 잘 맞습니다. 이런 손금은 신 나게 뛰어다니는 걸 좋아하고 운동에 애착이 강해서 운동 중독자로 보일 만큼 몰두하죠. 여기에 두뇌선까지 선명하면 프로선수 못지않은 재능을 뽐낼 수 있습니다. 벨리댄스나 구기 종목도 잘 어울립니다.

금성구, 월구, 제2화성구가 발달해 있고 감정선이 중지에 멈춰 있다

이런 손금은 구기 종목뿐만 아니라 검도나 유도도 잘 어울립니다. 손으로 하는 것에는 다 관심이 많아 골프도 나쁘지 않습니다. 월구와 제2화성구뿐 아니라 금성구까지 발달해 있다면 화성평원이 움푹 들어간 손이더라도 구기 종목이나 도구를 쓰는 운동이 잘 맞습니다. 스포츠 마니아가 되기에 충분한 손금입니다.

막쥔금이다

막쥔금이라면 동적인 운동이 잘 맞습니다. 가만히 있거나 반복하는 것을 좋아하지 않기도요. 호기심이 많고 무언가를 배우는 데 욕심이 있어 올라갈 수 있는 수준까지 올라가려고 합니다. 축구나 야구, 골프 혹은 자동차 경주에도 관심이 많습니다. 카레이서가 됐어야 했다며 운전 실력에 너무 자만하지는 마세요. 막쥔금이 중간에 끊어져 있다면 중도에 하차했을 가능성이 높습니다.

수영이 잘 맞는 손금

수영이 잘 맞는 손금도 따로 있답니다. 유독 산보다 바다, 등산보다 수영을 선호하는 분들 계시죠? 이런 분들은 이번 파트를 보시면서 자신의 손금을 유심히 들여다보세요.

손이 크고 손바닥이 넓다

손바닥이 유난히 넓거나 큰 분들도 수영이 잘 맞습니다. 관절염이나 뼈마디에 무리가 갈 수 있어 물 위에서 하는 운동이 도움이 되죠. 추가하자면 손가락이 유난히 긴 경우도 여기에 해당됩니다. 손가락이 길면 게으르기 쉬운데 수영을 꾸준히 한다면 자신의 한계를 넘는 데에도 많은 도움이 될 수 있습니다.

선이 굵고 구가 잘 발달되어 있다

손바닥에 열이 많거나 미세한 잔선이 많으면 예민하고 소심하고 겁이 많습니다. 이런 분들은 물도 많이 무서워하시더군요. 따라서 수영을 하고자 한다면 이와는 반대되는 손금, 즉 선이 굵고 선명하며 구가 잘 발달되어 있는 손금이 좋습니다.

저는 물이 무서운데, 수영을 꼭 해야 할까요?

수영은 건강에 정말 좋은 운동이지만 만약 두뇌선이 끊어져 있거나 화성평원이 움푹 들어가 있으면서 운명선 지점에 잔선이 많으면 굳이 권하고 싶진 않습니다. 물이 오히려 적이 될 수도 있기 때문입니다. 물을 유독 싫어하는 사람도 있는데 물만 보면 겁부터 먹거나 수영이 안 맞는 것이기도 하니 수영 외에 다른 운동을 시도해보는 건 어떨까요.

등산이 잘 맞는 손금

요즘엔 특히 등산하시는 어르신들이 참 많습니다. 등산도 중독성이 심해서 한번 중독되면 벗어나지 못하더군요. 등산하실 때는 꼭 장비를 잘 챙기시고, 괜한 모험심에 위험한 시도 같은 건 웬만하면 하지 마세요. 본인이 등산을 좋아하거나 주변에 산에 푹 빠진 분이 계시다면 손금을 한번 들여다보는 건 어떨까요.

운명선이 끊어졌는데 이어지는 선이 없다 / 운명선이 연하거나 없다

자연과 잘 어울리는 손금으로, 이런 손금을 가진 사람은 혼자 있는 것을 좋아하며 정상까지 올랐을 때 느끼는 성취감을 즐기기 때문에 산이 잘 맞는다고 볼 수 있습니다.

손금이 단순하다

잔선도 몇 개 없고 생명선, 두뇌선, 감정선이 선명한 데다 구까지 발달되어 있으면 등산이 참 잘 맞습니다. 산악 동호회 활동을 적극적으로 하는 이들을 보면 그렇더군요. 이는 모험을 좋아하는 손금입니다. 굳이 산이 아니어도 레저 활동에 꽂히면 한 우물만 파는 타입입니다.

이 산, 저 산 안 다녀본 산이 없는 사람들을 보면 욕심도 많고 보수적이면서 고집과 아집도 있습니다. '산이 이기나 내가 이기나 한번 보자!' 이런 식이지요. 이런 분들은 만약 동행하던 분이 중간에 내려가자고 하면 완주의 맛은 해본 사람만이 안다며 정상도 안 왔는데 왜 하산을 하냐고 답답해할 수 있습니다.

자신의 몸을 소중히 여기는 여자가 아름답다

 피부 때문에 스트레스가 너무 심해서
이제 사람을 만나는 것도 두렵습니다.

- 여자, 28세 대기업 영업 사원

● 저는 대기업 영업 사원으로 일한 지 2년 정도 된 직장인입니다. 요즘 취업이 워낙 힘드니 초반엔 남들이 선망하는 기업에 합격했다는 사실만으로도 너무 기뻤습니다. 일이 좀 힘들어도 항상 감사히 생각하며 즐겁게 다녔죠.
그런데 입사 후 6개월쯤 되었을 때 저희 회사 내에서 직설적이기로 유명한 과장님이 다른 직원들이 있는 자리에서 저에게 대놓고 피부 관리를 하는 게 어떻겠냐고 하시더군요. 사실 그날 전 몸살 때문에 매우 힘들었는데 그런 말까지 들으니 정말 눈물이 핑 돌았습니다. 제가 피부가 좋지 않다는 건 알고 있었지만 여러 사람 앞에서 망신을 당하고 나니 너무 부끄럽고 속상해 그날 집에 와서 하루 종일 울었답니다.
그날 이후 괜히 사람들이 절 쳐다만 봐도 피부 때문에 그러는 것 같고, 자신감이 없어지더군요. 영업을 하면 사람을 계속 만나게 되는데 계속 의기소침해지고 예전의 생기발랄하던 제 모습도 사라진 것 같고요. 치료를 받을까 생각도 해봤지만 예전에 한번 치료를 받고 부작용이 난 적이 있어 두려워 엄두가 나질 않습니다. 어떻게 해야 할까요?

●● 여자에게 피부는 생명입니다

나이를 먹을수록 예쁘다는 말보다 '어려 보인다'는 말을 더 좋아한다고 하듯이 요즘에는 동안처럼 보이는 것도 최고의 복 중 하나인 것 같습니다. 사실 동안처럼 보이는 데에 매우 중요한 요소 중 하나는 '피부'입니다. 아무리 이목구비가 뚜렷하고 예뻐도 피부가 좋지 않으면 잘 나타나지 않죠. 그런데 영업 사원이면 계속 사람을 대해야 하는 직업이니 얼마나 스트레스가 심할까요. 우선 전문의한테 꼭 상담을 받아보는 게 좋을 것 같습니다. 돈이 좀 들더라도 좀 더 전문적으로 상담을 받다 보면 언젠가 부작용에 대한 트라우마도 없앨 수 있을 겁니다.

요즘에는 외모도 경쟁력이죠. 하지만 이를 너무 심각하게 생각하면 정신적 스트레스로 이어져 자연스럽게 몸 건강에도 악영향을 미칩니다. 우선 마음부터 다스리는 게 좋을 것 같네요. 그럼 손금으로 피부 상태가 어떤지 한번 알아볼까요?

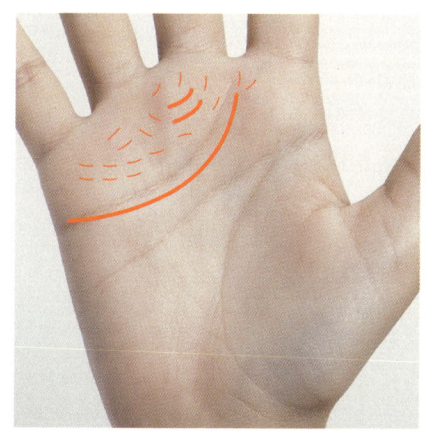

1 금성대가 지저분하다

손금에 잔선과 금성대가 눈에 거슬릴 정도로 많으면 **피부질환과 아토피를 조심해야 합니다.** 그리고 어린아이인데 유독 잔선이 많으면 피부 트러블이나 알레르기를 더더욱 조심해야 합니다. 아토피 때문에 앞으로 꾸준히 치료를 받아야 할지도 모르거든요.

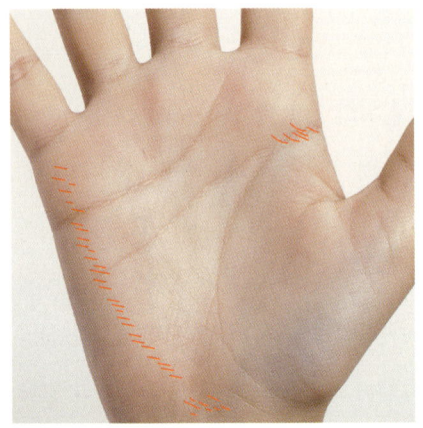

2 사업선, 손목, 생명선 시작 부분에 연한 잔선이 많다

여드름은 사춘기 청소년, 특히 외모에 관심이 급증하는 중학생들이 가장 예민하게 생각하는 부분이죠. 사업선, 손목 부근, 생명선 시작 부분에 연한 잔선이 많으면 **여드름이나 알레르기로 고생할 수도 있습니다.** 이 잔선들을 없앨 수는 없는 노릇이니 항상 청결하고 좋은 생각을 많이 하고 스트레스 덜 받도록 노력하는 게 좋습니다.

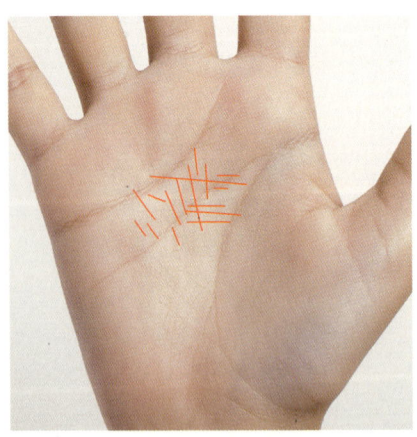

3 화성평원이 지저분하다

화성평원 가운데 부분에 유독 선이 많고 끊어진 선도 있다면 턱을 잘 보시기 바랍니다. 유독 입 주변에 여드름이 잘 난다거나 **뾰루지가 잘 난다면 소화기가 약해서일 수도 있고 생식기가 건강하지 않아서일 수도 있습니다.** 흉터가 남을 수 있으니 뾰루지를 무작정 짜내거나 건들지 마시고 평소에 화성평원 부분을 잘 주물러주세요.

●● 여자들만의 고충, 자궁 질환

여자라서 걸릴 수 있는 질환으로는 자궁 질환과 유방암이 대표적이죠. 특히 자궁은 임신과 직결되는 부분이기 때문에 특히 관심을 기울여야 합니다.

여자분들은 산부인과에 가는 걸 굉장히 두려워합니다. 젊은 여성, 특히 미혼 여성들은 산부인과가 아직 너무 낯선 데다 부끄럽기도 해서 몸이 좀 이상한 것 같아도 숨기고 있다가 자궁 질환이 늦게 발견되는 경우도 있습니다. 괜히 남의 시선을 의식하다가 건강을 잃을 수도 있으니 꼭 주변에 도움을 청하시길 바랍니다. 평소에 생리 불순이 심하거나 생리통으로 고생하는 분이라면 병원에서 검사를 받아보세요. 요즘엔 자궁 질환으로 고생하는 젊은 여성들도 종종 봅니다. 자궁 질환은 불임으로 이어질 수도 있으니 자신의 몸을 좀 더 소중히 다루려고 노력하시고 작은 신호도 절대 무시하지 마세요.

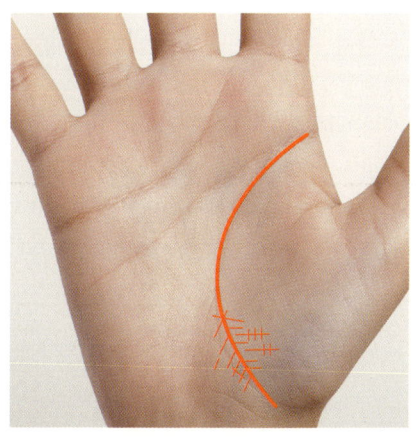

1 생명선 가운데 지점부터 끝 지점에 선이 많다

운명선에서 올라가는 지점 혹은 생명선 끝 부분에 선이 많은 경우, 이는 생식기와 자궁이 그다지 좋지 않다는 걸 의미합니다. 생리 불순이 심하다면 내 몸에 미리미리 관심을 기울이시는 게 좋습니다.

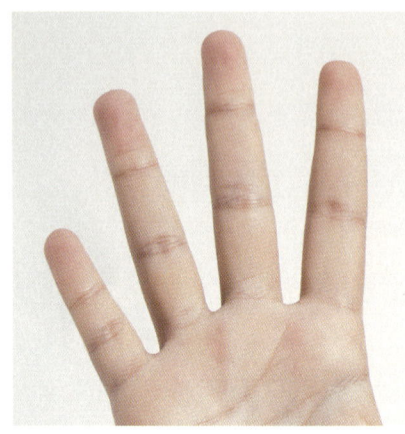

2 소지가 발달하지 않았다

소지가 유독 짧거나 손가락을 자연스럽게 폈을 때 소지가 약지에서 멀찌감치 떨어져 있다면 자궁 쪽에 관심을 갖는 게 좋습니다. 아이를 낳아도 어렵게 낳거나 아픈 아이를 낳을 수도 있습니다. 또는 불임일 가능성도 있습니다.

짧은 새끼손가락을 길게 늘이거나 꺾을 수는 없는 노릇이니 평소에 소지를 최대한 약지에 붙이려고 의식적으로 노력하는 수밖에 없습니다. 그리고 자궁에 관심을 최대한 갖고 정기적으로 검진을 받아보시는 게 좋습니다.

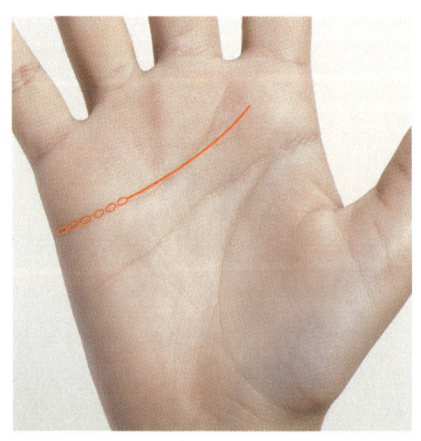

3 감정선이 연하거나 꽈리문양, 섬문양으로 시작한다

감정선이 연하거나 끊겨 있고 섬문양, 꽈리문양이 있으면 생식기 계통의 이상을 의심해야 합니다. 자식을 의미하는 새끼손가락 아랫부분이기 때문에 자손과도 밀접한 관련이 있거든요. 아직 결혼을 안 한 여성분이더라도 이런 손금이 있으면 한 번쯤 자궁 검진을 받아보는 게 좋습니다.

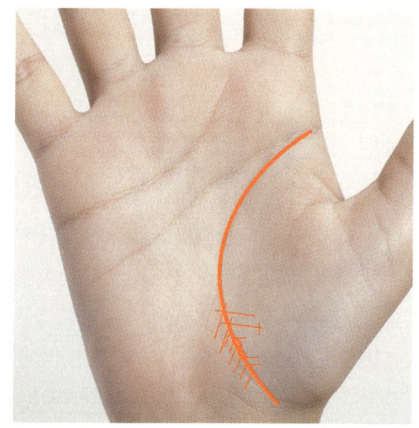

4 생명선 끝 부분에 섬문양이 있거나 잔선이 있다

생명선 끝 부분에 섬문양이 있거나 잔선이 있는 것도 자궁과 관련이 있습니다. **젊을 땐 잘 모르고 지나갈 수도 있으나 후에 수술을 받을 수도 있으니 주의해야 합니다.**

아이는 남녀가 함께 만드는 것이니 남성분의 손금도 유심히 살펴볼 필요가 있습니다. 불임인 경우 남편한테 원인이 있는 건 아닌지 알고 싶다면 생명선 끝부분을 한번 살펴보세요.

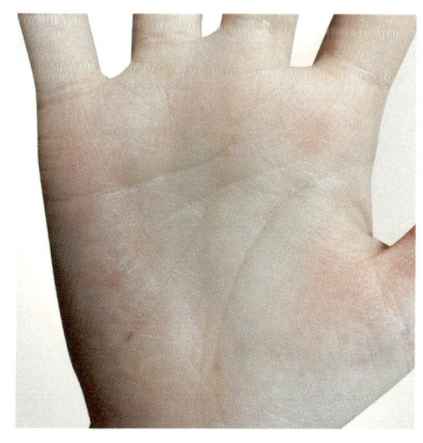

5 전체적으로 미세한 잔선이 많고 혈색이 하얗다

이런 손금이라면 잦은 스트레스나 혈액순환에 신경을 써야 하고 늘 **난소암, 자궁 질환 등에 관심을 가지는 것이 좋습니다. 잔선이 너무 많고 진한 것도 나쁘지만 사실 미세한 잔선이 더욱 무섭습니다.** 굵은 잔선이 있으면 조기에 빨리 알게 될 확률이 높지만 미세한 잔선은 무시하고 있다가 병이 뒤늦게 발견될 수 있거든요. 손이 유독 하얗고 보랏빛 핏줄이 잘 보이는 손금이라면 정기적인 자궁 관련 검진은 필수겠죠.

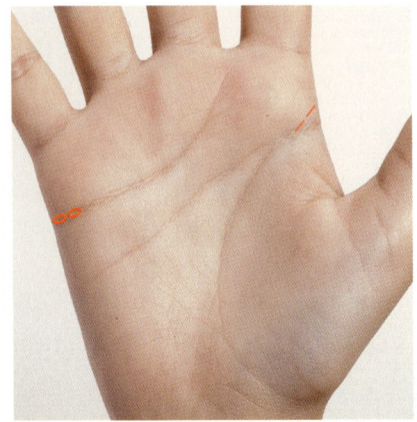

6 자식 선 위로 세로선이 미세하게 끊어져 있거나 소지 밑에 섬문양이 있다

자식선 위로 세로선이 올라간 경우도 있는데 이는 자식 복이 많은 것을 의미하기도 하지만 이 선이 끊어졌거나 섬문양이 있는 경우, 또는 세모 모양이 있거나 갈라져 있는 경우라면 결코 좋지 않습니다. 아이와의 인연이 약하고 건강상으로는 생식기에 이상이 있을 수도 있다는 걸 의미하거든요. 이런 손금이 있다면 피로나 잦은 스트레스는 그때그때 풀어주시는 게 좋습니다.

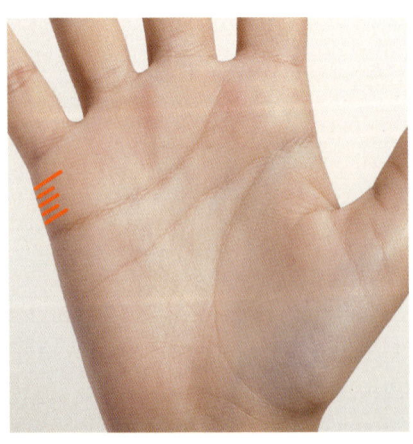

7 결혼선이 유난히 많다

이 선이 결혼선인지 저 선이 결혼선인지 헷갈릴 정도로 결혼선이 많은 분들도 조심해야 합니다. 결혼선 위의 선은 자식선을 말하기도 하지만 너무 선명하고 많다는 것은 생식기 쪽에 문제가 발생할 수 있다는 걸 뜻하기도 하거든요. 이런 분들은 평소에 식습관이나 운동에 관심을 기울여야 합니다.

불임, 손금으로도 확인할 수 있어요

불임 때문에 아이가 안 생겨서 걱정하시는 분들, 저도 종종 뵙니다. 얼마나 마음고생이 심한지, 옆에서 봐도 마음이 아픈데 당사자는 오죽할까요. 그래도 희망을 놓지 않으신다면 손금 또한 좋게 변하지 않을까요?

불임을 의심해봐야 하는 손금

다음 7가지 중 한 가지라도 해당된다면 불임을 의심해볼 필요가 있습니다.

- ☐ 생명선 하단과 운명선 시작 부근이 지저분하다
- ☐ 결혼선 위로 연한 선이 없다
- ☐ 결혼선 지점에 연한 세로선이 없다
- ☐ 감정선 시작 부근, 자식선 부분이 지저분하거나 섬문양이 있다
- ☐ 생명선에 내려가 있는 노력선이나 지선이 없다
- ☐ 생명선 시작 부근에 지선이 없다
- ☐ 소지가 휘었거나 짧다

아이가 생길 수 있는 손금

위의 7가지 사항을 아래와 같이 반대로 생각하시면 됩니다. 불임이더라도 반대로 읽었을 때 한 문장이라도 해당이 된다면, 희망을 갖고 끝까지 도전해보세요.

- ☐ 생명선 하단과 운명선 시작 부근이 깨끗하다
- ☐ 결혼선 위로 연한 선이 있다
- ☐ 결혼선 지점에 연한 세로선이 있다
- ☐ 감정선 시작 부근, 자식선 부분이 깨끗하고 섬문양이 없다
- ☐ 생명선에 내려가 있는 노력선이나 지선이 있다
- ☐ 생명선 시작 부근에 지선이 있다
- ☐ 소지가 곧게 뻗어 있고 짧지 않다

●● 허리나 무릎이 아프다는 말을 달고 산다면

중년을 넘어선 어머님들이 입에 달고 사는 말 중 하나가 '허리 아프다' '무릎 아프다'일 겁니다. 집안일을 해보신 분들이라면 이해가 되시리라 생각됩니다. 요즘에는 자취하는 학생도 많고 혼자 사는 싱글 남성, 여성분들도 많이 계시니 집안일이 얼마나 힘든지 잘 아시겠죠.

매일매일 해도 끝이 안 나는 집안일이 여성분들의 만성 통증을 유발합니다. 또, 아이를 낳고 체중이 불기 시작하면 몸도 무거운데 매일 집안일을 하니 허리나 무릎에 무리가 가는 건 너무나 당연한 얘기입니다. 그냥 지켜만 보지 마시고 집안일로 힘들어하시는 어머니를 위해 안마나 마사지를 꼭 해드리세요. 또 집안일을 하시는 분들은 본인의 노력도 필요합니다. 평소에 바른 자세를 유지하고 자주 걷고 스트레칭을 하는 등 꾸준히 관리를 해주셔야 합니다.

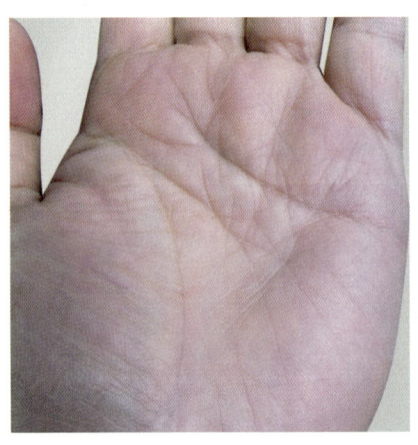

1 손금이 유독 선명하고 움푹 들어가 있다

나이가 드신 분일수록 이런 손금이 더 많이 나타납니다. 부모님이나 50대 지인들의 손을 보면 살아온 세월의 흔적이 느껴지곤 하는데, 유독 손금이 선명하니 움푹 들어가 있는 손이 이에 해당됩니다. 이런 손금은 **관절염을 주의해야** 하고, 구가 너무 발달되어서 선이 선명한 것일 수도 있으니 살찐 사람일수록 더욱 주의해야 합니다.

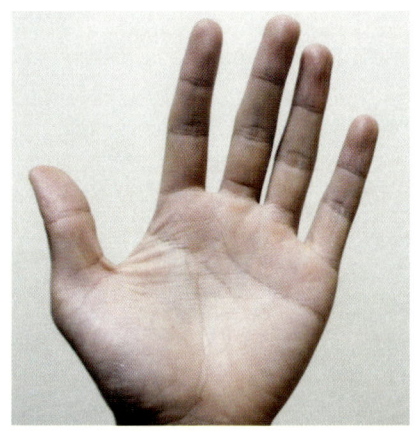

2 손을 만지면 뼈마디가 잡힌다

손가락이 유독 딱딱하거나 구가 발달되지 않아서 손바닥이 얇은 경우 골다공증을 주의해야 합니다. 산후통증이 있을 수도 있고 노후에는 관절염을 조심해야 합니다. 이런 분들은 비가 오면 뼈마디가 아프다는 말씀을 자주 하시는데 이 또한 그냥 하는 얘기는 아닌 듯합니다.

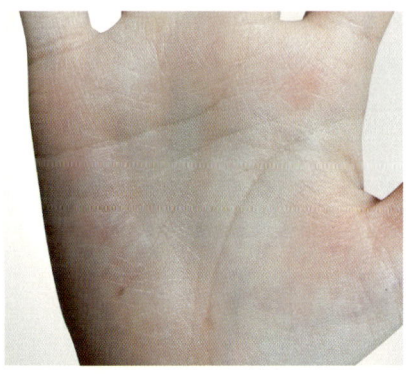

3 잔선이 정말 많다

잔선이 많아서 좋을 건 없는 것 같네요. 특히 건강에 자부하는 분들이라면 더 주의해야 합니다. 뼈마디가 그리 상하지 않다면 후에 정형외과를 자주 들락날락해야 할 시도 모릅니다. 잔선이 진하고 선명하면 급한 성격부터 고치고, 위험한 도전이나 모험은 삼가는 것이 좋습니다.

유방암도 손금으로 알 수 있나요?

'유방암과 관련된 선은 딱 무슨 선이다'라고 이야기하기는 어렵습니다. 단지 앞에서 말했듯 건강에 이상이 생겼음을 말해주는 손금들, 즉 생명선이 갑자기 끊어져 있거나 연해진 경우, 영향선이 끊겼거나 장애선이 지나간다면 유방 검사에도 관심을 갖는 게 좋겠죠.

손금 성형,
효과가 있나요?

요즘은 성형수술이 거의 유행과 다름없는 것 같습니다. 너도 나도 외모 콤플렉스에서 벗어나 더 예뻐지기 위해 고통까지 감수하며 얼굴에 칼을 대는 시대죠. 과연 얼굴 성형은 내 운명을 얼마나 좌지우지할까요?

관상학적으로 눈썹부터를 30대로 보는데요. 쌍꺼풀은 그 나이대가 30대 정도이고 보통 2030 여성들이 쌍꺼풀 수술을 많이 하기 때문에 영향이 있는 것은 사실입니다. 하지만 우리가 흔히 생각하는 '미인형'이 꼭 관상학적으로 좋은 것은 아닙니다. 관상학적으로 복이 많고 일이 잘 풀리는 얼굴은 미인형과는 다릅니다.

개인적으로는 성형수술이 꼭 나쁘다고 보진 않습니다. 지나친 수술은 당연 반대하지만 본인이 외모 때문에 너무 자신감이 없어 사회성이 떨어지거나 사는 데 지장이 있을 정도라면 단점을 고치는 것도 괜찮다고 봅니다.

그런데 손금도 성형하는 경우가 있다는 사실, 알고 계셨나요? 얼굴로도 모자라 이제는 손금을 바꿔 팔자를 고치겠다는 분들을 저도 종종 보는데요. 손금도 성형하게 되면 정말로 인생에 영향을 미칠까요?

손금이 절대 인생의 전부가 아닙니다

사실 선도 선 나름입니다. 정말 손금을 만들어서 인생이 바뀐다면 모두가 손금 성형을 하면 잘되겠죠. 앞서 계속 말씀드렸지만 손금은 절대로 인생의 전부가 아닙니다. 손금은 일종의 참고 자료일 뿐이고, 또 계속 변하기 때문에 자신의 노력과 마음가짐에 따라 얼마든지 달라질 수 있습니다. 또 어느 한 선이 좋다고 되는 게 아니라 전반적으로 보고 평가해야 합니다. 따라서 어느 한 손금을 성형한다고 인생이 잘 풀리는 게 절대 아니라는 걸 명심해야 합니다.

손금 성형을 하면 선만 긋는 건 줄 알았는데 구를 인위적으로 없애거나 만들기도 하더군요. 한번은 어떤 분이 권력구에 살집이 있는 게 싫어 주사로 지방을 뺐는데 손금 공부를 하고 보니 구가 중요한 것 같아 다시 지방을 넣는 수술을 하겠다고 찾아온 적이 있습니다. 정말 미련하지 않나요?

또 한번은 전반적으로 손금이 다 짧다는 이유로 생명선, 운명선, 재물선, 사업선도 모두 길게 만들어 삼지창을 새기고 싶다며 상담을 받으러 온 손님이 있었습니다.

결국 성형을 받으셨다고 하는데요. 과연 그분은 어떻게 되었을까요? 3년이 지난 후 연락이 닿았는데 아무런 변화가 없는 것 같다고 합니다. 그리고 지금은 감감 무소식입니다. 개인적으론 그냥 평범한 인생을 살고 있을 것 같다는 생각이 듭니다. 돈벼락이라도 맞고 싶은 절박한 심정은 이

해가 되지만 단지 손금만으로 모든 팔자가 바뀐다면 너도나도 성형을 하면 이 세상 모든 사람이 성공하게요? 뭐든 자신의 노력이 가장 중요합니다.

손금을 바꾸려 하지 말고 마음가짐을 바꾸세요

집을 몇 채 갖고 있는 언니가 그러더군요. 자신은 행복하지 않다고요. 얼굴 성형은 좀 부담스럽고 손금 성형은 그것보다 싸니까 하고 싶다고 하길래 전 뜯어말렸습니다.

시간이 지나고 왜 그랬냐고 물어보니 부동산 경기가 좋을 때 집을 사놨던 건데 사실 다 빚이었답니다. 이자를 내기 벅차서 집 두 채를 해결하고 정리하니 헛살았다는 생각이 들었다고 합니다. 돈 때문에 늘 다른 사람들과 싸우고 몸도 좋지 않았다고 하네요. 그래서 집을 다 정리했는데 지금은 너무 행복하고 몸도 마음도 가볍다고 합니다.

그 언니에게 재물선이 있었냐고요? 운명선은 선명한데 재물선은 거의 끊어져 있었습니다. 그때는 손금 성형으로 그 선을 이으면 집이 내 집이 될 수도 있고 빚도 다 갚고 큰 횡재가 있지 않겠냐며 큰 기대를 걸었던 거지요. 하지만 성형을 하지 않고도 그렇게 행복한 결말을 맞이할 수 있었지요. 결국엔 다 자기가 생각하기 나름이며 자기 자신과의 싸움인 법입니다.

백범 김구 선생님은 아버지가 관상과 손금을 공부하라고 책을 던져줬는데 자신의 손금을 보며 크게 실망했다고 합니다. 손금상으로는 거지 팔자였다고 하네요. 하지만 곧 이렇게 받아들였다고 합니다.

'사람은 얼굴이 좋은 것보다 몸이 좋은 것이 낫고 몸이 좋은 것보다 마음이 좋은 것이 낫다.'
　저는 이 한마디가 제가 말씀드리고 싶은 메시지를 잘 담고 있다고 생각합니다. 손금이 좋은 것보다 건강한 게 좋고, 그러기 위해선 마음가짐을 바꿔야 하죠. 정말 소중한 건 보이지 않는 법이랍니다. 손금을 바꾸려 하기 전에 자신의 마음 상태부터 점검하고 더 나은 삶을 살기 위해 노력하는 게 더 현명하지 않을까요?

PART 6

실전 편

손금을 알면
만남이 즐거워진다

손금에 관심이 많은 분들은 실전 편이 있는 손금 책이 거의 없어 공부를 해도 실제로 써먹기는 어렵다는 이야기를 참 많이 하십니다. 그만큼 아는 것과 보는 것은 다르답니다.
손금은 마치 돌멩이와 같습니다. 세상에 비슷비슷한 돌은 많아도 똑같은 돌은 없듯이 손금 역시 참 각양각색이거든요. 손금 공부를 어느 정도 했다 해도 매우 특이한 손금을 접하면 머리가 백지가 될 수도 있으니 실전 편에서 연습을 단단히 하시고, 친구들과의 모임에서 분위기 메이커로 거듭나세요.

아는 것과 보는 것은 다르다

내 손을 들여다보며 손금 공부를 아무리 해도 막상 다른 사람의 손금을 보게 되면 해석하는 게 결코 쉽지 않습니다. 자신의 손금과 다르게 생겼기 때문이죠. 또 자신의 손금이 의미하는 바는 잘 기억하지만 내 손에 없는 선을 보게 되면 그 의미가 잘 떠오르지 않습니다. 상대가 손바닥을 내밀면 그 많은 손금 중에 무엇부터 봐야 할지도 막막해지고요.

이처럼 손금을 아는 것과 보는 것은 정말로 다릅니다. 설사 손금의 의미를 잘 이해하고 있다고 해도 전달하는 것 또한 별개의 문제랍니다. 좋은 선은 그렇다 쳐도, 안 좋은 선을 그냥 직설적으로 '너 단명하겠다' '거지 팔자인데?'라고 하면 상대방은 크게 상심하거나 상처를 받을 수도 있거든요. 실제로 그런 부정적인 한마디에 평생을 얽매이고 사시는 분들도 많이 봤습니다. 따라서 조언 역시 성실하고 진지

하게 잘해줘야 합니다.

한마디로 손금의 이론과 실전은 완전히 다릅니다. 사실 실전 편에서 연습을 하더라도 여기서 제시한 것과 또 다른 손금을 만나면 막막해질 겁니다.

그렇기 때문에 실전 연습이 반드시 필요한 겁니다. 특이한 손금, 모르는 선을 보면 양해를 구하고 사진을 찍어놓았다가 손금 고수에게 물어보세요. 그렇게 하나씩 깨우치다 보면 실력이 금방 늘게 됩니다. 궁금한 게 있으시면 제가 운영하는 온라인 카페, 소영이의 손금사랑(cafe.daum.net/middari)에 놀러 와서 물어보세요.

●● 손금, 무엇부터 봐야 하나요?

손금을 볼 기회가 생겼을 때 도대체 무엇부터 해야 할까요? 크게 4단계로 생각해볼 수 있습니다.

깍지를 껴 타고난 손과 현재의 손부터 알아봅니다

앞에서 말했듯 손금을 보기 전에 가장 먼저 깍지를 껴보라고 해야 합니다. 엄지가 올라가 있는 손이 선천적인 손, 그리고 엄지가 아래 있는 손이 후천적인 손입니다.

기본 3대선을 먼저 보고 구와 기타 손금을 확인합니다

생명선을 시작으로 해서 그다음 두뇌선, 감정선을 보세요. 손금이 너무 단순하면 구가 발달되어 있는지도 살펴보세요. 해석이 잘 안 된다면 손 모양(146~151쪽 참고)을 보면서 시간을 버는 방법도 있습니다.

step3 각각의 선에서 현재 나이대를 봐야 합니다

유년법으로 생명선, 감정선의 각 나이대를 본 후 운명선, 재물선, 사업선에도 지점을 표시해보세요. 이게 너무 어렵다면 기본 3대선으로 성격과 적성만 봐줘도 상대가 호감을 느낄 것입니다. 그러나 곧 여러 가지 질문이 들어오게 되겠죠? 질문에 따라 장애선이나 상향하는 선, 그리고 지선 등을 살펴보면 됩니다.

step4 상대방이 희망을 가질 수 있도록 미래에 대한 조언을 주세요

절대 손금을 보면서 함부로 예언을 하거나 점을 치려고 하지는 마세요. 재물선이 좋으면 충분히 좋다고 설명을 해주고 좋지 않으면 이런 선 때문에 좋지 않다는 걸 논리적으로 이야기해줘야 합니다. 그래야 상대가 믿음이 생기겠죠? 특정 질문에 대한 조언은 부록 편을 참고하시면 도움이 많이 될 겁니다.

●● 정말 손금만 보는 건가요?

손금을 본다는 게 정말 손금 그 자체만 본다는 건 아닙니다. 수상학(手相學)은 손금뿐만 아니라 손가락도 보고 건강한 손톱인지도 봅니다. 하지만 손금만으로도 웬만한 걸 다 알 수 있기 때문에 굳이 손톱까지 신경 쓰지 않아도 되는 거죠. 물론 고수가 되었을 땐 손 모양, 손톱, 지문도 참고하면 더 좋습니다. 하지만 손금을 보는 것도 벅차다면 우선 손금부터 마스터해야겠죠.

지문, 손 모양, 손톱 모양, 손가락의 길이, 손의 색과 윤기 같은 것도 보나요?

지문이나 손톱엔 혼합형이 많고 애매모호한 해석도 많으니 너무 의존하진 않는 게 좋습니다.

손가락 역시 마찬가지입니다. 엄지손가락이 유연하다고 해서 그 사람이 꼭 도박에 빠지는 건 아니니 무엇이든 단정 짓지는 마세요. 또, 손가락 길이가 길면 게으르다고 하는데, 이와 관련해서는 3부 진로·적성 편의 '손 모양으로도 그 사람이 보인다'(146~151쪽)를 참고하시면 됩니다. 다른 책에서는 손금 외에도 손톱, 손가락, 지문 모양까지 설명을 자세히 해놓았지만 저는 손금으로도 충분히 많은 걸 볼 수 있음을 보여주기 위해 이 부분은 싣지 않았습니다.

온라인이나 스마트폰으로 보는 손금, 오프라인보다 믿을 만한가요?

요즘엔 온라인으로 자신의 손금 사진을 보내 상담을 받는 분들이 참 많습니다. 또 스마트폰을 이용해서 카톡으로 손금을 보기도 하죠. 이러다 보니 오프라인보다 온라인으로 만나는 손님이 더 많아졌답니다.

물론 사진만으로 손금을 보는 건 한계가 있습니다. 손금이 연하거나 잘 안 보여 자세히 보여준다고 손금만 확대해서 보내주시는 분들도 계신데 그럴 경우 전체적인 손 모양은 볼 수가 없거든요. 그렇다 하더라도 손금 사진으로도 충분히 전반적인 진단을 내릴 수 있습니다. 요즘엔 핸드폰 사진의 화질도 매우 좋기 때문에 잔선까지도 확인이 가능합니다.

'같은 손금을 온라인과 오프라인에서 보면 다르게 진단이 나오지 않을까' 하는 의문을 품는 분도 꽤 계시지만 크게 다르지 않습니다. 다만 온라인상으로는 구가 얼마나 발달되었는지 보기 어렵다는 단점이 있습니다. 하지만 이 역시 내공이 쌓이면 사진만으로도 충분히 확인 가능합니다. 우선 구가 발달된 손은 보기에도 두툼하지만 살집 때문에 선이 올라가다 만 경우가 많고요. 구가 발달되지 않았다면 구 주변이 밋밋할 뿐 아니라 손금에 잔선도 많고 골이 패인 듯한 선이 많이 모여 있답니다.

손의 단단함도 봐야 하나요?

어떤 책에서는 손의 단단함으로 감수성과 의지력을 볼 수 있다고 하지만 이는 불가능합니다. 손이 단단하다고 감수성이 없는 것도 아니고, 부드럽다고 해서 의지력이 없는 건 아니거든요.

손의 크기도 중요한가요?

손이 크면 사고력과 실행력이 좋다고 하는 분들도 계시지만 꼭 그렇지만은 않습니다. 오히려 손이 작은데도 야무지고 똑 부러진 분들도 많습니다.

●● 조언을 어떻게 줘야 할까요?

손금을 잘 읽는 것도 중요하지만 사실 이를 해석해서 상대에게 잘 전달하는 것도 참 중요합니다.

좋은 말은 누구나 듣기 좋아하지만 부정적인 말은 아무리 장난이라 해도 기분이 좋지 않을 수 있습니다. 따라서 아무리 친한 친구라도 손금이 나쁘다고 해서 부정적으로 말해주는 건 삼가는 게 좋습니다. 그 친구에게는 그게 평생 상처로 남을 수도 있기 때문입니다. 실제로 어렸을 적 친구가 손금을 보고 부정적으로 했던 말을 50년이 넘도록 기억하고 신경 쓰며 살았던 손님도 계셨답니다.

그렇다면 흔히 하는 실수 두 가지를 보도록 하겠습니다.

생명선, 두뇌선이 짧은 경우

"야, 너 단명하는 거 아냐? 생명선이 왜 이렇게 짧아? 두뇌선도 짧은 거 보니까 머리도 진짜 나쁜가 봐."

이렇게 말하는데 상대가 기분이 좋을 리가 없겠죠. 앞에서 언급했듯이 단명은 '역마'와 '호기심'과도 관련이 많기 때문에 돌려 말하는 센스가 필요합니다. 같은 말을 하더라도 이렇게 말해주면 친구에게도 훨씬 도움이 많이 될 겁니다.

▶▶ "너 호기심이 진짜 많구나? 이것도 하고 싶고 저것도 하고 싶고 그러지 않니? 진로를 고민하고 있다면 초조해하면서 너무 서두르지 말고, 또 이것저것 막 손대지 말고 진지하게 생각해봐. 인내심이 꼭 필요할 것 같아. 참지 못하면 한 가지라도 완주하기 힘들어 보여. 왜냐하면 이게 생명선인데 짧아 보이지 않아? 이건 어학이나 외국하고 인연이 많다는 거래. 굳이 외국이 아니더라도 돌아다니는 것과 인연이 많대. 맞다, 너 사진 찍는 거 좋아하잖아. 사진 찍으려면 많이 돌아다녀야 하니까 그쪽 길도 생각해봐. 아무튼 이것저것 다 파고들어서 괜히 마음고생 하지 말고 너가 정말 좋아하는 일, 또 하고 싶은 일이 뭔지 좀 더 진지하게 고민해봐."

막쥔금인 경우

"헐! 막쥔금은 부자 아니면 거지라는데, 너 앞으로 어떡하니?"

이때도 다음과 같이 돌려 말하는 센스를 발휘해보세요.

▶▶ "이야! 너 막쥔금이구나! 뭐 하나 큰 건 할 것 같다. 그런데 환경도 좀 생각해야 하고 주변 사람도 잘 만나야 하는 단점이 있어. 하는 일이 잘될 수도 있지만 적도 많다는 걸 명심해."

말 한마디에 천 냥 빚을 갚는다는 말이 그냥 나온 게 아닙니다. 나의 이런 한마디가 오랫동안 마음을 나눌 수 있는 친구가 되는 데 결정적인 역할을 할 수도 있으니까요.

상담을 해준 사람은 그 사람의 손금이나 상담해준 내용을 잊을 수도 있지만 상대는 한 마디도 잘 간직하고 기억하는 경우가 많습니다. 후에 저를 다시 찾아와서 이렇게 말씀하시는 분들도 많았거든요. 제가 어떤 말을 해줘서 크게 힘을 얻어갈 수 있었다고요. 이렇게 카운슬링이 큰 위안이 되었던 분들은 결국 잊지 않고 꼭 다시 찾아오신답니다.

손금을 읽고 조언해주고 카운슬링을 하는 데에도 어느 정도 연습이 필요합니다. 따라서 완전히 낯선 사람의 손금을 봐주기 전에 편하게 이야기할 수 있는 친한 친구나 지인들의 손금을 보면서 카운슬링 연습을 해보는 게 좋습니다.

손금은 여전히 남자들의 작업용으로 최고입니다

　남자들은 흔히 손금을 작업용으로 배우죠. 그리고 실제로 손금은 처음 만나는 사람의 마음을 여는 데 효과가 있습니다. 손금을 봐준다는데 싫어하는 사람은 거의 없는 데다 손을 잡게 되기 때문에 스킨십도 자연스럽게 이루어지고, 또 이런저런 얘기를 하다 보면 상대가 먼저 마음을 열고 자신의 이야기를 하기 때문이죠.

　대학교 시절 점심을 먹으러 레스토랑에 갔는데 제 옆 테이블에서 한 남자가 한 여자의 손금을 봐주고 있더군요. 제가 주문 전에 일행한테 조용하라고 하면서 엿들었는데 웃음이 나왔답니다. 손이 예쁘고 부드러우면 상냥하고 귀도 얇고 '깔끔쟁이'라는 둥 구가 발달되어 있다면 미래에 잘살 수 있다는 둥 실없는 말도 서슴지 않더군요. 여자분은 지금 당장이 더 중요하다고 하면서 더 깊이 봐달라고 조르는 듯 했습니다. 그렇게 손금 상담은 5분 만에 끝이 났답니다. 정말로 그저 작업용에 불과했던 거죠.

　그러나 그런 시도 자체는 충분히 훌륭하다고 생각합니다. 손금으로 분위기를 리드하고 상대와 좀 더 친밀해지기 위해 마음을 읽으려고 했던 점은 칭찬해줄 만하지 않나요? 그 커플은 금방 나갔지만 아마도 그 이후로 더 친해지지 않았을까 싶네요. 친해지고 싶거나 만나고 싶은 이성이 있다면 손금을 통해 상대의 마음을 더 빨리 열어보는 건 어떨까요?

●● 주의해야 할 사항이 있나요?

손금을 봐주는 입장

우선 위에서 말한 대로 부정적인 말은 웬만하면 돌려서 상대에게 더 도움이 되는 방향으로 카운슬링을 해주시는 연습을 해야 합니다.

그리고 손금을 너무 깊게 믿고 의지하진 마세요. 좋은 손금이어도 잘 안 풀리는 사람이 있고 안 좋은 손금이어도 잘 풀리는 사람도 있습니다. 가장 중요한 건 노력과 자기 의지입니다. 따라서 손금을 봐줄 때 너무 과장되게 말하거나 확신을 심어주지는 마세요. 우선 상담자가 묻는 질문에 맞는 손금을 봐주시고, 좋은 손금이건 안 좋은 손금이건 너무 심각하게 받아들이지 말고 참고만 할 것을 꼭 말씀드리세요. 결국엔 운보다 노력이 중요하다는 걸 반드시 강조해야 합니다.

복채는 본인을 위해서도 주는 게 좋습니다

제대로 손금을 보러 갔다면 절대 공짜로 보려고 하지 마세요. 손금을 봐주는 입장에서도 공짜로 보려고 하지 마시고요. 손금을 봐준다는 건 기를 빼앗기는 거나 다름없기 때문에 상대가 사례를 하는 게 당연합니다. 만약 친구가 손금을 봐줬다면 밥을 사는 것도 좋고요. 결국엔 본인을 위해서도 필요하답니다. 원하는 바대로 꼭 이루어지리라는 의미로 복채를 주는 거니까요.

부정적인 얘기를 들으면 재수 없다고 복채를 주지 않으려고 하시는 분들도 계시는데요. 주의 사항처럼 새겨듣고 조심하자는 의미에서, 또 지금부터 미리 액땜을 한다는 의미에서 복채를 주는 것입니다.

그렇지 않으면 공짜 복을 사게 되는 거나 다름없습니다. 미신처럼 느껴질지는 모르나 어디서 들은 얘기로는 복채 없이 손금이나 사주를 보면 결국 잘 풀리는 게 하나도 없다고 합니다. "잘되면 내가 밥 살게."라고 해놓고 그냥 넘긴 적은 없는지요. 잘되어서 밥을 산다고 했던 말에도 책임을 지는 사람이 되어야만 상대한테 빚을 지지 않는 법이랍니다.

손금을 보러 가는 입장

손금을 보러 가시는 분들께도 몇 가지 꼭 말씀드리고 싶은 게 있습니다. 어떤 분들은 본인의 손금보다도 선생님들의 실력을 시험해보고 싶어서 손금이나 사주, 타로 점을 보기도 하더군요. 하지만 여기저기 싸게 손금 봐준다고 걸어놓은 팻말을 보더라도 장난삼아 내 손을 함부로 보여주고 다니진 마세요. 저에게도 가끔 그런 분들이 찾아오시는데 매우 불쾌하기도 하고 또 본인은 티가 안 난다고 생각하지만 시험하러 온 게 다 드러난답니다.

또 손금을 보기 전에는 마음을 비워야 합니다. 좋은 얘기만 들으려고 하시는 분들이 많은데요. 손금이 나쁜데도 좋게 얘기를 해주는 건 거짓말이지요. 조금 부정적인 얘기를 듣더라도 '내 손금의 어디가 부족하니 앞으로 주의하며 살아야겠구나.' 이런 열린 마음으로 들어야 합니다. 나는 재물선이 없는데 손금 성형을 하지 않으면 평생 재물이 없는 거 아니냐고 하면서 주바심을 낼 필요도 없습니다. 재물선이 없어도 재물 걱정 없이 사는 사람이 부지기수니까요.

손금 공부에도
노하우가 있다

무작정 손금 이름을 외우려고 하지 마세요

생명선, 두뇌선, 자수성가선, 영향선……

무슨 손금이 이렇게도 많은지 손금 초보자분들은 아마 선을 외우는 것부터 벅찰 겁니다.

하지만 무슨 선인지 꼭 외우실 필요는 없습니다. 손금은 기본적으로 생명선, 두뇌선, 감정선 그다음 운명선, 재물선, 사업선 위치만 알아도 감은 생기거든요. 만약 새로운 선이 발견되거나 도저히 무슨 선인지 모르겠는 게 있다면 그 부분은 눈여겨봤다가 책을 찾아보거나 고수에게 물어보면 실력이 금방 늘게 됩니다.

구도 마찬가지입니다. 구는 사실 보기 좀 어려운데요. 만약 구가 발달된 건지 아닌지 잘 모르겠다면 무난한 겁니다. 아주 발달된 게 아니라면 사실 구는 잘 보이지 않거든요. 또 대개 구가 발달되어 있으면 선이 별로 없습니다. 반대로 구가 약하면 잔선도 많고 선이 더 선명하답니다. 그렇다면 구가 발달되어 있는데 선까지 선명한 손도 있을까요? 그런 손은 백 명 중 한 명꼴로 볼 수 있답니다.

손금에도 몇 가지 공통되는 사항들이 있습니다. 이런 공통점들을 발견하시면 더 기억하기 쉽답니다.

- 손금이 연한 것보다 진한 게 낫다
- 선이 끊어지면 어떤 변화가 생기는 걸 의미한다
- 하향하는 선은 부정적이고 상향하는 선은 긍정적이다
- 선이 여러 갈래인 경우엔 실제로 여러 가지 분야에 관심이 많다
- 유년법으로 봤을 때 현시점에 선이 두 개면 좋은 일이 일어날 수 있다
- 지선이 하향을 했거나 잔선이 많거나 끊어져 있으면 현재가 좋지 않거나 향후 몇 년간은 고비가 생길 수 있다
- 나이대에 운명선, 재물선, 사업선이 뚜렷하거나 좋으면 운명이 잘 흘러가지만, 끊어져 있으면 안 좋은 영향이 오래갈 수 있다

손금 공부에도 슬럼프가 있습니다

손금 공부에도 슬럼프라는 게 옵니다. 다름 아닌 유년법 때문이죠. 유년법을 잘 몰라서 길이를 재는 '자'를 갖고 보는 경우도 있는데 그렇게 깊게 보려고 하다 보면 꼭 슬럼프가 오게 됩니다.

손금에서 유년법 다음으로 가장 어려운 난관이 바로 장애선과 잔선입니다. 잔선으로 봐야 할지 여행선으로 봐야 할지, 또 분명 장애선인 건 알겠는데 어느 시점에서 장애가 오는지 아는 것도 너무 어렵다고들 합니다.

장애선은 생명선 안쪽에서 시작해서 바깥으로 나가는 선입니다. 장애선이 여러

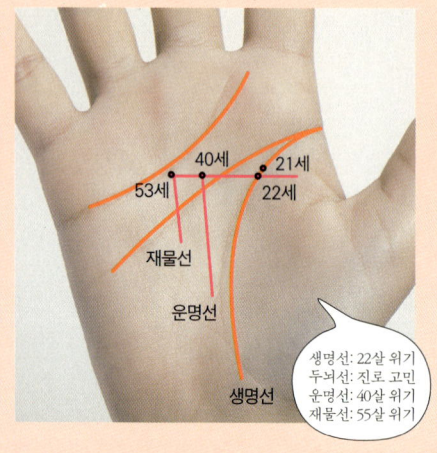

선에 걸쳐 있을 때에는 각각의 선마다 장애선이 지나는 지점의 나이대가 언제인지를 파악해야 합니다. 예를 들어 왼쪽 그림을 보면 장애선이 생명선 안쪽에서 시작해 두뇌선을 끊고 나가 운명선과 재물선을 지나가고 있죠. 이 경우, 생명선에서는 22살, 운명선에서는 40살, 재물선에서는 55살쯤에 위기가 있음을 알 수 있습니다. 두뇌선의 유년법은 매우 어렵기 때문에 진로 고민이 있다는 정도로 해석하시면 됩니다.

그다음으로는 위기의 강약이 어느 정도인지를 따질 수도 있어야 합니다. 몇 십 년 동안 그 장애선 하나 때문에 고통스럽거나 일이 안 풀릴 수 있느냐는 질문을 받을 때도 있거든요. 장애선이 진하면 그만큼 강도가 크다는 것이고 장애선이 잔선처럼 연하면 지나온 과거일 수도 있고 앞으로 주의해야 하는 선일 수도 있으니 참고하세요.

최소 100명의 손금을 봐야 감이 옵니다

대충 몇 명 정도의 손금을 보면 어느 정도 파악이 될까요? 일반적으로 100명 정도 보면 대충 감을 잡게 된다고 합니다. 손금은 그만큼 습득이 빠르고 독학도 가능합니다. 또, 모르는 게 나오면 반드시 짚고 넘어가려 하는 집요함도 있어야 실력을 크게 발휘할 수 있습니다.

저는 이를 깨우치기 위해서 장애선이 있는 지인 한 분을 십 년이 넘도록 꾸준히 관찰했습니다. 저도 계속해서 안부를 물었고 그분 역시 무슨 일이 있으면 꼭 저를 찾아오더군요. 그런 식으로 손금을 계속 들여다보게 되었지요. 그렇게 한 사람의 손금을 꾸준히 보다 보니 상황이나 마음가짐에 따라 손금이 변하는 것을 확실히 알 수 있었습니다. 잔선이 연해지거나 진해지기도 하고 새로 생길 때도 있었지만 확실히 없어지지는 않더군요.

제 개인적으로는 그렇게 한 사람을 오랫동안 보는 방법이 연구하기에 제일 좋은 것 같습니다. 물론 처음 보는 사람, 찾아오는 손님들의 손금을 보는 것도 중요합니다. 하지만 보통 한 번 오시고 안 오시는 경우가 많은데, 만약 '이 사람이다' 싶은 분이 있으면 저는 가만 놔두질 않았답니다. 그런 꾸준함과 노력 없이 손금 고수가 되기는 힘듭니다.

재미 삼아 딱 여기까지가 내 실력일 뿐 그 이상 깊이 들어가는 게 무리일 것 같다면 서두르시 마시고 차근차근 많은 손을 들여다보는 수밖에 없습니다. 언제까지 한다고요? 최소 100명은 볼 때까지.

별점으로 보는
손금 실전

　이제 열 분의 손금 사례를 통해 손금 카운슬링 실전 연습을 해봅시다.
　손금에도 좋은 손금, 안 좋은 손금이 있습니다. 그리고 손님들 중에서도 이 손금이 좋은 건지 안 좋은 건지 물어보시는 경우가 종종 있어 이를 쉽게 표현하기 위해 손금마다 별점을 주었답니다.
　그리고 손금은 어느 특정 선만 집중적으로 보는 게 아니라 전체적으로 봐야 합니다. 처음에는 한 번에 보는 게 매우 어렵기 때문에 한 선 한 선 차근차근 짚어가면서 보는 게 도움이 많이 됩니다. 사례를 보다 보면 본인의 손금과 비슷한 경우가 있을 겁니다. 따라서 앞에서 줄줄이 설명한 것보다 실제 사례를 보는 게 더 잘 와닿을 수 있습니다.
　손금을 볼 때는 앞서 말했듯 우선 기본 3대선인 생명선, 두뇌선, 감정선 순으로 읽으시면 됩니다. 그 밖의 선들은 각각의 사례별로 어떻게 해석하는지 보시고 실전에서 써먹어보세요.

사례 1

 친척이 손금을 봐줬는데 제가 평생 고생하며 산대요. 정말인가요?

— 남자, 고등학생

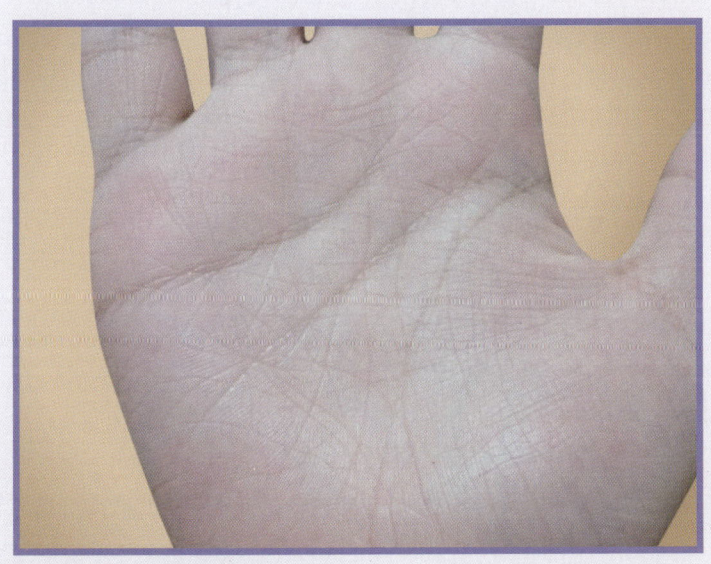

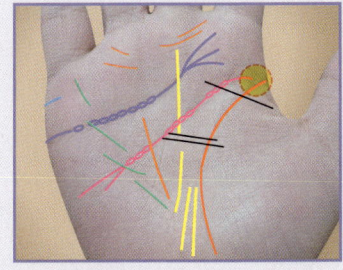

🔍 이 부분을 유심히 보세요

섬문양과 잔선, 생명선과 두뇌선이 떨어져 있는 것을 보세요. 고등학생이니 앞으로의 진로에 관한 조언을 주면 좋겠죠?

●● 별점으로 보는 손금 카운슬링 1

1 생명선 ★★☆☆☆

생명선 상에서는 검지 부근을 21살로 봅니다. 그 안쪽을 한번 보세요. 장애선이 지나가고 있는 게 보이시나요? 대략 17세 정도 되는데 이때 **진로 때문에 고민을 하거나 방황**할 수 있습니다. 그리고 생명선이 처음에는 진한데 하단은 연하지요? 어떤 일을 할 때 중도 하차하는 일이 종종 생길 수 있으니 인내심과 책임감을 기를 필요가 있습니다.

2 두뇌선 ★★☆☆☆

두뇌선이 길면 생각이 깊고 예민하고 공부에 소질이 있음을 의미합니다. 따라서 연구원과 같은 직업이 아주 잘 어울리죠. 하지만 속단하기는 이른 게 생명선과 두뇌선이 떨어져 있기 때문입니다. 물론 시작 지점이 살짝 붙어 있는 듯하지만 이 정도면 떨어져 있다고 보는 게 좋습니다. 이는 **독립적이고 비교적 자유로운 일**이 잘 맞는다는 걸 의미합니다. 예를 들면 디자이너나 프리랜서, 회사에 들어가더라도 소수가 일하는 작은 조직에 들어가는 게 좋습니다. 구속받는 것도 싫어하고 개인주의 성향이 강하다고 볼 수 있겠죠? 또 섬문양이 많아 **고민을 달고 살 수도 있어 두통에 유의**해야 합니다. 공부를 잘하고 관심도 많다면 연구원의 길을 생각해보는 게 좋고, 공부에 영 관심이 없다면 독립해서 빨리 자기만의 길을 찾는 게 좋습니다.

3 감정선 ★★☆☆☆

감정선은 끝 가닥이 세 갈래입니다. 물론 잔선이라 힘이 없어 보이지만 이 세 가닥은 **내성적이고 자기표현을 잘 못 한다**는 걸 의미합니다. 거기다 섬문양이 좀 있어서 예민하고 소심합니다. 나서는 걸 별로 좋아하지 않고 뒤에서 챙기는 걸 선호하니 리더십과는 약간 거리가 멀 수도 있겠네요.

4 운명선 ★★☆☆☆

운명선을 보면 잔선이 많고 해석하기가 난해합니다. 어느 선을 시작으로 봐야 할지 애매하죠. 즉, 전문적인 자신만의 기술이 없으면 방황을 많이 할 수 있습니다. **예술이나 기술, 손재주를 발휘해야 하는 직업**이 잘 맞으며, 조직에서는 살아남기 힘들 수도 있습니다. 또 운명선이 힘차게 한 선으로 올라가는 것이 아니기 때문에 직장을 여러 번 옮길 수도 있고 꿈이 매번 바뀐다거나 한 가지 기술을 갖더라도 **계속해서 자리를 옮겨 다닐 수도 있습니다**. 만약 여자분이 이런 손금을 갖고 있다면 전업주부가 되어 집에서 아이를 키우고 살림을 하면서 살고 싶어 할 수도 있습니다.

5 재물선 ★☆☆☆☆

재물선의 별점이 가장 낮습니다. 아쉽지만 감정선 위의 재물선에 금성대가 많아 **귀가 얇고 치장하는 데 돈을 낭비**할 수도 있습니다. 돈을 모으면 꼭 어딘가에 써야 직성이 풀리는 거죠. 운명선 옆 감정선 하단 쪽에도 재물선이 있습니다만 힘이 없습니다. 그래서 돈 욕심이 없을 수도 있고 그러다 보니 돈 관리가 더 잘 안 될 수 있습니다. 따라서 본인은 좀 쉬고 싶어도 무조건 열심히 일을 해야 하고 또 한 달 벌어 한 달 쓰는 생활 때문에 스트레스가 많을 수도 있으니 경제 관념을 빨리 갖고 돈 관리에 힘쓰는 게 좋습니다.

6 사업선 ★★☆☆☆

사업선이라고 해서 꼭 사업을 말하는 것은 아닙니다. 이는 건강, 책임감도 의미합니다. 이분은 사업선이 있지만 한 선으로 쭉 올라가는 것이 아니라 끊어져 있죠. **사업을 하더라도 오래 하지 못할 수도 있어** 사업에 별 관심이 없다면 오히려 다행이란 생각도 드네요.

7 결혼선 ★★★☆☆

전형적인 일편단심형입니다. 딱 한 개의 선명한 결혼선, 보이시죠? 그러나 결혼은 꼭 서른을 넘겨서 하라고 말씀드리고 싶습니다. 왜냐하면 생명선 나이 30살 즈음에 장애선이 지나가고 있기 때문이죠. 따라서 그 위기를 지나고 결혼을 하는 게 좋습니다.

종합 진단

엄지손가락 부근의 세로선은 학교 친구를, 생명선 하단에 붙어 있는 세로선은 사회 친구를 뜻하니 인복에는 별 문제가 없어 보입니다. 전체적으로 잔선이 많지만 여행선도 볼 수 있는데, 이는 독립심이 많다는 것을 뜻하기 때문에 자기가 잘하고 좋아하는 일을 하게 되면 의외로 잘 풀릴 수 있습니다. 예민하고 감수성이 강한 편이라면 그런 점을 살리고 단점을 보완하고자 노력하면 충분히 잘살 수 있으니 이 손금과 비슷한 손금을 가진 분들은 너무 실망하지 마시고 좋아하는 일을 찾아 도전해보길 권합니다.

이분은 고등학생인데요. 아무리 통합형 인재니 뭐니 해도 여전히 문과, 이과로 나뉘고 있으니 이 부분에 대한 조언이 필요할 것 같습니다. 과연 어느 쪽이 맞을까요? 이분의 경우 이과보단 문과가 더 낫습니다. 금성대와 감정선 끝 세 가닥, 그리고 제2화성구까지 가는 두뇌선을 봤을 때 문·이과 다 가능하지만 감정선에 더 비중을 둘 필요가 있습니다. 전반적으로 전문적인 자기만의 기술이 있으면 더 좋으니 예술 방면도 무난하겠네요.

사례 2

 유학생입니다. 졸업하고 귀국을 했는데 앞으로 공무원을 해야 할지 사업을 위해 경험을 쌓아야 할지 궁금합니다.

– 여자, 30대 초반 유학생, 현재 백수

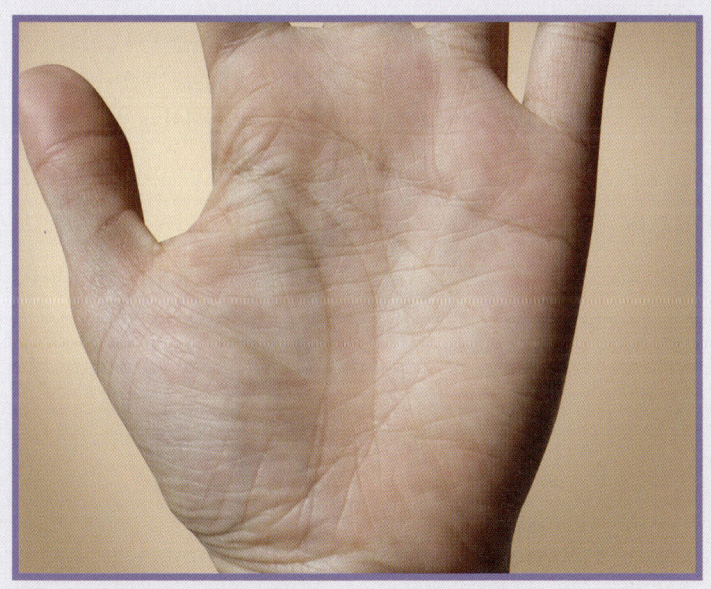

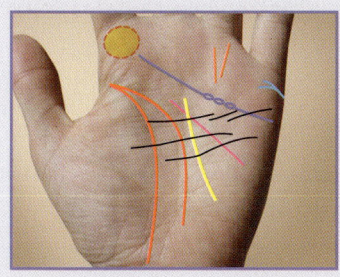

이 부분을 유심히 보세요

생명선 옆에 운명선이 있고 그 위에 두뇌선이 있죠? 과연 이분의 생명선은 이중 생명선으로 보는 게 좋을까요?

●● 별점으로 보는 손금 카운슬링 2

1 생명선 ★★☆☆☆

이 생명선은 이중 생명선으로 봐야 합니다. 생명선이 두 개면 남들보다 고생을 두 배로 합니다. 철이 늦게 들거나 환경이나 진로가 크게 바뀔 수 있기 때문이죠. 좋은 점은 생활력이 강하다는 것, 그리고 늘 바쁘게 살려고 노력하는 사람이라는 점입니다. 가만히 집에만 갇혀 지내진 않는다는 거죠. 진로 때문에 고민이 많을 수 있으니 두 가지 이상의 기술이 있다면 더할 나위 없이 좋겠죠? 한 가지 안 좋은 점은 생명선을 지나는 장애선이 참 굵다는 겁니다. 30대까지 장애선이 굵직굵직하게 지나가서 많은 고비가 있으리라 예상됩니다.

이런 분이 사업을 하면 좋을까요? 하더라도 늦게 하는 게 좋습니다. **가족을 위해 책임져야 할 일이 많기 때문**이죠. 또, 사업을 할 땐 가족에게 도움을 청하기보다 내가 벌어서 하는 게 낫습니다. 따라서 준비를 하려면 시간이 좀 필요하겠네요.

그리고 이분은 미혼이지만 **결혼은 늦게 할수록 좋다**고 말해드리고 싶습니다. 생명선이 두 개인 데다 장애선이 있기 때문입니다. 인연을 늦게 만날수록 더 나을 것 같다는 말씀을 드리고 싶네요.

2 두뇌선 ★★☆☆☆

일단 두뇌선이 끊긴 것을 볼 수 있습니다. 또, 상향하는 선이 있고 중간에도 선이 있다가 새로 길게 내려가는 선이 있죠. 이 선은 **늦공부를 할 수도** 있고 다른 길을 갈 수도 있음을 의미합니다. 두뇌선이 길어서 가방끈이 길거나 공부를 뒤늦게 할 수도 있지만 일단 방향을 시작하면 오래 끌고 간다는 게 단점입니다. 그리고 굵직한 장애선을 보면 공부를 방해하는 일이 생기거나 시간이 오래 걸릴 수 있어 신중하게 선택해야 합니다.

3 감정선 ★★★★☆

이 정도의 감정선이면 감정선 나이로 30대 중반쯤에 보이는 섬문양 빼고는 무난하다고 볼 수 있습니다. 섬문양이 있으므로 건강도 사랑도 주의해야겠죠? 그리고 감정선이 검지 밑에까지 와 있다는 것은 성격이 강하다는 걸 말해줍니다. **리더십과 표현력**이 뛰어나지요. 자기가 하고 싶은 말을 다 할 수 있는 타입입니다. 하지만 겉과 속이 다를 수도 있습니다.

이처럼 권력구가 발달되어 있거나 그 위로 선이 지나가면 **보수적이고 개인주의적**인 면이 있습니다. 자기가 하는 일에 있어 끝장을 봐야만 한다는 점을 참고하세요.

4 운명선 ★★☆☆☆

운명선이 월구 위에서 시작하고 있어 **서비스업이나 사업**이 잘 맞을 수 있습니다. 나이대로 봤을 때 50대 전이 되는 지점에서 운명선이 끊어져 있는데 그때 고비가 있을 수 있어 **안정적인 공무원**의 길을 가는 것도 좋습니다. 공무원을 한다면 사회복지나 특수한 기능직 공무원이면 좋고요. 굵은 잔선들이 많아 자신만의 기술을 갖고 있어야만 살아남을 수 있습니다.

5 재물선 ★☆☆☆☆

감정선 위로 재물선이 올라가다 마는 게 보이시나요? 별점을 낮게 준 것은 바로 그런 이유 때문입니다. 공무원을 하려면 그 선이 곧게 올라가야 하는데 재물선을 보면 공부를 하다 말 것 같네요.

그리고 재물 관리에 너무 소홀합니다. **돈이 생겨도 소비하기 바쁘고**, 본인은 꼭 필요한 데 쓴다고 하지만 남는 돈이 많지 않아 고생할 수 있습니다. 하지만 백수 기간이 그리 길지는 않습니다. 이중 생명선이 있기 때문에 생활력은 있거든요. 그러니 돈 관리법을 배우는 게 좋겠네요.

6 사업선 ☆☆☆☆☆

사업선은 없는 거나 다름없습니다. 그래서 사업을 위해 어떤 기술을 익힌다고 해도 특정한 조직에 소속이 되어 **월급을 받고 사는 것**이 좋습니다. 사업을 한다 한들 한곳에 오래 정착하지 못합니다. 평범한 회사원이 된다 해도 계속 직장을 옮겨 다닌다거나 업종을 바꿀 수도 있다는 점을 참고하세요.

종합 진단

나이대로 봤을 때 늦은 시기를 말해주는 지점에 있는 결혼선이 양 갈래로 벌어진 게 보이시나요? 그래서 이분은 결혼을 늦게 하는 게 좋고 일도 평생 해야 할 것 같네요. 그리고 여행선이 많습니다. 사업선처럼 보일 수도 있지만 소지로 올라가지 않고 옆으로 빠진 모양은 다 여행선으로 보셔야 합니다. 이는 외국여행을 자주 다닌다거나 역마가 있다고 볼 수 있습니다.

공무원을 굳이 하고 싶다고 해도 웬만하면 돌아다닐 수 있는 일을 택하는 게 좋습니다. 사업은 자제하는 게 현명하며 그보다는 프리랜서로 일하는 게 더 잘 맞습니다.

사례 3

 현재 대기업에 다니고 있는데 안정적인 공무원이 되고 싶습니다. 지금 일을 계속 하는 게 좋을까요, 아님 공무원에 도전하는 게 좋을까요?

– 남자, 미혼, 34살 대기업 직장인

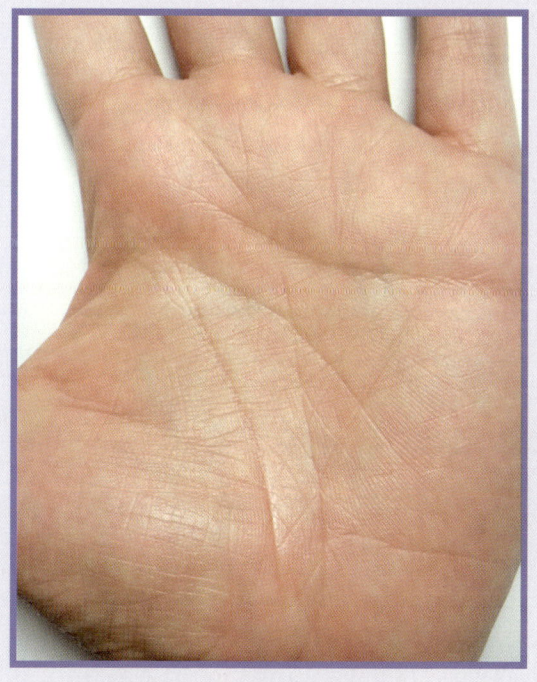

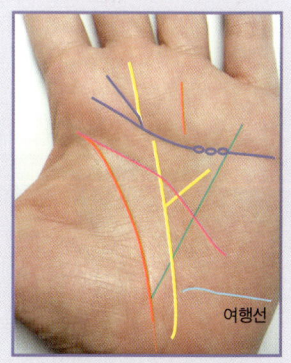

 이 부분을 유심히 보세요

월구에 있는 선은 방종선일까요, 여행선일까요? 또한 감정선 끝부분쯤 검지와 중지 사이에도 선이 있네요. 감정선의 지선으로 봐야 하는지 금성대로 봐야 하는지가 이 손금의 포인트입니다.

●● 별점으로 보는 손금 카운슬링 3

1 생명선 ★★★★☆

생명선은 아주 선명하고 시원하게 내려가 있지만 끝은 좀 연해 보입니다. 아직 젊기 때문에 명을 예견하기는 어렵고 단지 건강상으로 봤을 때 **생식기, 하체 부분을 관리**하는 게 좋다고 말씀드리고 싶네요. 그리고 생명선 끝이 연한 걸로 보아 뭐든 끝까지 밀고 가야 하는데 중간에 이 길을 가야 하나 아님 다른 길을 가야 하나 계속해서 고민할 수도 있습니다. 어쩌면 지금 진로를 고민하는 게 생명선 끝부분 때문이지 않을까 싶네요.

2 두뇌선 ★★★★☆

두뇌선도 아주 잘 내려가 있지요? 두뇌선 중간에 꺾임이 있어 꿈이 한 번 바뀌었거나 **진로에 있어 변화**가 있었을 수 있습니다. 문과와 인연이 더 많지만 경제나 숫자에 강할 수도 있고요. 솔직하고 직설적이기보다 부드럽고 말을 돌려가며 할 줄 아는 **매너 있는** 분인 것 같네요.

3 감정선 ★★★★☆

감정선의 맨 끝에 양 갈래 벌어진 모양이 보이나요? 이게 지선인지 금성대인지 헷갈릴 수도 있는데 매우 선명한 데다 나중에 감정선과 붙을 수 있으므로 감정선 끝이 두 갈래로 벌어진 모양으로 보는 게 좋습니다.
이분은 명예와 권력을 중시하고 자기주장이 강해 계속해서 **높은 자리까지 올라갈 수** 있습니다. 다만, 섬문양이 있어 시력이 나쁠 수 있겠네요. 또, 35살까지 이어진 세 개의 섬문양은 고민, 고생, 성격 변화 등을 의미하므로 그때쯤 일이 잘 안 풀릴 수도 있습니다.

4 운명선 ★★★★☆

손목에서부터 올라가는 교과서 같은 운명선입니다. 대기업, 공무원 모두 잘 맞지만 공무원이 더 잘 어울릴 수도 있겠네요. 대기업을 다니는 분들은 운명선이 감정선을 지나 쭉 올라가는 경우가 많거든요. 그런데 이분은 운명선이 감정선에서 딱 멈춰 있으니 **정년퇴직**을 할 수 있고, 성격적으로 보수적인 데다 눈치 없이 행동할 수도 있어 조직생활에 어려움을 느낄 수도 있고요.
운명선의 나이로 35살 무렵이 되는 부분을 보세요. 제2화성구에서 나와 붙어 있는 지선이 보이나요? 이는 귀인이 도와준다거나 **진급운**, **시험운**이 있음을 의미하니 참고하세요.

5 재물선 ★★★☆☆

운명선 옆에 재물선이 운명선처럼 올라가야 하는데 없죠? 그러나 감정선 위의 재물선은 잘 올라가 있습니다. 이는 **월급쟁이가 잘 맞는다**는 의미이죠. 다른 재테크 운은 없다고도 할 수 있으나 긴 재물선이 없다고 해서 돈을 모으지 못하는 건 아니니까 실망하지 마세요. 앞서 말씀드렸듯 손금이 이렇다고 해서 있는 그대로 당신은 평생 돈이 안 모인다고 말씀드리는 건 좋지 않습니다. 오히려 남몰래 돈을 악착같이 잘 모으는 사람들의 재물선이 이렇게 생긴 경우가 많답니다. 따라서 겉으로 드러내지 않고 재산관리를 철저히 한다면 아무 문제 없습니다.

6 사업선 ★★★★☆

사업선을 보면 사업 수완이 참 좋을 거란 생각이 듭니다. 또, 책임감과 인내심 그리고 리더십이 있다는 평가를 들을 수 있습니다. 간부생활을 할 수도 있고, 어느 조직에 들어가도 끝까지 올라갈 수 있을 거라는 생각이 드네요. 사업선이 선명해서 욕심도 많고 **하고자 하는 건 꼭 이뤄야 하는 타입**이니 이분의 먼 훗날이 문득 궁금해집니다.

7 결혼선 ★☆☆☆☆

결혼선을 찾아보세요. 아무리 사진을 확대해봐도 결혼선이 없습니다. 하지만 그렇다고 결혼을 못 한다고 볼 수는 없습니다. 개인주의 성향이 강하고 일이 너무 바빠 시기를 놓친다고 볼 수도 있거든요. 어느 정도 꿈을 이루고 본인 스스로도 안정적이라 느끼면 그때 결혼 생각을 할 수도 있답니다. 이분의 생명선의 반 정도쯤, 즉 38살 무렵을 보면 노력선이 보입니다. 아마 이때쯤 인연을 만나지 않을까 싶네요. 전반적으로 **늦게 결혼하는 것이 좋아** 보입니다.

종합 진단

방종선인지, 여행선인지 봐야 한다고 했죠? 저 선은 방종선이 아니라 여행선입니다. 방종선은 티가 날 정도로 선 자체가 겹겹이 나가는 모양을 하고 있습니다. 여행선이 있으니 일찍 유학길에 오른다거나 언젠가 해외에 나가는 것도 도움이 되지 않을까 싶습니다. 그리고 손을 보면 전체적으로 구가 잘 발달되어 있음을 알 수 있습니다. 구가 발달된 손의 예이니 잘 참고하세요.

지금 하는 일도 중요하지만 운명선이 좋기 때문에 공공기관이나 공무원 시험에 응시해도 승산이 있습니다. 정말 공부를 하고자 하는 마음이 간절하고 경제적인 여건이나 환경이 잘 갖춰져 있다면 도전해보세요. 그러나 공부하던 도중에 마음이 바뀐다면 현재의 직장에서 진급을 하는 게 좋고, 외국 지사로 발령이 나는 기회가 있다면 반드시 잡으시길 바랍니다.

사례 4

 외국계 회사를 다녔었는데 다시 취업에 도전 중입니다. 저의 취업운, 그리고 연애운이 궁금합니다.

– 여자, 미혼, 28살 이직 준비 중

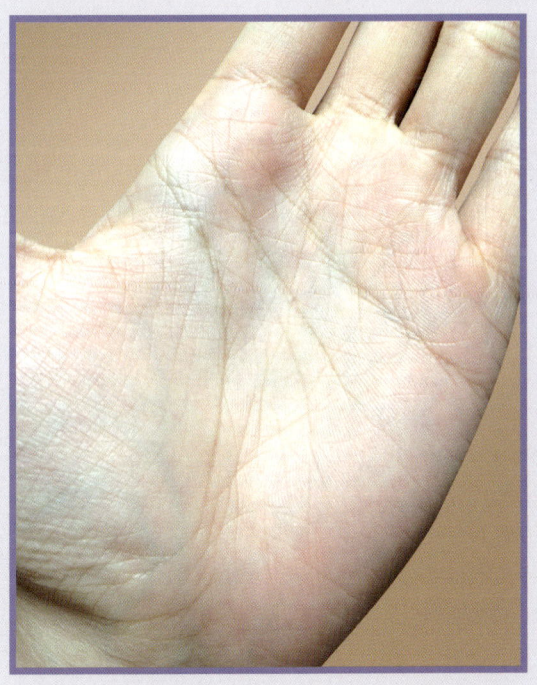

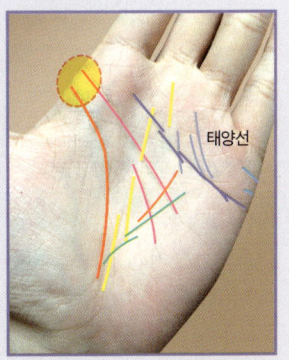

태양선

 이 부분을 유심히 보세요

생명선과 두뇌선이 떨어져 있는 게 보이시나요? 그리고 복잡한 운명선과 많은 잔선, 미발달된 토성구도 눈여겨보세요.

●● 별점으로 보는 손금 카운슬링 4

1 생명선 ★★★☆☆

21살 전까지는 선이 예쁘지 않습니다. 즉, 매끄럽지가 않고 연합니다. 어쩌면 초년운이 안 좋지 않았을까 생각해볼 수도 있는데 갈수록 선명해지고 있기 때문에 긍정적인 마인드에 **생활력이 강하고 성실하다**고 평할 수 있습니다. 다만 끝이 연해서 건강, 특히 자궁 쪽을 주의해야 하고 몸을 항상 따뜻하게 해야 한다는 조언을 꼭 드리고 싶네요.

2 두뇌선 ★★★☆☆

두뇌선이 생명선과 떨어진 모양을 하고 있지요? 옛날 어르신들은 이런 두뇌선을 갖고 있으면 고생을 많이 한다, 이혼한다, 평생 혼자 산다고 할 정도로 안 좋게 봤답니다. 그러나 이민을 하거나 **해외와 인연이 많다**고 볼 수도 있으니 오히려 글로벌 시대에는 잘 어울리는 손금이라 할 수 있지요.

그런데 또 이 손금의 특이한 점은 두뇌선 아래 또 두뇌선처럼 가로로 지나는 선이 있다는 겁니다. 이건 이중 두뇌선으로 보는 게 좋습니다. 자세히 보면 실선으로 살짝 연결되어 있어 두뇌선 같은 모양을 하고 있거든요. 두뇌선이 두 개라는 건 시집을 늦게 가거나 철이 늦게 들고 **두 가지의 일**을 하게 될 수도 있다는 걸 의미합니다.

3 감정선 ★★★☆☆

겹겹이 있는 감정선이라고 볼 수 있습니다. 생명선처럼 곧게 쭉 내려가 있지 않고 선이 좀 지저분한 감이 있죠. 이런 감정선은 예민하고 귀도 얇고 사소한 것에 목숨을 걸기도 합니다. 또, **속마음이 표정으로 드러나는 타입**입니다. 게다가 금성대까지 있으니 아이디어도 넘쳐 나고 생각도 유독 많은 분이라 볼 수 있습니다. 따라서 이런 면을 살릴 수 있는 일을 하면 좋겠죠.

감정선 끝자락, 즉 토성구에 있는 지저분한 선은 금성대와 운명선이 겹겹이 있다는 것을 말합니다. 이걸 보고 노후에 일복이 터졌다고 볼 수도 있지만 지금도 일복이 많다고 할 수 있고, 이런 손금은 쉬고 싶어도 바로 일을 구하기 때문에 백수로 지내는 기간이 짧습니다.

4 운명선 ★★☆☆☆

자주 이직을 하게 되는 운명선입니다. 한곳에 오래 있으려면 영업직처럼 새로운 사람을 자주 만나고 돌아다닐 수 있는 일을 해야 합니다. 어학 쪽이나 가르치는 일을 하더라도 한곳에 오래 있으면 금방 질릴 수 있습니다. 항상 변화를 주고 싶어 하고 **새로운 걸 경험하고 싶어 한다**고 할 수 있지요. 직장을 다른 곳으로 옮기는 건 새로운 도전으로 볼 수도 있지만 어쨌든 모험을 하는 만큼 마음고생을 할 수 있으니 웬만하면 머무르려고 노력해보세요. 그런데 이미 이분은 사정상 회사를 그만두었다고 하니 이직을 준비하고 있다면 35살 때까지는 꾹 참고 다닐 수 있을 만한 회사를 알아보라고 조언해주고 싶네요.

5 재물선 ★☆☆☆☆

감정선 위의 재물선은 너무 난잡합니다. 하지만 재물운이 없다고 하긴 어려운 게 30대에 들어가는 시점부터 재물선이 있기 때문이죠.
다만 염려가 되는 점이 있다면 항상 **현재를 위해 먹고 쓰고 배우는 타입**이라는 겁니다. 쉽게 말해, 돈이 있어도 샌다는 것이지요. 물론 마음을 먹으면 꼭 실천하는 사람이니 목표를 세워서 어떻게든 돈을 모으려고 노력할 수도 있고, 영 자신이 없다면 돈 관리를 부모님께 맡길 수도 있습니다.
자신을 위해 쓰는 타입이라 한 이유는 감정선 위에 태양선이 있기 때문입니다. 두 가닥이나 있는 데다 금성대와 섞여 있어 헷갈릴 수 있을지 모르니 잘 보세요. 태양선을 보면 모두 다 올라가다 만 상태이지만 아직 젊기 때문에 이 선이 변해서 계속 올라가게 된다면 후에 좋은 결과가 있지 않을까요?

6 사업선 ★★☆☆☆

사업선은 지금 나이대에선 선이 선명합니다. 따라서 책임감도 강하고 인내심도 있고 성실합니다. 그런데 갈수록 연해진다는 것은 조직에 있다가 **자유로운 생활**을 할 수도 있다는 걸 의미합니다. 후에는 사업과 인연이 없을 수도 있으니 노후대비를 철저히 하라고 조언해주고 싶네요.

7 결혼선 ★★★☆☆

노력선으로 봐서는 28살과 30살에 인연운이 있을 수 있습니다. 그리고 결혼선을 보면 선명하게 두 개가 보이는데 소지 쪽에 근접해 있는 선 하나가 제일 선명합니다. **동갑이나 연하와 인연**이 있으며 친구처럼 지내던 사람과 결혼할 가능성도 있습니다.

종합 진단

이 손금에선 잔선이 잘 보인다는 것이 중요합니다. 이렇게 선이 선명하면 성실하고 착하고 긍정적인 마인드를 가졌다는 장점이 있지만 팔랑 귀를 갖고 있을 수도 있으니 이 점을 꼭 유의하셨으면 합니다.

하지만 이분은 당장 취업을 하더라도 또 외국계 회사로 이직할 가능성이 있습니다. 그동안 직장을 한 번이라도 옮긴 경험이 있다면 이번엔 진득하니 오래 머무는 게 좋습니다. 운명선의 끊어짐을 봐서는 대략 5년 정도는 버티는 게 좋습니다. 만약 도중에 나오게 되면 계속해서 마음이 바뀔 수 있어 직장을 자주 옮길 수도 있거든요. 그러니 너무 조급하게 생각하지 말고 자신에게 잘 맞는 직종이 뭔지 신중하게 생각해보길 권합니다. 또, 생명선에 있는 노력선이나 지선으로 봤을 때 올해 누군가를 만난다면 단지 그냥 스쳐지나가는 인연이 아닌 결혼까지 갈 수 있는 진짜 짝일 수 있으니 참고하세요.

사례 5

 사업은 크게 성공했지만 현재 아내와 사이가 좋지 못해 이혼까지 고민 중입니다. 계속 참고 살아야 할까요?

– 남자, 기혼, 40대 사업가

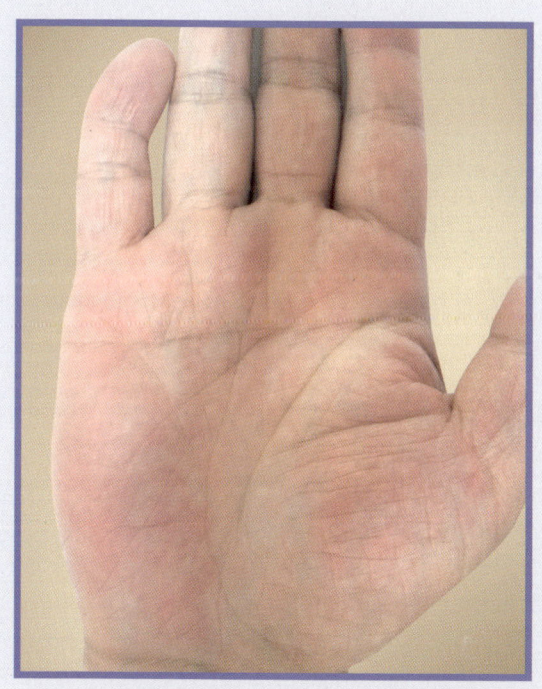

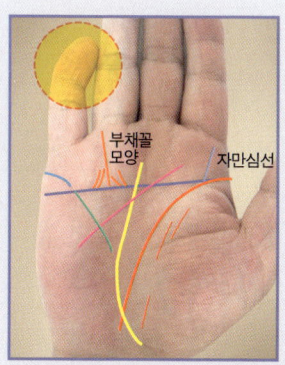

 이 부분을 유심히 보세요

막쥔금, 그리고 결혼선이 하향한 게 보이시나요? 희미한 영향선과 휘어진 새끼손가락을 눈여겨 보세요.

●● 별점으로 보는 손금 카운슬링 5

1 생명선 ★★★★☆

생명선이 진하고 살집도 두툼하니 건강은 아주 좋다고 확신합니다. 그리고 **생활력이 강하고 성실**하고 열심히 사는 분이라는 걸 알 수 있습니다. 그러나 말년에 신장 쪽을 조심해야 합니다. 새끼손가락의 특이함 때문이죠. 담배는 안 피운다고 하셨지만 그렇다고 간 계통에 이상이 없다고 단정 지을 수는 없고, 혈색이 붉어서 **고혈압이나 간 질환**은 꼭 관심을 기울여야 합니다.

2 두뇌선 ★★★★★

이분은 감정선이 붙어 있는 '감정선형 막쥔금'이라 할 수 있는데 두뇌선이 제2화성구 약간 밑으로 가 있는 걸 보면 **경제적이고 계산적**이라는 걸 알 수 있네요. 하지만 자신의 계획에 맞게 머리를 굴리거나 큰 욕심을 부리는 편은 못 됩니다. 어쨌든 사업적 수완이 아주 좋은 두뇌선이라 볼 수 있습니다.

3 감정선 ★★★★☆

솔직하고 똑 부러지는 편입니다. 막쥔금을 가진 분들은 이거다 싶으면 강하게 밀어붙이는 경향이 있고 남한테 지는 것을 굉장히 싫어합니다. 만약 끝까지 승복이 안 되고 억울하면 화병이 나기도 쉽고요. 리더십도 있고 긍정적으로 살려고 노력하지만 주변 사람들이 기를 눌리는 듯한 느낌을 받기 때문에 사람들로부터 **성격이 너무 강하다**는 소리도 자주 들을 겁니다. 그러니 상대를 배려하기 위해 부단히 애를 써야 합니다.

이분을 보면 감정선 끝에서 상향하는 선을 볼 수 있는데요. 이 선은 자만심을 나타내기도 하기 때문에 자존심도 세고 자기주장이 강한 분이라는 걸 알 수 있습니다.

4 운명선 ★★★★★

운명선이 손목에서부터 시작해서 막쥔금을 지나 쭉 잘 올라가는 모양을 하고 있습니다. 그래서 안정적인 직장 혹은 대기업에 다녔냐고 여쭤보니 시행착오는 많이 있었지만 일찍 자리를 잡아서 지금까지 이어오고 있는 사업이 잘되고 있다고 합니다. 어쩌면 사업선이 있어서 그럴 수도 있습니다.
한 우물만 파는 성격이지만 안정이 되고 나면 또 다른 욕심이 생겨 모험을 즐기는 분이라고 볼 수도 있습니다.

5 재물선 ★★☆☆☆

큰돈을 벌 수 있는 재물선입니다. 막쥔금 위의 재물선이 좋기 때문에 돈이 끊이지 않죠. 하지만 재물선에서 현재 나이대를 보면 선이 연해서 돈을 모아도 쓰기 바쁠 겁니다. 이래저래 사고 싶은 것, 쓰고 싶은 것이 생기고 고정지출이 있을 수도 있고 투자 쪽으로 눈을 돌릴 수 있습니다.
금성구가 두툼하니 특히 **부동산에 눈을 돌리는** 게 좋겠네요. 돈이 많아도 빚이 있으면 돈이 새는 거나 다름없으니 유혹이 들어오면 신중히 행동해야 합니다.

6 사업선 ★★★★☆

사업선을 잘 보면 결혼선과 붙어 있어 특이하다고 생각했는데요. 신기하게도 **배우자의 도움을 받아 사업**을 같이 하고 있다더군요.
하지만 부인이 사업을 지원하고 물질적으로 받쳐준다기보다 같이 동고동락하며 있는 걸로 봐야 합니다. 그런데 부인과 이혼까지 생각한다고 하니 저도 이분의 미래가 궁금해집니다.

7 결혼선 ★☆☆☆☆

사업선이 결혼선과 붙어 있다고 했지만, 또 다르게 생각하면 결혼선이 하향한 거나 다름이 없습니다. 3년 전부터 **이혼을 생각**하고 있었다고 하네요.

종합 진단

종합적으로 볼 때, 이분의 영향선이 연하다는 것에 집중해야 합니다. 영향선이 거의 없는 것과 다름없으니 부인과 정으로 살았음을 의미하고, 소지를 보면 자식에게 그다지 애착이 있지도 않네요. 본인도 돈을 벌어 생활비를 대줄 수는 있으나 더 이상의 관계 개선이 이뤄질 수 있을지는 의문스럽다고 합니다. 남들 앞에서는 사이좋고 행복한 부부로 보였을지도 모르나 자신은 이미 너무 지친 상태고 매우 힘들다고 하더군요. 선이 굵고 힘차서 하는 일은 잘 풀리나 애정적으로는 계속 자신이 원하는 사랑을 갈구하는 그런 유형으로 보시면 됩니다.

사업운은 괜찮은 편이지만 부인과 같이 사업을 한다면 곤란할 수도 있습니다. 또 55살까지는 별 문제가 없는데 재물선이 약한 데다 부채꼴 모양도 있어 돈이 잘 샐 수 있다는 점을 명심해야 합니다. 따라서 돈 관리를 철저히 하셔야 합니다.

마지막으로 연애운을 보면 부부간에 정이 없다는 것을 알 수 있습니다. 손금만 보면 왜 진작 이혼을 하지 않았을까 싶을 정도죠. 영향선을 보면 그래도 자식 때문에 참고 산다고 할 것 같지만 소지가 휘어진 걸로 봐서 아이에게도 별 애정은 없을 거란 생각이 듭니다.

사례 6

 공공기관에 다니지만 과연 오래 다닐 수 있을까 걱정이 됩니다. 다른 일에 도전해보고 싶기도 하고요. 또, 저에게 재물운이 있는지, 연애운은 어떤지, 특히 언제쯤 결혼을 하게 될지 알고 싶습니다.

- 남자, 미혼, 33세 공공기관 직원

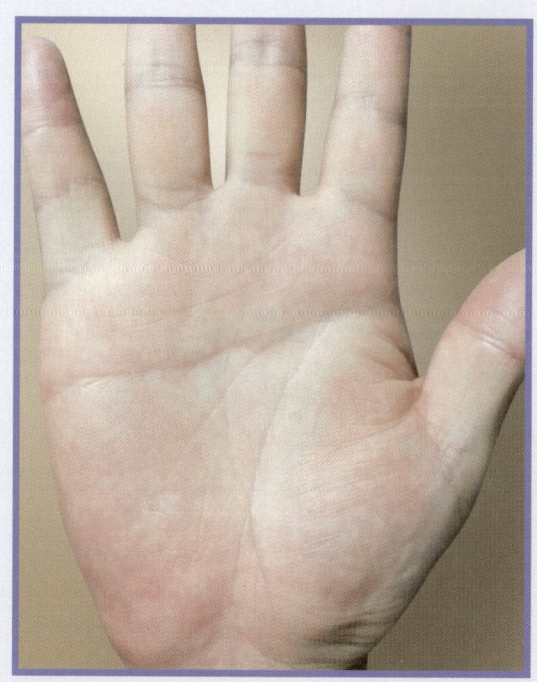

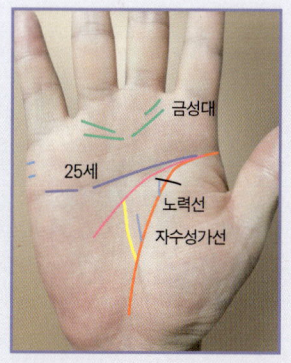

 이 부분을 유심히 보세요

막쥔금(사례5와 비교해서 보시면 도움이 많이 될 겁니다)과 약한 운명선, 그리고 자수성가선과 금성대를 눈여겨보세요.

●● 별점으로 보는 손금 카운슬링 6

1 생명선 ★★★★★

생활력이 강하고 자신에게 **주어진 일에 최선을 다하는 사람**입니다. 그리고 건강도 잘 챙기는 타입이라 할 수 있지요. 긍정적인 마인드도 있고 다 좋은데 외롭다는 단점이 있네요. 어쩌면 자기 그릇을 먼저 챙기고 난 후에야 연애를 할 생각을 하니 자꾸 늦어지는 게 아닐까 싶습니다.

2 두뇌선 ★★★★★

장애선이 살짝 두뇌선과 만나고 있지만 위기를 잘 극복하는 타입인 듯합니다. 두뇌선이 길어서 **계획적으로 움직이는 걸 좋아하고** 생각도 많고 연구하고 머리 쓰는 일도 잘 맞습니다. 나이를 먹어도 공부 근성이 남아 있을 것 같네요. **호기심이 많아** 궁금한 게 넘치는 타입이라고 볼 수 있습니다.

3 감정선 ★★★☆☆

감정선형 막쥔금으로 볼 수 있는데 자세히 보면 선에 끊어짐이 보입니다. **25살 무렵에 큰 변화나 충격**이 있었다고 볼 수 있죠. 위기 회복력이 강한 사람이라 그냥 잘 넘겼을 수도 있지만 어쨌든 트라우마는 있을지도 모른다는 생각이 듭니다. 금성대가 부드럽게 감정선 역할을 해주고 있어 외모가 잘생겼을 수도 있고 **호감이 가는 매력적인 분**일 것 같네요.

4 운명선 ★★☆☆☆

나중에서야 자수성가선이 보이긴 하지만 운명선의 시작 지점이 늦은 편입니다. 나이대로 봐서는 대충 30살 지점인데 나중에는 자수성가선과 붙을 수도 있을 것 같다는 생각이 듭니다.

이런 손금은 모험을 하지 않는 게 좋습니다. 사업을 한다거나 어떤 큰 도전을 하게 되면 **30대 중반에 큰 위기**가 올 수 있어 추천해드리고 싶지 않네요. 또, 막쥔금 특성상 사업을 하면 망하더라도 계속 사업을 시도하더군요. 힘 있는 운명선을 가졌다면 금방 일어날 수 있지만 가느다란 운명선이라면 회복하는 데 시간이 좀 걸립니다.

5 재물선 ★★☆☆☆

재물선이 다 완성된 손금은 아닙니다. 그래서 돈에 대해 불만이 있을 수도 있습니다. 그렇다고 다른 일을 벌인다거나 투자를 해서는 절대 안 됩니다. 현재 안정적인 일을 하고 있다면 시간을 두고 기다리는 수밖에 없습니다.

만약 사업을 하려고 한다면 막쥔금 위에 있는 재물선이 선명해야 하고 그 밑에 있는 재물선도 좋아야 하는데 아쉽지만 이분은 일단 **지금 다니고 있는 직장에 계속 계시는 게** 현명할 것 같습니다.

6 사업선 ★★☆☆☆

막쥔금이라고 다 리더십이 있는 것은 아닙니다. 이분의 경우 사업선이 연해 리더십을 발휘하려고 한다기보다 **자신에게 주어진 일을 완벽하게** 하려는 경향이 강해 금방 피곤해하고 지칠 수도 있습니다. 또 본인도 별로 확신이 없고 리드를 하고 싶어도 주변이 잘 따라오지 않아 고민이 많을 수도 있습니다. 나서고 싶지 않다고 뒤로 빼기보다는 인간관계에 좀 더 관심을 기울여야 합니다.

7 결혼선 ★★★★☆

20대 후반에 만난 이성과는 이별 수가 강해 보이네요. 생명선 상에 노력선이 올라와 있는데 20대 후반에는 장애선을 만나고 있고 그 밑으로는 장애선 없이 노력선이 연달아 있기 때문이죠. 다른 좋은 소식이 있을 수도 있지만 이성을 만나기에는 **30대 이후가 아주 좋다**는 생각이 듭니다. 결혼선이 두 개여서 남성적이면서 여성적인, **중성적인 성격의 여성분을 좋아할 수도** 있고 친구처럼 편한 분께 끌릴 수도 있어 동갑 여성분도 괜찮습니다.

종합 진단

금성구를 한번 보세요. 앞에 사례 5번에서는 금성구가 정말 두툼했는데 이분에겐 사진상으로도 그런 게 느껴지지 않죠. 그리고 의리선이나 인복선이 약합니다. 이분은 인간관계에 관심을 많이 가져야 합니다. 안 그러면 자기 편이 없다는 생각에 외롭고 우울할 수 있습니다. 따라서 사람을 배려하고 심리를 읽을 줄 아는 기술이 필요할 것 같습니다. 사람의 심리를 읽고 가까워지는 방법으로 손금도 좋고, 관상 공부도 괜찮습니다.

재물선을 보면 현재 직장에 계속 머무르면서 시간을 두고 기다려야 괜한 투자를 했다가는 손해를 볼 수도 있습니다.

또 태양선이 있긴 하지만 끊어져 있어 오래 알고 있던 분과는 인연이 되기 어렵습니다. 따라서 인연을 만나고 싶다면 사회생활을 통해 많은 분들을 만나볼 필요가 있을 것 같네요. 그리고 전반적으로 보았을 때 30대 이후에 결혼하는 게 좋습니다.

| 사례 7 |

 직장도 시원치 않고 현재 연하남과 교재 중입니다. 결혼에 골 인할 수 있을까요?

– 여자, 30대 중반, 연하남과 연애 중

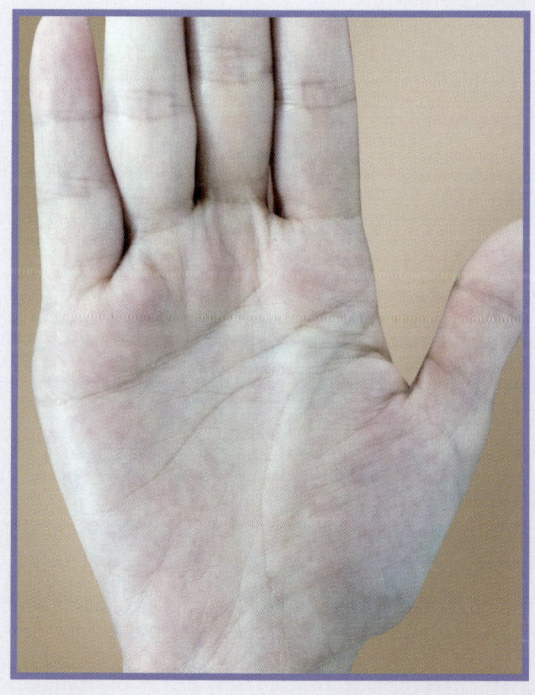

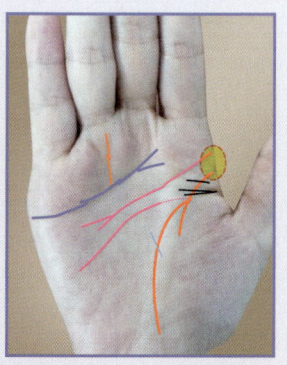

 이 부분을 유심히 보세요

생명선이 끊어진 게 보이시나요? 이중 두뇌선, 그리고 생명선과 두뇌선이 떨어져 있는 것을 눈여겨보셔야 합니다.

●● 별점으로 보는 손금 카운슬링 7

1 생명선 ★★☆☆☆

21살까지 장애선이 많아서 집안에 우여곡절이 많았을 수도 있고 환경이 많이 바뀌거나 습관이 좋지 않아 어려움이 있었을 수도 있습니다. 결벽증이나 낯가림이 심하고 자신을 부정적으로 바라보는 **비관적인 성향**이 있습니다. 물론 그 나이를 지나고 나면 많이 유해질 수도 있고요. 어쨌든 초년에는 많은 일이 있었을 거란 생각이 드네요.

2 두뇌선 ★★☆☆☆

이분은 이중 두뇌선을 갖고 있습니다. 거기다가 생명선과 떨어진 선을 갖고 있기 때문에 기획, 아이템 개발, 예술, 예능, 디자인 쪽이 잘 맞으며 기술이 있다면 더 좋습니다. 기술이 있으면 그걸로 평생 밥벌이를 할 수도 있고 여성분들은 아기를 낳고도 좀 더 수월하게 일을 하고 전문성을 키울 수도 있기 때문입니다. 물론 한 가지에 집중하기보단 **두 가지의 재능을 계발**하는 게 더 좋습니다. **이공계 계통의 기술**이 있다면 더더욱 좋겠죠.

3 감정선 ★★☆☆☆

선 자체가 곧게 뻗어 있지 않고 겹겹이 있죠? 이는 성격이 변덕스러울 수도 있고 겁이 많을 수도 있음을 뜻합니다. 또 감정선 끝이 두 가닥이라 재물보다는 **차라리 명예에 욕심**을 부리는 것이 좋습니다. 감정선이 올라간 편이 아니라서 **현실적이고 냉정하며 잘 따지는 타입**이기 때문에 한탕주의와는 거리가 멀지 않을까 싶습니다.

4 운명선 ★☆☆☆☆

프리랜서로 일을 해도 되고 조직에 있다면 그냥 끝까지 남아 있되 **부업으로 프리랜서를 병행**하는 것도 좋습니다. 운명선이 거의 없는 거나 마찬가지이기 때문에 직장을 한 번 나오기 시작하면 자주 옮겨 다닐 수 있습니다. 하지만 그에 따른 마음고생이 있으므로 현재 직장에 불만이 있어도 근무 외 시간에 다른 기술을 익히면서 더 큰 목표를 세우는 게 낫겠네요.

5 재물선 ★☆☆☆☆

감정선 위의 재물선이 한 가닥 있긴 하지만 곧게 올라가 있진 않습니다. 또 재물선이 약한데, 이는 돈을 벌어도 그 액수가 적거나 **수입과 지출이 거의 같아 적자 인생**을 살게 될 뿐만 아니라 그 시기가 오래 지속될 수 있다는 걸 의미하므로 돈 관리에 신경을 써야 합니다.
이처럼 재물선이 없거나 약하면 재물관리에 더 신중해야 합니다. 재물선의 잔선들도 모두 장애선이 될 수도 있으니 이 또한 주의하세요.

6 사업선 ★☆☆☆☆

초년에 사업을 한번 해보고 싶다는 욕망이 있었을 수도 있지만 **오래가지 못합니다**. 사업선이 잔선처럼 연해서 없다고 봐도 무방하거든요. 성실한 편이지만 책임감과 인내심에는 별로 좋은 점수를 줄 수 없는 손금입니다.

7 결혼선 ★★☆☆☆

생명선을 잘 보면 30대 중반에 노력선이 있고 내려가는 지선도 있습니다. 따라서 **결혼과 동시에 임신 소식**이 있을 수 있습니다. 그리고 결혼선이 양 갈래 모양으로 벌어져 있는데 이는 **맞벌이를 의미**합니다. 꾸준히 써먹을 수 있는 기술이 있다면 나이, 육아와 상관없이 맞벌이를 하지 않을까 싶네요.

종합 진단

생명선과 두뇌선의 떨어져 있어 연하와 인연이 많다는 걸 알 수 있습니다. 그리고 이분은 두뇌선이 두 개이므로 늦게 결혼하는 게 좋습니다. 또, 두뇌선이 긴 편이라 똑똑하기 때문에 자기계발을 꾸준히 한다거나 공부를 지속적으로 한다면 나중에 손금이 더 좋아지지 않을까 싶네요. 운명선, 재물선, 사업선이 약하지만 어느 순간 그 선들이 선명하게 변해 있을지도 모릅니다.

사례 8

 30살인데 3년째 백수생활을 하고 있습니다. 도대체 언제쯤 취직이 될지 궁금합니다. 또, 재물운과 연애운도 함께 알려주세요.

- 남자, 미혼, 30살 백수

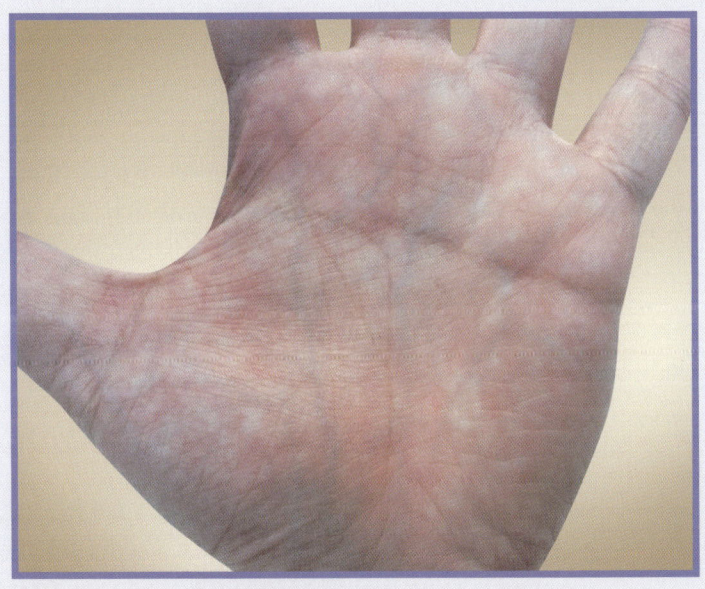

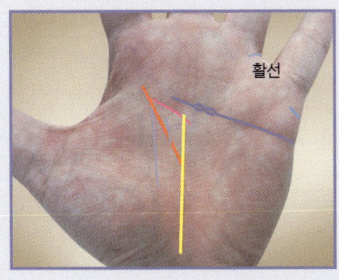

활선

 이 부분을 유심히 보세요

막쥔금형 손금에 두뇌선이 짧다는 점, 구가 발달되지 않았고 운명선과 생명선이 붙어 있다는 점이 중요합니다.

●● 별점으로 보는 손금 카운슬링 8

1 생명선 ★★★☆☆

생명선이 운명선과 붙어 있는 손금인데, 떨어져 있는 것보다는 낫습니다. 건강에 큰 이상은 없지만 유의해야 할 점이 있다면 **인내심이 부족**하다는 겁니다. 생명선과 운명선을 따로 놓고 보면 생명선이 짧은 편이라 일을 하더라도 계속 중도 하차하는 습관이 있어 인내심을 기르는 데 주력해야 합니다.

2 두뇌선 ★☆☆☆☆

두뇌선이 짧아도 너무 짧죠? 이것은 공부머리가 아니라고 볼 수도 있지만 **잔머리가 좋다**고 해석할 수도 있습니다. 즉, 오래 생각하고 고민하는 것을 별로 좋아하지 않죠. 마음은 급한데 욕심은 많아서 뭐든 앞서려고 해 쉽게 지치고, 중간에 생각이 자주 바뀔 수도 있습니다. 머리 쓰고 연구하는 일을 하기는 좀 어렵지 않을까 싶네요.

3 감정선 ★☆☆☆☆

직선형인 데다 자세히 보면 감정선이 두뇌선과 붙어 있지 않은 걸 알 수 있습니다. 잔선으로 희미하게 연결되어 있어서 손을 오므려야만 막쥔금처럼 보이기 때문에 완전한 막쥔금으로 보기엔 부족합니다. 물론 나이가 더 들면 붙게 될지도 모르죠.

감정선만 따로 놓고 보면 그리 좋은 손금은 아닙니다. 특히 섬문양도 많아서 **겁도 많고 변덕스럽고** 얼굴에 감정이 잘 드러나는 타입이므로 표정관리에 좀 더 신경 쓸 필요가 있습니다. 너무 솔직하고 직설적인 표현은 자제하는 게 좋습니다.

4 운명선 ★★★☆☆

잘 보면 운명선이 두뇌선에서 멈춰 있습니다. 손목에서부터 올라가고 있기 때문에 **공직 시험을 보거나 기술직에 몸담고** 있는 게 좋고, 사업을 하기보다 조직에 남는 것이 낫습니다. 운명선이 두뇌선에 멈춰 있다는 건 그 시기에 일을 바꾼다거나 다른 일을 생각할 수도 있다는 걸 의미합니다. 취직운은 늘 있기 때문에 주변의 방해나 유혹은 끊고 취업에만 올인하는 게 좋습니다.

5 재물선 ★☆☆☆☆

소지와 약지에서 나온 지선, 즉 활선은 돈을 생각하는 선입니다. 이 선이 있다는 것은 현재 궁하거나 **재물 걱정을 많이 하고 있다는** 걸 의미하죠. 현재 수입이 없는데도 모아놓은 돈을 야금야금 쓰고 있을지도 모릅니다. 당분간은 지출 때문에 고생을 할 수도 있으니 순간의 유혹에 절대 넘어가지 않도록 주의하세요.

6 사업선 ★☆☆☆☆

사업선이 3대선처럼 굵고 선명한 것도 아니고 희미합니다. 게다가 옆에 잔선과 같은 여행선이 너무 많습니다. 책임질 일은 하지 않고 겁도 많은 데다 주변의 눈치도 많이 보는 편입니다. 그래서 사업은 권하고 싶지 않습니다. 설사 사업을 하거나 프리랜서로 뛴다 해도 한곳에 정착을 잘 못 하기 때문에 **이동이 잦은 일을 하는** 게 맞습니다.

7 결혼선 ★★★☆☆

결혼선을 보면 우선 일편단심형 선이 있네요. 결혼선이 하나면 인연이 잘 나타나지 않습니다. 그러나 **인연이 나타나면 그 사람에게 올인**하는 타입이죠. 생명선의 지선과 노력선을 보더라도 33살이 딱 좋기 때문에 그때 결혼을 할 수 있을 것 같네요.

종합 진단

실핏줄이 보이나요? 실핏줄이 잘 보인다는 건 구가 잘 발달되지 않았다는 것을 뜻합니다. 그리고 감정선 위에 매력선들이 참 많은데, 매력적이고 멋진 분으로 볼 수도 있지만 우유부단하고 귀가 얇을 수도 있다는 걸 꼭 말씀드리고 싶습니다. 다른 사람의 시선을 많이 의식하기 때문에 자신이 가지고 있는 능력보다 욕심을 부리고 있어 취직하는 게 더 힘든 건지도 모릅니다. 우선 눈을 조금 낮춰보세요. 또 어떤 일을 하게 되더라도 절대 초심을 잊지 말아야 합니다.

운명선이 30살 지점부터 생명선과 합쳐져서 올라가 32살에는 환경이 크게 바뀔 수 있습니다. 어쩌면 올해부터 좋은 소식이 있지 않을까 싶네요. 32살에 결혼을 할 수도 있고 안정을 찾을 수도 있습니다.

하지만 재물운은 약하기 때문에 큰 욕심을 부리지 않는 것이 좋습니다. 재물이 궁하다는 것을 말해주는 활선이 있어서 월급으로 만족하고 안정된 삶을 살려고 노력하는 게 좋습니다.

또, 결혼선은 약하지만 생명선에 붙어 있는 노력선이 32~34살쯤에 보이네요. 그리고 실선으로 된 영향선도 보입니다. 하지만 영향선이 가다가 말았기 때문에 결혼에 골인하더라도 결혼생활이 순탄치 않을 수 있으니 참고하세요.

사례 9

 아직 장가도 못 가고 요즘 일도 잘 안 풀리고 너무 힘드네요. 앞으로 어떻게 살아가야 할지 막막합니다.

- 남자, 미혼, 40대 장애인

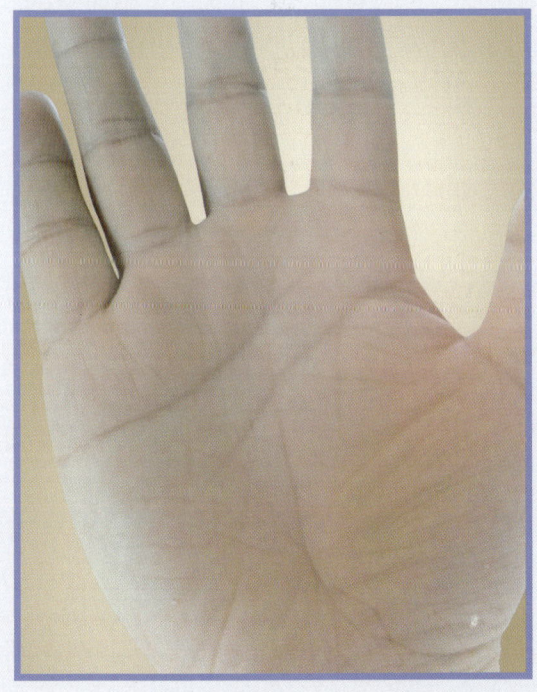

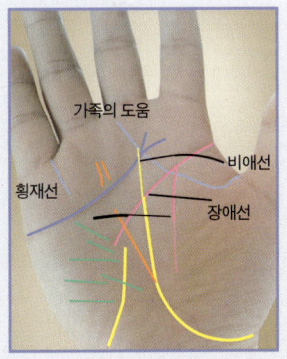

이분은 1급 중증 장애인입니다. 생명선과 운명선을 잘 보세요.

●● 별점으로 보는 손금 카운슬링 9

1 생명선　★☆☆☆☆

생명선을 보면 장애선이 있습니다. 그것도 아주 굵네요. 이는 **사건, 사고가 일어난다**는 뜻입니다. 게다가 생명선이 30대 후반부터 연합니다. 그렇다고 그때 명이 다 했다고 함부로 판단할 수 없습니다. 다른 손금도 봐야 하니까요. 생명선이 짧아도 두뇌선과 감정선이 길면 명이 오래 유지될 수도 있습니다. 다만 짧은 생명선이 있으면 단순히 수명뿐 아니라 비관적이고 생각이 자주 바뀌고 **자신감도 없고 뭐든 중도 하차할 수** 있다는 점을 명심해야 합니다. 따라서 인내심을 기를 필요가 있습니다.

2 두뇌선　★★★☆☆

직선형 두뇌선을 갖고 있기 때문에 기술 방면이나 이공계 계통의 일을 하면 참 좋을 것 같습니다. 머리도 좋고 이성적이고 현명한 두뇌선을 갖고 있네요. 또, **논리정연하고 계산적**인 편이죠. 그런데 생명선 안쪽을 보면 두뇌선을 지나 상향하는 선이 있죠. 이것은 가족에게 큰 도움을 받는다는 걸 의미하므로 가족의 도움 없이는 성공하기 어려울 수도 있습니다. **대물림을 받아 가업을 이어가면** 좋은 손금입니다.

3 감정선　★★★☆☆

참 똑똑한 사람 같습니다. 감정선이 길기 때문에 자존심도 있고 고집도 있고 재주도 있는데 이름까지 날린다고 나오니 명예로운 일을 하지 않을까 싶네요. 하지만 이분은 감정선이 직선형인 데다 사교선 무늬가 없어 **애교가 없고 무뚝뚝한** 편입니다. 그래서 연애는 못할 수 있다는 생각도 들고요. 솔직하고 차갑다는 평을 듣지만 알고 보면 속은 부드러운 사람 같다는 생각도 해봅니다.

4 운명선 ★★★★★

장애우라고 하지만 그런 사고가 없었더라면 이분은 대기업이나 공공기관에서 일을 하거나 가르치는 일을 하고 있을 것 같습니다. 잘 보면 월구에서 올라가는 지선이 하나 있죠? 이는 기술을 갖고 있으면 좋다는 걸 뜻합니다. 실제로 이분은 예술을 한다고 합니다. 돈을 잘 벌지는 못하지만 그렇다고 다른 기술은 딱히 없고 몸도 불편해 활동하기도 힘드니 고민이 많다고 하셨는데, 한 분야에 올인하고 공부하다 보면 **가르치는 일과 연이 닿을 수도** 있습니다. 전반적으로 일복은 많은 사람입니다.

5 재물선 ★★★☆☆

장애선을 보세요. 생명선 마지막에 나온 장애선이 재물선을 끊고 나갑니다. 그래서 투자를 하거나 지나치게 욕심을 부려서는 안 됩니다. 감정선 위의 재물선도 두 가닥으로 올라가지만 다 끊겨 있죠. 이 역시 장애선이 막고 있습니다. **돈하고 인연이 별로 없어 보이는** 손금이네요.

그렇다고 희망이 없는 건 아닙니다. 소지와 약지 사이로 횡재선이 내려가 있거든요. 물론 끊어져 있긴 하지만 **큰돈을 벌 수 있는 기회도** 몇 번 오지 않을까 싶네요. 어쩌면 이분은 월급을 받고 사는 게 더 좋을지도 모릅니다. 프리랜서로 뛰기보다 취직을 해서 부업을 하는 것이 훨씬 나을 수도 있습니다.

6 사업선 ★★★☆☆

사업선이 있긴 있는데 소지를 향해 올라가지 않고 옆으로 새고 있어 하지 않는 것이 좋습니다. 또 인내심과 책임감이 없어 보이고요. 비관적이어서 더 그럴 수도 있지만 손금 자체가 시원시원해서 **슬럼프에 빠져도 금방 헤어나올 수** 있으니 늘 용기가 필요하다는 걸 말씀드리고 싶네요.

7 결혼선 ☆☆☆☆☆

결혼선이 매우 약합니다. 선이 너무 짧거나 아예 보이지 않죠. 또 영향선도 없고 생명선의 지선도 없습니다. **이성에게 마음을 많이 닫은 상태**일 수도 있고 자신감이 부족해 결혼과는 거리가 멀다고 스스로 받아들인 상태가 아닌가 싶습니다. 결혼보다는 자기 안정이 급선무인 것 같습니다.

종합 진단

비애선과 장애선이 굵고 진해서 꼭 어렸을 때 다치거나 아프지 않았어도 살면서 사건, 사고가 있었을 확률이 높습니다. 생명선이 짧다고 단념해서 건강관리에 손을 놓고 있거나 무관심해서는 절대 안 됩니다. 또, 순간적으로 우울증이 올 수 있기 때문에 항상 옆에서 지켜주는 가족이나 지인이 있어야 합니다. 이분은 운명선 때문에 돈이 잘 안 들어올 수는 있어도 일복은 있습니다. 그리고 언젠가는 큰돈을 벌 수 있는 기회가 오지 않을까 싶네요.

| 사례 10-1 |

마지막으로 양손의 손금을 모두 보는 연습을 해봅시다. 이분은 깍지를 끼면 왼손의 엄지가 올라갑니다. 따라서 왼손이 타고난 손, 오른손이 현재의 손이지요. 먼저 타고난 손부터 보겠습니다.

 제 손금은 너무 복잡해서 인생도 복잡하지 않나 싶습니다. 지금 당장 회사를 그만두고 싶은데, 혹시 이직운이 있나요?

– 남자, 미혼, 33살 직장인

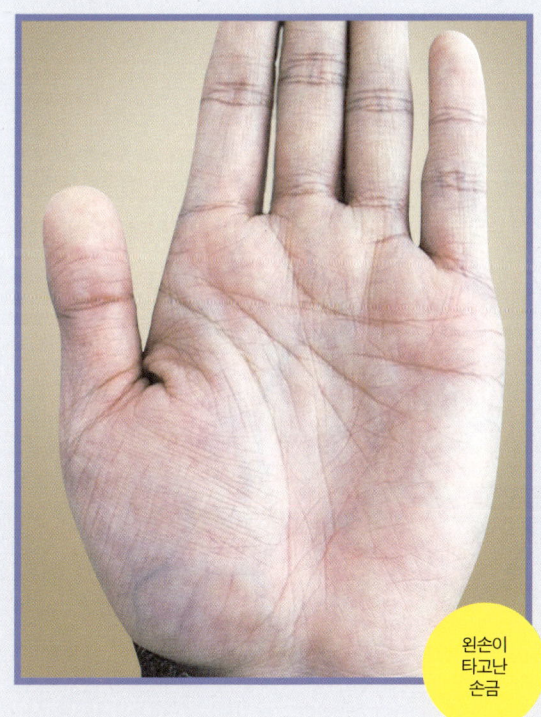

왼손이 타고난 손금

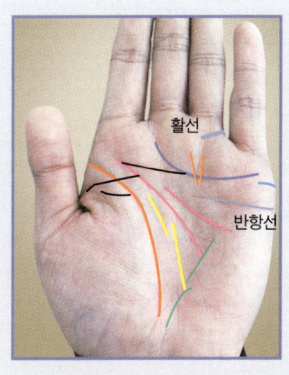

활선
반항선

이 부분을 유심히 보세요

이 손금은 꽤 복잡한 편입니다. 따라서 이 정도의 손금을 읽을 수 있다면 손금 고수나 다름없다고 자부하셔도 됩니다.

● ● 별점으로 보는 손금 카운슬링 10-1

1 생명선 ★★★★☆

이 정도의 생명선이라면 생활력이 충분하며 매우 성실하다고 볼 수 있습니다. 장애선이 많은 건 아닌데 장애선이 생명선까지 닿는 지점에서 심리적으로 **방해를 받거나 가족을 챙겨야 하는 부담**이 있을 수도 있습니다. 그리고 핏기가 보인다는 것은 구가 미발달되어 있다는 것인데 이는 정이 메말라 있음을 뜻합니다.

2 두뇌선 ★★★☆☆

매우 읽기 어려운 두뇌선인데요. 두뇌선이 두 개면서 떨어져 있다는 점이 중요합니다. **프리랜서나 전문직**에 몸담는 게 좋고 기술이 있어야만 합니다. 또 돌아다니는 일도 잘 맞을 수 있습니다.
그런데 두뇌선의 시작 지점을 보면 감정선과 붙는 지선이 하나 있지요? 그것은 두뇌선에서 나가는 것이 아니라 감정선에서 내려오는 걸로 봐야 합니다. 감정선에서 설명하겠지만 썩 좋은 선은 아닙니다.

3 감정선 ★★☆☆☆

소지에서 시작하는 감정선은 계산적이고 솔직하다는 걸 뜻합니다. 또 제2화성구, 즉 두뇌선과 감정선 사이에는 반항선이 있어서 **한 번 아니다 싶으면 포기해버리는 성향**도 있고 기자와 같은 기질도 있습니다. 요목조목 따지는 타입인 거죠. 그렇다고 꼭 나쁘다고 볼 순 없습니다. 감정선 끝이 소지와 중지 사이로 들어가 있는 걸 보면 예민하면서 마음도 여리고 감동도 잘 받는 기분파일 수 있거든요. 그래서 **예술이나 창작 분야**에서 일을 하면 잘 풀립니다.
감정선에서 하향하는 지선은 45살 전쯤 비애선으로 작용합니다. 결혼해서 배우자와 사이가 좋지 않다거나 **집안에 충격적인 일**이 생길 수도 있습니다. 초년에 받았던 상처나 충격이 아직까지 트라우마로 남아 이 선이 있을 수도 있으니 지금부터 너무 노심초사하지는 마시길 바랍니다. 43살 정도쯤 되면 건강관리에도 힘쓰고 가족을 더 챙기는 게 좋겠네요.

4 운명선 ★★☆☆☆

운명선은 손목에서 올라가는 듯하지만 잘 보면 월구에서 올라갑니다. 이런 손금은 창작·기술·예술·예능에 소질이 있습니다. 그런데 35살 무렵부터 새로운 운명선이 지나가고 있어 이분의 현재 나이(33살)로 봤을 때 지금 이직운이 있다고 볼 수 있습니다.

그럼에도 별점을 적게 준 이유는 바로 감정선 위의 운명선 때문입니다. 운명선이 겹겹이 여러 개 올라가는 모양은 좋은 손금이 아닙니다. 노후에 고생한다고 볼 수도 있지만 지금 현시점에서는 일복이 많더라도 일이 너무 하기 싫고 자기 실력에 이 정도로는 성에 안 찬다고 생각할 수도 있습니다. 그래서 직장을 옮기기 시작하면 자주 옮겨다닐 수 있으므로 **이직에 신중해야** 합니다.

5 재물선 ★★☆☆☆

약지와 소지 사이에서 나오는 매우 선명한 지선이 보이나요? 역시 이것은 돈을 생각하는 선으로 볼 수 있습니다. 재물은 들어오지만 일하는 양에 비해 만족할 만한 액수는 아닌 거죠. 결론적으로 이분은 실력은 있을지언정 좀 더 참고 기다리며 노하우를 쌓는 수밖에 없습니다.

즉, **미래를 위해 부업이나 자기계발**을 통해 자신의 실력을 키우는 게 먼저인 것 같습니다. 투자는 절대 금물이며, 씀씀이에 늘 신경을 쓰셔야 합니다.

6 사업선 ★☆☆☆☆

사업선이 곧게 올라가 있는 모양이 아니라 잔선처럼 올라가 있어 사업적 수완이 좋은 편이 아닙니다. 호기심이 많아 이것저것 다방면에 관심이 많고 **프리랜서로 일할 확률**이 높습니다. 사업은 웬만해선 하지 않는 게 좋겠죠?

7 결혼선 ★★☆☆☆

결혼선은 선명하지만 두뇌선과 감정선이 2개 정도 있으니 결혼은 늦게 하는 게 좋습니다. **결혼은 30대 후반에** 하는 게 좋고 영향선이 30대 초반에 끊어져 있어 애정운이 길게 가는 편은 아닌 듯합니다. 결혼을 해도 짧게 만나 바로 결혼에 골인할 수도 있지만 워낙 하나에 집중하고 매진하는 타입인지라 가정적인 남편이 될지는 의문스럽네요.

사례 10-2

사례 10-1에서 보았듯이 타고난 손금은 자기 자신의 내면과 운이 어떻게 흘러갈지를 보여줍니다. 그러면 이제 현재의 손, 즉 오른손의 손금을 보면서 추가적으로 설명해보겠습니다.

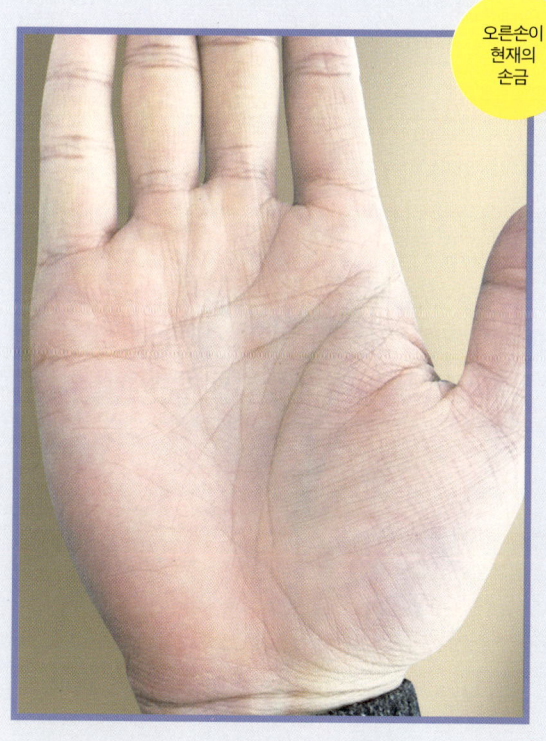

오른손이 현재의 손금

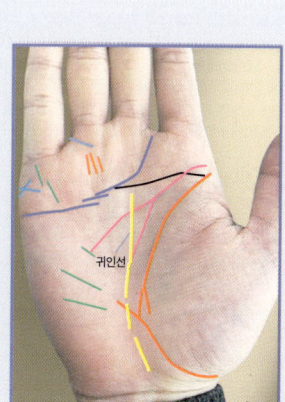

귀인선

이 부분을 유심히 보세요

꽤 안정적인 손금으로 소지 부근의 감정선을 집중적으로 보시고, 비애선도 유심히 살펴보세요.

●● 별점으로 보는 손금 카운슬링 10-2

1 생명선 ★★★★☆

생명선은 아주 좋습니다. 건강도 지금은 이상이 없습니다. 하지만 생명선 하단을 보면 끊어졌다 이어지는 부분의 선이 미세합니다. 그것은 그때 **수술을 하거나 다칠 수도** 있다는 걸 의미하죠. 물론 60살 넘어선 후의 일이니 앞으로 계속 관심을 가지고 지켜보는 수밖에 없겠네요.

2 두뇌선 ★★★☆☆

두뇌선이 생명선과 떨어져 있는 것은 타고난 손금과 비슷하네요. 조금 냉정하고 삭막한 직장에서는 적응하기 힘들 수 있어, **자유로운 분위기의 직장**을 찾는 게 좋습니다.
왼손엔 상향하는 선이 없는데 오른손엔 상향하는 선이 있어 진로가 헷갈릴 수 있습니다. 이럴 땐 현재의 손금을 참고하는 게 더 좋습니다. 상향하는 선은 외로움도 잘 타고 고독을 즐기며 생각이 많은 사람임을 의미합니다. **아이디어가 풍부해야 하는 직업, 또는 기술직**이 잘 어울립니다.

3 감정선 ★★☆☆☆

감정선을 잘 보면 끊어진 부분이 두 군데 보입니다. 우선, 소지와 약지 사이에 끊어진 부분이 있는데요. 이 나이대는 25살부터 35살로 이때 **마음고생을 하고 환경이 크게 바뀔 가능성**이 있습니다. 25살에는 감정선을 막고 있는 장애선이 있고 35살에는 또 다른 변화가 있음을 예고하고 있어 그쯤 되면 인생이 안 풀린다고 느낄 수도 있습니다. 하지만 35살부터는 감정선이 쭉 이어지니 나아질 수도 있겠네요. 감정선 끝이 검지와 중지로 올라간 모양을 하고 있어 이분은 남성이지만 **여성적인 면이 있으며 예민하고 미래지향적**입니다. 몸은 고달프더라도 생활력은 있지 않나 하는 생각이 드네요.

4 운명선 ★★☆☆☆

운명선이 복잡해 보입니다. 이중 생명선처럼 운명선이 생명선을 따라 가느다랗게 내려가는 모양을 하고 있죠. 하지만 이중 생명선은 바깥의 선이 더 선명해야 하기 때문에 이중 생명선으로 보긴 어렵습니다. 운명선이 두뇌선과 살짝 붙었다 더 올라가고 제2화성구 지점, 즉 대략 35살 지점에 귀인선이 붙어 있죠. 또 운명선이 감정선 밑에서 끊겨 있으며 감정선 윗부분에도 여러 가닥의 운명선이 있습니다.

종합적으로 볼 때 이분은 한곳에 정착하려고 노력해야 합니다. 아무 대책 없이 그만두고 나오지 말고 **35살 즈음 귀인의 도움을** 받는 것이 좋습니다. 또 워낙 일복이 많아 여러 가지 기술을 갖고 있는 게 좋습니다.

5 재물선 ★★★☆☆

재물선은 타고난 손금보다 훨씬 좋네요. 물론 소지와 중지 사이에 내려온 지선이 있긴 하지만, 재물선이 한 가닥이 아니라 여러 가닥인 것처럼 보이죠. 어쩌면 **자신의 수입처가 두 군데 이상**이 될 수 있습니다. 끊어짐이 보이긴 하지만 그게 아주 잠시이기 때문에 잠시 동안 어떤 일을 맡고 돈을 벌고, 그러고 나면 또 다른 걸 기획하고 돈을 벌고…… 이런 패턴을 반복할 듯합니다. 그러니 본업이 있다면 **부업이나 다른 재테크**를 고민해보는 것은 어떤는지요.

6 사업선 ★☆☆☆☆

사업선이 올라가다 만 것을 보면 인내심이 약하다고 볼 수 있습니다. 또 사업선이 여러 가닥인 걸 보면, 사업이 초반에는 잘될지 몰라도 **중반에는 포기할까 말까 고민하게** 될 수도 있습니다. 인내심과 책임감을 키울 필요가 있지 않나 싶네요.

7 결혼선 ★★☆☆☆

자세히 보면 결혼선이 올라간 것처럼 보이면서 또 내려간 것처럼 보이기도 하는 고리모양으로 되어 있습니다. 이는 그다지 좋은 손금이 아닙니다. 즉 **갑자기 결혼해서 후회할 수도** 있기 때문에 신중해야 합니다. 30살은 넘겨서 결혼을 해야 하지만 사랑을 하더라도 길게 지속하진 못할 것 같네요.

종합 진단

현재의 손, 즉 오른손 손금이 그나마 안정적입니다. 그러나 타고난 손금은 '어떤 시기를 조심해야 한다'와 같은 예언의 역할을 하니 위기 상황을 피하기 위해서는 꼭 참고해야 합니다. 비애선이 어느 시점에 있는지도 양손을 비교하며 볼 필요가 있습니다. 이분이 아직도 이직을 하고 싶어 하는지는 모르겠지만 양손 손금 상으로는 모두 35살에 큰 변화가 있네요. 그래서 그때 이직을 하는 것이 마땅하다는 결론이 나옵니다.

손금을 볼 줄 알면 군 생활이 편하다

　요즘 한창 인기몰이 중인 <진짜 사나이>라는 예능 프로그램, 아시죠? 연예인들이 군 생활을 하는 장면을 보고 있으면 멋지기도 하고 안쓰럽기도 하더군요. 여기서는 군인 손님들의 이야기를 해보려고 합니다. 손님들이 말하길, 신참 때 자기소개를 하면서 손금을 보는 게 취미라고 하면 소문이 쫙 나기 시작한다고 합니다. 한 군인이 내무반부터 시작해서 대대장까지 불려간 적이 있다고 하더군요. 웃기기도 하면서 한편으로는 뿌듯하고 기분도 좋더라고요.

　신참은 말을 할 때도 긴단명료하게 해야 하잖아요. 더듬더듬 말하면 한 방 먹기 일쑤니 명확히 이야기하는 게 핵심이었다고 하더군요. 그 군인은 손금 책을 달랑 한 권 읽었을 뿐인데 말 한마디만 해도 호응이 장난이 아니었다고 합니다.

　"생명선이 굵어서 활동적인 일이 잘 맞습니다!"

　"어, 어떻게 알았지? 나 밖에서 활동적인 일을 했었는데? 이야, 너 좀 용하다! 또 뭐가 있어?"

　"네! 제대하면 얼마 안 있어 여자친구가 생기실 겁니다!"

　"정말? 얼마나 예쁜데?"

　상상이 가시나요? 이렇게 센스 있는 답변 때문에 예쁨 받고 편하게 지낼 수 있었다고 하네요. 자신의 말 한마디에 윗분들이 기분이 좋아서 기합 면제를 받았다는 등 제 덕분에 군대생활을 편하게 하고 있다는 쪽지나 메일을 보면 군대에서 손금이 이토록 잘 통하는구나 싶어 참 뿌듯합니다. 주변에 곧 입대하는 분이 있다면 손금 책 한 권을 선물해드리는 건 어떨까요.

최고의 조언은
내 손안에 있다

●● 손금은 나의 운명

제가 어떻게 손금을 업으로 삼게 되었는지 궁금해하시는 분들이 많아서 제 이야기를 한번 해볼까 합니다.

제가 손금에 본격적으로 관심을 갖게 된 것은 정확히 고등학교 때였습니다. 어느 날 친구들과 삼삼오오 모여 대학에 들어가면 도대체 무엇을 전공해야 할지 이야기를 나누고 있었습니다. 갑자기 무슨 바람이 불었는지 제가 A라는 친구한테 이렇게 말했답니다.

"넌 선생님을 하는 게 좋겠어."

그러자 친구는 정색을 하더군요.

"무슨 내가 선생님이야. 부모님이 원하시긴 하지만 난 다른 길을 가고 싶어."

둘이 단짝이었던 B와 C에게는 이렇게 말했죠.

"너희 둘은 대학도 같이 가면 좋겠다. 그냥 둘 다 간호사 해라."

그랬더니 너나 할 것 없이 자기는 피가 세상에서 제일 무섭고 병원을 세상에서 제일 싫어한다며 호들갑을 떨었죠.

그 친구들은 결국 어떻게 되었을까요?

A는 교대에 가서 초등학교 선생님이 되었고요. B는 큰 의료원에서, C는 중급 수준의 전문병원에서 간호사를 하고 있습니다. 정말 신기하지 않나요?

사실 그때는 정작 저의 진로는 잘 모르면서 손금으로 남의 진로나 봐주는 철없던 시절이기도 했습니다. 제 손금을 보면서 어느 쪽으로 가야 할지 고민을 해봤지만 답이 나오질 않더군요.

그런데 경제적으로 여유가 없는 시기가 되고 투잡을 뛰어야만 하는 때가 되자 손금과 인연이 또 닿더라고요. 아는 언니를 통해서 바에서 일을 하게 되었는데 손님이 너무 없었던 거죠. 언니가 그 재주로 손님을 끄는 게 어떻겠냐고 해서 시작한 게 결국 지금까지 이어지게 되었습니다. 중간중간 다른 일을 할 때는 하기도 싫고 금방 중단하곤 했지만 손금 상담이나 손금 강의는 꾸준히 하게 되더군요. 그때부터 어쩌면 이게 나의 운명인지도 모르겠단 생각을 했답니다.

손금을 통해 여러분도 나만의 길을 꼭 찾으시길 바랍니다. 내 운명과 같은 일을 하면서 사는 것도 인생의 큰 행복이라고 할 수 있지 않을까요?

●● 남자 복이 없는 사주지만 저도 잘살고 있습니다

한번은 철학하시는 선생님들 10분을 데리고 손금 강의를 한 적이 있습니다. 제가 너무 젊었기 때문에 선생님들은 도대체 무슨 사연이 있냐며 제 생년월일시를 물어보셨죠. 말씀을 드리자 여기저기서 열띤 토론을 시작합니다. 부모님 중 한 분이 안 계시지 않냐고 하시길래 두 분 다 살아 계시다고 하니 미래에 대한 이야기도 아낌없이 해주시더군요. 결혼하지 마라부터 시작해서 이혼한다, 남자 복이 없다, 만약 결혼하면 아들만 셋이다 등등, 좋은 말은 거의 없었습니다. 부정적인 말을 듣고도 제가 제 팔자를 고칠 수 있지도 않을까 하는 생각을 하게 된 것도 결국 손금 덕분이었습니다. 제 양손의 손금이 달랐기 때문이죠.

첫 책 『손금을 알면 인생이 보인다』(박소영 저, 다산북스)가 출간되고 대중에 알려지기 시작했을 땐 여자 손님이 많이 올 줄 알았는데 남자 손님도 열에 네 명꼴로 오더군요. 이제부터 더 재미있는 이야기를 해드릴까 합니다. 그 남자분 중 한 분이 지금 저의 신랑이거든요.

그즈음 신랑이 발톱 부상 때문에 집에서 쉬게 되었는데 하루는 책 한 권이라도 더 읽겠다고 동네 서점에 나갔답니다. 그런데 책꽂이에 제 책 한 권이 떡하니 꽂혀있었고 믿거나 말거나 그 책에서만 빛이 나더랍니다. 그래서 하루 만에 다 읽어버리고 온라인 카페에 가입한 후 바로 절 찾아온 거죠. 그때는 정해진 시간 안에 상담을 할 때였습니다.

　어느 날 한 손님이 들어오더니 자기는 손금을 보러 온 게 아니고 작가가 궁금해서 왔다고 합니다. 좀 당황스러웠지요. 속으로 이 생각 저 생각을 하던 찰나 차 한 잔을 내야겠다고 생각하고 "뜨거운 커피 드릴까요, 차가운 커피 드릴까요?" 하고 물었습니다. "커피 마실래요, 녹차 마실래요?" 이렇게 물어볼 줄 알았던 신랑은 당황했답니다. 커피를 잘 못 마셨던 거죠.

　커피도 내놓았겠다 이제 시간을 보내야 하는데 할 말도 없고 해서 결국 손금이나 보여달라고 했습니다. 그렇게 상담이 시작됐는데 글쎄 이 남자가 자꾸 태클을 걸더군요. 제가 손재주가 많다 그러면 자기는 손재주 같은 건 없다고 하고, 역마살이 있다고 하면 본인은 역마살이 없다고 대꾸하고, 제가 곧 결혼할 것 같다 하니 애인도 없는데 무슨 결혼이냐는 등 제가 무슨 말만 하면 부정하니 저도 짜증이 나서 속으로 얼른 갔으면 좋겠다고 생각했죠.

　그런데 이분이 더 자세히 물어보고 싶은 게 있으면 연락해도 되냐며 메신저 아이디를 알려달라고 하더군요. 이때부터 온라인으로 만나기 시작해 제가 절을 좋아한다는 핑계로 파주에 있는 절에 함께 간 날부터 연인이 되어 1년 만에 결혼에 골인하게 되었습니다.

　예전에는 이 직업을 갖게 되면 결혼도 못 하는 줄 알았고, 굳이 이 직업을 상대방에게 이해시키고 싶지도 않았습니다. 신랑이 누님께 저한테 손금 보러 간다고 얘기했다고 하길래 좀 걱정했었는데 시댁 식구들이 제가 손금을 보는 걸 알고도 이해해주시더군요. 사주 선생님들의 말씀과는 다르게 이렇게 결혼도 하고 아들, 딸 낳아 행복하게 잘살고 있답니다.

●● 노력에 운을 더해야 인생에도 '잭팟'이 터집니다

손금과 인연을 맺은 지도 꽤 되었는데 여전히 저도 손금이 참 신기하답니다. 사람의 손금은 계속 변하고 여러분의 손금 역시 지금도 변하고 있을지도 모릅니다. 아무리 여러 사람을 만나도 또 특이한 손금을 접하게 되기 때문에 이 책 한 권으로 손금을 다 알 수 있는 건 절대 아닙니다.

앞에서도 말했지만 손금을 봐줄 땐 상대에게 긍정적인 말 한마디라도 꼭 전해주려고 노력하세요. 그리고 상대한테 손금도 중요하지만 결국에 모든 건 노력하기에 달려 있다고도 해주세요. 그분께는 그 한마디가 큰 희망이 되고 꿈이 될 수도 있습니다.

사실 손금을 잘 보는 것도 중요하지만 손을 내밀고 살을 맞댄다는 것 자체도 굉장히 중요하거든요. 사람은 손을 만지면서 마음을 열기 마련이니까요. 처음 만나는 사람과 악수를 하듯이 말이죠. 상대가 깜짝 놀랄 만큼 모든 걸 꿰뚫어보는 전문가까지는 아니더라도 손금을 봐주면서 이런저런 조언을 해주면, 상대는 그 말에 귀를 기울이면서 자연스레 마음을 열게 된답니다.

  손금을 통해 자신을 알고 상대를 읽을 줄 안다면 인간관계가 원만해질 수 있겠죠. 또 상대의 마음을 헤아리면서 다른 사람에 대한 배려심도 싹트게 되고 사람을 폭넓게 이해하게 된다는 것도 손금의 큰 장점이라고 할 수 있습니다.

  손금은 미래를 예견하기도 하지만 인생의 축소판이라고 할 만큼 개인의 삶을 충실히 반영합니다. 안 좋은 손금에 대해서 자신이 충분히 숙지하고 있다면 계속해서 손금을 지켜보고 마음가짐이나 태도를 고치려고 노력해보세요. 신기하게도 손금이 꼭 변하더군요.

  계속해서 강조하지만 절대 손금을 맹신해서는 안 됩니다. 또, 손금을 잘 본다고 해서 인생의 모든 해답을 얻을 수는 없습니다. 나의 단점을 개선하고 장점을 발전해나가는 데 손금은 하나의 방향을 제시해줄 뿐입니다. 따라서 좋은 손금만 믿고 열심히 살지 않는다면 그에 대한 대가는 반드시 옵니다.

  한창 힐링이 대세였는데요. 힐링을 꼭 다른 먼 곳에서 찾으려 하지 마시고 자신의 손안에서도 발견할 수 있다는 점을 명심하세요. 자신이 어떻게 그리고 얼마나 노력하냐에 따라 손금이 변할 수도 있다는 사실만으로도 위안이 되지 않나요? 자신의 노력이 먼저 선행한 뒤에 운이 따라야 인생에도 '잭팟'이 터지는 거라는 걸 꼭 기억하셨으면 합니다.

감사의 말

　이 책을 통해 손금을 가깝게 느꼈다면 전 더할 나위 없이 행복합니다. 독자분들이 사람들을 만나 손금을 봐주며 수다도 떨고 추억을 떠올리며 대화의 장을 여는 모습을 상상하는 것만으로도 가슴이 벅찹니다.

　아이를 연년생으로 낳다 보니 책을 쓸 시간도, 상담을 할 수 있는 기회도 점차 줄어들었지만 감사하게도 저를 꾸준히 찾아오시는 분들이 있어 손금을 놓지 않을 수 있었습니다. 아이가 아직 어려서 상담하는 데 약간의 어려움이 있는 것은 사실이지만 요즘엔 온라인 손금이나 카톡 손금을 보기도 하니 전혀 불가능한 건 아닙니다. 오프라인 상담을 받으려면 오전 혹은 주말을 이용해야만 하는 불편함이 있는데도 계속해서 절 찾아주시고 이해해주시는 팬들이 계셔서 힘을 얻었기에 이 자리를 빌려 꼭 감사하단 말씀을 전하고 싶습니다.

　그리고 저를 이해해주고 예뻐해주신 가족들, 무엇보다 나를 아껴주고 응원해주는 신랑에게도 이 책을 통해 꼭 감사하다고 얘기하고 싶네요.

　다음 카페 '소영이의 손금사랑' 회원님들, 나의 제자분들 그리고 책에 손금 사진을 실을 수 있도록 허락해주신 손님들, 지인들께도 감사드립니다. 마지막으로, 첫 책에 이어 두 번째 책도 잘 나올 수 있게 변함없는 애정을 주신 다산북스 임직원분들께도 감사하단 말씀을 남기며 전 이만 물러갑니다.

Thanks!

부록

연령별
손금 카운슬링

가려운 부분을 긁어드립니다

연령별 손금 카운슬링
가려운 부분을 긁어드립니다

부록 편에서는 연령별로 가장 많이 물어보는 질문을 나열하고 그에 맞는 손금 카운슬링을 정리해보았습니다. 손금 초보자분들은 항상 기본 3대선부터 보다가 갑자기 질문을 받게 되면 당황할 수도 있습니다. 따라서 상대의 질문에 따라 어떤 손금을 보는지도 공부해두면 훨씬 도움이 된답니다. 연령별로 알고 싶어 하는 내용은 비슷하기 때문에 아래 4가지 카테고리별로 카운슬링을 연습하면 언젠가 친구들한테 '너 참 용하다'는 말을 듣게 될 날이 올지도 모릅니다.

10대 — 자녀교육, 진로 ➡ 학부모 카테고리

10대에게 진로가 매우 중요하죠. 보통 손금을 보러 오는 분은 학부모님들이시기 때문에 여기서는 10대가 아니라 학부모 카테고리에 넣었습니다.

20대 — 전공, 적성, 연애, 취업 ➡ 대학생 카테고리

20대 대학생들은 대학 졸업 후의 진로와 적성, 취업, 그리고 연애에 관심이 많습니다.

30대 — 결혼, 직장, 성공, 재물 ➡ 직장인 카테고리

30대 직장인들은 대부분 결혼, 그리고 재물이나 성공에 관한 질문을 많이 합니다.

40대 — 건강(수명), 노후대비, 창업 ➡ 중년 및 노년 카테고리

중년 이상이 되면 건강과 수명, 노후대비를 위한 재산관리, 창업 등을 궁금해합니다.

대학생을 위한 카운슬링

전공 · 적성 · 연애 · 취업

요즘엔 취업이 워낙 힘들어 대학교 1학년 때부터 열심히 공부하는 학생들이 많지만 그래도 여전히 20대 초반에 노느라 정신없는 분들도 많이 있더군요. 공부보다 연애에 관심이 더 많기도 하고요. 특히 남학생들은 군대를 갔다 오거나 3학년 정도 됐을 때, 진로에 대한 고민을 시작하는 경우가 많았습니다. 또, 막상 대학을 들어왔는데 전공이 잘 안 맞으면 그냥 계속 버틸지 전과를 할지 복수전공을 할지 아니면 과감하게 편입을 할지 등등 고민이 끝이 없죠.

고민이 너무 많으면 캠퍼스의 낭만도 눈에 안 들어오는 것 같더라고요. 1학년이나 2학년 때 애인이 안 생기면 연애는 거의 포기하더군요. 자신하고 마음이 딱 맞는 애인이라면 모를까 사랑 때문에 시간을 보내는 게 아깝기도 하고 괜히 어영부영 보내다 까딱하면 졸업하고 백수로 지낼 수도 있으니 진지할 수밖에요. 그뿐인가요? 졸업 후엔 취직을 해야 할지 대학원을 가야 할지 유학을 가야 할지 등 결정해야 할 게 너무 많으니 요즘 대학생들을 보면 정말 안쓰럽답니다. 그런데 이런 것들도 손금으로 충분히 확인 가능하다는 게 놀랍지 않나요? 그럼, 20대를 위한 손금 카운슬링을 시작해보겠습니다.

전공·적성

Q1
전공을 잘 택한 건지 모르겠어요. 전과나 편입을 해야 할까요?

운명선과 두뇌선을 보세요

목표가 뚜렷하고 명확한 손금

목표가 뚜렷하고 꿈이 있는 친구들은 대개 운명선이 손목부터 일찍 시작하거나 두뇌선이 선명하고 뚜렷합니다. 그러면 자신이 가고자 하는 길이 잘 맞는다는 것을 의미하니 안심하고 끝까지 완주하시면 됩니다. 요즘엔 전과나 편입을 하는 친구들도 자주 보게 됩니다. 하지만 편입이 워낙 힘드니 차라리 재수를 하거나 복수전공을 택하기도 하죠. 뒤늦게 자기가 뭘 해야 할지 알아서 철이 든 거라면 다행인데 30대가 다 되어가는데도 졸업을 못 하고 학점은 뒤죽박죽이라면 당연히 취업에 영향이 있겠죠? 사업하면 된다고 큰소리 칠 수도 있겠지만 그것도 아무나 얻는 기회는 아닙니다.

진로가 자주 바뀌는 손금

진로·적성을 알아보기 위해 가장 먼저 봐야 하는 손금은 두뇌선입니다. 특히 두뇌선의 중간 지점을 주시하세요. 두뇌선이 끊어져 있거나 꺾임이 있으면 진로가 확연히 바뀝니다. 문과에서 이과로 바뀔 수도 있고 아예 다른 전공을 살릴 수도 있고 무작정 사회로 뛰어들기도 합니다.

고시 공부를 하거나 공무원을 준비하는 경우 두뇌선이 끊어져 있으면 한 번에 합격하지 못하고 여러 번 고배를 마시게 됩니다. 여기서 먼저 꼭 짚고 넘어가야 하는 건 양손의 손금이 다른 것도 전공이 달라질 수 있음을 의미한다는 점입니다. 그러니 어느 손이 현재의 손이고 어느 손이 타고난 손인지를 꼭 따져보세요.

세상엔 워낙 다양한 손금이 있고, 직업 역시 다양하기 때문에 이에 대한 답을 얻고 싶다면 Part3 진로·적성 편에 가서 자신에게 맞는 전공이 무엇일지 생각해보세요. 그런데도 헷갈린다면 두뇌선이 복잡하거나 가지가 많이 나서 그럴 수도 있습니다. 더 명확한 답을 원한다면 결국 타고난 손금을 참고할 수밖에 없습니다.

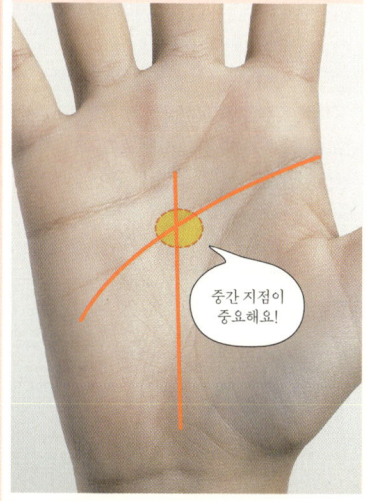

중간 지점이 중요해요!

연애 · 인간관계

Q2
저는 왜 애인이 생기지 않는 걸까요?

결혼선과 생명선의 지선을 보세요

한번은 대학 교수님의 부탁으로 이틀 정도 취업박람회에서 손금 이벤트를 했습니다. 학생들 타로를 봐주라고 하더군요. 졸업반 친구들은 대부분 취직에 대한 고민이 가장 많았지만 이제 갓 대학을 들어온 친구들의 관심사는 역시나 무조건 연애였습니다. 우선 그냥 즐기자고 생각하는 친구도 많았고, 내가 좋아하는 사람이 있는데 그 사람은 나를 좋아하는지, 애인은 언제 생기는지 등 질문이 쏟아졌지요.

연애나 결혼이 늦어질 수 있는 손금

연애운을 볼 때는 결혼선을 보면 됩니다. ==가운데보다 소지 쪽, 즉 위로 올라가 있다면 일찍 결혼하는 건 포기==해야 하고 연애도 늦어질 수 있으니 마음을 비우는 수밖에 없습니다.

그리고 생명선이 검지 밑에 쯤 내려왔을 때를 21살로 보는데 그 시점에 ==노력선, 즉 상향하거나 하향하는 지선이 없다면?== 역시 연애를 포기해야 합니다. 누군가를 만나는 것도 좋으나 오래가지 않을 수 있다는 점을 참고하시길 바랍니다.

그런데 또 주의해야 할 점이 있습니다. ==결혼선이 늦게 있거나 노력선이 약한 사람==은 사랑이란 감정에 너무 집착하지 않는 게 좋습니다. 20대 초반의 인생을 다 놓칠 수도 있거든요. 진로에 대해 더 고민하고, 또 열심히 공부하면서 자신의 인생에 대해서도 생각해야 하는데 사랑에 눈이 멀어서 시간을 버리게 되면 후에 모든 걸 다시 시작해야 할 수도 있다는 점을 명심하세요.

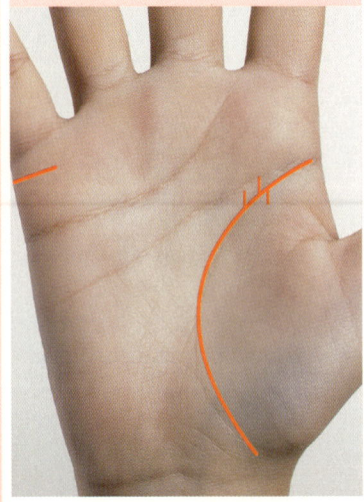

연애 • 인간관계

Q3
바람둥이에 나쁜 남자만 자꾸 걸려요.

감정선이 목성구나 검지로 빠지는지, 운명선이 월구에서 시작하는지를 보세요

바람둥이를 만나는 손금

월구에서 시작하는 운명선이 있는 사람은 바람둥이를 많이 만납니다. 내가 상대를 더 좋아한다는 의미로 받아들여도 좋습니다.

그런데 이상한 건 나쁜 남자를 만나도 내 감정이 말을 듣지 않는다는 거죠. 아니다 싶으면 칼같이 자르고 다른 데로 눈을 돌려야 하는데 미련이 남는 건지 그 사람보다 매력적인 사람은 없다고 생각해서인지 그 감정이 참 오래가더군요.

감정선이 직선이면 좋으련만 곡선이어서 하고 싶은 말도 못하고 속에 많이 담아두면 더 문제가 되겠죠. 그리고 <mark>곡선형 감정선의 끝이 검지 쪽으로 들어가면</mark> 나쁜 남자나 나쁜 여자에게 꼬였을 때 받는 상처가 큽니다. 정신을 차리고 보니 그땐 내가 미쳤던 것 같다고 하소연하지 말고 지금부터라도 주의해야 합니다.

또, <mark>운명선이 월구부터 시작</mark>한다는 것은 마음이 여리고 감정이 풍부하며 귀가 얇다는 걸 뜻합니다. 나도 힘든데 상대가 더 힘들어 한다고 도와주다 된통 당할 수도 있습니다. 남을 챙기기 이전에 자신부터 돌보는 게 순리입니다. 누가 봐도 나쁜 사람인데 그 사람은 다르다고 우기지 마세요. 본인의 그런 약점 때문에 접근했을지도 모른다는 생각을 해보셔야 합니다.

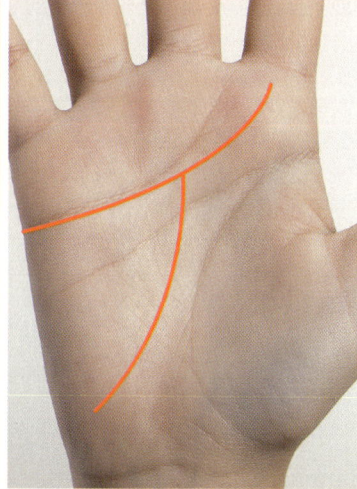

연애 • 인간관계

Q4
애인을 사귀어도 오래 만나질 못합니다.

결혼선, 노력선, 그리고 금성대를 보세요

부모님 세대나 우리 세대는 맘에 드는 이성을 만나도 쉽게 사귀지 못했습니다. "우리 사귀자." 혹은 "너 나 좋아해?" 이 말을 꺼내는 것조차 힘들어했는데 요즘 젊은 친구들은 이성을 만나는 걸 너무 쉽게 생각하는 것 같습니다. 하룻밤 상대로 만나는 것까지 로맨틱하다고 여기는 분들도 꽤 있으니까요.

만약 누군가를 계속 오래 만나지 못하고 자주 짧게 만난다면, 자신은 정말 진심으로 대했는데 상대가 떠나는 거라고 우기지 말고 자신을 돌이켜보세요. 본인도 상처가 깊어서 사람을 잘 못 믿는다거나 누군가가 옆에 있어야만 잘 지내는 건 아닌지 말입니다.

애인을 오래 만나지 못하는 손금

만약 노력선이 길다면 사람을 오래 만날 수 있습니다. 그런데 노력선이 짧고 여러 가닥인 데다 생명선에 영향선까지 붙어 있으면 내가 상대로 하여금 집착하게 할 수도 있다는 점을 알아야 합니다.

그리고 자신의 성격도 봐야 합니다. 우선 금성대를 보세요. 금성대가 많다는 것은 끼나 재주가 많다는 걸 의미하기도 하지만 나의 특이한 성격 때문에 상대가 금방 질린다고 볼 수도 있거든요. 게임에 너무 몰두한 나머지 애인을 챙겨주지 못해서 그냥 보내 버리진 않았는지, 또 취미 활동에만 전념하거나 모임에만 몰두해서 상대를 서운하게 한 것은 아닐는지요. 반대되는 성격을 만나면 서로 매력적으로 느낄 수도 있지만 취미나 성격도 어느 정도 맞는 게 좋고 다르더라도 맞춰가기 위해 양보하고 배려할 줄 알아야만 관계는 지속됩니다.

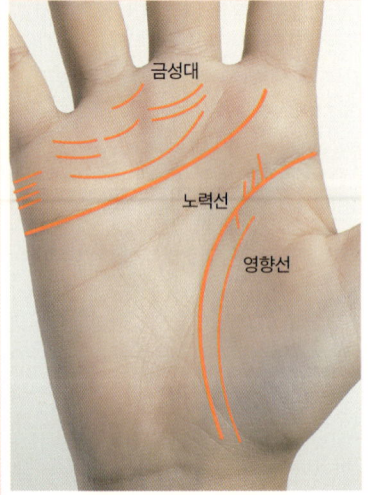

연애 · 인간관계

Q5
학교에서 사람들과 어울리는 게 어렵네요.

손금이 너무 연하진 않은지, 인복선이 있는지 확인하세요

인복이 많은 손금

앞으로 살아가는 데 있어 인맥은 평생을 좌우할 수도 있는 큰 요소입니다. 그렇다면 인맥은 어떻게 볼까요? 생명선 안쪽 금성구에 있는 가로선은 의리를, 세로선은 인복을 의미합니다. 의리선보다 인복선이 더 중요합니다. 의리선은 내가 챙겨주기 바쁘다는 걸 의미하지만 인복선은 나를 좋아해주고 챙겨주는 이들이 많아 덕을 많이 보게 된다는 뜻이거든요. 특히 20대라면 엄지손가락 부근의 인복선을 봐야 합니다. 앞서 말한 생명선 끝에 있는 인복선은 노후에 갈수록 빛을 발합니다.

나의 매력을 알려주는 손금

금성대는 나에게 매력이 있음을 의미하기도 합니다. 잘하는 분야가 있다면 친구들이 도움을 청할 때 적극적으로 도와주세요. 그러면 상대와 친해지는 것은 금방입니다. 만약 엄지손가락 부근에 인복선이 없다면 어떻게 해야 할까요? 이걸 단순히 친구가 없는 거라고 받아들이면 안 됩니다. 이때는 운명선에 지선이 없는지 또는 감정선이 깨끗한지를 보세요. 또, 소지 밑의 감정선은 20대 초반을 의미하는데 그 부분에 섬무늬가 없어야 합니다. 또, 감정선에서 나가는 여러 개의 사교선 무늬는 유머러스한 매력이 있음을 의미합니다.

대인관계가 어려울 수 있는 손금

손금이 너무 연하면 대인관계에 심각한 문제가 있을 수도 있습니다. 낯가림이 심하거나 과거에 따돌림을 당한 경험이 있거나 사람에 대한 상처가 심해 사람을 잘못 믿을 수도 있죠. 그런 상처 때문에 사람들에게 마음을 닫아버린 것은 아닐지요. 우선 자신을 인정하고 받아들이세요. 그리고 사람에 대한 편견에서 벗어나려고 노력해보세요.

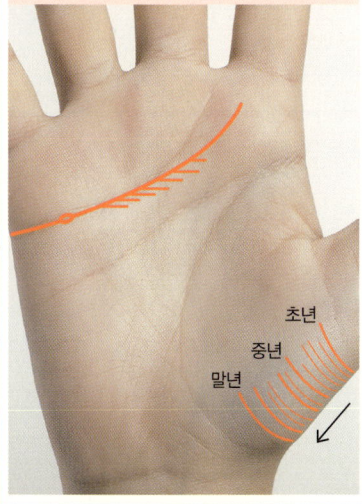

초년
중년
말년

취업

Q6
졸업 후에 취업을 해야 할지 공부를 더 해야 할지 모르겠어요.

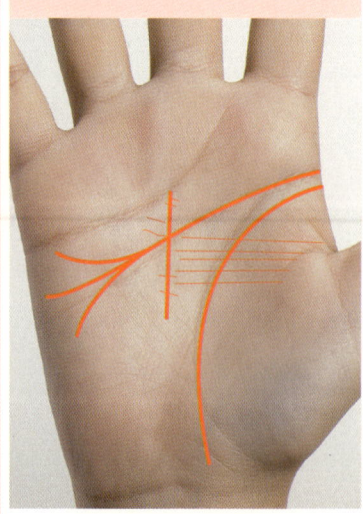

두뇌선과 운명선을 보세요

공부와 인연이 많은 손금

두뇌선이 길면 늦공부를 할 가능성이 있습니다. 또 두뇌선에 상향하는 선이 있거나 두뇌선이 두 개 혹은 그 이상으로 나눠져 있으면 공부와 인연이 많은 손금입니다. 두뇌선이 길다는 것은 연구원이나 대학원 등 가방끈이 길다는 것을 의미합니다.

유학을 가야 한다면 생명선과 두뇌선이 떨어져 있는지를 봐야 합니다. 이럴 경우 해외와 인연이 많을 수도 있으니까요.

취업을 하면 좋은 손금

두뇌선의 길이가 보통이고 운명선이 선명하다면 조만간 취직 소식이 들려올 수도 있습니다. 물론 공직 준비나 어려운 시험도 가능합니다.

방황을 하게 되는 손금

여기서 운명선을 더 추가해서 봅시다. 운명선이 중간부터 시작하거나 선은 있는데 잔선이나 장애선이 많고 힘이 없다면 방황을 많이 할 수도 있습니다.

만약 이런 손금을 갖고 있는 데다 스펙이 한없이 부족한데도 그저 대기업에 가겠다고 발버둥만 친다면 어찌 해야 할까요? 자기 자존심이 대기업 아니면 허락하질 못한다면 차라리 대학원을 더 좋은 데로 진학하는 게 낫습니다. 그러나 공부에 욕심이 없다면 운명선을 봐서 일단 경험과 노하우를 쌓는 데 주력해야 합니다. 자신의 손금이 좋지 않다고 실망할 게 아니라 이를 받아들이고 좀 더 현실적인 목표를 정하는 게 좋습니다.

취업

Q7
아무리 이력서를 내도 불러주는 회사가 없습니다.
취업할 수 있을까요?

운명선과 운명선에 붙어 있는 지선을 봐야 합니다

당장 취업하기 어려운 손금

무엇보다 일단 자기 그릇부터 볼 줄 알아야 합니다. 그리고 뚜렷한 목표나 기반 없이 취직하는 것은 아닌지 취직하고자 하는 부서나 직종이 정말 자신과 잘 맞는지도 봐야 합니다. 취직을 해도 얼마 버티지 못하고 회사를 나올 수도 있기 때문입니다.

요즘엔 서류를 백 군데를 넣어도 떨어지는 경우도 참 많더군요. 이토록 간절한데도 자신을 왜 안 뽑아주는지 모르겠다면서 공무원 시험이라도 봐야 할 것 같다고 하소연하는 분들도 많은데요.

사실 본인은 잘 모르지만 자꾸 떨어지는 이유가 있는 건 아닌지 냉정하게 살펴야 합니다. 이런 분들은 대개 운명선이 선명하지 않습니다. 게다가 자신의 꿈이 뭔지 정확히 모릅니다. 외모 때문인 것 같다고 생각하는 경우도 있는데 본인의 외모만 탓하지 말고 그 시간에 이미지 컨설팅이라도 받아보는 건 어떨까요.

취업을 기대해볼 만한 손금

만약 운명선이 선명한 데다 명확한 꿈까지 있다면 운명선의 지선을 보세요. 그 지선이 잘 올라가는지를 보시고, 유년법으로 봤을 때 그때가 바로 내가 자리 잡는 시기라는 점도 꼭 참고하세요. 또 운명선이 늦게 시작하고 있더라도 그 시작 지점이 새로운 삶의 출발점이 될 수도 있다는 것을 명심하세요.

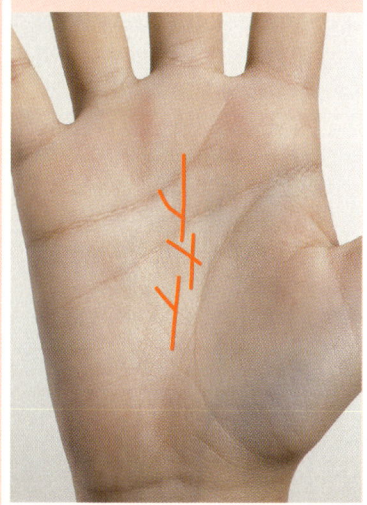

취업

Q8
앞으로 무슨 일을
해야 할지
정말 모르겠어요.

두뇌선 끝, 운명선의 시작점, 감정선의 끝부분 등 종합적으로 판단해야 합니다

졸업하고 나서 과연 전공을 제대로 살리는 이들이 몇이나 될까요? 전공이 잘 맞지 않아 고민하는 친구들은 대부분 4학년 되면 꼭 위기가 찾아오더군요. '도대체 내 길은 뭘까?' 하면서 말이죠. 운명선의 시작 부분을 보면 취업 시기를 알 수 있습니다. 그리고 시험운도 관운무늬도 참고하고 지인이나 가족들의 도움을 받아보세요. 자신이 잘하는 게 있는데 잘 못 찾고 있는 걸 수도 있거든요. 또한 양손이 다를 땐 현재의 손금을 보고 진로를 정하는 게 좋습니다. 그런데 만약 현재의 손금이 안 좋다면 더 혼란스럽겠죠. 그럴 땐 타고난 손금을 참고하면 됩니다. 반대로 타고난 손금은 좋지 않은데 현재의 손금이 잘 자리 잡혀 있다면 길은 무난하게 흘러갑니다. 뜻하지 않게 기회를 잡을 수도 있거든요.

종합적으로 판단해서 진로를 정한다

일단 손금을 봤을 때 두뇌선이나 운명선이 월구에서 시작했다면 기술 없이는 성공하기 힘듭니다. 이공계 혹은 예체능 쪽에서 소질이 있는 분야를 찾을 수밖에 없습니다. 운명선이 감정선에 멈춰 있거나 손목에서 시작한다면 공무원이나 공공기관, 대기업에 도전해보는 것도 한 방법입니다.

두뇌선에 어학선이 있거나 소지에 두 가닥의 세로선이 있다면 말로 하는 일을 하게 됩니다. 상담 치료 쪽도 괜찮고 선생님이 되는 것도 좋습니다.

생명선과 두뇌선이 떨어져 있다면 영업과 인연이 많습니다. 돌아다닐 수 있는 일을 찾는 것도 좋습니다.

손금에 잔선이 많고 두뇌선이 긴 편이라면 기획이나 마케팅 혹은 작가나 연출가도 괜찮습니다.

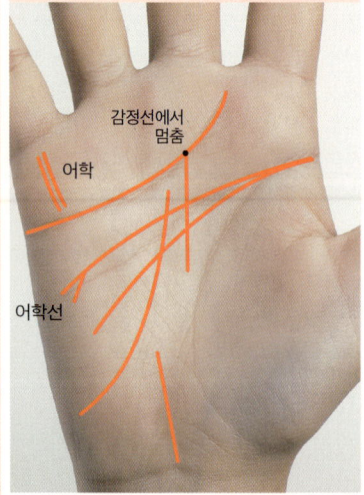

감정선에서 멈춤
어학
어학선

취업

Q9
공무원 시험, 저도 준비해도 될까요?

운명선과 관운무늬, 새끼손가락의 세로선을 주시하세요

시험 준비를 하면 승산이 있는 손금

고시 공부를 하는데 운명선이 월구에서 시작된다면 고시 패스를 못 하는 건 아닌가 하고 겁낼 필요는 없습니다. 중요한 건 운명선이 어디서 시작했든 시원하게 잘 올라가야 한다는 겁니다. 중간에 끊어져 있으면 고비가 좀 많을 수도 있거든요. 일단 시원하게 올라간 뒤 감정선에서 멈춘 모양을 하고 있거나 감정선 위로 운명선이 또 시원하게 올라가 있다면 승산은 있습니다. 그러나 더 좋은 것은 운명선이 손목부터 올라가 있는 경우이고, 관운무늬까지 있으면 더없이 좋습니다. 판검사나 변호사가 되고자 할 땐 소지 밑에 세로선 두 줄이 있으면 유리합니다.

시험 준비를 하는 데 어려움이 많은 손금

운명선이 가운데 중간부터 시작하거나 제대로 있지 않고 끊어져 있다면 문제가 됩니다. 그럴 때는 두뇌선과 감정선 상태도 봐야 하고 제일 중요한 생명선도 봐야 합니다. 운명선이 끊어졌다 올라갔거나 두 개인 경우, 또는 장애선이나 잔선이 많은 손금은 현재 공부할 수 있는 환경이 잘 갖춰져 있지 않다는 것을 의미합니다. 또, 다른 곳에 눈을 계속 돌리면서 진로에 대한 고민을 참 많이 하게 된답니다. 공부에만 올인할 수 있는 환경이 만들어지지 않으면 합격하기 어려울 수 있으니 참고하세요.

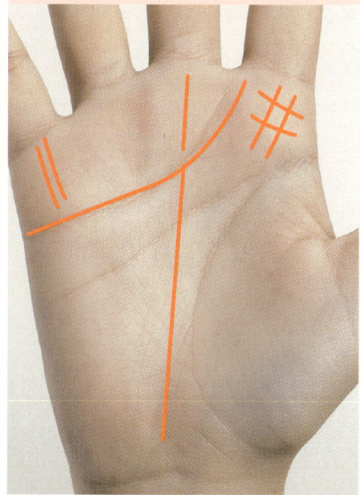

직장인을 위한 카운슬링

결혼 · 직장 · 성공 · 재물

    대략 20대 후반에서 40대 초반에 속하는 직장인들은 이 나이가 되도록 내가 뭘 했는지도 모르겠고 이제 와서 새로운 일에 도전하는 건 늦은 것 같다고 하소연하십니다. 부양가족이 없다면 희망이 있을 수도 있지만 가족을 꾸리고 있는 상황이라면 말이 달라지겠죠.
    가장 열정적으로 일을 하는 시기라 할 수 있는 30~40대 직장인들은 역시 직장과 커리어, 좀 더 구체적으로는 직장 내 인간관계, 이직 수, 진급 수 등에 관심이 많습니다. 그리고 20대 후반부터 30대 초반, 즉 결혼적령기에 있는 분들에겐 역시나 결혼이 가장 큰 이슈죠. 결혼을 잘하면 인생이 잘 풀릴 수도 있고 더할 나위 없이 좋겠지만 어디 그게 뜻대로 되나요?
    손금을 보면서 앞으로 인생이 어떻게 흘러갈지, 무엇을 주의하면 좋을지 등을 파악한다면 살아가면서 겪는 시행착오를 줄이고 행복에 좀 더 다가설 수 있지 않을까요.

직장・이직・부업

Q1
이직을 하고 싶은데 괜찮을까요?

운명선과 재물선을 보세요

이직을 해도 되는 손금

두뇌선 아랫부분의 운명선과 재물선에 변화가 있는지를 봐야 합니다. 예를 들어 이 부분에서 운명선이 끊어졌다가 다른 선으로 다시 시작해서 올라가 있거나 운명선에 지선이 붙어 있다면 이는 직장의 변화를 의미합니다. 만약 새로운 선이 생겼다면 직장을 옮기는 걸 의미하고, 지선과 합류해서 올라간다면 진급을 이야기하는 것일 수도 있습니다.

두뇌선 밑에 있는 재물선이 원래는 없었는데 생겼다거나, 있었는데 또 새로운 재물선이 올라가는 것도 이직수를 의미합니다.

여행선이 운명선, 재물선 옆에 붙어서 옆으로 가 있다면 이는 운명선이나 재물선의 변화를 말합니다. 여행선이 있다면 본인이 이직을 하고 싶어 하고, 이직을 서두를 수도 있다는 걸 뜻합니다.

이직을 하면 후회할 수도 있는 손금

중요한 건 이직하고 나서 괜찮을까 하는 점이겠죠. 선이 선명하거나 잔선이 없어야 좋은데 만약 선이 끊어져 있거나 잔선이 많다면 고민해봐야 합니다. 이는 옮겨도 시원찮다는 것을 뜻하고, 또 가서도 다른 곳에 옮기고 싶은 마음이 들 수도 있다는 걸 의미하니까요.

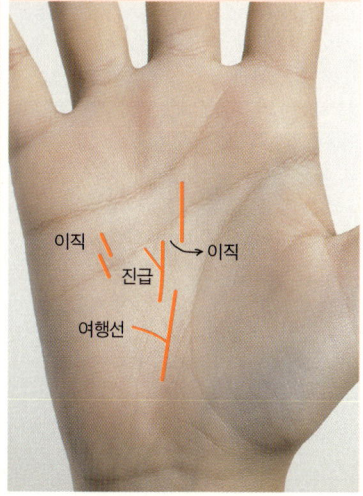

직장·이직·부업

Q2
회사를 그만두고 공부하고 싶어요.

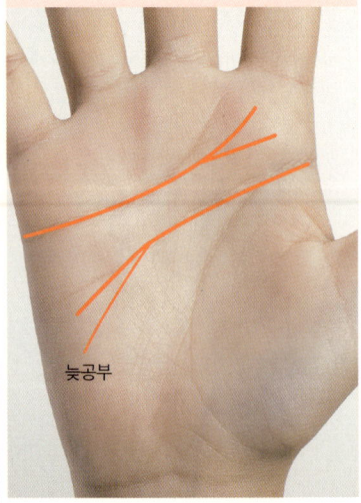
늦공부

운명선과 두뇌선 끝 지점을 봐야 합니다

공부를 해도 좋은 손금

두뇌선은 보통 약지까지 오는데 그보다 더 길다면 공부하는 것에 대찬성입니다. 또, 운명선을 봤을 때 그 나이대에 운명선이 진하거나 장애선이 없고 재물선까지 옆에 있다면 명예와도 인연이 많습니다. 이런 손금을 가진 분이라면 자신을 업그레이드 할 수 있도록 자기계발에 힘쓰는 게 좋습니다.

진급이나 이직을 노리는 게 좋은 손금

만약 감정선 끝이 두 갈래로 갈라져 있다면 자신은 어디를 가나 욕심이 많고 재물보다는 명예를 중시한다는 걸 의미합니다. 그렇기 때문에 공부하는 데 시간을 낭비하려고 하지 않습니다. 진급이나 이직을 하거나 새로운 일 도전하는 데 좋은 손금으로 볼 수 있습니다.

공부를 하면 힘들 수 있는 손금

두뇌선이 지저분하거나 운명선이 심하게 끊어져 있고 잔선이 많으면 주의해야 합니다. 그리고 감정선까지 세 갈래라면 가족이나 환경 때문에 공부를 어렵게 마치거나 겨우 수료하는 정도로만 만족할 수 있습니다. 이런 손금이라면 공부하는 시기를 좀 더 멀리 잡고 퇴사에 대해서는 더 고민해볼 필요가 있습니다.

직장 · 이직 · 부업

Q3
투잡을 뛰어도 괜찮을지 모르겠네요.

운명선에 지선이 있는지, 재물선이 두 가닥 이상 있는지, 부업선이 있는지를 확인하세요

30대 중반에는 정말 열심히 사는 사람이 많더군요. 더 나은 미래를 꿈꾸면서 젊을 때 한 푼이라도 더 벌기 위해 투잡을 뛰거나 새로운 경험을 해보기 위해 직장을 다니면서 학원을 다니는 분들도 계시죠. 또, '자유로운 영혼'들은 프리랜서로 활동하면서 이 일 저 일 다 손대기도 합니다.

중요한 것은 두 가지 일을 잘 소화해내느냐는 것입니다. 한 가지 일을 하는 것도 벅찬데 일을 두 탕이나 뛰면 몸이 지칠 수밖에 없기 때문에 결국 몇 배로 힘들어지니까요. 그러니 무조건 욕심만 부리는 건 금물입니다.

부업이 어울리는 손금

==운명선이 두 가닥 이상== 올라간다거나 재물선이 두 가닥 이상 있으면 부업거리가 있을 수 있고 주식, 펀드 같은 재테크를 하거나 다른 아르바이트를 해도 상관없습니다. 부업선은 손목 부근에서 나와 생명선에 붙어 있는 선인데 이 선이 있으면 프리랜서 활동을 많이 합니다. 작가가 됐든 기자가 됐든 낮에는 직장생활을 하고, 밤에는 호프집에서 아르바이트를 할 수도 있습니다. 그 일을 오래 하는지 알고 싶다면 선이 선명한지를 보시면 됩니다.

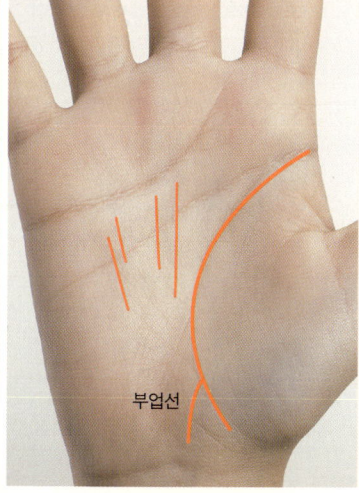

부업선

직장·이직·부업

Q4
회식이 너무 잦습니다.
과연 제 건강은
괜찮을까요?

> **방종선이 있는지를 확인해보세요**

30대와 40대, 이때가 가장 건강해야 할 때라고 생각됩니다. 그래야 돈도 벌고 결혼도 하고 육아에 전념할 수있으니까요.

건강에 유의해야 하는 손금

월구에서 나오는 ==방종선==을 보세요. 이 선을 여행선으로 보기도 하지만 여행선은 직선으로 쭉 그어져 있는 반면 방종선은 작은 선들이 자잘하게 연결되어 있는 게 특징입니다. 방종선이 있으면 내 생활이 피곤하고 고단하다는 걸 뜻합니다. 술, 담배를 잘한다거나 밤에 하는 일을 하고 있다면 더 주의해야 합니다.

이 선은 잘 없어지지도 않습니다. 그래서 스트레스가 쌓이다가 갑자기 쇼크를 받는 일이 있으면 오래가고 운에 영향을 주기도 합니다. 만약 이런 생활이 어쩔 수 없다고 한다면 규칙적으로 몸을 움직여줘야 하고 휴식을 꼭 취해야 합니다.

술, 담배를 좋아한다면 어느 정도 자제하려고 노력해야겠죠? 그러지 않으면 갑자기 건강에 이상이 생기고 불치병이 생겨 크게 후회하게 될지도 모릅니다. 방종선은 건강을 조심해야 한다는 위험 신호이기 때문에 건강 관리에 더 힘써야 합니다.

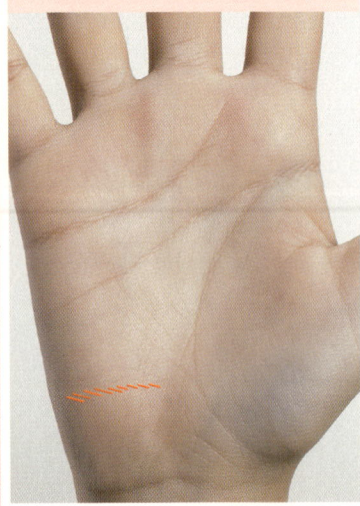

직장 • 이직 • 부업

Q5
일복이 터졌나봅니다.
저는 왜 항상
남들보다
일이 많을까요?

> 운명선이 중간부터 끝까지 선명한지,
> 잔선이 많은지를 확인하세요.

일복이 많은 손금

<u>운명선이 중간부터 끝까지 선명</u>하거나 잔선이 많은 손금을 가진 분들은 일복이 정말 많습니다. 단순히 직장인뿐 아니라 전업주부의 경우에도 가정에서 살림하면서 집안 대소사도 챙기고 아이들을 키우느라 정신없이 살아온 경우가 많더군요.

특히 집에서 돈 벌어오는 기계로 전락해서 서러우신 분들은 운명선을 보세요. 다른 선에 비해 정말 선명할 겁니다. 문제는 본인이 칼 퇴근을 하더라도 만족하지 못해 스스로 일을 만들기도 한다는 겁니다.

운명선 못지않게 <u>잔선이 진하고 선명하면</u> 일복이 많습니다. 완벽주의자이거나 한번 시작하면 끝을 보는 성격일 수도 있습니다. 직장에서는 꼭 필요한 존재이기도 하지만 직급이 낮으면 이용을 많이 당할 수도 있습니다. 또 일이 너무 없다고 생각되더라도 취미활동이나 모임 때문에 결국엔 바쁜 생활을 하게 된답니다.

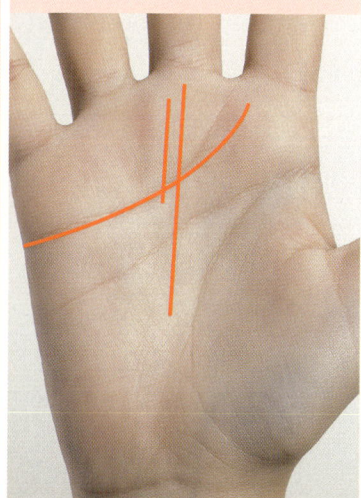

결혼 · 인간관계

Q6
친구들은 다 결혼하고 30대 중반을 넘어서는데 아직도 솔로입니다. 저 결혼할 수 있을까요?

결혼선의 유무와 함께 노력선과 영향선을 보세요

결혼할 가능성이 있는 손금

생활은 어느 정도 안정이 되었는데 싱글인 분들은 심심해서 못 살겠다며 내 짝은 언제 생기냐는 질문을 많이 합니다. 결혼이 너무 하고 싶다면 결혼선이 있는지부터 봐야 합니다. 만약 결혼선이 너무 연하거나 없다 해도 실망하지 마세요. 다른 선들도 참고해야 하니까요.

그다음 보는 곳은 생명선에서 살짝 올라가 있는 노력선 혹은 내려가 있는 지선입니다. 나이대에 이 선이 있다면 인연이 올 수도 있겠군요. 그것도 없다면 영향선의 시작 지점을 보세요. 늦게나마 시작하는 영향선이 있으면 늦게라도 결혼을 할 수 있습니다.

또, 운명선의 지선을 보세요. 운명선의 지선은 진급이나 새로운 일을 의미하기도 하지만 인연이 있음을 뜻하기도 합니다. 만약 여기에 모두 해당이 안 된다 해도 손금이 전부는 아니니 너무 실망하지 마세요. 스스로가 자신감이 없는 건 아닌지 성격적으로 어떤 결함이 있는 것은 아닌지 주변 사람들에게도 한번 물어보고 도움을 요청하는 것도 좋다고 봅니다.

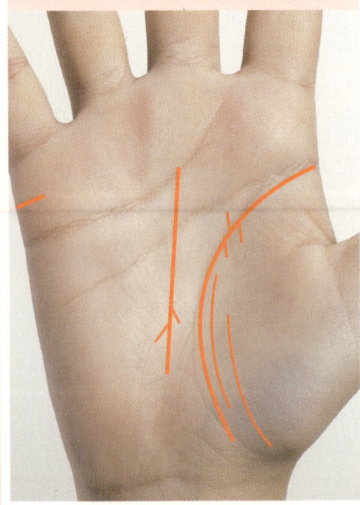

결혼·인간관계

Q7
부모님이
너무 반대하시는데,
결혼해도 될까요?

결혼선의 위치를 확인하시고 생명선에서 내려오는 노력선이나 영향선을 보세요

결혼에 신중해야 하는 손금

감정선과 소지 밑까지를 반으로 나눴을 때 만약 윗부분에 결혼선이 선명하게 있다면 결혼하는 데 시간이 오래 걸릴 수 있고 하더라도 늦게 하는 게 좋습니다.

또한 결혼선이 하향했거나 감정선에서 나온 지선이 하향해서 생명선에까지 지장을 준다면 이 결혼은 하지 않는 것이 좋습니다. 그만큼 굴곡이 많을 수밖에 없고 이혼을 각오해야 할지도 모르거든요.

손금에 잔선이 많고 운명선이 진하게 올라가 있다면 특히 여자분들은 맞벌이를 하면서 마음고생을 할 각오를 해야 합니다. 남자분이 운명선이 선명하고 잔선이 많다면 시부모님이 보통이 아닐 수도 있습니다. 남자 쪽에선 우리 부모님은 안 그렇다고 우길 수도 있지만 며느리가 되는 분의 입장은 또 다르겠죠?

만약 운명선이 중간에 끊어져 있거나 장애선이나 잔선이 많으면 결혼을 급하게 서두르면 안 됩니다. 30대 중반에 '이혼' 얘기가 나오는 능 애성 선선에 문제가 생길 수 있거든요. 내가 지금 이런 손금이라면 최대한 늦게 결혼하거나 상대에 대해 더 객관적으로 바라봐야 합니다.

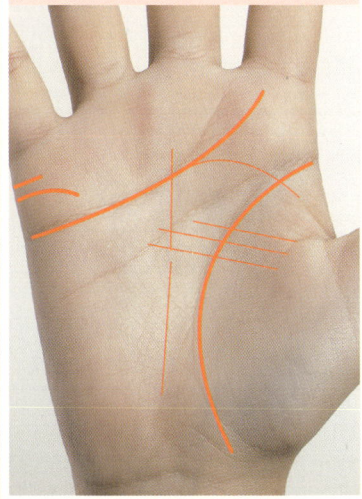

재물

Q8
재테크를 하고 싶은데 어떤 재테크를 하는 게 어울릴지 알고 싶습니다.

금성구, 검지와 약지의 길이, 수성구에 쌀알무늬가 몇 개인지 살펴보세요

자신에게 잘 맞는 재테크를 해야 돈 모으는 재미도 느낄 수 있고 수익도 더 많이 낼 수 있습니다. 그렇다면 가장 대표적인 재테크라 할 수 있는 부동산, 그리고 주식 및 펀드에 잘 맞는 손금은 무엇인지 보겠습니다.

부동산이 잘 어울리는 손금

부동산 투자를 하려면 땅이 됐든 집이 됐든 금성구가 두툼해야 합니다. 그리고 노력선이나 자수성가선이 있으면 더 좋지만 없어도 괜찮습니다.

하지만 무엇보다 역시 재물선이 중요합니다. 여러 가닥의 재물선이 매끄럽게 잘 올라간다면 오랫동안 물건을 갖고 있을 수 있고 재테크에 수완도 좋습니다. 물론 그 시기가 중요하죠. 생명선에 붙어 있는 자수성가선과 노력선의 시점을 보시고요. 운명선이나 재물선에 장애선이 지나가진 않는지도 잘 살펴봐야 합니다.

주식, 펀드가 잘 어울리는 손금

검지와 약지가 중지와 비슷할 정도로 길면 주식, 펀드를 해도 승산이 있습니다. 물론 기본 3대선과 운명선이 끊어지지 않고 쭉 올라가 있거나 사업선까지 좋다면 더더욱 좋겠죠. 그러나 단기간의 투자로 수익을 내고 싶다면 두뇌선이 짧은 것이 좋습니다. 두뇌선이 길면 장기 투자에 더 능하다는 것도 참고하세요.

그렇다면 손가락 길이가 짧으면 주식을 하지 않는 게 좋을까요? 꼭 그런 것은 아닙니다. 손금에 장애선이 없고 선이 매끄럽다면 조금씩 시도해보는 것도 나쁘지 않습니다.

또 수성구에 쌀알무늬 선이 3개 이상 있다면 앞으로 재테크, 특히 주식에 관심이 많아질 수도 있습니다. 하지만 쌀알무늬 선이 5개 이상이 있거나 몇 개는 끊어져 있다면 투자를 하더라도 수익에 기복이 심할 수도 있으니 시기를 잘 봐야 합니다.

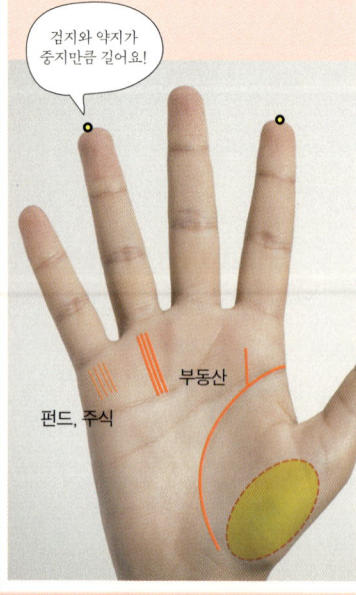

검지와 약지가 중지만큼 길어요!

펀드, 주식
부동산

재물

Q9
돈이 잘 안 모이네요. 재테크에 소질이 없나봐요.

감정선 위의 재물선이 선명한지, 감정선이 어디로 빠지는지를 확인하세요

사실 이 나이에는 원래 돈이 잘 안 모입니다. 돈이나 재테크에 관심이 많다 한들 평범한 월급쟁이가 얼마나 큰돈을 벌 수 있을까요? 초반에 바짝 벌어들일 수도 있지만 그만큼 나갈 일도 많죠.

30대 초반이 됐는데 모아둔 돈이 아예 없어서 결혼할 때 부모님한테 손을 벌려야 한다면 경제적 점수는 낮다고 봐야죠. 자신이 번 돈으로 생활을 곧잘 해나가고 있다면 현명하고 현실적인 사람이라고 자부해도 좋습니다. 따라서 재물선이 아무리 좋다고 해도 돈 욕심을 부리기보다 절약하고 저축하는 습관을 갖는 게 더 중요합니다.

안정적인 재테크가 어울리는 손금

재물선을 볼 때 감정선 위의 재물선이 선명하게 뚜렷하며 모험을 싫어해서 안정적인 생활을 하게 됩니다. 지금 나이대 재물선이 연하거나 없는 경우, 혹은 부채꼴 모양의 재물선을 갖고 있다면 너무 욕심 부리지 마세요. 수입보다 지출이 더 많을 수도 있으니까요.

재테크에 마음을 비워야 하는 손금

감정선이나 운명선이 검지와 중지 사이로 빠진다면 돈이 샐 수도 있습니다. 거기에 운명선이 끊어지거나 목성구가 약하면 초반엔 잘되다 막판에 안 좋게 끝날 수 있으니 더 주의해야 합니다.

또, 손금에 장애선이 많고 선명하다면 월급에 만족하는 편이 낫습니다. 내가 잘살거나 돈이 좀 있다 해도 가깝게는 가족부터 본인을 가만 두지 않을 수 있거든요. 내가 희생하고 책임져야 할 일이 많을 수 있어 돈이 있더라도 너무 티 내지는 않는 게 현명합니다.

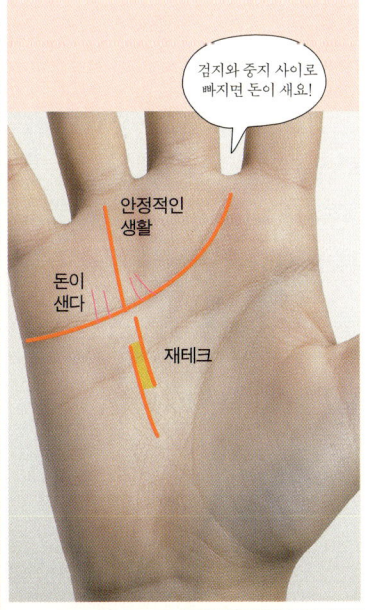

검지와 중지 사이로 빠지면 돈이 새요!

안정적인 생활
돈이 샌다
재테크

학부모를 위한 카운슬링

자녀 교육 · 진로

　일반적으로 학부모님들은 자녀가 초등학생이면 진로 상담에 비협조적인 편인데 고등학생이라면 열을 올립니다. 특히 수능시험을 앞두고 있는 고3이라면 마치 엄마가 수능을 보는 당사자인 것 같이 자녀의 진로 상담에 열성적이지요. 흥미로운 사실은 대부분의 학생들에겐 엄마는 모르고 있는 비밀이 꼭 있다는 겁니다.

　엄마를 보내고 학생과 이야기하다 보면, 보통 부모가 원하는 것과 다른 길을 가고 싶은데 엄마가 울고불고 하는 통에 말도 못 꺼낸다고 하는 경우가 많았습니다. 급기야 제가 나서서 엄마를 설득해야 하는 일이 생기기도 했죠. 결국 엄마의 기대에 못 미치는 아이는 더 힘겨운 싸움을 해야만 할 겁니다. 서울대 나왔다고 잘되는 시대는 이미 끝난 것 아시죠? 진정 아이를 생각하는 부모라면 아이의 마음부터 헤아리는 게 당연하지 않을까요?

　초등학생 때 손금에서 드러나는 성격은 커서도 거의 변함이 없습니다. 아이가 아직 어리다면 손금으로 성격을 파악하고 아이가 정말 좋아하는 것이 뭔지 관찰하면서 배려해주세요. 중학생 자녀에게는 꿈을 꿀 수 있는 기회를 주시면서 손금에 대해서도 이야기를 나눠보세요. 너의 성향은 이렇고 이런 쪽이 잘 어울리는데 넌 무슨 꿈을 가지고 있냐고도 물어보시고요. 고등학생 자녀는 스스로 본인의 길을 결정할 수 있도록 도와주세요. 고등학생들을 위한 진로 팁은 Part3 진로 · 적성 편에 상세히 나오기 때문에 여기서는 초등학생이나 중학생 자녀를 둔 어머니들이 가장 많이 묻는 질문을 중심으로 정리해보았습니다.

공부

Q1
우리 아이가 공부를 잘할 수 있는지 궁금합니다.

두뇌선이 선명하고 깨끗한지 보세요

공부를 잘하고 학교생활에 적응을 잘하는 아이

만약 두뇌선이 깨끗하고 선명하면 어떤 환경에서든 적응을 잘합니다. 이런 아이라면 부모님이 최대한 열린 환경을 조성해주는 게 좋습니다.

호기심이 많은 아이

두뇌선이 길고 잔선이 많은 아이는 호기심이 많습니다. 그런데 호기심과 성적은 별개라는 것 아시죠? 생명선과 두뇌선이 떨어져 있거나 두뇌선이 길면서 잔선이 있고 가지가 나 있어도 골치 아플 수 있습니다. 호기심도 많지만 이것도 잘하고 저것도 잘해서 오히려 방황할 수도 있거든요.

하지만 아이는 이것저것 보고 경험하면서 세상에 대해 배웁니다. 이런 아이라고 꼭 성적이 나쁜 건 아니고 서서히 잘하게 될 수도 있으니 희망을 놓지 마세요. 말썽만 부린다고 공부를 포기하게 하다거나 그냥 내치지는 마시길 바랍니다. 호기심이 많은 아이는 아직 우리나라 교육 환경에서는 크게 환영받지 못할 수도 있으니 아이가 학교생활에 적응할 수 있게 부모님이 잘 도와주셔야 합니다.

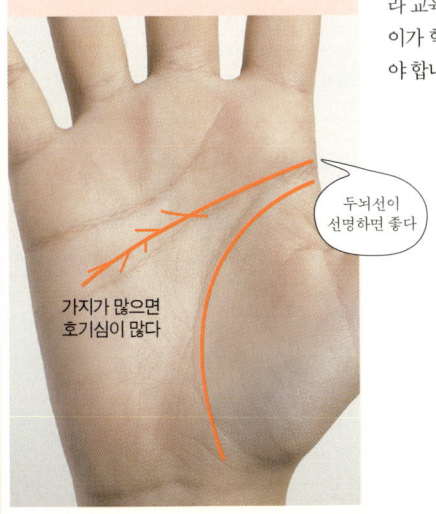

두뇌선이 선명하면 좋다

가지가 많으면 호기심이 많다

공부

Q2
우리 아이는 왜 이렇게 산만할까요?

생명선을 보세요

인내심이 없고 산만한 아이

아이의 <mark>생명선이 가다가 말았다면</mark> 인내심과 거리가 멀다고 보시면 됩니다. 물론 다른 선들도 잘 봐야겠지만 생명선만큼은 어린 친구들이 다 갖추고 있는 선이니 가장 참고하기 쉽죠. 이런 아이는 잡생각을 많이 하거나 제 시간에 숙제를 잘 못 끝내고 물어보는 말에도 엉뚱한 대답을 할 수 있는데 이럴수록 부모님이 인내심을 갖고 잘 기다려줘야 합니다.

친구관계에 있어서도 마찬가지입니다. 소수의 친구들만 사귀려 하거나 낯가림이 심할 수 있습니다. 아이가 친구 문제로 고민할 땐 부모님이 좋은 상담자 역할을 해줘야 합니다. 또, 생명선이 짧거나 연한 아이는 호기심이 아주 많습니다. 그래서 책상에 앉아 있는 것보다 밖에서 활동하는 것을 더 좋아하죠. 부모님은 아이의 호기심을 충족시켜줄 수 있도록 노력하셔야 합니다. 또, 자녀가 이런 생명선을 가졌다면 아토피나 면역력 결핍 등도 눈여겨봐야 합니다.

<mark>21살 전에 섬문양이 있거나 잔선이 많고 장애선도</mark> 있다면? 이런 경우엔 아이가 너무 산만해서 ADHD(주의력결핍 과잉행동장애) 검사를 해봐야 할지도 모릅니다. 늘 집안 환경, 아이의 건강에도 신경을 써주셔야 합니다.

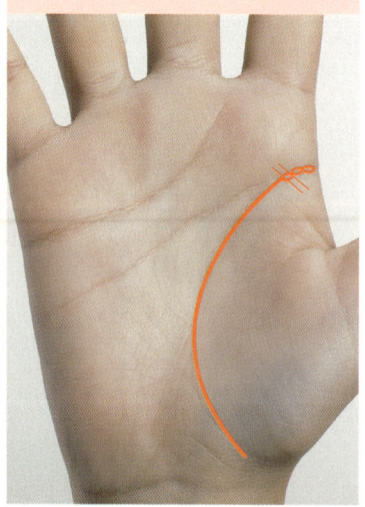

공부

Q3
이것저것 시키고 있는데 이게 과연 맞는지 가끔 헷갈립니다.

운명선의 시작 지점을 보세요

잘하는 분야가 명확하고 스스로 잘하는 아이

❶ 운명선이 손목에서 시작하는 아이는 끼가 많거나 두각을 나타내는 분야가 분명 있을 것입니다. 부모님은 밀어주기 위해 노력해야 하고 아이가 하고자 하는 것이 있다면 서포트도 잘해주시고 칭찬도 아끼지 마세요. 만약 지원해줄 능력이 안 된다 해도 아이 스스로 깨우치면서 잘 헤쳐나갈 겁니다. 이런 아이는 워낙 보수적이고 철도 빨리 들기 때문이죠.

예체능이 잘 어울리는 아이

❷ 월구에서 시작하는 운명선을 갖고 있다면 창작활동에 관심이 많기 때문에 상상력과 호기심을 기르는 데 집중하셔야 합니다. 공부머리가 없다고 해서 무조건 과외를 시키려고 마세요. 이런 경우엔 손재주를 많이 요하는 일이나 예체능 쪽으로 전환시켜 주는 게 좋습니다. 요리사나 메이크업아티스트, 스타일리스트, 디자이너, 가수, 작사가, 작곡가 등 분야는 다양하기 때문에 아이가 어느 쪽에 재주가 있는지 같이 이야기도 나눠보고 선생님의 도움을 받아 보는 것도 좋습니다.

평범하거나 방황할 수 있는 아이

❸ 중간에서 시작하는 운명선을 가진 아이는 평범하지만 방황이 길 수도 있습니다. 이런 아이는 마음속으로는 별생각을 다 합니다. 자신이 뭘 잘하는지 뭘 해야 할지도 몰라 고민이 많고 옆에 있는 친구는 무언가를 잘하는데 본인은 별 재주도 없는 것 같아 비교하면서 속상해할 수도 있거든요. 이런 친구들은 두뇌선과 감정선을 잘 참고해서 조언을 해줘야 합니다. 잘하는 게 있음에도 찾지 못하고 있는 게 분명하거든요.

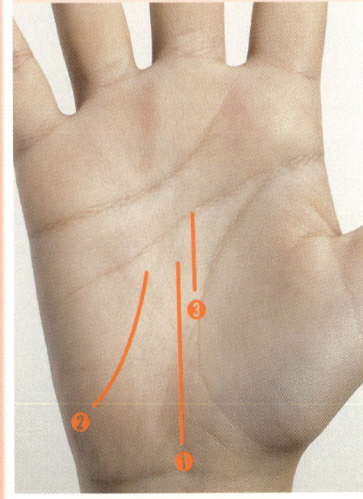

친구관계

Q4
우리 아이, 친구들과 잘 어울릴 수 있을까요?

생명선에 장애선이 얼마나 있는지, 감정선의 시작 부근이 어떤지도 함께 보세요

친구관계로 힘들어할 수 있는 아이

생명선에서 나와 위로 올라가는 선, 혹은 생명선을 뚫고 위로 올라가는 선이 바로 장애선입니다. 검지 쪽 생명선을 봤을 때 ==두뇌선이 시작하는 부분에 장애선이 많이 나와 있으면== 가정사도 복잡할 뿐 아니라 예민하고 집중력도 떨어집니다. 남의 눈치를 많이 보고 친구 따라 강남 가는 케이스이기도 하죠.

장애선이 있다면 아이가 말은 안 해도 눈치가 빠르다는 것도 알고 계셔야 합니다. 이런 아이 앞에서는 특히 말조심을 해야 하고 칭찬을 아끼지 말아야 합니다.

감정선이 소지부터 시작하는데 ==섬문양이 있거나 선이 매끄럽지 못하면== 학창시절에 친구관계로 트라우마가 생길 수도 있습니다. 따돌림을 당한 경험이 있을지도 모르고 친구한테 크게 상처 받은 걸 마음에 담아두는 스타일이기 때문에 아이가 마음을 닫아버릴 수도 있으니 관심을 많이 가져야 합니다. 또 자주 이사를 다니거나 환경을 자주 바꾸는 건 자제하는 게 좋습니다.

또한 생명선 시작 부근, 감정선 소지 밑부분이 연하거나 전반적으로 손금 전체가 연하다면, 친구나 교우관계, 더 나아가 사회생활을 하면서 맺는 인간관계에 어려움이 있을 수 있습니다. 우리 아이가 이렇다면 데리고 다니면서 다양한 사회 경험, 문화 체험을 할 수 있도록 이끌어주고, 더 넓은 세상이 있다는 걸 깨우치도록 도와주는 것이 좋습니다.

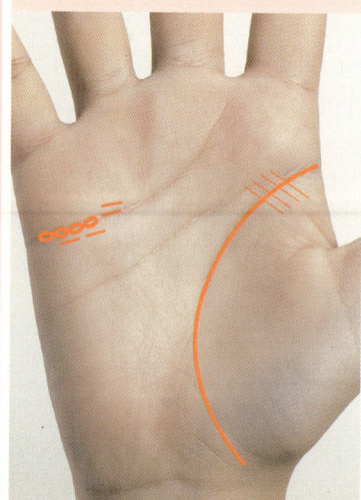

친구관계

Q5
아이가 친구들과 어울리는 걸 너무 좋아해요. / 아이가 너무 소심해서 친구들과 어울리지 못해요.

손을 만졌을 때 전반적으로 통통한지, 잔선이 있는지를 확인해 보세요

활동적이고 활발한 아이

아이의 손이 통통한 편이면 활보하는 걸 좋아합니다. 밝고 명랑하고 활동적인 아이라면 운동을 시켜줘서 에너지를 발산할 수 있도록 도와주는 게 좋습니다.

하지만 통통한 아이의 경우 소아 비만이 될 가능성도 있으므로 아이의 손금이 단순하다고 반기지만 말고, 향후 식습관에 더 신경을 써야 합니다. 교우관계에는 별 문제가 없으니 건강만 잘 챙겨준다면 크게 걱정하실 필요는 없습니다.

소심하고 눈치를 많이 보는 아이

손이 통통하더라도 잔선이 많으면 소심한 아이일 확률이 높습니다. 남 앞에 나서는 걸 별로 좋아하지 않고 눈치를 잘 보고 자신의 외모에 콤플렉스가 있을 수도 있습니다. 소심한 아이를 대범하게 키우고자 한다면, 웅변 학원이나 스피치 학원 등이 도움이 되고 리더십을 키워줄 수 있는 다양한 방법을 생각해보시는 게 좋습니다. 선이 연하고 구가 발달되어 있지 않은 데다 잔선까지 많다면 친구들과 어울리기보다 혼자 노는 것을 더 선호합니다. 원래 혼자 있는 걸 좋아한다고 무조건 방치하지는 마세요. 그러다 게임이나 무언가에 깊이 빠지면 은둔형 아이가 될 수도 있거든요.

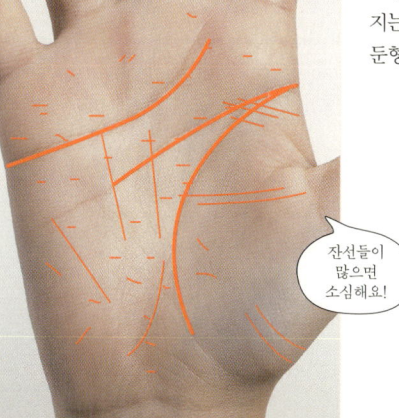

잔선들이 많으면 소심해요!

꿈·진로

Q6
아이가 연예인이 꿈이라는데, 밀어줘야 할까요?

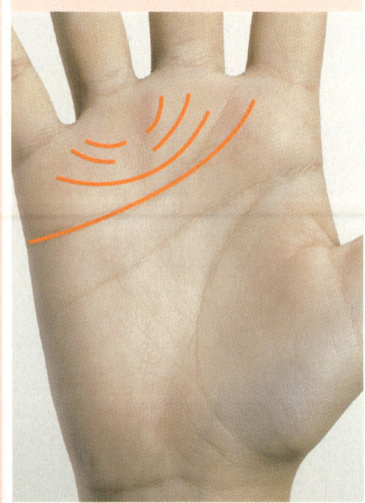

잔선이 많은지 금성대가 많은지 봐주세요

연예인이 잘 어울리는 아이

손에 잔선이 많으면 예민하다는 걸 의미하지만 한편으로는 끼가 많다는 걸 뜻하기도 합니다. 이런 아이는 예술적 재능을 살려주시면 좋으니 이런 손금을 가진 아이가 연기자가 되겠다거나 가수를 하겠다고 조른다면 그냥 시켜주세요. 말리면 말릴수록 몰래 하려 하고 반항한다고 공부와 점점 더 담을 쌓을지도 모릅니다. 또, 잔선이 많으면 암기 능력이 있고 청각이 발달했을 수도 있는데 아이가 유독 소리에 민감하다면 가수나 작곡가, 작사가를 권해주는 것도 좋습니다.

또한 금성대가 잘 발달되어 있으면 아이가 다재다능하고 끼도 많고 재주도 많다는 것을 이야기합니다. 뿐만 아니라 인기도 많고 외모도 매력 있게 생겼답니다. 그런데 부모님들은 아이가 외모나 패션, 드라마나 영화에 관심이 많으면 무작정 반대하고 걱정하는 경향이 있는데 긍정적으로 보려고 노력해보시는 건 어떨까요?

아이가 남 앞에서 나서는 걸 좋아하면 "넌 왜 이렇게 나서니? 가만 좀 있어." 이렇게 무안부터 주지 마세요. 아이가 너무 낯을 가려 걱정인 부모도 많은데 남들 앞에서 부끄럼도 타지 않는다는 게 얼마나 대견합니까. 반대로 유독 부끄러움을 많이 타는 아이에게도 너무 옥박지르거나 외향적인 아이와 비교해서 상처주지 마세요. 이런 아이는 한번 뭘 시키면 끝까지 하고 마는 장점이 있기 때문에 이런 장점을 칭찬해주는 게 좋습니다.

꿈·진로

Q7
문과, 이과 어느 쪽이 맞을까요?

두뇌선과 감정선을 확인하세요

이과가 잘 맞는 아이

두뇌선이나 감정선이 직선형이라면 수리나 이공계 쪽으로 소질이 있습니다. 이런 아이는 수학을 포기하지 않고 계속 흥미를 느낄 수 있도록 환경을 조성해주는 게 좋습니다.

문과가 잘 맞는 아이

두뇌선이나 감정선이 곡선형이라면 문과 쪽이 잘 맞습니다. 늘 책을 가까이할 수 있도록 집을 도서관처럼 꾸며주는 것도 좋은 방법입니다.

예체능계가 잘 맞는 아이

두뇌선이 월구로 가 있다면 상상력이 풍부한 아이이므로 예술 쪽 소질을 개발해주세요. 아이가 이런 손금이라면 예체능계로 갈 수 있도록 최대한 도와주세요. 안 그러면 평생 본인이 하고 싶은 걸 하지 못했다고 부모를 원망할지도 모르거든요.

다재다능한 아이

만약 아이가 공부도 잘하는데 두뇌선이 월구로 가 있다면 공부 쪽이 아니더라도 정말 하고 싶은 게 있을지도 모릅니다. 이런 아이는 끼가 많고 다재다능해 뭘 해도 다 잘한다는 소리를 들을 수도 있습니다. 공부를 잘한다고 무조건 의사나 판검사가 되라고 하기보다 일단 아이의 의사를 존중하는 게 좋다고 봅니다.

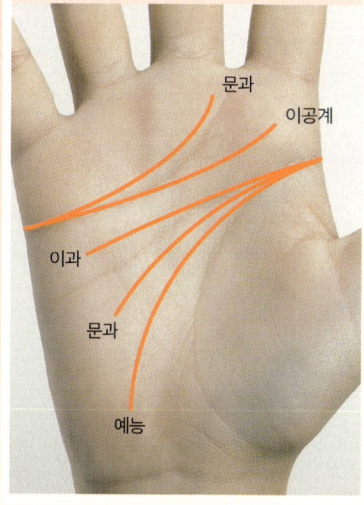

성격

Q8
아이가 너무 예민하고 자주 아픕니다.

감정선과 생명선 시작 부근, 금성대를 확인하세요

예민하고 자주 아픈 아이

감정선이 소지 부근에서 끊어져 있으면 아이가 자주 아플 수 있습니다. 아이가 갑자기 아프거나 다쳐서 어쩔 수 없이 꿈을 저버려야 할 수도 있고 부모와 장기간 트러블이 생길 수도 있습니다. 사실 아이가 이러는 데에는 부모님과 선생님의 영향이 큽니다. 아이에게 무엇이든 절대 강요해서는 안 됩니다. 하고 싶은 걸 무조건 하지 말라고 하거나 아이가 공부를 끔찍이 싫어하고 자신 없어 하는데 그럴 거면 나가 죽으라는 말도 서슴지 않는 부모님도 은근히 많이 있죠. 이런 손금을 가진 아이에게는 절대 이렇게 윽박지르거나 강요해서는 안 됩니다. 걷잡을 수 없이 비뚤어질 수 있기 때문입니다.

또, 소지 부근의 감정선에 섬문양이 있으면 부모나 주변 눈치를 많이 살필 수도 있고 건강에 문제가 생기거나 트라우마가 생길 수도 있으니 아이를 따뜻하게 잘 감싸주시는 게 좋습니다.

생명선의 시작 부근도 역시 중요합니다. 건강 및 체력과 관련이 있기 때문이죠. 이외에도 금성대가 유난히 지저분하거나 사업선에 잔선이 많으면 잔병치레나 아토피 등에도 신경 써야 합니다.

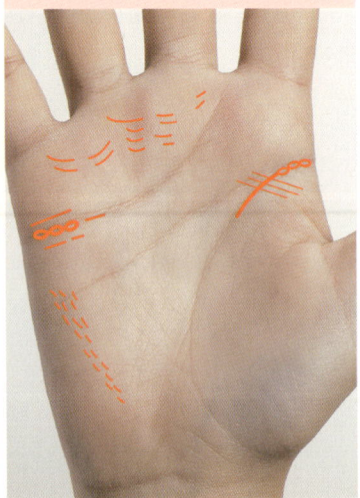

성격

Q9
아이가 너무 보수적이고 고집이 셉니다.

감정선의 길이, 운명선의 시작 지점, 반항선을 확인하세요

고집이 너무 세고 보수적인 아이

감정선이 길면 얼굴에 다 드러납니다. 좋다, 싫다 의사 표현이 확실하지요. 또 두 갈래로 나눠진 감정선이 있다면 보수적이라고 볼 수 있습니다.

이런 아이는 엄마가 아무리 어떤 학원을 보내려고 해도 선생님이 맘에 안 든다거나 친구랑 사이가 안 좋으면 끝까지 안 한다고 고집을 부립니다. 또, 갖고 싶은 것이 있으면 사달라고 조르고 물건에 심하게 집착을 할 수도 있습니다. 이러니 부모 입장에서는 골치가 아플 수밖에 없지요.

운명선이 손목부터 시작하는 아이는 보수적인 편입니다. 아이답지 않게 안정적인 걸 더 추구하니 이 역시 부모 입장에선 걱정이 클 겁니다.

반항선이 있는 아이는 한번 자기가 아니다 싶으면 상대가 승복할 때까지 싸우기 때문에 집안이 매우 시끄럽죠. 아이에게 반항선이 있다면 부모가 한 발짝 물러나 주는 게 서로에게도 좋습니다. 자식 이기는 부모는 없다고 하잖아요. 늘 두 손, 두 발 다 들게 되기 때문에 먼저 물러나주시는 게 집안의 평화를 위해서도 좋을 거란 생각이 드네요.

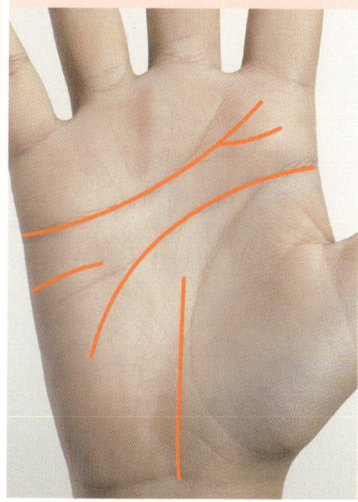

꽃중년·꽃할배를 위한 카운슬링

건강·노후대비·창업

    40대 후반 이상, 즉 중년기, 노년기에 있는 손님들은 그동안 아이를 키우느라 돌보지 못했던 자기 자신에 대한 고민을 많이 하십니다. 그러면서 한편으론 취업을 못 하고 백수로 놀고 있는 자녀들 때문에 계속해서 자녀에게도 돈이 들어가고, 또 연세 많으신 부모님 부양까지 생각해야 하니 도대체 앞으로 어떻게 살아야 할지 막막해하시죠. 또, 100세 시대에 대비해 앞으로 남은 반 백 년은 어떻게 살아야 할지 고민하시기도 하고요.

    따라서 중년 이후엔 사업이나 창업에 관심이 많고 재물을 어떻게 더 불릴 수 있는지도 궁금해하십니다. 하지만 역시 가장 많이 묻는 테마 중 하나는 '건강'입니다. 자식한테 짐이 되기 싫은데 본인의 건강이 자녀의 삶에 큰 지장을 주면 어쩌나 하면서 걱정하시는 분들이 대부분이죠. 그럼, 꽃중년과 꽃할배를 위한 손금 카운슬링을 시작해볼까요?

창업·사업

Q1
이제는 내 가게를
차리고 싶어요.
사업을 해도 괜찮을까요?

사업선과 자수성가선, 감정선 위의 재물선을 봐야 합니다

사업이 어울리는 손금

사업선이 발달되면 좋지만 사업선보다는 재물선을 봐야 합니다. 금성구와 제2화성구가 두툼하면 사업하는 수완이 좋습니다. 흔히 재물선이 다 끊어져 있으면 사업이 망한다고 하는데, 그보다는 빚으로 시작하지 않는 게 좋다고 보는 게 좋습니다. 자영업을 하려면 일단 자수성가선이 있어야 합니다. 또 감정선에 재물선도 선명하게 잘 올라가야 하고 특히 나이대를 잘 보셔야 합니다.

업종 역시 중요합니다. 예를 들어 요식업에 뛰어들려고 한다면 일단 자기 기술이 있으면 좋은 손금인지 확인해야겠지요. 그리고 소지와 약지 사이에 있는 감정선에 섬문양이 3개 이상 있으면 요식업이 잘 어울립니다. 어떤 업종이 맞을지에 대해서는 Part3 진로·적성 편을 꼭 참고하세요.

사업에 신중해야 하는 손금

손금에 장애선이 있으면 사업을 하다 망할 수도 있으니 사업은 안 하시는 게 좋습니다. 또 다른 선은 연한데 운명선만 진하면 일복만 터지지 재물은 잘 따라오지 않을 수 있으니 참고하세요. 재물선이 부채꼴 모양이면 많이 벌긴 하지만 남는 것도 별로 없고 또 어느 날은 대박 나고 어느 날은 공치는 날이 있어 굴곡이 있으니 이 또한 신중해야 합니다.

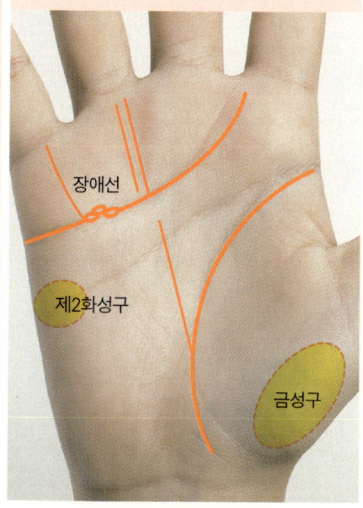

창업·사업

Q2
돈 거래, 믿고 해도 될까요?

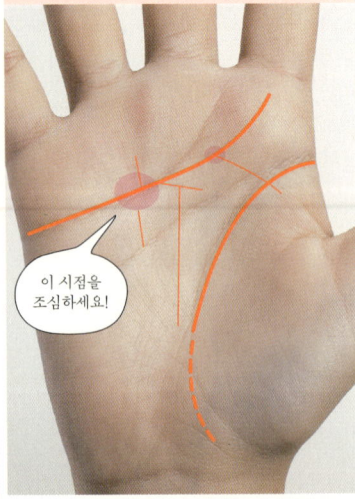

이 시점을 조심하세요!

감정선에서 하향하는 지선, 즉 배신선이 있는지 봐야 합니다

배신을 당할 수 있는 손금

돈 거래가 잦아지면 배신을 당할 일도 많아지니 조심해야 합니다. 배신을 알아볼 수 있는 손금은 어디 있을까요? 감정선에서 길게 내려온 지선이 운명선을 끊고 있거나 감정선 끝 지점에서 하향해서 생명선과 닿는 배신선이 있는지를 보셔야 합니다. 이 배신선이 감정선에서 두뇌선 지점까지 길게 나와 있거나, 장애선이 생명선에서 길게 나와 있는 경우, 혹은 운명선이 끊겨 있거나 연한 섬문양이 있는 경우엔 더 조심해야 하고 재물선이나 태양선이 올라가다 만 시점도 잘 봐야 합니다. 그때 돈 거래를 해야 하거나 계약을 하게 되면 매우 신중해야 합니다.

귀가 얇은 사람들은 감정선이 세 가닥이거나 금성대가 지저분하게 많습니다. 그리고 생명선 하단이 연합니다. 이런 손금을 가진 분들은 사기도 잘 당하고 실패도 크게 할 수 있으니 주의하세요.

손금은 모든 선들이 시원하게 끝까지 잘 올라가는 경우가 가장 좋습니다. 선의 끊어짐이 유독 눈에 띠거나 생명선 하단, 운명선 중간 지점이 연하다면 돈 거래는 웬만해선 하지 않는 게 좋습니다.

창업・사업

Q3
언젠가 저도 대박이 날 수 있을까요?

> 재물선이 두 가닥인지, 수성구가 두툼한지, 사업선이 있는지 확인해보세요

노후대비를 잘할 수 있는 손금

재물선이 두 가닥으로 곧게 가는 경우 이는 수입처가 두 군데 있다는 것을 의미합니다. 직장을 다니면서 세를 받고 살거나 맞벌이를 하게 될 수도 있습니다. 또 재물선이 곧게 약지까지 이어지면 노후가 보장됩니다. 재물 복이 많은 거라 볼 수 있지만 사실 그것도 결국 자기가 생각하기 나름인 것 같아요. 남들이 보기엔 충분히 풍족해 보이는데 정작 본인은 불만족스럽게 생각하는 사람도 있고, 적은 돈이라도 꾸준히 들어오면 만족하는 사람도 있으니까요.

만약 그걸로 성에 안 찬다면 감정선, 운명선, 생명선이 길게 뻗어 있는지 또 여러 가닥인지를 봐야 합니다. 그리고 모험과 대박을 좋아하는 손금은 재물선이 끊어져 있거나 선이 삐뚤어져 있습니다. 실제로 대박이 날 수도 있지만 문제는 그게 언제인지는 알 수 없다는 것입니다. 따라서 재물선이 두 가닥이거나 그 이상이라면 오히려 노후대비에 더 신경 쓰셔야 합니다.

만약 수성구가 발달해 있거나 사업선이 있으면 큰돈을 자주 만질 수도 있습니다. 문제는 그다음부터죠. 돈이 생기면 돈을 불리고 싶은 욕심이 생기기 마련이니까요. 큰돈이 생겨 투자를 하고 싶다면 생명선과 기타 선들이 힘 있게 올라가는지, 깨끗한지를 보고 판단해야 합니다.

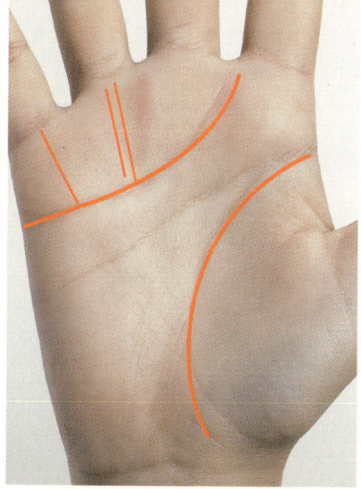

노후대비

Q4
은퇴 후 노후대비를 위해 어떤 걸 해야 할까요?

두뇌선 끝과 운명선을 보세요

늦공부와 관련 있는 손금

두뇌선이 선명하면서 길어서 소지 밑쯤까지 와 있으면 늦공부를 하는 일이 생깁니다. 대학원을 다니고 싶거나 공부를 계속하고 싶다면 두뇌선을 살펴보세요. 하지만 두뇌선이 단순하고 짧거나, 선이 지저분하게 끊어져 있다면 중도에 하차할 수도 있습니다. 이런 손금이라면 마음을 비우고 목표를 세운 후 끝까지 완주할 수 있다는 자신감이 생기면 그때 도전해보세요.

자격증을 따면 좋은 손금

운명선이 새로 생겨서 올라간다면 제2의 인생을 위해 부동산 자격증이나 요리사 자격증 등을 따는 게 좋습니다. 후에 부동산업을 하고 싶다든지 음식과 관련된 일을 하고 싶다면 운명선의 나이대에 맞게 도전해보세요.

다른 일을 모색해야 할 때를 알려주는 손금

운명선이 두세 가닥 올라가는 경우, 이는 일복이 많은 것도 의미하지만 바쁘게 살면서 자기 능력을 키우는 선이기도 합니다. 이제는 일에 지쳐 쉬고 싶다고만 하지 말고 바로 지금이 다른 길을 모색할 때라는 것을 잊지 마시기 바랍니다(그림에서 운명선이 끊어진 위치 참고).

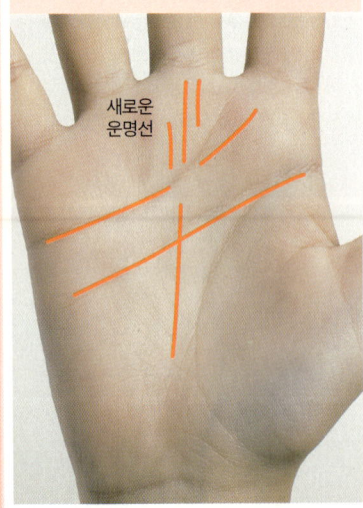

새로운 운명선

인간관계

Q5
주변에 친구가 없어 너무 외롭네요.

인복선이 잘 발달되어 있고, 금성구가 두툼해야 합니다

사람은 늘 다른 사람들과 부대끼며 살아갑니다. 직장에서는 일보다 사람 때문에 상처 받아 그만두고 싶고, 내가 잘 모르는 일을 해야 할 때는 그와 관련된 일을 하는 사람의 도움도 필요하죠.

이제 인생의 반 정도 살았으니 주변 사람을 정리하기도 했고 저절로 정리가 되기도 했을 겁니다. 특히 여자분들이 공감을 많이 하실 텐데요. 아이를 키우다보면 결혼하지 않은 친구와는 저절로 멀어지게 되고요. 옛날 친구보다 아이들 유치원이나 학교 때문에 다른 학부모들과 가까이 지내는 일이 더 많아집니다.

결혼을 안 한 친구들은 결혼한 친구들이 연락이 잘 없으면 서운할 수 있지만 가족이 배로 늘어나 정신없이 사는 친구를 위해 안부라도 꼭 묻고 챙겨주는 게 좋을 것 같습니다. 물론 결혼하신 분들도 외롭게 지내는 싱글 친구들을 챙기려고 노력해야겠죠.

인복이 많은 손금

인복이 많으면 아주 좋은 기회를 얻을 수 있습니다. 회사를 이직하거나 내가 거래처를 뚫어 도움을 청해야 할 땐 어떤 손금을 봐야 할까요? 우선 **재물선 옆에 태양선**이 있는지를 봅니다. 그리고 두뇌선, 즉 제2화성구에 태양선이 있는지, **생명선 안쪽에 인복선**이 있는지도 잘 봐야 합니다. 만약 인복선보다 의리선이 많다면 내가 남을 더 챙겨야 할지도 모릅니다.

가장 쉽게 알 수 있는 방법 중 하나는 금성구의 두툼함을 보는 것입니다. 금성구가 두툼하면 정이 많으며 거기에 인복선까지 선명하면 지인이나 귀인의 도움을 받을 수 있습니다. 인기가 있고 사람이 주변에 끊이지 않으니 복 받은 사람이죠.

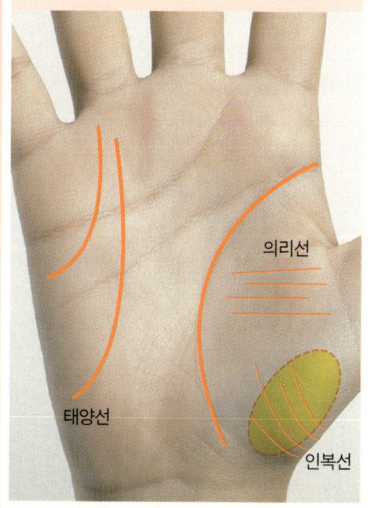

인간관계

Q6
황혼 이혼,
남 일이
아닌 것 같습니다.

> 운명선과 감정선에 닿아 있는 십자무늬, 장애선, 그리고 영향선 끝부분을 확인하세요

가족과 갈등이 있을 수 있는 손금

운명선과 하향한 배신선이 만나 십자 모양을 이룬 십자무늬가 있으면 심리학에 관심이 많거나 꿈이 잘 맞을 수 있습니다. 하지만 종교, 철학, 손금 쪽으로 나가고 싶어 하면 모를까 그냥 평범하게 직장생활을 하거나 가정을 지켜야 하는 경우라면 40대 이후에는 주변이 시끄러울 수도 있습니다. 가족 간에 다툼이 잦다거나 부모님과 냉전 중일 수 있고요. 부모님을 부양해야 해서 스트레스를 많이 받고 있다거나 재물이 계속 새나가는 경우도 있지요.

또 배신선이 아주 길게 나와 두뇌선에 닿거나 생명선에 닿아 있으면 부부사별을 할 수도 있고 이혼을 할 수도 있으며 마음에 큰 상처가 자리 잡게 됩니다. 슬럼프에 빠지게 되면 헤어나오기도 힘드니 우울증도 조심해야 합니다. 이런 분들은 늘 이성적이고 현명하게 행동하지 않으면 안 됩니다. 굿이나 점에 너무 의존하지 마세요.

운명선이 끊어져 있거나 간격이 있는 경우, 또 장애선이 많은 손금은 살면서 이혼에 대한 생각을 많이 하게 됩니다. 거기에 영향선까지 벌어져 있으면 상대에게 마음이 떠나 있는 거나 다름없기 때문에 더 주의가 필요하죠. 내가 아무리 잘하려 해도 상대의 마음이 떠나 있다면 관계 회복이 어렵다고 볼 수 있습니다. 이런 손금을 가졌다면 늘 배우자와 대화를 하려 하고, 서로 배려하고 양보하려고 애써야 합니다.

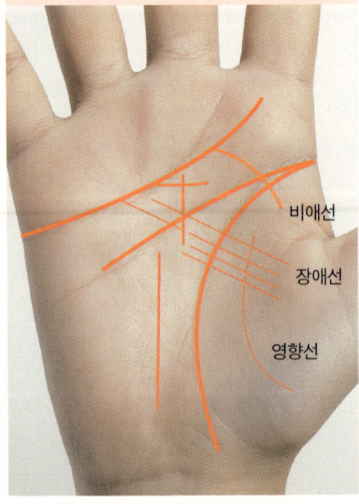

비애선
장애선
영향선

인간관계

Q7
화가 나도
계속 참아왔더니
화병이 날 것 같아요.

감정선을 막고 있는 세로 장애선이 있는지를 보세요

화병을 조심해야 하는 손금

감정선에도 나이가 있습니다. 중지 밑부분의 감정선은 45살부터 65살까지를 말합니다. 그런데 운명선이 올라가다 이 부근에서 멈췄다거나 이 부근에서 약간 힘겹게 새로 올라가고 있고(부업을 의미하기도 합니다) 감정선까지 막고 있어 장애선 역할까지 한다면 화병을 주의해야 합니다.

또 생명선 하단이 연하거나 잔선이 많으면 이 역시 화병을 주의해야 합니다. 본인이 희생하는 게 많아서 지칠 수도 있고, 체력이 안 좋은데도 책임감이 많아 모든 짐을 자신이 짊어지려 하니 화병이 생길 수밖에 없죠. 멀리 내다보고 때론 마음을 비우고 내려놓을 필요도 있음을 꼭 명심하셔야 합니다.

내가 좀 여유롭게 살고 있다면 모를까 나 하나도 감당하기 힘든데 자식에 배우자에 시댁 식구까지 신경 써야 한다면 참는 것도 중요하지만 중립을 지킬 줄도 알아야 합니다. 힘들고 히스테리를 부리거나 극단적으로 행동한다면 계속해서 가족 간의 불화만 자초할 뿐입니다. 때로는 진솔하고 솔직하게 힘들다고 호소하세요. 의외로 가족들이 잘 들어줄 수도 있답니다. 그리고 스트레스를 풀 수 있는 자신만의 방법을 꼭 마련하세요.

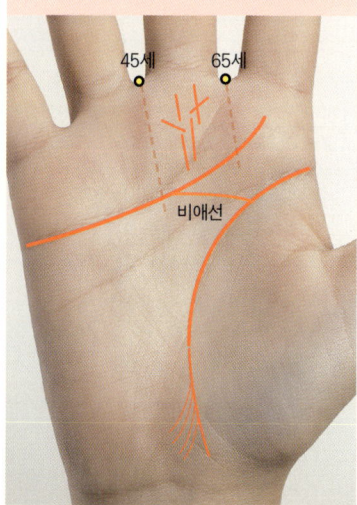

인간관계

Q8
나이를 먹을수록
믿을 자식 하나 없다는
생각이 드네요.
노후를 외롭지 않게
보낼 수 있을까요?

감정선과 생명선의 끝부분을 확인하세요

요즘엔 경제적으로 안정이 되어도 다른 고충을 털어놓으며 하소연하시는 중년분들도 꽤 계십니다. 자식들은 다 나가 살고 있고, 명절에 얼굴을 볼까 말까 한 데다 부부끼리 놀러 다니는 것도 한두 달이니 늘 외로움을 느끼죠. 그래서 나이가 들수록 말동무가 중요한 것 같습니다. 친구가 하나둘씩 세상을 떠나면 더 적적해지죠. 따라서 좀 귀찮더라도 자녀분들은 부모님께 안부도 자주 전하고 하소연을 들어드리는 것도 큰 효도라고 생각합니다. 살아계실 때 잘하라는 말, 명심하세요.

노후에 인복이 많은 손금

그렇다면 어떤 손금을 봐야 할까요? 우선 생명선 끝, 그리고 엄지손가락 부근에서 멀리 떨어진 세로선은 인복선 중에서도 노후의 인복을 이야기합니다. 여기에 재물선과 태양선까지 있다면 주변분들에게 인기가 아주 많겠죠.

노후가 외로울 수 있는 손금

끝이 세 가닥인 감정선은 '희생과 봉사'를 의미합니다. 또, 하향하는 지선까지 있다면 배신을 당할 수 있기 때문에 더더욱 조심하셔야 합니다. 모아둔 돈은 있는데 쓸쓸하면 괜히 몸이 근질거려 투자에 손을 댈 수도 있는데요. 사람에게 큰 상처를 받을 수도 있으니 돈 거래를 할 때는 정말 신중하게 결정하셔야 합니다.

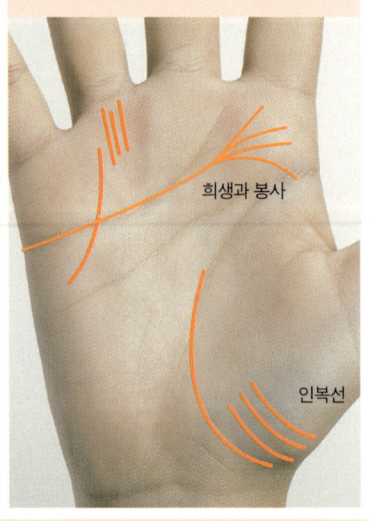

희생과 봉사

인복선

건강

Q9
건강하게 오래 살 수 있을까요?

생명선 중간 부분에 영향선을 확인하세요

꾸준한 관리가 필요한 손금

중년 이후에 접어든 분들의 관심사에서 건강을 빼놓고 말하긴 어렵겠죠. 생명선 안쪽으로 선이 이어져 내려가면 회복하기가 어려울 수도 있어 꾸준한 관리가 필요합니다. 당뇨 등과 같은 고질병을 특히 주의해야 합니다.

아프더라도 회복 가능성이 높은 손금

생명선이 중간쯤에서 월구 쪽으로 간다면 혈압에 이상이 생기거나 큰 수술을 하게 될 수도 있지만 관리를 잘하면 회복될 수 있음을 의미합니다.

또 생명선 하단에 영향선이 마치 이중 생명선처럼 선명하면서 새롭게 내려간다면 이는 제2의 인생을 살고자 하고 새로운 일을 늦게나마 시도할 수 있다는 걸 의미합니다. 뒤늦게 일이 풀리거나 잘될 수도 있으니 좋은 징조입니다. 즉, 건강이 회복되거나 완쾌될 가능성이 높은 거죠.

참고로 점선으로 되어 있는 선이 생명선과 붙어 있다면 이 역시 명과 관련이 있습니다. 원래 이 선은 인연선이지만 생명선처럼 선명하고 쭉 내려가 있는 경우가 해당됩니다. 특히 50대 이후부터는 혈압, 당뇨, 고질병들을 주의해야 하지만 자기 관리를 철저히 하신다면 건강하게 오래 사실 수 있습니다.

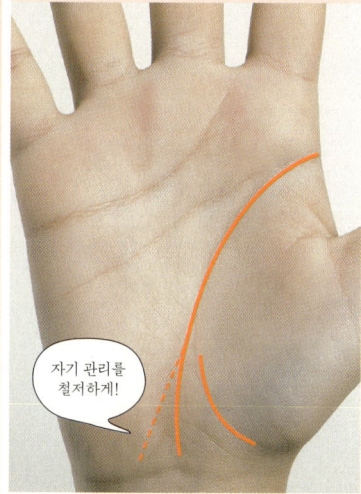

자기 관리를 철저하게!

인생이 잘 풀리는 여자

초판 1쇄 발행 2013년 9월 27일
초판 2쇄 발행 2013년 11월 15일

지은이 박소영
펴낸이 김선식

Editing creator 변민아
Design creator 황정민
Marketing creator 이주화
크로스 교정 노준승

1st Creative Story Dept. 류혜정, 황정민, 한보라, 손은숙, 박지아, 노준승, 변민아
Creative Marketing Dept. 최창규, 이주화, 이상혁, 박현미, 백미숙
　　Public Relation Team 서선행, 반여진
　　Contents Rights Team 김미영
Creative Management Team 김성자, 송현주, 권송이, 윤이경, 김민아, 한선미

펴낸곳 다산북스
주소 경기도 파주시 회동길 37-14 3, 4층
전화 02-702-1724(기획편집) 02-6217-1726(마케팅) 02-704-1724(경영지원)
팩스 02-703-2219
이메일 dasanbooks@dasanbooks.com
홈페이지 www.dasanbooks.com
출판등록 2005년 12월 23일 제313-2005-00277호

종이 월드페이퍼(주)
출력 · 제본 현문
후가공 이지앤비 특허 제10-1081185호

ISBN 979-11-306-0023-9 (13320)

- 책값은 뒤표지에 있습니다.
- 파본은 구입하신 서점에서 교환해드립니다.
- 이 책은 저작권법에 의하여 보호를 받는 저작물이므로 무단 전재와 복제를 금합니다.
- 이 도서의 국립중앙도서관 출판시도서목록(CIP)은 서지정보유통지원시스템 홈페이지(http://seoji.nl.go.kr)와
국가자료공동목록시스템(http://www.nl.go.kr/kolisnet)에서 이용하실 수 있습니다. (CIP제어번호 : CIP2013017337)

　다산북스(DASANBOOKS)는 독자 여러분의 책에 관한 아이디어와 원고 투고를 기쁜 마음으로 기다리고 있습니다.
　책 출간을 원하는 아이디어가 있으신 분은 이메일 dasanbooks@dasanbooks.com 또는 다산북스 홈페이지 '투고원고'란으로
　간단한 개요와 취지, 연락처 등을 보내주세요. 머뭇거리지 말고 문을 두드리세요.